Gonzalo Pereyra Sáez (Comp.)

Aportes del Mindfulness a la Psicoterapia

Claves para el tratamiento de la ansiedad

Ronald D. Siegel
Ausiàs Cebolla i Martí
Dharmakirti Zuázquita
Joaquín Pastor Sirera
Jésica Fagnani
Jaime Navarrete Hidalgo
Maria Folgado Alufre
Maria Florencia López

Gonzalo Pereyra Saez (Comp.)

Aportes del Mindfulness a la Psicoterapia

Claves para el tratamiento de la ansiedad

Ronald D. Siegel
Ausiàs Cebolla i Martí
Dharmakirti Zuázquita
Joaquín Pastor Sirera
Jésica Fagnani
Jaime Navarrete Hidalgo
Maria Folgado Alufre
Maria Florencia López

Librería AKADIA Editorial

Pereyra Sáez, Gonzalo

Aportes del Mindfulness a la Psicoterapia / Gonzalo Pereyra Sáez . - 1a ed. - Ciudad Autónoma de Buenos Aires : Akadia, 2023.

242 p. ; 23 x 16 cm.

ISBN 978-987-570-537-1

1. Terapia Cognitiva. I. Título.

CDD 158.9

ISBN:978-987-570-537-1

Tel. (54-11) 4961-8614 / 4964-2230

E-mails: editorialakadia @gmail.com /

ventas@editorialakadia.com www.editorialakadia.com.ar Hecho el depósito que marca la ley 11.723

Impreso en Argentina. Printed in Argentina

Dedicatoria

A Benjamín

Prólogo

Mindfulness, conciencia del presente, psicoterapia y felicidad

En este momento estoy corriendo a las orillas del río Valira en Andorra. Es un día frío, pero el sol de la mañana entibia el clima. Hay un cielo azul, diáfano, el aire es puro. El verde es muy verde y el río turbulento se escucha agudo, fluido. Siento mi cuerpo ágil y relajado. Mi respiración es plena, profunda. Estoy en este tiempo presente transitando un momento excepcional: los árboles, el cielo, el río, los senderos, rocosos, el frío, la tibieza del sol, siento que soy todo. El contexto y yo somos uno. Esto es conciencia plena.

El pedido de mi amigo y colega Gonzalo Pereyra Saez, para que prologue este maravilloso texto, llega en el momento justo de mi estancia en Europa. Leyendo los diferentes capítulos del libro, me han producido algunas reflexiones que me propongo en este prólogo compartir.

Los pensamientos intrusivos o categorías parasitarias

Como primera reflexión: ¡cuánto nos cuesta liberar nuestra mente y conectarnos sin pensamientos intrusivos! Nos es difícil pensar sin supuestos, sin aplicar categorías a nuestras percepciones. Las categorías son especies de boxes semánticos que son inevitables y exigen un ejercicio profundo para lograr autopercibirse de manera pura. Tal vez, la posibilidad de cuestionarse los propios supuestos previa conciencia de los mismos es la posibilidad de dejarlos *out* de nuestra mente y, por ende, de nuestras emociones. Las experiencias de la vida son una coreografía constante entre las diversas percepciones de las cosas, situaciones, personas etc. y las categorías que aplicamos a cada una. Lo peor es que en la mayoría de las oportunidades (digamos todas) nos quedamos con la atribución que le otorgamos y nunca logramos percibir de manera pura, sin adjuntar un juicio de valor.

Este paquete de categorías, supuestos juicios de valor y prejuicios van de la mano del ritmo de vida acelerado, en donde hay poco lugar para la reflexión y para hacerse responsable de las propias acciones y salir de la zona de confort donde es más práctico culpabilizar al otro. Y el mindfulness propone directa o indirectamente, ese freno. Y es claro que como decía Fontanarrosa: *la vida aburrida es más larga*. Esta frase de este filósofo humorista de la vida, implica que para todas las personas hiperactivas que viven como si estuviesen en un film de acción de hora y media, la vida pasa rápido, muy rápido. Entonces la vida se acorta. El tiempo, objetivamente es el tiempo real de segundos, minutos, horas, días, semanas, meses y años: pero el tiempo y su vivencia, es particular y subjetiva. Para aquel que espera el diagnóstico médico, el resultado de la intervención quirúrgica, la nota del examen, o para aquel que necesita ir al baño urgente y debe llegar a su casa y se encuentra a pocas cuadras.... El tiempo es lento, muy lento. Y sí, es como si alguien atiende un negocio donde no entra gente: el día no se le pasará nunca.

En contraposición, el tiempo pasa rápido cuando se está ocupado todo el día, cuando hay simultaneidad de tareas, cuando hay proyectos inmediatos, no a largo plazo, allí el tiempo pasa volando. Allí donde se corre, donde las metas mínimas imperan. Donde se opta por el *deber* y no el *sentir*. Pero, lo que hay que pensar es hacia dónde corremos. Por otra parte, en este mismo sentido, estamos muy acostumbrados a futurizar. Vivimos pensando en lo que va a suceder y no en lo que está sucediendo, y no nos damos cuenta de la importancia del presente; porque la base del futuro es el pasado y si descuidamos el presente, se descuida el pasado y por tanto el futuro se arruina. Pensamos en potencial y no en gerundio, por lo tanto, la propia historia se caotiza y el futuro, lejos está de ser promisorio. El mindfulness es un cachetazo que nos lleva a concienciar el presente, cuidarlo y, de esta manera, estabilizar el circuito.

Ir atrás del éxito y la fama: aunque no se puede comprar tiempo

Otro factor en el que estamos metidos y sostenemos, es la construcción de una sociedad que exacerba el triunfo: nos atrapa la fama, el éxito y el dinero: tríada letal que es un atentado al verdadero bienestar. Vivimos (o hemos construido) una sociedad absolutamente "exitista", cuyas variables del éxito son, entre otras, la fama, el reconocimiento social, la profesión o trabajo, los bienes materiales, viajes, ropa y estética, eterna juventud, etc.

Sin embargo, somos biológicamente "seres relacionales", que establecemos vínculos y que buscamos ser aceptados e incluidos en grupos. El tema central es bajo qué parámetros edificamos la inclusión y la aceptación. Si una pata fuerte está colocada en lo material con las aspiraciones de ser felices, estamos equivocándonos fuertemente apartándonos de la dirección correcta. El éxito remite al "importar parecer más que ser", por lo tanto, cualquier bien material puede ser el elemento determinante de reconocimiento. En esta actitud se piensa más en lo que el otro piensa acerca de mí, no se piensa en el propio bienestar sino la valoración que el otro coloca en mi a través de lo que tengo o lo que soy. Ya Erich Fromm desarrolló un agudo análisis en un texto sobre "tener y ser". Lo que quiero significar es que la equivocación exitista radica en creer que "mediante lo que tengo, soy".

Lo que no se pone en evaluación en esa carrera por generar dinero, que se traduce en bienes materiales para ser reconocido, es que lo que no se puede comprar es "el tiempo", es decir, el tiempo que se destina a producir el dinero para sustentar un placer idealizado. Un placer que no se alcanza porque falta tiempo (que ese tiempo que se destina a producir dinero) y por el ritmo enfermante al que se somete el ser humano para producir. Una hermosa y sádica paradoja.

Esto nos destina al más profundo individualismo que traiciona nuestra naturaleza relacional y solidaria. Desde la aparición del fuego en el homo Erectus, que nos acostumbramos a compartir noches de tertulias guturales en torno a fogatas, a compartir carnes y raíces tiernizadas, a mirarnos en cercanía, a mirarnos la mirada. Todo se desvirtúa en una sociedad que vira a lo personal sin mirar o tener en cuenta al otro y que busca resaltar solamente por uno en búsqueda de notoriedad. Este planteo desestructura la solidaridad y la generosidad, actitudes que implican tener en cuenta a los otros, puesto que son virtudes relacionales, colmadas de afecto de valoración hacia nosotros mismos y a nuestros congéneres.

Incertidumbre, ansiedad y estrés: la reacción en cadena

Este panorama epistemológico social, nos hace caer en la trampa de la incertidumbre y con ello la ansiedad, el estrés y la crisis, estado que nos neurotiza y nos descentra de nosotros mismos alejándonos de nuestro eje. La ansiedad es una emoción que, dependiendo de la circunstancia, puede ser adaptativa o completamente nociva para el individuo. En el primer caso, permite estar alerta en relación funcional al contexto generando un afrontamiento de la situación y dando lugar a una mejor adaptación. Sin embargo, esta emoción que vela por la supervivencia del individuo puede volverse perjudicial para él: cuando la ansiedad es excesiva en relación al estímulo que la provoca, o cuando tal estímulo no existe, la ansiedad es desadaptativa y se convierte en fuente de malestar.

La ansiedad como una emoción adaptativa, implica la capacidad de informar anticipadamente acerca de las características de los eventos por venir. Esto permite la mejor organización de todo el aparato cognitivo, emocional y pragmático del individuo ante dichas situaciones de incertidumbre, con la debida selección de estrategias de afrontamiento. Implica una serie de reacciones fisiológicas, experiencias y expresiones emocionales y orientaciones comportamentales que presenta el hombre ante una situación de conflicto. Se torna patológica cuando su intensidad, duración y frecuencia de aparición es exagerada en relación con el estímulo y, por lo tanto, se generan conductas inapropiadas. La Asociación Psiquiátrica Americana define a la ansiedad como aprensión, tensión o dificultad que surge por la anticipación de un peligro cuya fuente es desconocida. Esto muestra que la incertidumbre es uno de los factores que generan mayor ansiedad. Y esta ansiedad se hermana con el estrés.

El estrés es inherente a la vida humana, es el llamado "síndrome general de adaptación", pero el problema se presenta cuando las demandas de la sociedad actual sobre el ritmo de vida se transforman en exigencias permanentes: entonces el organismo y la psiquis de la persona se ven envueltas en un estado alostático permanente: siempre estar intentando adecuarse y mantener el equilibrio. Es inevitable pensar las secuelas patológicas que de esto se hereda. Además, debido al incremento del cortisol se afectan algunas áreas cerebrales. Tanto el estrés adaptativo positivo (eustrés) como el negativo (distrés), comparten las mismas reacciones emocionales y fisiológicas, pero en el caso del distrés estas respuestas quedan activadas funcionando de manera permanente. Por esta permanencia y regularidad en nuestro organismo, el estrés es uno de los factores de riesgo más importantes para las enfermedades habituales que se manifiestan a finales de este siglo, presentándose tanto en patologías cardíacas, enfermedades autoinmunes, cáncer, trastornos del sueño, disfunciones sexuales y reproductivas, como en hipertensión arterial, diabetes, problemas gastrointestinales y alimenticios, alteraciones metabólicas y hormonales, depresión, ansiedad y exceso de preocupación. Por lo tanto, afectan a la salud no solo psicológica sino también, orgánicamente. El sistema inmunológico se desorganiza bajo circunstancias de estrés y, de esta manera, se genera una mayor propensión y vulnerabilidad ante la enfermedad. No sin razón, el estrés es considerado la dolencia del siglo XX -y por supuesto alcanza al siglo XXI-, y más que una enfermedad, puede ser considerado la llave que abre la puerta de entrada a las enfermedades en general, puesto que casi todas las patologías tienen como antesala situaciones de estrés y son en sí mismas generadoras de estrés.

Para aquel que aprieta el acelerador a fondo, resulta una utopía el freno o colocar un límite a la hiperactividad: el cerebro se entrena en una dirección, se formatea en una forma de procesar la información y entra en una "inercia" que luego se traduce en acciones y es imparable. Resulta difícil cambiar ese estilo de vida, puesto que las características de personalidad del protagonista sumado al sistema en el que está inmerso hace falta una estocada emocional u orgánica grande para hacer un giro de 180º.

La psicoterapia y el vínculo (afectivo y profesional)

La temática de la psicoterapia es otra de las motivaciones de este libro. Pienso que el espacio terapéutico es un lugar sanador y donde los profesionales de la salud intentamos que los pacientes puedan encontrar la felicidad, en el sentido más profundo de la palabra. La psicoterapia es una relación de un terapeuta con dos o más pacientes (sea terapia individual, de pareja, familiar, grupal). Un vínculo asimétrico, más allá de la calidez y horizontalidad de terapeuta, en donde alguien pide ayuda a alguien que se supone que posee experticia en la resolución de problemas. La pericia del terapeuta, consiste en haberse capacitado en un modelo de trabajo psicológico compuesto por una serie de procedimientos, técnicas y estrategias clínicas, que se hallan sistematizadas y que se aplican de acuerdo a los particulares de cada situación.

Entre las razones que justifican tal asimetría relacional se hallan, por ejemplo, la figura del médico o del psicólogo como profesionales universitarios que implica adjudicarles mayor capacidad que el común de la gente, actitud que se traduce en *idealización* del profesional. También, la urgencia de ser ayudado en una situación de crisis del que consulta, lo posiciona en el lugar del necesitado frente a otro proveedor; de la misma manera, que uno de los interlocutores es el que presenta el problema y el otro las herramientas para solucionarlo.

El terapeuta hablará como un amigo con el paciente (en la forma): simétrica, horizontal, afectiva, circular, respetuosa, pero el contenido de lo que intenta transmitir labra la diferencia: estará poblado de estrategias y técnicas. En la conversación con un amigo se aplica el sentido común, que muchas veces es el que lleva al más de lo mismo y más del mismo resultado. Mientras que el mensaje del terapeuta, demuestra la experiencia clínica y los años de estudio del profesional (aunque a veces también se equivoca y aplica el más de lo mismo). El profesional es el que, según los casos, guía y orienta al paciente. Introducirá numerosas técnicas y estrategias, estimulará a su consultante, mandará acciones a realizar, contendrá como una madre, un amigo, un hermano o un marido, preguntará y preguntará de una manera poco ortodoxa, respetará silencios. Es el que muestra el camino menos utilizado y posible en dirección al cambio, o redefine el camino transitado alguna vez y que ha dejado de utilizarse hace mucho tiempo, o tal vez, inventa un nuevo camino. Es el que ejercita permanentemente su hemisferio derecho y el de sus pacientes, en pos de la creatividad intentando ver y crear otras perspectivas de la realidad inventada hasta el momento. Es el que maneja la palabra en discursos explicativos y redefinidores; o la emoción, trabajando con los afectos y los sentimientos más profundos; o mediante su propio cuerpo, tal como si fuese un instrumento de intervención. En síntesis, utilizará multiplicidad de recursos con el objetivo de ayudar al paciente a resolver sus problemas.

Todas estas articulaciones son posibles gracias a la *formación profesional* del terapeuta que hace del ejercicio de la profesión un arte sublime, siempre coronada por la ética y la responsabilidad, condiciones *sine qua non* de la relación terapéutica. Ética, que insta a actuar de manera idónea y que lleva a que un terapeuta se sincere consigo mismo asumiendo cuáles son los límites de sus posibilidades de trabajo terapéutico. Responsabilidad, que entiende que el terapeuta debe comprometerse con la tarea y hacerse cargo de la parte que le toca en ese trabajo en equipo que implica la relación terapéutica. Tanto como una como otra, en sinergia, colaboran para incrementar o crear el bienestar en el paciente.

Todas estas propuestas generales, dependerán del estilo del terapeuta, la persona del paciente, el problema consultado, la interacción de ambos y el contexto donde se desarrolla la sesión. El estilo que será moldeado por procesos identificatorios con los maestros de formación, las características de personalidad, las experiencias personales de vida, entre otros factores.

Es importante, que la concepción de la psicoterapia encierre la importancia del vínculo afectivo entre el profesional y el paciente. Lógico resulta diferenciar que, con algunos pacientes puede haber mayor predilección que con otros, de igual forma que sucede en cualquier relación humana. El afecto en el vínculo terapéutico, es un posibilitador de intervenciones y de cambio.

¿Es posible la felicidad?

¿La psicoterapia nos hace más felices?: definitivamente sí. La felicidad es un concepto absolutamente subjetivo: cada sociocultura, cada contexto de cada sociocultura, cada familia de un contexto de una sociocultura, y cada individuo de cada familia, elaborará su propio concepto de felicidad.

La felicidad es un estado emocional caracterizado por sentimientos de alegría, satisfacción y plenitud. Si bien la felicidad tiene muchas definiciones diferentes y son numerosos los autores y las disciplinas que la describen, a menudo se interpreta como un estado que involucra emociones positivas y satisfacción con la vida. Pero, al final de cuenta concluimos que es un concepto absolutamente subjetivo, que cada ser humano tiene su propia definición de qué es ser feliz. Puede definirse como un **estado emocional que experimenta una persona que siente un gran bienestar** por haber finalizado con un proceso, o haber cumplido con un objetivo, concretado una meta, o haber compartido con otros un momento satisfactorio o divertido. La felicidad surge en un momento en el cual se funden, el placer, la alegría y la satisfacción. Es un estado de ánimo particular en cada persona y cada uno tiene una propia construcción de felicidad, es decir, no todos son felices por las mismas razones.

Todos tenemos derecho a la felicidad, pero no todos sabemos qué es, en qué consiste, para qué sirve. La felicidad es un concepto absolutamente personal y subjetivo, por lo tanto, cada ser humano definirá qué es ser feliz. Sobre este tema se confunden bienes materiales y bienes ostentables, el tiempo que gastamos en producir dinero para ganar tiempo, la fama y el mito del dinero que hace a la felicidad (¿?). Tal vez una conclusión es que la felicidad -al igual que otros conceptos abstractos como amor, lealtad, honestidad, generosidad, y otros del mismo tenor- resulta difícil otorgarle una definición general ya que cada persona elabora su propia definición.

El origen del término felicidad deriva del latín *felicitas* que se traduce como fértil. Y no deja de ser acertado el concepto, puesto que cuando uno relee y estudia las diferentes definiciones de felicidad, en todas se halla este concepto, puesto que *fertilidad* implica desarrollo, proyecto, crecimiento, iniciativa, avance, significaciones que se emparentan con el estar feliz. La felicidad puede entenderse como un estado de ánimo donde el ser humano se siente en un estado de satisfacción, contento y alegre. Felicidad se asocia con placer. La sensación de ser feliz concatena factores neuroquímicos y neuroendocrinos; involucra en el cerebro al sistema límbico y numerosos neurotransmisores; factores emocionales, ya que la felicidad es claramente un sentimiento que en parte se basa en la alegría (que es una de las 6 emociones básicas darwinianas); factores cognitivos porque nos lleva a pensar de una manera positiva socavando pensamientos negativos y automáticos; y factores sociológicos donde se observa lo laboral, económico, etc. Somos *fértiles* en lo que realizamos: cuando nos sentimos fuertes en el proceso de alcanzar objetivos y cuando logramos llegar a la meta, nos sentimos felices, entonces quiere decir que la *fertilidad* nos lleva a la *felicidad*.

En este sentido, la felicidad también tiene que ver con el fortalecimiento de la autoestima y la valoración personal, y conlleva el acople de ciertos neurotransmisores y neurohormonas "bienhechoras" como la serotonina – la sustancia de la calma, la tranquilidad y las sensaciones de bienestar- (pensemos que su déficit se encuentra en pacientes depresivos), las endorfinas, nuestras morfinas internas (segregadas en el deporte, el acto sexual, en la risa), la dopamina que entre tantas bondades posee la de la motivación y la recompensa, y por último, la oxitocina –la molécula del amor- la que se segrega en situaciones de amor paterno o materno filial, en el abrazo, en el parto.

Por supuesto que la psicoterapia nos hace encontrar la felicidad, puesto que el mejorar nuestra calidad de vida, reflexionar sobre lo que hacemos y resolver los problemas, conlleva la posibilidad de estar bien con nosotros y con los otros. Nos catapulta a flexibilizar nuestras redes neuroplásticas, ser más creativos y con ello aprender a solucionar nuestras equivocaciones, entonces ser más felices.

Este libro...

Indudablemente cuando un libro es bueno aporta ideas, catapulta pensamientos, incentiva y, como se lee en los párrafos precedentes, el texto "Aportes del Mindfulness a la psicoterapia. Claves para el tratamiento de la ansiedad" de Gonzalo Pereyra Saez me motivó numerosas ideas sobre mindfulness, felicidad, ansiedad, estrés, ritmo de vida, y la psicoterapia. Pero este texto tiene la finalidad de aplicar el mindfulness a la psicoterapia, tal como se presenta en su título.

Gonzalo, un psicólogo joven de gran experticia en las lides del mindfulness, describe y define documentadamente este modelo de manera introductoria, para después explicar su aplicación en el trastorno de ansiedad generalizada y en el manejo de la regulación emocional. Su trabajo como compilador lo hace de manera prolija y erudita, seleccionando a los principales especialistas en ansiedad en este libro, para que el lector profesional pueda muñirse de herramientas clínicas, fundamentalmente aplicables a la psicoterapia.

La aplicación del mindfulness en la ansiedad social y generalizada, en trastornos obsesivos, su forma de desarrollarlo en psicoterapia como señala uno de los autores, Ronald Siegel, describiéndola como una psicoterapia centrada en lo que sucede aquí y ahora, prestando mucha atención a las sensaciones corporales cambiantes: "puede ayudar a los pacientes a desarrollar una mejor ecuanimidad y tolerancia afectiva, ya que las emociones son más fáciles de aceptar cuando las experimentamos en el cuerpo, separadas de nuestra narrativa". Es una clara apreciación en pos de correrse del discurso racional y expresión mediante la palabra. También Pereyra Saez coloca un anexo donde explora las "posibles obstáculos" para la práctica de mindfulness, una verdadera guía para una ejercitación correcta donde explora las dificultades y también plantea ejercicios. Trabaja y describe lo que sucede con la distracción, ansiedad, aburrimiento, algunos ejercicios como el de la pasa de uva, las dudas, el sueño, el manejo de la respiración, la realización de un escáner corporal, o caminar con Mindfulness o sentado, o trabajar con la incomodidad, entre otros temas.

Estas y otras disquisiciones se describen en este texto, en un modelo que ha demostrado eficacia como tratamiento psicológico y seguimientos científicos, que demuestran que el mindfulness es una herramienta que revela validez en los resultados y de gran aplicabilidad en diversos casos clínicos. Pero también el texto se autocuestiona, como lo dicen los autores Navarrete, Holgado y Cebolla: "¿Cómo puede utilizarse en tantos trastornos diferentes y ser eficaz en todos?... es que mindfulness funciona como una estrategia transdiagnóstica que afecta procesos psicológicos nucleares, o al menos, que afectan o median sobre diferentes expresiones sintomáticas.

En conclusión, un texto que seguramente invita a la reflexión y no entiende al mindfulness como un modelo-panacea, sino como una técnica más entre las efectivas en psicoterapia, que ayuda y nos ayuda a los terapeutas, entrenamiento mediante, a mejorar la calidad de vida de nuestros pacientes y con ello a la felicidad tanto de ellos como de nosotros como profesionales.

Dr. Marcelo R. Ceberio

Director Doctorado en Psicología. UFLO Universidad
Director Académico e Investigación. Escuela Sistémica Argentina
Director LINCS (Laboratorio de investigación
en Neurociencias y Ciencias sociales) ESA-UFLO
Presidente de RELATES

Milano, 2023

Índice

Sobre los autores

Gonzalo Pereyra Saez es Psicólogo, Especialista en Salud Mental y autor de los libros *"Mindfulness: Mente plena, corazón contento"*; *"En busca de la tranquilidad" y "Mindfulness paso a paso"* editados en Argentina y España.También es coautor de "*Trankilandia, el cuento de Mindfulness para los niños*". Con más de 12 años de experiencia en Psicología Clínica y en Mindfulness, es Psicoterapeuta Zen, y tuvo la oportunidad de concluir una Estancia Formativa de tres meses en la Unidad de Psicoterapia del Hospital 12 de octubre en Madrid. Miembro Fundador y Director de PlenaMente (Centro de Psicoterapia y Mindfulness), pionero en la ciudad de Santa Fe, en donde desarrolló el Programa de Mindfulness y Regulación Emocional (MYRE®). Además, colabora en la Universidad Católica de Santa Fe como Jurado y Director de Trabajos Finales de Grado.

Ronald D. Siegel es Doctor en Psicología, y Profesor Clínico Asistente de Psicología en la Harvard Medical School, Cambridge Health Alliance, donde enseña desde principios de los años ochenta. Es miembro del cuerpo docente y de la Junta Directiva del IMP. El Dr. Siegel imparte cursos a nivel internacional sobre mindfulness y psicoterapia, al tiempo que tiene una clínica privada en Lincoln, Massachusetts. Es autor del libro *La solución mindfulness: prácticas cotidianas para problemas cotidianos*, coautor de *Back Sense: A Revolutionary Approach to Halting the Cycle of Chronic Back Pain*, y coeditor de *Wisdom and Compassion in Psychotherapy* y de *Mindfulness and Psychotherapy, Second Edition.*

Ausiàs Cebolla i Martí es Doctor en Psicología por la Universitat de València. Actualmente es profesor titular en la misma universidad. Miembro del grupo de investigación Labpsitec, Lleva más de una década investigando la eficacia de los tratamientos basados en mindfulness y compasión, asi como otras tradiciones contemplativas. Autor de varios libros de divulgación.

Dharmakirti Zuázquita es autor del libro "Kindfulness", y director de RespiraVida BreathWorks, una institución pionera en la formación profesional en mindfulness y compasión MBPM en España y Latinoamérica. Es profesor Senior certificado por el Instituto Breathworks UK. Master en Mindfulness por la Universidad de Zaragoza y Licenciado por la Universidad Nacional de Córdoba. Co-fundador de la Red Española de Programas Estandarizados de Mindfulness y Compasión y la Asociación para el Diálogo entre la Meditación y la Ciencia. Es maestro de la Orden Budista Triratna, colabora como profesor en varios masters y diplomados en Europa, y ofrece conferencias en congresos internacionales y masterclass, cursos y talleres en todo el mundo.

Joaquín Pastor Sirera es Psicólogo Especialista en Psicología Clínica con práctica privada durante 30 años, con amplia experiencia en Terapia Cognitivo-Conductual, Mindfulness (MBCT), basada en ACT, y formado en Terapia Centrada en la Compasión (CFT) en Derby (UK) y Roma. Su área de especial interés es profundizar en el conocimiento de la CFT dirigida a la psicosis, el TOC y los problemas emocionales relacionados con contenidos y experiencias mentales no deseadas.

***Jésica Fagnani** es* Doctora en Psicología (PhD.) por el CONICET y la Universidad Nacional de Córdoba. Licenciada en Psicología y Especialista en Terapia Cognitiva Conductual (Universidad Católica de Santa Fe, UCSF). Ha realizado veinte cursos de posgrado y cuenta con treinta y tres publicaciones con referato en revistas, libros, congresos y reuniones científicas nacionales e internacionales. Es Profesora Adjunta de la cátedra Psicología Clínica de Adultos y Gerontes (UCSF). Ha sido Jurado y Directora de más de cincuenta Trabajos Finales de Grado y Posgrado.

Jaime Navarrete Hidalgo es Doctor en Psicología por la *Universitat de València*. Actualmente es ayudante de investigación en el *Institut de Recerca Sant Joan de Déu* (Barcelona, España). Miembro del grupo de investigación AGORA. Ha dedicado su carrera investigadora al estudio de los potenciales beneficios del *mindfulness* para la salud mental, entre otras temáticas, dentro del ámbito de la psicología de la salud.

***Maria Folgado Alufre** se* graduó en Psicología por la Universidad de Valencia (UV) y obtuvo el Máster en Psicología General Sanitaria. Complementó sus estudios con un Máster en Psicología Clínica TCC y un Máster de Especialización en Psicología Integrativa. Actualmente es investigadora predoctoral en el Instituto Polibienestar (UV) y miembro del grupo de investigación Labpsitec, tras obtener la beca de Formación del Profesorado Universitario (FPU) del Ministerio de Ciencia, Innovación y Universidades. Su principal línea de investigación aborda los factores transdiagnósticos en el ámbito de la memoria, promoviendo la integración de herramientas de la psicología positiva y el uso de las tecnologías de la información y la comunicación (TIC). Otras áreas de su interés abarcan la aplicación de las herramientas de la psicología positiva y contemplativa en la práctica clínica.

Maria Florencia López es Licenciada en Psicología (UCSF) y docente universitaria y de postgrado. Especialista en salud mental, creadora del Programa Trankilandia de Mindfulness y Regulación Emocional Infantil, y cofundadora de PlenaMente, Centro de Psicoterapia y Mindfulness. Se desempeña como terapeuta de niños, adolescentes y familias, y orienta a madres y padres en temas de crianza y paternidad consciente. Autora del libro *Mi primer diario de Mindfulness* y co-autora del Cuento *Trankilandia Mindfulness para los niños*.

Agradecimientos

Quisiera agradecer a todos los autores de este libro por el compromiso con la difusión del mindfulness; sin ellos, quienes aceptaron rápidamente la invitación para formar parte de este proyecto, no hubiera sido posible tal desarrollo.

A Marcelo Ceberio, referente de la psicoterapia a nivel mundial, por su predisposición inmediata para escribir el prólogo del libro.

A mi familia, en especial a mi hijo, mi esposa y mis padres, por el apoyo que me brindan siempre.

A los directores de la Editorial Akadia, por acompañarme en este proyecto, y con quienes me encanta trabajar.

Y a todos mis pacientes de psicoterapia y participantes del Programa de Mindfulness y Regulación Emocional, quienes depositan su confianza a diario, y me brindan el impulso para continuar creciendo profesionalmente.

Introducción

En realidad, Mindfulness es algo que ya poseemos en nuestro interior, pero quizás, debido a la vorágine de la cultura actual, nuestros condicionamientos, y la vida cotidiana, no desarrollamos lo suficiente, entonces lo debemos cultivar para lograr un restablecimiento del equilibrio interno. También es un tipo de meditación, uno con aval científico, médico y psicológico, que nos permite, a través de unas prácticas formales, desarrollar la capacidad de conectarnos con nosotros mismos y todo lo que nos rodea, aumentando la conciencia de nuestra experiencia, momento a momento. Mediante el camino de la concentración, nos volvemos capaces de alcanzar un estado de conciencia receptiva y abierta, y a medida que nos adentramos en la práctica regular e interiorizamos la esencia del despertar, logramos cultivar la aceptación. Estar atentos a las distracciones que provienen tanto del mundo interno como externo, resulta clave para monitorear el momento presente y permanecer centrados. Mindfulness es observar el conjunto de procesos mentales y la cascada de pensamientos automáticos que, enlazados a impulsos y emociones, sobrevienen de una manera arrolladora. En el acto de observar la mente con todas sus asociaciones, tomamos la distancia necesaria para impedir que nos arrastren, entonces nos convertimos en gobernantes de nuestra vida, nuestros actos y nuestro destino.

Tiene mucho sentido que la práctica de mindfulness despierte un interés creciente entre los psicoterapeutas. En primer lugar, porque tiene el potencial para actuar indirectamente sobre los pacientes, en la medida en que posibilita a los especialistas clínicos entrenar un tipo de atención y predisposición para la relación terapéutica, que afectará de manera positiva en el proceso de la psicoterapia. Por ejemplo, en el reflejo de la empatía, nos ayuda a tener una escucha más atenta, mayor conciencia de nuestros gestos, un incremento de la compasión y más aceptación o tolerancia de la angustia. Además, para los terapeutas puede ser muy fácil caer en rótulos y etiquetas diagnósticas; caer en el piloto automático y ver un caso como si fuese igual a cualquier otro. Todos los casos son distintos porque hay un sujeto que es diferente al resto, y es fundamentalmente la conciencia no enjuiciadora lo que contribuye con esto. Al estar más receptivos, disminuyen los filtros cognitivos, y somos más efectivos en las intervenciones, porque estamos más abiertos a lo que ocurre aquí y ahora (contenido del relato, gestos, interacción con el consultante, aspectos transferenciales y contratransferenciales: **¿q***ué está repitiendo el paciente en este vínculo? ¿Cómo me siento con este paciente?).* Practicar mindfulness también puede contribuir a desarrollar la paciencia que requerimos para respetar los tiempos subjetivos del paciente y no apresurarnos en las intervenciones. A veces, por ejemplo, la mejor intervenci**ón es no hacer o** decir nada, y no es que se trate de pasividad, sino de una estrategia terapéutica.

En segundo lugar, el mindfulness constituye una práctica de autocuidado. Si estamos quemados, los psicoterapeutas somos más propensos a cometer errores. La irritabilidad nos resta empatía, y disminuye la efectividad de nuestra terapia (mayor reactividad, menor receptividad y menor capacidad para estar con el dolor). Mindfulness ofrece una herramienta para disminuir los niveles de estrés y cuidar nuestra salud, entonces prevenimos el desgaste por empatía y las consecuencias que acarrea.

En tercer lugar, Mindfulness es una práctica que brinda la posibilidad de mirar hacia adentro, es decir, que promueve la contemplación de los pensamientos, emociones, impulsos, y sensaciones físicas. Ahora bien, en ese observar cómo funciona la mente y se origina el sufrimiento, también el consultante puede examinar su historia, dilemas y conflictos, lo cual le ofrece la opción de atender con mayor consciencia aquello en lo cual desea trabajar; y esa es la razón por la cual Mindfulness tiene el potencial de agilizar o mejorar cualquier proceso psicoterapéutico (independientemente de la corriente psicológica), siempre que se le otorgue la seriedad que corresponde, el lugar, y el tiempo. Como psicoterapeuta, podría preguntarme, por ejemplo, ¿cómo podría beneficiar el mindfulness a este paciente en el trabajo de…

- *exposición?*
- *defusión?*
- *identificación de pensamientos negativos?*
- *reestructuración cognitiva?*
- *identificación o modificación de esquemas?*
- *identificación de valores?*
- *regulación de emociones o impulsos?*
- *la autocompasión?*
- *las habilidades interpersonales?*
- *la integración de aspectos verbales con aspectos emocionales – elementos desconectados de la memoria implícita –?*
- *prevención de recaídas?*

Con el paso del tiempo, y sobre todo en la década de los ´90, la introducción del mindfulness en el campo de la psicoterapia se comenzó a realizar de una manera formal y sistemática, lo que permitió sacar conclusiones respecto de su efectividad. Tanto los modelos psicoterapéuticos que incluyen mindfulness como las Intervenciones basadas en mindfulness, cuentan con un vasto aval de la ciencia, en donde la reunión de evidencias incluye material sobre la influencia del mindfulness en el cerebro.

Puntualmente en relación a la ansiedad, hay varios metaanálisis que concluyeron que las intervenciones basadas en mindfulness son efectivas para su disminución (Hofmann *et al.*, 2010; Vøllestad *et al.*, 2011; McManus *et al.*, 2012; Haller *et al.*, 2021). Pero uno de ellos que revisó 47 ensayos y que fue publicado en una revista de la American Medical Association (Madhav Goyal *et al.*, 2014), concluyó, entre otras cosas, que el mindfulness puede aliviar la ansiedad, y ese grado de mejora se asemeja al de la medicación, pero sin sus efectos secundarios. Dos años antes de que se publicara esta investigación, mientras realizaba mi Residencia en Salud Mental, escribí un artículo para el interior del Hospital titulado: *Más meditación y menos clona,* en donde describía la aplicación del mindfulness durante la guardia, luego de que una paciente llegara urgenciada en busca de ansiolíticos –clonazepam –, y no pudiéramos satisfacer su demanda debido a la ausencia de psiquiatras en ese momento. La intervención consistió en una breve introducción al mindfulness, en donde se explicó a la paciente en qué consistía y de qué manera le ayudaría, y luego se la guio en una práctica centrada en la respiración. Si bien esto no ocurrió en el contexto de la psicoterapia, porque me encontraba en el servicio de guardia de salud mental, es relevante estar al tanto de que los pacientes generalmente no saben lo que es Mindfulness, o cree que saben, o tienen una remota idea, motivo por el cual es fundamental también conocer en el plano teórico, qué es mindfulness y de qué manera puede ayudar al paciente. Es cierto que el mindfulness es esencialmente práctico o experiencial, pero los psicoterapeutas nos hallamos inmersos en el ámbito clínico, lo cual quiere decir que el consultante no está acudiendo a un profesor de Yoga o a al video de un youtuber. El consultante acude a un profesional psicólogo o psiquiatra, y esa es la razón por la cual es importante que teoricemos – los aspectos psicológicos – acerca del mindfulness, a los fines de explicar de la manera más clara posible. En el otro extremo podemos atascarnos en el plano teórico, y no otorgarle el tiempo necesario a la práctica. Entonces es esencial, para equilibrar ambos aspectos, que dediquemos un tiempo de la consulta para explicar qué es mindfulness, y de qué forma le ayudará al paciente, así como para practicar, hablar acerca de los obstáculos que tiene el consultante con la práctica, y acerca de cómo le está yendo con las meditaciones en casa. Y fuera de la consulta, cuando conceptualizamos el caso, incluimos el tiempo también para pensar acerca de cuáles son las prácticas que van a beneficiar a un paciente en particular: *¿Por qué motivo? ¿de qué manera ayudarían las prácticas en función de su problemática o historia que narra? ¿Cómo vamos a ir desarrollando el* *plan de práctica? ¿En qué sesiones? ¿Cómo va a ser la progresividad? ¿Cuál va a ser la duración de las prácticas? ¿Cuánto le vamos a sugerir que practique?*

En la trama de todo lo mencionado hasta aquí, se decidió pensar en el proyecto de un libro que aporte, entre otras cosas, las claves que ayuden al terapeuta a comprender los mecanismos mediante los cuales el mindfulness resulta imprescindible para el abordaje de la ansiedad. De todas maneras, y sin lugar a dudas, la finalidad implícita de la obra radica en contribuir a la difusión del mindfulness en el contexto de la psicoterapia, siendo uno de los primeros libros, sino el primero, sobre mindfulness desarrollado y editado en Argentina por profesionales de la salud mental, y dirigido específicamente a profesionales de la salud mental.

Referencias

Goyal M, Singh S, Sibinga EM, Gould NF, Rowland-Seymour A, Sharma R, Berger Z, Sleicher D, Maron D, Shihab H, Ranasinghe P, Linn S, Saha S, Bass E, Haythornthwaite J. (2014) Meditation programs for psychological stress and well-being: a systematic review and meta-analysis. JAMA Intern Med. Mar;174(3):357-68.

Haller H, Breilmann P, Schröter M, Dobos G, Cramer H. (2021) A systematic review and meta-analysis of acceptance- and mindfulness-based interventions for DSM-5 anxiety disorders. Sci Rep. Oct 14;11(1):20385.

Hofmann SG, Sawyer AT, Witt A, Oh D. (2010) The effect of mindfulness-based therapy on anxiety and depression: A meta-analytic review. J Consult Clin Psychol. Apr;78(2):169-83.

McManus, F., Surawy, C., Muse, K., Vazquez-Montes, M. y Williams, J. M. G. (2012). A randomized clinical trial of mindfulness-based cognitive therapy versus unrestricted services for health anxiety (hypochondriasis). Journal of Consulting and Clinical Psychology, 80, 817-828.

Vøllestad, J., Sivertsen, B. y Nielsen, G. H. (2011). Mindfulness-based stress reduction for patients with anxiety disorders: Evaluation in a randomized controlled trial. Behaviour Research and Therapy, 49, 281-288.

CAPÍTULO 1

Hacia una conceptualización del Mindfulness

Gonzalo Pereyra Saez

¿Qué es Mindfulness?

Resulta importante aclarar algunos puntos en cuanto al concepto de mindfulness: 1) hay muchas definiciones de mindfulness; algunas se enraízan en la cultura oriental, de donde proviene el cultivo sistemático de la atención plena, y un número considerado provienen de occidente, como resultado del contacto con la ciencia, fundamentalmente con las disciplinas médica y psicológica. 2) La palabra se usa indiscriminadamente para referirse a distintos fenómenos; por ejemplo, mindfulness como técnica, meditación o entrenamiento, y mindfulness como cualidad, proceso, estado de la conciencia o tipo de atención. 3) Más allá de la forma en que creamos conveniente describirlo con palabras, mindfulness es esencialmente práctico en un sentido experiencial, por lo que, tal vez, sea importante aceptar una falta de consenso respecto al término, aun cuando la ciencia se esfuerce, por lo contrario.

La palabra anglosajona mindfulness es equiparable en pali – lengua en que se escribieron las enseñanzas budistas hace 2500 años – a la palabra *sati*, que puede traducirse como *conciencia, atención* o *recordar*. Pero la palabra *recordar* no significaría en este caso evocar un recuerdo pasado, sino que haría alusión a *recordar estar en el presente* o *recordar prestar atención*. Al español, mindfulness se traduce generalmente como *atención* o *conciencia plena*, aunque también podría ser *mente plena*.

En una tentativa por consensuar acerca del concepto de mindfulness, un grupo de once investigadores (Bishop *et al.*, 2004) llevaron adelante una serie de reuniones a los fines de establecer conjuntamente un constructo operativo comprobable, el cual se conforma de dos componentes: 1) *autorregulación de la atención*: dada por el enfoque, pero también por el sostenimiento de la atención, permite mantenerse en la experiencia inmediata, logrando un reconocimiento de los eventos privados del presente – pensamientos, emociones y sensaciones –, y fomentando, por tanto, una conciencia no elaborada de ellos. 2) *orientación a la experiencia*: estaría vinculada a la curiosidad, la receptividad, y la aceptación, la cual se define como estar experiencialmente abierto a la realidad del momento presente (Roemer & Orsillo, 2002). Implica una decisión consciente de abandonar la agenda propia para tener una experiencia diferente y un proceso activo de *permitir* pensamientos, sentimientos y sensaciones actuales (Hayes, Strosahl y Wilson, 1999).

En el universo académico, otras definiciones de mindfulness son igual de relevantes, como, por ejemplo:

La conciencia que emerge al prestar atención, deliberadamente y sin prejuicios, a cómo se despliega la experiencia momento a momento (Kabat-Zinn, 2003).

La observación no enjuiciadora de la continua corriente de estímulos internos y externos tal y como ellos surgen (Baer, 2003).

Conciencia de la experiencia presente con aceptación (Germer, 2004).

Mantener viva la propia consciencia focalizada en la realidad presente (Thich Nhat Hanh, 1974).

En base a la revisión de estas definiciones y otras tantas, hace algunos años, cuando desarrollé el Programa MYRE de Minfulness y Regulación Emocional (Pereyra Saez, 2018) definí al mindfulness de la siguiente manera:

Estado o tipo de conciencia que se caracteriza por estar en el presente, sin juzgar y con aceptación.

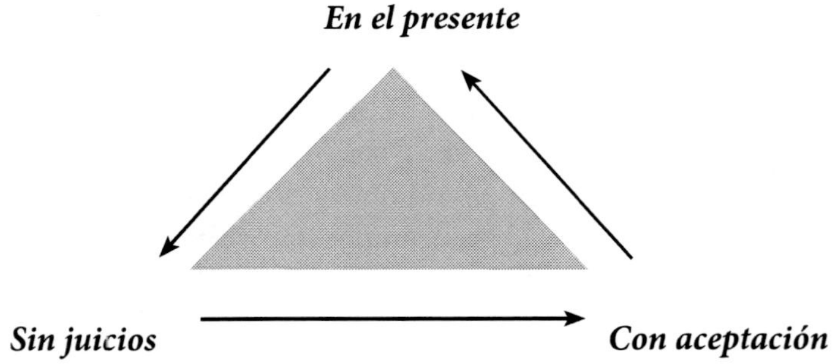

Se observan tres dimensiones en dicho constructo teórico que, si bien interactúan de manera dependiente entre sí, también son lo suficientemente discriminables como para profundizar en cada una de ellas.

La interdependencia podría describirse de la siguiente manera: cuando la atención se enfoca en el momento **presente**, se desarrolla en paralelo la capacidad de observar sin juicios, porque no se requieren de condicionamientos mentales – prejuicios con base en el pasado o anticipaciones con base en el futuro – para apreciar la realidad. Al **suspender los juicios** – dejar de atribuir adjetivos a la experiencia –, los sentidos amplían la posibilidad de conectar con la realidad tal cual es, aceptándola sin tener que agregar mente a eso que simplemente ocurre.

Cuando se produce la **aceptación**, la mente habita el presente, porque la atención no se ancla a otro lugar, permitiendo ser y estar, aquí y ahora (Pereyra Saez, 2018).

Ahora bien, aunque la compasión y la autocompasión reflejan el componente actitudinal del mindfulness, en aquel momento no los incluí como parte del concepto, pero escribí lo siguiente:

Cuando aprendemos a concentrar nuestra atención, pero el foco está puesto en los otros, el desarrollo de emociones altruistas es mucho más probable y esa es la razón por la cual Mindfulness puede ser considerado un sinónimo de compasión. Imagine que la capacidad de ser consciente del momento presente, sin juzgar y con aceptación está enfocada en otra persona, ¿acaso no cree que será mucho más fácil comprenderla y saber lo que necesita o siente? (Pereyra Saez, 2018).

Si bien hay autores que separan al mindfulness de la compasión, considero que es un error, y que la clave reside en volver al contexto epistemológico o budista del mindfulness, para entonces concluir que no puede existir el mindfulness sin la compasión, como tampoco la compasión sin la autocompasión. Por ende, la definición revisada de mindfulness quedaría graficada de la siguiente manera:

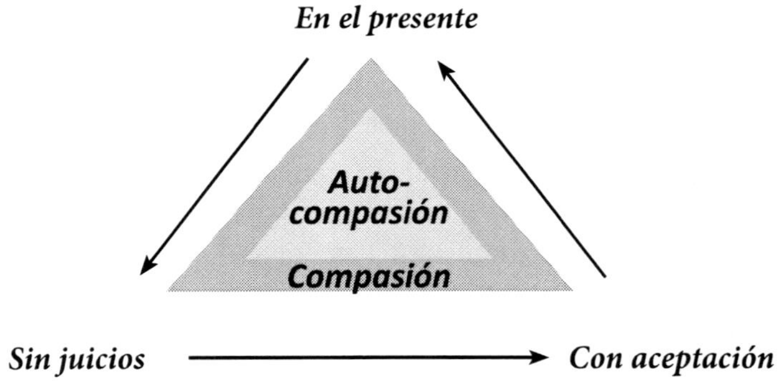

Estado o tipo de conciencia compasiva – y autocompasiva – que se caracteriza por estar en el presente, sin juzgar, con aceptación.

La definición no se basa únicamente en las enseñanzas budistas, en donde mindfulness y compasión se consideran las dos alas de la sabiduría, sino también en algunas afirmaciones al respecto del mismo Jon Kabat-Zinn (2005; 2012):

Muchos idiomas orientales utilizan la misma palabra para referirse a la ´mente´ y el ´corazón´. Si quieres entender, pues, el término mindfulness –atención plena –, debes tener en cuenta que también significa heartfulness, es decir, ´corazón pleno´.

Una escucha mindful es un acto de amor y una semilla de compasión.

El mindfulness es, en última instancia, un acto de amor con la vida, con la realidad y con la imaginación; con la belleza de nuestro ser, con nuestro corazón, con nuestro cuerpo, con nuestra mente y con el mundo.

Recordemos que la práctica de la atención plena es un acto radical de amor, lo que etimológicamente significa que debe asentar sus raíces en la compasión y en la autocompasión.

Además, es cierto que puede hablarse o teorizarse acerca de la compasión independientemente del mindfulness, hecho que también ocurre, por ejemplo, con el concepto de aceptación. Sin embargo, como no podemos hablar de mindfulness sin considerar a la aceptación, tampoco debiera descartarse a la compasión. Entonces, si en el contexto académico no se habla de *mindfulness y aceptación* – como si la aceptación fuese un proceso externo al mindfulness –, ¿por qué se habla de *mindfulness y compasión*? Es decir, una cosa es exponer acerca del tema de *la rueda*, sin necesidad de mencionar al auto, y otra cosa es teorizar acerca del auto, sin considerar a la rueda. Por algo no llamamos al auto como *auto con ruedas*, sino que es auto a secas. La disociación del mindfulness y la compasión no existe en el contexto epistemológico, lo que sí ocurre en algunos sectores de la ciencia occidental, en donde se ha equiparado, incluso, al mindfulness con el mero fortalecimiento de la atención o concentración. Es probable que la separación también se haga para dar peso a las meditaciones o el entrenamiento que se centran en el cultivo de la compasión, sin embargo, eso no debiera ser suficiente para producir esa división en el plano conceptual que sólo ayuda a confusiones. Si Mindfulness es apartado de la compasión o la bondad amorosa, se contribuye a la descontextualización, por lo cual la práctica se termina desvirtuando y empobreciendo. Por todo esto se concluye que un constructo teórico de mindfulness occidental tiene que incluir, incluso por razones de bienestar sanitario, como dimensión inherente y esencial a la compasión.

Respecto a la definición de mindfulness como meditación, método o entrenamiento que permite cultivar la atención plena, propuse que consistía en una disciplina conformada por cuatro pilares (Pereyra Saez, 2018):

1) *Aspectos filosóficos*: mindfulness incluye una visión singular de comprender la realidad y comprenderse a sí mismo. Su raíz se encuentra en el marco epistemológico del mindfulness.
2) *Psicoeducación*: en todos los programas de mindfulness se considera un grado de información proveniente del campo de la Psicología, la cual es transmitida para promover el autocuidado emocional. Además, si consideramos el contexto oriental de mindfulness, también podría referirse a la psicología budista.
3) *Neurociencias*: a partir de este pilar se reconocen los avances de la investigación neurocientífica para comprobar los efectos que produce Mindfulness en el sistema nervioso central. Pero además de ello, posibilita dar cuenta del funcionamiento del cerebro, por lo que se otorga un mayor sentido y fundamento al entrenamiento.
4) *Prácticas formales e informales:* sin este pilar, los otros tres carecen de sentido. La práctica formal se refiere al entrenamiento durante el cual se dedica un tiempo exclusivamente para sentarse a meditar y cultivar la atención

plena, como si fuera un gimnasio para la mente. La práctica informal, en cambio, puede producirse mientras se realizan otras actividades, siempre que la atención esté centrada en eso que se está haciendo. Por ejemplo, podemos ir caminando y percatarnos de que nuestra mente se encuentra en cualquier lado, entonces decidimos devolver la atención al paisaje por el cual estamos transitando y a las sensaciones del cuerpo.

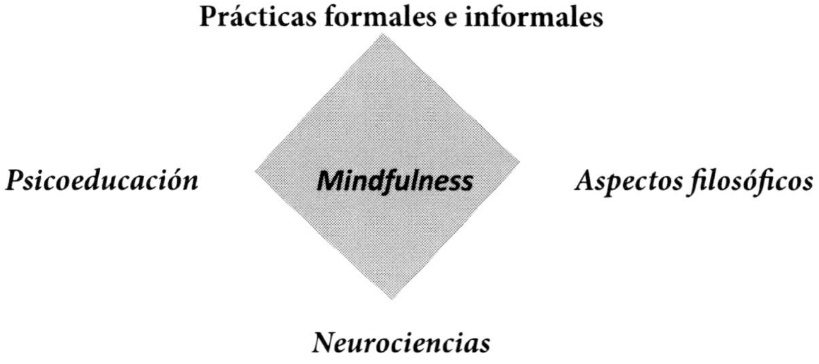

Lo que Minduflness no es

Para entender mejor lo que es mindfulness, quizás sea crucial tener en claro lo que no es. A continuación, se confecciona una lista que ayudará a evitar malentendidos. Los primeros dos ítems sobre lo que no es mindfulness se basan en Siegel *et al.* (2009) y los restantes en Pereyra Saez (2021):

- *Dejar la mente en blanco*: quizás algunos tipos de meditación busquen este objetivo, pero no es el propósito de mindfulness. La mente puede verse como una máquina que piensa, por lo cual, pretender que deje de pensar podría convertirse en una empresa muy frustrante, y, de hecho, lo más frecuente es que, cuanta más resistencia se ponga frente a los pensamientos, más se fijen. Mindfulness busca hacerse consciente del proceso de pensamiento, pero no dejar de pensar.
- *Escapar del dolor o suprimir las emociones*: por el contrario, es aceptar que el dolor, el estrés y las emociones negativas son parte de la vida. Cuando se aprende a sintonizar con esas incomodidades que son ineludibles, las personas se liberan del malestar y el sufrimiento que genera su propia reacción y resistencia. Además, cuando se vuelven testigos de su vida interior, generan más conciencia de sus emociones, identificándolas como fenómenos pasajeros, y aumentando la capacidad para regularlas.
- *Una práctica de respiración:* algunas personas están acostumbradas a ejercicios en los cuales tienen que modificar su respiración. Si se produce un fenómeno de hiperventilación durante una práctica, probablemente sea porque se pretenda lograr respirar de una determinada forma, entonces, al respirar

en reiteradas ocasiones, bajan los niveles de dióxido de carbono en la sangre. En mindfulness se utiliza la respiración como objeto de la atención y ancla al presente, pero eso no lo convierte en un ejercicio de respiración.

- *Una práctica de relajación*: en la práctica de mindfulness no se tiene como objetivo la relajación, sin embargo, en muchas ocasiones la misma suele ser una consecuencia, motivo por el cual es tan considerada para abordar el estrés y los trastornos de ansiedad, entre otras problemáticas.
- *Convertirse a una religión*: como la mayoría de las prácticas de mindfulness derivan de tradiciones budistas, las personas pueden creer que les traerá conflicto con sus creencias religiosas. En occidente, el mindfulness surge en un contexto universitario, médico y científico, y no es propiedad de ninguna religión.
- *Una terapia alternativa:* porque no es alternativa al paradigma científico establecido. En muchas ocasiones es una terapia complementaria a otros tratamientos médicos o psicológicos.

Mecanismos de acción

A continuación, se describen una serie de mecanismos psicológicos, neurocognitivos y/o psicofisiológicos de acción que ayudarán a comprender el modo en que el mindfulness actúa en el organismo para lograr un mayor nivel de salud y mejorar la sintomatología psicológica. Se realizó una recopilación de los mecanismos sugeridos por otros investigadores (Tang *et al.*, 2015; Baer, 2003; Shapiro *et al.*, 2006) – aunque la descripción de los mismos es propia –, a los cuales propongo la adhesión de los últimos cuatro mencionados más abajo. Para la selección se tuvo en cuenta, sobre todo, la tangibilidad del mecanismo de acción, es decir, la susceptibilidad de medición, descartándose algunos más abstractos o que podrían subdividirse en mecanismos más concretos, como, por ejemplo, la mayor capacidad de *regulación emocional.*

Control atencional o *concentración:* incluye tanto a la atención selectiva como a la sostenida, y es la clave para la conexión con el momento presente. Cuando la atención se ancla a la respiración, por ejemplo, se fija en el momento presente. Cuando eso ocurre, la dispersión con pensamientos del pasado o el futuro es menos probable, lo que en muchas ocasiones se traduce en un incremento de la tranquilidad o en una respuesta de relajación. Es el primer paso hacia una conciencia más receptiva y/o expansiva. Además, como sugieren algunos investigadores (Hervás, Cebolla y Soler; 2016), puede considerarse que este mecanismo es la puerta de entrada al resto.

Descentramiento: capacidad metacognitiva que posibilita tomar distancia de los pensamientos, las emociones y las sensaciones físicas, y modificar la relación con dichos fenómenos privados; en lugar de dar por sentado que se equiparan a la realidad, se observan con meros eventos transitorios. Este mecanismo actuaría contrarrestando el enganche propio de la rumiación. La conciencia de que, por ejemplo, los pensamientos son pensamientos, y no la realidad, posibilita también el *insight* de que los juicios son construcciones que deforman la percepción o la interpretación de los hechos. Por ende, este mecanismo de acción estaría ligado íntimamente a la dimensión de *no enjuiciamiento* propia del mindfulness.

Desidentificación: proceso contiguo al descentramiento que disminuye la identificación –o posibilita la no identificación – con fenómenos mentales o psicobiológicos como los pensamientos, las emociones o el dolor. Además, resulta crucial en el proceso de *deconstrucción* o *aligeramiento del yo,* lo que se refleja en una disminución de la actividad en la *red neuronal por defecto,* y por ende también en el divague mental en torno a las preocupaciones que ponen al *yo* en el centro de la escena, y que provocan malestar emocional.

Consciencia corporal: surge como consecuencia de la atención al cuerpo y a las sensaciones físicas, y actúa directamente en una mejora de la identificación emocional. Dado que las emociones incluyen un componente físico, el aumento de conciencia corporal incrementa las posibilidades de su reconocimiento. El correlato neurológico se evidencia en un amento de tamaño en la región de la ínsula y en otras áreas somatomotoras.

Reevaluación cognitiva: estrategia mediante la cual se resignifica una situación o evento obteniendo como resultado un menor impacto emocional. Actúa en varios niveles durante la práctica de mindfulness, propiciando una serie de creencias claves inherentes a diversos procesos que facilitan la modificación cognitiva: 1) en la aceptación, promueve la idea de que *tolerar algo negativo en el corto plazo, puede resultar más saludable en el largo plazo*; 2) en la compasión, *estamos interconectados y ayudar a los otros contribuye a liberarme de mi sufrimiento;* 3) en la autocompasión, *mis equivocaciones se explican por el simple hecho de ser humano y merezco tratarme con amabilidad;* 4) en el descentramiento, *lo que mi mente dice sobre la realidad, no necesariamente es la realidad;* 5) en la desidentificación, *mi yo no es tan sólido y estable como creía.*

Reactividad emocional: una disminución de la alta sensibilidad emocional y la reacción intensiva hacia estímulos, así como una mayor recuperación del estrés, se evidencian en el plano cerebral no sólo por la reducción de la actividad amigdalar, sino también por una mayor conectividad entre la corteza prefrontal y la amígdala.

Exposición: mecanismo implicado activamente en el proceso de aceptación, por medio del cual se produce un acercamiento a las sensaciones físicas desagradables que se asocian a un estímulo aversivo. Durante la práctica formal de mindfulness, se obtiene un contexto seguro para llevar adelante esta aproximación, que se realiza mediante imaginería, y que obtendrá como consecuencia la modificación de pensamientos irracionales respecto de ese estímulo en cuestión

– que puede ser una emoción misma, como, por ejemplo, el miedo, la ansiedad o la angustia –, anulando la estrategia de evitación.

Inhibición de la respuesta: definida como la capacidad para frenar o suprimir de manera voluntaria, conductas prepotentes e inadecuadas para el contexto y los objetivos individuales (Diamond, 2016; Friedman & Miyake, 2004), se propone como un aspecto central en el proceso de aceptación y del mindfulness, teniendo en cuenta que, durante la práctica formal, el entrenamiento invita a observar los fenómenos privados – pensamientos, emociones y sensaciones –, incluyendo los negativos, sin reaccionar a ellos. En este sentido, puede concebirse también que el correlato neuronal supone que la activación de la amígdala se vea inhibida por influencias de la corteza prefrontal medial. Además, existen investigaciones que correlacionan positivamente el mindfulness con el control inhibitorio (Gallant, 2016; Jaiswal el al., 2018; Shin *et al.*, 2016; Vekety, Logemann y Takacs, 2020).

Afecto positivo: mecanismo que actúa fundamentalmente en sintonía con los procesos de compasión y autocompasión, reforzando los aprendizajes realizados en base a dichos procesos. Además, contribuye a deshacer los efectos de las experiencias estresantes y de las emociones negativas, y a fortalecer la resiliencia. Investigaciones demuestran la conexión existente entre la práctica de mindfulness – sobre todo enfocado en la compasión y la autocompasión – y la emocionalidad positiva (Fredrickson *et al.*, 2008; Hutcherson, Seppala, & Gross, 2008; Zeng *et al.*,2015). Otros datos evidencian la correlación de las emociones positivas con la práctica de la aceptación (Lindsay *et al.*, 2018).

Conducta prosocial: mecanismo de acción que también ayudaría a explicar fundamentalmente el aspecto compasivo del mindfulness. Se define como *actos voluntarios orientados a beneficiar a otras personas* (Caprara, Steca, Zelli, & Capanna, 2005), aumentando consecuentemente la probabilidad de generar una reciprocidad positiva, de calidad y solidaria en las relaciones interpersonales o sociales (Roche-Olivar, 1998). Un metaanálisis demuestra la relación del entrenamiento en mindfulness, la compasión y el desarrollo de conductas prosociales (Luberto *et al.*, 2018). El aspecto fundamental de la actuación de este mecanismo es que la orientación hacia los otros, contribuye en el *aligeramiento del yo*, reduciendo el afecto negativo, e incrementando el positivo.

Conciencia sensorial: un mecanismo crucial en la actuación del mindfulness. La atención en los sentidos y en la información que proveen, así como su agudización, no sólo posibilitan el ancla al presente, sino que fomentan una conciencia sin juicios y lo que se conoce como *mente de principiante.* Pero, además de ello, en ausencia de síntomas o padecimiento, explica también el incremento de disfrute y bienestar, que estaría íntimamente ligado, por ejemplo, al reconocido *savoring* o saboreo, un principio de la alimentación consciente. Algunas investigaciones correlacionan la práctica de mindfulness con una agudización en los sentidos, por ejemplo, respecto del tacto, (Miriams *et al.*, 2013), la visión (García Martín *et al.*, 2016) o el gusto (Arch *et al.*, 2016). A nivel cerebral, se sugiere un ligero aumento de lo que se conoce como la *especificidad cortical* propia de casa sentido (Davidson y Goleman, 1977).

Breve historia del Mindfulness

Para describir la historia del Mindfulness, podríamos destacar cuatro períodos trascendentales que influyeron para que la práctica se popularice a nivel mundial en los niveles que hoy conocemos, y que servirán de ayuda para que los psicoterapeutas contextualicen con propiedad los orígenes, así como las mutaciones que ha sufrido en función del contacto que fue tomando con el mundo occidental y las distintas disciplinas.

1) Los antecedentes milenarios: Buda y el Satipatthana *en oriente*

La enseñanza esencial de Buda, en el siglo V a.C., se resume en las famosas *Cuatro Nobles Verdades: 1)* la verdad del sufrimiento, 2) la verdad del origen del sufrimiento, 3) la verdad del cese del sufrimiento, y 4) la verdad del camino que conduce al fin del sufrimiento. La cuarta verdad incluye al Óctuple sendero, es decir, la vía que lleva al cese del sufrimiento: 1) correcta visión o entendimiento, 2) correcto pensamiento, 3) correcto hablar, 4) correcta acción, 5) correctos medios de vida, 6) correcto esfuerzo, 7) correcta atención, y 8) correcta concentración. En palabras de Pániker (2018), los últimos tres constituyen el bloque meditativo, de mayor popularidad en occidente. Ahora bien, puntualmente es el precepto número 7, *correcta atención*, lo que se conoce antiguamente como *smriti,* en sánscrito, también *sati* en la versión pali, o en su traducción inglesa *mindfulness*. Este bloque meditativo, conforma el entrenamiento mental mediante el cual se logra la compresión profunda y la superación del sufrimiento; y *Satipatthana,* "el establecimiento de la conciencia plena", es el nombre del famoso *Sutra* –discurso dado por Buda – sobre cómo establecer el modo de concentración y atención necesarios para enfocarse hacia la *liberación,* el *despertar* o el *nirvana.* Allí describe cuatro fundamentos de la atención: atención al cuerpo, atención a los sentimientos, atención a los estados mentales, y atención al *dharma*.

La palabra *vipassana* – en pali – también resulta importante para descifrar el contexto histórico inicial referido al mindfulness. Significa *ver las cosas tal como son*, y es considerada por el budismo Theravada como una técnica de meditación esencial en las enseñanzas del Buda – *el despierto* –. En la actualidad, las palabras *vipassana* y *mindfulness* pueden ser utilizadas de forma casi sinónima. De hecho, al igual que ocurre con mindfulness, la palabra sirve para describir una técnica de meditación o una cualidad de la mente. Por ejemplo, se podría afirmar que, para lograr *vipassana,* o una *visión penetrante*, es necesario de la práctica de *Satipatthana – establecimiento de la conciencia plena –*.

Respecto a la expansión del budismo en oriente, pueden destacarse algunos movimientos (Rovner, 2011): nace en el norte de la India hasta llegar a ser la religión predominante en la India en el siglo III a.C. En ese siglo, el emperador Asoka la declara la religión oficial y envía embajadas de monjes budistas a todo el mundo conocido entonces. No será hasta el siglo VII d.C. en que iniciará su declive en su tierra de origen, pero para ese entonces ya se habría expandido a muchos territorios. En su camino al norte irá hasta Tíbet, China, Manchuria y Mongolia. En su marcha hacia el este llega a China, para luego hacer aparición en Japón y Corea. Simultáneamente, hará un recorrido hacia el sur, hasta Sri Lanka y a los países del sudeste asiático: Vietnam, Laos, Birmania, Camboya y Tailandia. En el contacto con las diferentes regiones, nacerán diversas corrientes de budismo.

Si bien el budismo puede ser considerado una religión, también constituye un sistema filosófico, y hasta puede pensarse como una práctica psicoterapéutica; y sus puntos de convergencia con la ciencia occidental propician que, con mayor frecuencia, se estudien sus conceptos más importantes. En palabras del monje budista y doctor en filosofía Henepola Gunaratana (2012): "*la práctica budista es una investigación continua de la realidad, un análisis microscópico del proceso de percepción. Su intención apunta a descorrer el velo de mentiras e ilusiones, a través del cual contemplamos el mundo, hasta poner de relieve el rostro de la realidad última*".

2) Mindfulness en occidente: maestros, turistas e importadores

Se podría contextualizar este punto en el siglo XX, y para graficar la expansión del mindfulness en occidente pueden destacarse la presencia de tres figuras: 1) maestros orientales que influyeron en occidente; 2) turistas americanos en la India – me refiero puntualmente a profesionales de la salud o investigadores – que asistieron a monasterios, clases y retiros de meditación; 3) importadores que, además de viajar a la India, realizaron grandes esfuerzos por impulsar el mindfulness en occidente, por ejemplo, inaugurando centros de meditación.

En primer lugar, entre los maestros más influyentes, cabe recordar a D.T. Suzuki, considerado un erudito y escritor que difundió el budismo zen en todo el mundo. Publicó numerosos libros, disertó en Universidades prestigiosas como Harvard y Cambridge – ya en la década de 1930 –, e introdujo a varias generaciones de occidentales en el universo del budismo. Es una figura importantísima en la configuración de lo que actualmente se denomina *budismo moderno*, y que nace del contacto con el mundo occidental. Entre 1952 y 1957 impartió clases en la Universidad de Columbia, Nueva York. En 1960, y como fruto del creciente interés de los psicoanalistas por el budismo zen, escribió junto a Erich Fromm, el libro "*Budismo Zen y Psicoanálisis*", que se produce como resultado de un seminario impartido en 1957, marcando así un antecedente crucial del intercambio entre el budismo y el campo de la psicoterapia. De hecho, Pániker (2018) afirma que el budismo se hizo realmente popular en Occidente cuando interactuó con las corrientes de psicoterapia.

Otro de los grandes maestros que ejerció influencia en occidente es, sin dudas, el vietnamita Thich Nhat Hanh, considerado un líder espiritual mundial, poeta y activista por la paz. Por su oposición a la guerra, fue un refugiado político en Francia. Allí fundó *Plume Village,* en 1982, un centro de meditación que hoy conforma el monasterio budista más grande de Europa, con más de 200 monjes. Antes de eso, ya había escrito una extensa obra – que hoy asciende a más de 100 libros – sobre meditación, atención plena, budismo, poemas, cuentos infantiles y comentarios sobre textos budistas antiguos. En 1961 comienza a enseñar en las Universidades de Columbia y Princeton. En 1967, fue nominado por Martin Luther King para el Premio Nobel de la Paz. En 1974, escribió el libro *El milagro del Mindfulness,* 5 años antes de que Kabat-Zinn desarrollara el MBSR, y 16 años antes de que publicara su primer libro, *Vivir con plenitud las crisis,* del cual Thich Nhat Hanh (1990) escribió en el prefacio:

> "...El libro puede ser descrito como la puerta que se abre al *Dharma* (desde el lado del mundo) y al mundo (desde el lado del *Dharma).* Cuando el *Dharma* se hace cargo real de los problemas de la vida, se trata de auténtico *Dharma*".

Además, en el apartado de *Agradecimientos,* Kabat-Zinn (1990) escribe:

> "A Thich Nhat Hanh, por su amabilidad, por su inquebrantable compromiso en sanar las profundas heridas psíquicas de la guerra de Vietnam, así como aquellas que sufrimos por el mero hecho de estar vivos, por el título del capítulo 8 -procedente de *El milagro del Mindfulness-* y por sus amables enseñanzas sobre la atención plena y el sosiego..."

Un tercer maestro de trascendental importancia que sería propicio mencionar está directamente vinculado a la figura de *turistas.* S. N. Goenka, crucial también en la construcción del budismo occidental y laico, comenzó a impartir en la India los reconocidos cursos de 10 días en meditación V*ipassana,* que hoy cuentan con una extensa red de centros en el mundo. Lo que se inició con millares de occidentales viajando a la India a realizar *turismo espiritual,* quienes concurrían a los retiros de Vispassana, fue convirtiéndose progresivamente en un movimiento mundial. Y es en este punto donde podemos destacar a figuras como Daniel Goleman, Sharon Salzberg, Joseph Goldstein, Jack Kornfield, por mencionar algunos.

Daniel Goleman, reconocido a nivel mundial por su libro *La inteligencia emocional,* fue en realidad uno de los psicólogos pioneros en investigar la meditación, lo cual contribuyó a su divulgación en Estados Unidos. En 1970, siendo profesor en Harvard, consigue una beca para viajar a la india. Entre las distintas actividades que lleva a cabo, realiza cinco cursos seguidos dirigidos por Goenka, sumergiéndose de lleno en ese método de meditación. En 1973 publica el libro *La meditación y los estados superiores de consciencia.* Sharon Salzberg, por su parte, famosa por la difusión en occidente de la meditación *metta,* se encontraba en 1970 en la India, al igual que Goleman, pero realizando un estudio independiente para la Universidad Estatal de Nueva York. Además de instruirse en vipassana, el método de "bondad amorosa" - metta - también le fue enseñado por Goenka.

Cuando Goleman estaba en la India, se encontraba allí desde hacía ya cuatro años estudiando en un monasterio otra de las figuras esenciales para la expansión del mindfulness en occidente: Joseph Goldstein, quien se convertiría en uno de los primeros maestros americanos de vipassana. Goldstein escribió numerosos libros, pero el primero de ellos fue en 1976 – 3 años antes de que Kabat-Zinn desarrollara el MBSR – y se titulaba *La experiencia de la percepción: una guía simple y directa para la meditación budista.* Jack Kornfield entra en contacto con Goleman, en 1971, en la Massachusetts Psychological Association, cuando este retorna de su viaje a la India y es invitado a dar una conferencia. Era un joven graduado de psicología que había pasado varios años como monje en Tailandia estudiando meditación y se presenta, al finalizar la charla, demostrando intereses similares (Goleman y Davidson, 2017). Creía que la meditación también podría adaptarse a la psicoterapia.

Y he aquí, quienes también se convierten en *importadores*, porque en 1975, Goldstein, Salzberg y Kornfield fundan en la ciudad de Massachusetts la *Insigth Meditation Society,* convirtiéndose en uno de los centros de meditación más antiguos y respetados del mundo occidental. La fundación de este centro debe ser considerado un hecho trascendental en la expansión del budismo, la meditación y el mindfulness en occidente. Así también reconocido por figuras del budismo oriental, quien más se destaca entre sus visitantes, el Dalai Lama en 1979– quien, por cierto, también es uno de los maestros orientales de gran magnitud para el intercambio con la ciencia occidental –. Por aquí van a pasar en calidad de alumnos grandes figuras, como Mark Epstein – psiquiatra y autor, cuyos trabajos integran la visión del budismo y el psicoanálisis –, Ronald Siegel, referente internacional en mindfulness de la escuela de medicina de Harvard, y el mismísimo Jon Kabat-Zinn, quien afirma haber tenido la *visión* del MBSR en 1979 durante un retiro de vispassana organizado por la *Insight Meditation Society* (Kabat-Zinn, 2011).

3) Mindfulness en salud: Kabat-Zinn y el MBSR

Se me ocurrió en ese momento fugaz de la tarde en la Insight Meditation Society que sería una digna obra simplemente compartir la esencia de las prácticas de meditación y el yoga tal y como las había aprendido y practicado hasta aquel momento durante 13 años, con aquellas personas que nunca vienen a un lugar como IMS o a un Centro de Zen, y que, por tanto, nunca podrían descubrir esta esencia a través de las palabras y las formas tal y como se empleaban en aquellos días en los centros de meditación o de yoga, que eran pocos y distantes entre sí, y además muy ajenos (Kabat-Zinn, 2011).

Lo descripto en los períodos anteriores debe tomarse como el contexto socio histórico en el cual Jon Kabat-Zinn desarrolla el MBSR. Por ejemplo, no es de sorprender que, dado que el budismo Theravada, del cual proviene vispassana –donde hunde sus raíces la *Insigth Meditation Society* –, y el budismo zen hayan sido los más impulsados en el mundo occidental, sean también los de mayor influencia para la creación del MBSR. Kabat-Zinn fue alumno del maestro Zen coreano, Seung Sahn, pero, además, llegó a ser director del Centro Zen de Cambridge, además de impartir clases de yoga. Previo a todo eso, se había doctorado en el Massachusetts Institute of Technology – MIT –, bajo la dirección del biólogo molecular y Premio Nobel de Medicina Salvador Luria. En 1976 fue a trabajar a la Escuela de Medicina de la Universidad de Massachusetts, de la cual es profesor emérito.

Sin lugar a dudas, el gran mérito de Kabat-Zinn fue introducir el mindfulness en el contexto médico. Para eso, tuvo que saber emplear una serie de términos y conceptos adecuados que logren solapar inteligentemente las enseñanzas budistas y se adapten al marco de la ciencia. Si bien puede ser juzgado por descontextualizar, es importante reconocer la bondad de su obra, dado que, a sabiendas de que su proyecto podría ser rechazado por no reformar algunos términos y rescatar la esencia práctica, obró y contribuyó para que millones se vean beneficiados. Los inicios del MBSR ocurrieron en 1979, en la Escuela de Medicina de la Universidad de Massachusetts, donde, luego de reunirse con los médicos directores de atención primaria, dolor y clínica ortopédica, acordaron que serían derivados los pacientes con dolor crónico que podrían ser ayudados por este reciente programa para reducir el estrés que incluía meditación y yoga. El programa MBSR tuvo gran aceptación en la comunidad médica desde el mismo año de su creación, lo que se vio reflejado, por ejemplo, en la sugerencia del Jefe de Medicina para que se convirtiera en parte del Departamento de Medicina del Hospital. Unos pocos años después de la creación del MBSR, una vez establecido en el hospital, se puso nombre a la *Clínica de Reducción de Estrés*, haciendo hincapié en que se trataba de un servicio clínico en el Departamento de Medicina.

Algunas de las características del MBSR son las siguientes: transcurre a lo largo de 8 sesiones semanales de entre dos y dos horas y media, además de un día de retiro de 7 u 8 horas; se administra en grupos de hasta 30 personas de media; se compromete a los participantes a practicar 45 minutos diarios; se ofrecen audios con las prácticas para que los participantes puedan ser guiados en casa; incluye la práctica de escáner corporal, meditación sentada, *hatha yoga*, práctica de la pasa y práctica de los tres minutos. También se realizan prácticas informales dirigidas a enfocar la atención en actividades rutinarias como andar, estar de pie o comer (García Campayo y Demarzo, 2018). Según Goleman y Davidson (2017), el MBSR se halla en la cúspide de las prácticas meditativas que superan el escrutinio científico. Tras cuatro décadas desde su origen, un creciente número de investigaciones reportan su eficacia para reducir el estrés, la depresión y la ansiedad, mejorar la calidad de vida y el funcionamiento tanto a nivel físico como mental en una serie de trastornos como el dolor crónico, las enfermedades cardiovasculares, el cáncer, la depresión y los trastornos de ansiedad (Gotink *et al.*, 2015; Khoury *et al.*, 2015). Sin dudas, es el protocolo basado en mindfulness con mayor aval científico, y haber demostrado su validez constituye el cimiento para que su propagación haya sido posible en todo el mundo.

En 1990 Jon Kabat-Zinn publica *Vivir con plenitud las crisis*, libro que intenta capturar la esencia y el espíritu del MBSR, y lo hace reconocido a nivel mundial. Luego publica otros catorce libros que se traducen en más de 45 idiomas, así como una serie de artículos académicos sobre MBSR. En 1995 funda el *Center for Mindfulness in Medicine, Health Care and Society*, y actualmente el MBSR se ofrece aproximadamente en más de 700 hospitales y centros médicos de todo el mundo.

4) Mindfulness en Psicoterapia

Si seguimos la línea histórica que acabamos de trazar hasta ahora, puede afirmarse que el paso siguiente es la comunión del MBSR con la Terapia Cognitiva. Y, aunque ello ocurrió de manera directa, no pueden dejarse de lado otros antecedentes, entrecruzamientos e implementaciones del mindfulness a la psicoterapia que son también de crucial relevancia. Y es que, en la década del 1990, se producen en realidad, una serie de eventos en simultáneo, lo que nos indica que los esfuerzos por integrar el mindfulness u otros aportes budistas al campo de la psicoterapia eran parte de algo más amplio que tenía que ver con las necesidades del contexto occidental. Evidentemente, las limitaciones del sistema médico que evidenció Kabat-Zinn, también fueron advertidas en el campo de la terapia psicológica, lo que impulsaba a los investigadores a creer en el mindfulness como una potencial herramienta complementaria.

La Terapia Dialéctico-Conductual – DBT – fue desarrollada por Marsha Linhean (1993), y se centra en el abordaje de la desregulación emocional. Surge como tratamiento para los pacientes con trastorno límite de la personalidad, y es considerada la más eficaz para dicho padecimiento. Linehan, quien también había incorporado la práctica de budismo zen – en la dedicatoria de su libro *Manual de Tratamiento de los Trastornos de Personalidad Límite* se refiere a su maestro zen Willigis Jager (Ko-un Roshi): *gracias por enseñarme vuestras "acertadas habilidades"* –, desarrolla un modelo de terapia que se apoya en cuatro pilares; 1) habilidades de mindfulness; 2) habilidades de efectividad interpersonal, 3) habilidades de regulación emocional, y 4) habilidades de tolerancia al malestar. En su libro señala que las habilidades de mindfulness son una parte fundamental de la terapia y que son las primeras habilidades en ser enseñadas.

Estas habilidades son versiones psicológicas y conductuales de prácticas espirituales orientales. Las he extraído fundamentalmente del zen, pero son compatibles con la mayoría de las prácticas contemplativas occidentales (Linehan, 1993).

Resulta que, en 1991, Linehan transcurre parte de un año sabático junto a John Teasdale y Mark Williams en la Unidad de Psicología Aplicada del Consejo de Investigación Médica en Cambridge, Inglaterra. En su estadía, argumenta la implementación del mindfulness en su modelo de terapia, haciendo énfasis en el concepto de defusión, y menciona a Jon Kabat-Zinn. A partir de ese momento, estos terapeutas cognitivos, motivados por el enfoque MBSR para cultivar la defusión, y pensando en lo positivo que esto podría ser para los pacientes que habían cursado un episodio depresivo, inician el contacto con la Clínica de Reducción del Estrés en Massachusetts. En octubre de 1993, Zindel Segal (de origen ucraniano y residente en Canadá), John Teasdale y Mark Williams (ambos del Reino Unido) visitan los Estados Unidos para asistir a sus clases, impartidas por el mismo Kabat-Zinn. Cabe aclarar que los tres ya eran en ese momento destacados investigadores e impulsores de la Terapia Cognitiva. Después de eso, el enfoque que progresó hacia lo que hoy conocemos como MBCT – Terapia Cognitiva basada en Mindfulness – se denominaría, en primer lugar, como *Entrenamiento en el control de la atención*. La investigación sobre cómo el MBSR podría articularse a la terapia cognitiva para ayudar a prevenir recaídas en depresión continuó, y en 1995 volvieron a viajar a la Clínica de Reducción del Estrés. Se dieron cuenta que el nombre no reflejaba la esencia del abordaje, y así nació la *Terapia Cognitiva basada en Mindfulness* (Segal, Williams y Teasdale, 2002), que bien demuestra una clara articulación entre el MBSR, herramientas provenientes de la terapia cognitiva, y psicoeducación para prevenir recaídas en depresión.

De todas maneras, es interesante mencionar otro curioso dato sobre la integración del Mindfulness y la Terapia Cognitiva, que es considerada por algunos como el primer atisbo de aproximación entre ambas (Goleman y Davidson, 2017). A mediados de los ochenta, Tara Bennett-Goleman – la esposa de Daniel Goleman –, que llevaba años practicando la meditación vipassana de forma intensiva, dio clases de mindfulness a Aaron Beck y su esposa, dado que esta última debía someterse a una operación, y creyeron que podrían beneficiarse de la práctica de mindfulness para prepararse mentalmente. Aaron Beck había oído de Tara por su discípulo Jeffrey Young, con quien ella estaba formándose. Lo cierto es que Tara Bennett-Goleman, en el 2001, publica el primer libro que integra la terapia cognitiva y el mindfulness, titulado *La alquimia emocional: los poderes de la atención consciente* (Bennett-Goleman, 2001).

Otro recorrido trascendental, que deviene entre los 80 y 90, es el de Steven Hayes, Psicólogo y Profesor en la Universidad de Nevada, que desarrolla la Teoría del Marco Relacional, y sobre la que se apoya su también reconocida *Terapia de Aceptación y Compromiso – ACT –*. Este modelo terapéutico, de gran reconocimiento en la comunidad científica americana debido al respaldo basado en evidencias, propone que, la base de los problemas psicológicos, se encuentran en el lenguaje, haciendo inevitable que en ciertas condiciones surjan pensamientos y sensaciones que puedan vivirse como molestos. El término de *flexibilidad psicológica* cobra un aspecto central en esta terapia, y la misma se despliega a partir de seis procesos claves: defusión, aceptación, atención flexible al momento presente, *yo* como contexto, valores y compromiso de acción (Hayes, Strosahl y Wilson; 1999). El mindfulness ocupa un protagonismo esencial en este enfoque, en la medida que favorece la flexibilidad y la aceptación de los fenómenos internos displacenteros, propios de las elecciones comprometidas que realiza el ser humano para su crecimiento y desarrollo, y sirve de alternativa a la evitación experiencial.

Steven Hayes pone en circulación el término de *terapias de tercera generación* para referirse a un grupo de enfoques cognitivos-conductuales que se despliegan luego de la primera y segunda generación –terapias puramente conductuales y terapias cognitivo-conductuales centradas en la modificación de pensamientos – entre las cuales se incluyen la DBT, MBCT y ACT. Asegura que la entrada del mindfulness en la comunidad de terapia del comportamiento es una de las características más notables de la "tercera generación" de tratamientos cognitivos y conductuales, y las define de la siguiente manera (Hayes, 2004):

Basadas en principios empíricos, las terapias de tercera generación son sensibles al contexto y a la función de los fenómenos psicológicos, y no solo a su forma, y enfatizan las estrategias de cambio contextuales y experienciales, además de otras más directas y didácticas. Estos tratamientos buscan construir repertorios amplios, flexibles y eficaces, más que una aproximación restringida a un problema definido. La tercera generación reformula y sintetiza generaciones previas de TCC y las proyecta hacia delante, contestando cuestiones, temas y dominios que habían sido abordados previamente por otras tradiciones, esperando mejorar tanto su comprensión como sus resultados.

Antes de cerrar este período, se hace imprescindible mencionar algunas figuras que contribuyeron al entrecruzamiento del mindfulness y la psicoterapia, como, por ejemplo:

Ronald Siegel, psicólogo y profesor en la Escuela de Medicina de Harvard, quien escribió el capítulo 2 de este libro, publicó, junto a Germer y Fulton, una obra clave para la difusión del mindfulness entre los psicoterapeutas que se titula *Mindfulness y Psicoterapia* (2005). Siegel logra plasmar en sus escritos, incluyendo los de divulgación, la integración del mindfulness y la psicología occidental, lo cual se refleja, por ejemplo, en el abordaje de las emociones difíciles.

Ruth Baer, Profesora de psicología en la Universidad de Kentucky, cuya definición del mindfulness es bastante popular en el contexto de la psicoterapia, publicó el libro *Técnicas de tratamiento basadas en mindfulness*, de primera edición en 2006 y segunda edición ampliada en 2014. Además, es autora de la escala Five Facet Mindfulness Questionnaire (Baer *et al.*, 2006).

Christopher Germer, profesor en Harvard que, además de publicar el libro de *mindfulness y psicoterapia* junto a Ronald Siegel, entre otros, desarrolló con Kristin Neff – pionera en el estudio de la autocompasión, doctora en psicología y profesora en la Universidad de Berkeley – el reconocido Programa de Mindfulness y Autocompasión – MSC –.

Daniel Siegel, famoso por su libro *best seller* de divulgación *El cerebro del niño,* es un psiquiatra y Pediatra, profesor en la UCLA, y autor de numerosos libros, entre ellos, *The mindful therapist* (2010), en donde, además de explicar los correlatos cerebrales de las distintas aristas del mindfulness, y basándose en la teoría del apego, resalta la importancia del mindfulness para reflexionar sobre la historia personal como aspecto clave para vivir en el presente, y para evitar sesgos mientras se lleva adelante el proceso de psicoterapia.

Mark Epstein, que fue mencionado con anterioridad, es considerado un precursor en la fusión de la terapia psicodinámica y la psicología budista. Autor del libro *Pensamientos sin pensador* (1995), contribuyó al debate acerca de cómo la psicología occidental podría verse beneficiada por las tradiciones contemplativas de oriente.

Daniel Goleman, que en 1971 publicó un artículo titulado *La meditación como metaterapia*, que, si bien no despertó ningún interés entre los terapeutas, tuvo de alumno a Mark Epstein en Harvard, quien le pidió que sea su tutor para un proyecto de psicología budista. Luego publicaron juntos el artículo *Meditation and well being: An Eastern model of pscyhological health – Meditación y bienestar: un modelo oriental de salud psicológica* (1980).

Y sin dudas, un sinfín más que representan un movimiento amplio de psicoterapeutas que fusionan, de diversas maneras, los avances de la psicología occidental, las neurociencias y las perspectivas orientales o basadas en mindfulness.

Las paradojas del Mindfulness

Es interesante reconocer las paradojas que existen respecto de la esencia del mindfulness para comprender con mayor exactitud de qué se trata. Shapiro, Siegel y Neff (2018), referentes de renombre en el mundo académico del mindfulness internacional, describen cuatro paradojas que contribuyen a especificar los procesos implícitos en el desarrollo de la atención plena;

1) Aceptación vs. Cambio: cuando se practica mindfulness, se toma conciencia de que el sufrimiento proviene del deseo de que las cosas sean diferentes a como son. Ante momentos de adversidad, se produce una reacción automática de resistencia o lucha, entonces, es lógico pensar que quienes se acercan a practicar mindfulness lo hacen porque en realidad quieren cambiar algo de sus vidas, debido al sufrimiento que experimentan. Desde la perspectiva del mindfulness, ese cambio ocurre como consecuencia de la aceptación. A veces, los pacientes creen que la aceptación es resignarse o alentar un sufrimiento innecesario. Por el contrario, la aceptación se practica porque esa incomodidad ya está ocurriendo, y no puede ser modi-

ficada por la persona que la padece, no está a su alcance, y cuando intenta modificarla, termina sufriendo más. Entonces, en la medida en que ocurre un proceso de aceptación, el paciente puede ser consciente de su reacción a esa incomodidad, mediante lo cual abre así su campo de posibilidades, tiene más opciones para elegir a voluntad en función de sus necesidades, y paradójicamente, eso lo lleva a un cambio. Ese cambio ocurre en la relación de la persona con su sufrimiento, tomando como punto de partida la idea de que esa reacción de resistencia a la incomodidad es la que genera más incomodidad. Entonces la aceptación tiene el potencial para liberar del sufrimiento que genera la reacción de lucha al sufrimiento. Una persona no puede controlar el tráfico, por ejemplo, pero puede controlar su reacción al tráfico; mientras más se resista a esa realidad, más sufrirá.

Sin embargo, hay algo que sigue siendo contradictorio; la práctica de mindfulness busca el ejercicio constante de la aceptación del momento presente tal como es, pero al mismo tiempo, el mindfulness como entrenamiento implica un progreso a futuro. ¿Cómo solucionar la paradoja? Para Harris (2014), el mindfulness no debe abordarse como una práctica compulsivamente productiva de superación personal, sino como una capacidad para comprometerse con el momento presente, confiando en que los procesos se desplieguen con naturalidad, sin intentar fabricar nada, y así cambiando entonces de la autosuperación a la autoliberación. Tal vez, las personas que se acercan al mindfulness con la esperanza de reducir el estrés, por ejemplo, terminan encontrando algo mucho más liberador y transformador.

2) Escape vs. Compromiso: la meditación mindfulness puede constituir un refugio de paz en medio de la caótica rutina diaria. Se cierran los ojos, y se toma consciencia del momento presente, y al tomar distancia de los incesantes estímulos del mundo externo, se encuentra un poco de tranquilidad. Lógicamente, eso tiene sentido cuando es necesario, pero a la vez es importante comprender que la intención del mindfulness no es retirarse de la vida, sino participar en ella de una forma más plena e íntima. Es decir, existe el riesgo de que las personas utilicen el mindfulness como mecanismo de defensa, dado que los primeros pasos de los ejercicios se centran en la concentración – fijando la mente a un objeto –, dispone del potencial para fomentar una estrategia evasiva de la realidad. La paradoja se resuelve cuando se recuerda que el "refugio de paz" viene acompañado del compromiso de abrazar la vida en su totalidad, incluyendo tanto los momentos alegres como dolorosos. Esto quiere decir que el mindfulness puede propiciar un estado de tranquilidad y distancia del mundo, pero la intención es la de volver a ese mundo con nuevas perspectivas, habilidades o vías neuronales. La atención plena ayuda a las personas a encontrar un centro profundo y una conexión a tierra dentro de sí mismos en medio de la locura emocional. Aprenden a ir hacia adentro, a encontrar un santuario del caos del mundo externo y de la propia reactividad, y las vuelve capaces de ganar perspectiva sobre el caos sin despegarse de él. Entonces, es necesario tener un cuidado especial para encontrar el equilibrio correcto entre refugio de, y contacto con las emociones difíciles, para que el compromiso con la experiencia, no deje de ser la intención primordial durante la práctica.

3) Esfuerzo vs. No esfuerzo: cuando alguien se inicia en la práctica del mindfulness, recibe algunas indicaciones que pueden resultar contradictorias. Por un lado, la invitación a enfocarse en un objeto de atención, como puede ser la respiración, debido a que se comienza cultivando la concentración. Por otro lado, la indicación de que cuando la mente divague, distrayéndose con pensamientos, por ejemplo, debe permitirse que esos contenidos vayan y vengan, sin intentar detenerlos – sin esfuerzo –, simplemente dirigiendo nuevamente la atención a la respiración. ¿Pero cómo es posible permitir que surja lo que surge, sin esforzarse por cultivar un particular estado de la mente, si al mismo tiempo hay que enfocarse en un objeto de atención? ¿eso no requiere de un esfuerzo? ¿cómo es posible poner esfuerzo en la práctica de mindfulness sin esforzarse? La paradoja se resuelve mediante la búsqueda de un término medio entre ambos polos – esforzarse demasiado/indiferencia por la práctica –: esa tercera orientación se trata de una *atención alerta y relajada*, que requiere esfuerzo para desarrollarse, pero no persigue ninguna meta. Consiste en una búsqueda del término medio porque generalmente, para encontrarlo, el practicante desbarranca hacia uno de los polos, para así darse cuenta de que tiene que regresar al camino del medio. Entonces, si está esforzándose demasiado, quizás se frustra y abandona la práctica, pero si no se esfuerza, quizás no hay práctica de mindfulness. Una atención alerta y relajada, incluye autocompasión, lo que posibilita al practicante apoyarse en sí mismo mientras aprende la difícil habilidad de la atención plena, al tiempo que tolera los tropezones que da cuando se vuelca hacia alguno de los polos.

4) Yo vs. No-Yo: aparentemente, la práctica de mindfulness parece estar muy centrada en uno mismo. El practicante está observando su experiencia interna, y no hace nada productivo por nadie, como si fuese un proyecto de superación personal. Sin embargo, uno de los frutos de la atención plena para las tradiciones budistas, es darse cuenta de la ilusión de un yo separado. Entonces, ¿cómo es posible que prestar atención a nuestras experiencias nos lleve a ver que no existe un yo sustancial, estable y separado? Una de las primeras percepciones que se tienen durante la práctica es que la mente genera pensamientos todo el tiempo, y que la mayoría de esa "charla interna" tiene al yo mediante. Pero con el paso del tiempo, a medida que se lleva repetidamente la atención a la respiración, u otra experiencia sensorial del momento presente, se comienza a ver a la conciencia como un caleidoscopio cambiante de sensaciones e imágenes, narradas regularmente por los

pensamientos, que también surgen y pasan. Entonces la atención pasa de la respiración, a un sonido, a un picor, a un recuerdo o a una fantasía futura. Y en medio de toda esa actividad, el practicante se da cuenta de que no hay un "yo" estable, coherente y separado, sino más bien un constante flujo de cambios en los contenidos mentales. En la medida en que el practicante se vuelve más consciente de esto, menos se preocupa por su "yo", lo que deviene en menos estrés y mayor regulación emocional. Si, por ejemplo, Juan está enojado con María – " 'yo' no puedo creer que hayas hecho eso" –, pero, tiene la capacidad de observar la naturaleza insustancial de su yo, y experimenta su conciencia como un proceso impersonal con sensaciones, pensamientos y sentimientos desarrollándose momento a momento, eso le dará espacio para no reaccionar tan automáticamente, y quizás pueda, por el contrario, considerar otras perspectivas y estar menos a la defensiva. Entonces, en el proceso de prestar atención cuidadosamente a la propia experiencia interna, el meditador encuentra paradójicamente que "*no hay nadie en casa*", es decir, No-Yo.

Neurociencia del Mindfulness

Cuando hablamos de los efectos que genera la práctica del Mindfulness en el cerebro, es importante considerar a dos grandes investigadores en la materia. Por un lado, a Sara Lazar, de la Escuela de Medicina de Harvard, quien demostró por primera vez, en el 2005, que la meditación engrosa ciertas partes del cerebro. Por otro lado, a Richard Davidson, quien descubrió junto a su equipo que los meditadores expertos –monjes tibetanos en su mayoría– sostienen un incremento de las ondas cerebrales gamma.

Utilizando imágenes de resonancia magnética, el grupo de Sara Lazar (2005) descubrió que, en comparación con los no meditadores, las regiones cerebrales ligadas a la atención, la interocepción y el procesamiento sensorial – corteza prefrontal e ínsula anterior derecha – de los meditadores fueron más gruesas.

Casi una década después, Kieran C.R. Fox y su equipo (2014) realizan un metaanálisis, y tras analizar 21 estudios científicos de neuroimagen, confirman que las áreas cerebrales que parecen aumentar con la práctica son: A) la ínsula, que integra información proveniente de las sensaciones corporales ligadas a procesos emocionales y cognitivos; B) partes de la corteza prefrontal, que trabaja al prestar atención y durante la metaconciencia; C) regiones de la corteza cingulada, fundamentales para la autorregulación emocional; D) la corteza orbitofrontal, que también forma parte del cableado de la autorregulación; E) áreas somatomotoras, ligadas al aumento de la conciencia corporal.

Sin embargo, Kieran C.R. Fox y su equipo (2014) advierten en sus conclusiones que el sesgo de publicación y las limitaciones metodológicas constituyen preocupaciones importantes, por lo cual se requiere de más investigación utilizando métodos rigurosos para vincular definitivamente la práctica de mindfulness con las alteraciones en la morfología cerebral.

Por su parte, el equipo de Richard Davidson (Ferrarelli *et al,* 2013), de la Universidad de Wisconsin, se llevó una gran sorpresa cuando descubrieron el incremento de las ondas cerebrales gamma que presentaban los meditadores expertos, incluso cuando dormían. Estas ondas, que se manifiestan ocasionalmente y durante períodos muy breves en personas normales y corrientes, se asocian a la atención, la concentración, la autoconciencia y la comprensión de ideas. Son las ondas cerebrales más rápidas y se producen cuando distintas regiones cerebrales trabajan armónicamente, por ejemplo, en el momento en que alguien descubre un acertijo.

El laboratorio de Richard Davidson (Kral *et al.*, 2018) también demostró que los meditadores avanzados presentan una menor reactividad amigdalar, lo que se traduce en una mayor inmunidad al desborde emocional. Sus cerebros contaban con una mayor conectividad operativa entre la corteza prefrontal – que regula la reactividad – y la amígdala – que desencadena esas reacciones. Es decir que, cuando mayor es el vínculo entre la corteza prefrontal y la amígdala, menor es la reactividad y mayor la regulación emocional. La investigación también demostró que, si bien un entrenamiento en MBSR es capaz de reducir la reactividad de la amígdala, son los meditadores avanzados quienes presentan, además de una menor reactividad amigdalar, la mayor conectividad entre corteza prefrontal y amígdala. Es decir que, ante situaciones estresantes, los meditadores avanzados demostrarán más capacidad para gestionar sus emociones, que quienes sólo han recibido un entrenamiento en mindfulness de 8 semanas.

Otro descubrimiento importante sobre el efecto de la meditación en el cerebro fue llevado a cabo en la UCLA, donde se pudo identificar que la práctica de mindfulness enlentece el encogimiento habitual del cerebro que acompaña al envejecimiento. Las conclusiones de la investigación señalan que el cerebro de los meditadores es, a los 50 años, unos 7,5 años más joven que el de los no meditadores de la misma edad. Pero, además, por cada año que supera los 50, el cerebro de los practicantes es 1 mes y 22 días más joven. Todo parece indicar que la meditación contribuye a conservar el cerebro, ralentizando su atrofia.

Respecto a la neurociencia del *Anatman,* término sánscrito que refiere a la insustancialidad del yo, y cuya toma de conciencia es fundamental para liberarnos del sufrimiento, se realizaron hallazgos que son verdaderamente importantes. En el contexto budista en el que surge la práctica de mindfulness, el *desapego del yo* constituye el objetivo fundamental, y para Buda, el yo se asemejaba a un carro; lo forman las ruedas, los ejes, el yugo y demás partes, pero algo inexistente las mantiene unidas. De la misma manera para la ciencia cognitiva, afirman Goleman y Davidson (2017), una cantidad de subsistemas neurales entrelazados —entre otros, los que generan nuestros recuerdos, percepciones, emociones y pensamientos— hacen posible nuestro sentido del ser, pero cualquiera de ellos por sí mismos sería insuficiente para producir la sensación de un *yo*. Marcus Raichle (2001) identificó un conjunto de áreas, en particular en el córtex prefrontal medial y el córtex cingulado posterior, un nodo comunicado con el sistema límbico, y definió a estos circuitos como *red de la modalidad por defecto*. ¿De qué se trata esto? Pudo dar cuenta de que, cuando las personas no están comprometidas con una tarea, por ejemplo, resolviendo un problema, o meditando, se activa esta *red de modalidad por defecto*, la cual es capaz de consumir la misma cantidad de energía que cuando efectivamente las personas están enfrascadas en algo. Resulta que, según demostraron un grupo de investigadores (Mason *et al.*, 2007) cuando la mente divaga, porque no está realizando una actividad que requiera de concentración y esfuerzo, la mayoría de los pensamientos se entretejen a partir del "yo", y el correlato cerebral consistiría en un aceleramiento de la *red*. Cuando una persona está meditando, la *red* se aquieta. Ahora bien, si el divague mental gira en torno a la propia persona, y mientras se practica mindfulness el cerebro es capaz de reducir la actividad de la *red*, esto indica que la *liberación del yo* tiene su fundamento neurológico: la disminución de la actividad en la *red neuronal por defecto*. Ahora bien, cuando en la práctica de mindfulness el meditador advierte la distracción y la dirige nuevamente al objeto elegido, ocurre un fenómeno en el plano neuronal; se activa un circuito que conecta la corteza dorsolateral prefrontal con la *modalidad por defecto*, y esta conexión, afirman Judson Brewer junto a su equipo (Brewer *et al.*2011), es mayor en los meditadores expertos. Cuanto más fuerte es la conexión, mayor es la probabilidad de aquietar la incesante charla interna referida al *sí mismo*. Pero, además, más allá de esta conexión, los meditadores expertos evidenciaban una disminución de la actividad en zonas de la *red por defecto* cuando practicaban la meditación *metta* o de bondad amorosa.

Sabemos que la compasión es un aspecto esencial de la práctica de mindfulness, al punto de afirmar que, sin compasión, no hay verdadero mindfulness. Y la anterior mencionada *metta*, de hecho, es una práctica íntimamente relacionado a ello. Pues bien, cuando nos preguntamos acerca de la neurociencia de la compasión, es posible mencionar algunas investigaciones y puntos fundamentales. A finales del siglo pasado, Giacomo Rizzolatti (1996), un neurobiólogo italiano, descubrió lo que hoy se conocen como "neuronas espejo", que cumplirían un papel fundamental en el desarrollo de las emociones altruistas. El científico observó que las neuronas de la corteza premotora que se activaban en un mono cuando se llevaba a la boca un maní, también se ponían en funcionamiento cuando el mono observaba que otro mono se llevaba comida a la boca. Es decir, que resultan esenciales en los procesos de imitación. Ahora bien, la imitación que nos permite llevar adelante este conjunto de neuronas también facilita a los seres humanos la posibilidad de simular internamente los estados emocionales de otras personas, lo cual daría sustento neurológico a la empatía y la compasión. Sin embargo, ambos fenómenos, aunque sean primos, no son lo mismo, y al parecer, tienen sus correlatos neurológicos diferenciados. Una investigación (Singer y Klimecki, 2014) pone de manifiesto que la empatía activa una alarma neuronal que conecta a las personas con el sufrimiento de los demás, por lo que activa circuitos neuronales asociados al dolor. Pero la compasión, implica un conjunto de circuitos cerebrales relacionados a los sentimientos positivos, la recompensa y la afiliación. El equipo de Tania Singer (Klimecki *et al.*,2013), también descubrió que la compasión acallaba el malestar empático que puede desembocar en el agotamiento emocional y el burnout. El entrenamiento en compasión activa un conjunto de circuitos cerebrales que en lugar de sentir simplemente la angustia de otra persona, despierta sentimientos positivos y favorece la resiliencia. Por su parte, el laboratorio de Richard Davidson (Lutz *et al.*,2008) evidenció que la práctica de la compasión amplificaba la respuesta empática, por lo cual el volumen de la amígdala aumenta y sus circuitos se activan. Pero, además, se activan las conexiones de la ínsula con los órganos corporales con el fin de preparar al cuerpo para un compromiso activo. Es decir que, las personas que han meditado sobre la compasión, probablemente actúen para ayudar a los demás. También es relevante mencionar una investigación en que la práctica de mindfulness y compasión incrementa los niveles de oxitocina salival (Bellosta-Batalla *et al.*, 2020), un neurotransmisor asociado directamente con los comportamientos prosociales, los sentimientos de seguridad y el hecho de sentirse querido, características propias del sistema de regulación emocional de *filiación, satisfacción y seguridad* (Depue y Morrone-Strupinsky, 2005) y que se vincula al amor y la compasión.

Epistemología del Mindfulness

Reconocer la génesis y la estructura de los conocimientos científicos es una de las claves de la epistemología. Para esto, dar cuenta del contexto socio histórico, por ejemplo, puede ser de ayuda. De la misma manera, es menester reconocer el modelo de la mente que subyace – teoría de conocimiento – en el budismo, y que brinda las bases conceptuales del "entrenamiento" que hoy en occidente reconocemos como mindfulness. ¿Por qué o, mejor dicho, para qué existe la palabra *sati*? ¿qué función ocupa en ese modelo de conocimiento budista? ¿hacia dónde apunta? ¿por qué sería importante dar cuenta de ello? ¿cómo se relaciona eso con las técnicas basadas en meditación aceptadas en occidente por la ciencia? ¿cuál es entonces el marco epistemológico del mindfulness? Considérese lo siguiente como breves aproximaciones, arrojando un poco de luz sobre esas cuestiones previas, tal vez se incentive a continuar estudiando en la misma dirección.

La palabra *sati,* de la cual proviene mindfulness, aparece en el *Abidharma.* Esta palabra hace alusión, según Pániker (2018), a una sección escolástica de la enseñanza en los cánones budistas más antiguos que trata sobre los elementos y factores de la existencia – *dharmas* –. Es decir que tomaremos en esta ocasión, como lo sugiere Chadha (2015), el *Abhidharmakośa* como marco epistemológico del Mindfulness. El *Abhidharmakośa – tesoro de la doctrina superior* – es un texto clave sobre el Abidharma, escrito por el monje y filósofo budista Vasubandhu en el siglo IV o V.

Mindfulness aparece primero en el *Abhidharmakośa* como mindfulness de la respiración, constituyendo una vía para entrar en la meditación. Tomar como foco la respiración ayuda a correrse del plano conceptual o de los pensamientos, porque el aire que se percibe no tiene color ni forma, pero además es un objeto interno. La respiración, en contraposición a la conceptualización, se asocia menos a sentimientos agradables o desagradables. El texto sugiere que prestar atención plena a la respiración supone prestar atención a "las cosas como realmente son". Pero además de eso, y lo más importante, es que se describen 6 pasos de la atención plena, que dan como resultado centrarse en los *dharmas*. ¿En qué consisten esos 6 pasos?

1) *Contar*; en primer lugar, la atención se aplica para contar respiraciones – estrictamente hasta 10 –
2) *Seguir*; segundo, se presta atención a seguir el progreso del aire, que entra y sale del cuerpo.
3) *Fijar*; en tercer lugar, fijando la atención en dos puntos –por ejemplo, la punta de la nariz y los dedos de los pies – se observa la respiración contenida en el cuerpo para juzgar su carácter, por ejemplo, la sensación asociada con ella.
4) *Observar*; en cuarto lugar, se observa que las respiraciones no son solo aire, sino que también involucran otros elementos físicos y mentales, junto a sus dharmas constituyentes – aquí la palabra dharma se refiere a la unidad básica de un fenómeno –, descubriendo así los cinco skandhas[1].
5) *Modificar*; en quinto lugar, se busca modificar el foco de atención para que pase del aire a los kuśaladharmas[2]– *fenómenos constructivos* o *buenas cualidades* –, que tienden a conducir al cese del sufrimiento. En otras palabras, kuśaladharmas son antídotos para kleśas – que pueden considerarse estados que nublan la mente, como aflicciones, la ignorancia, la ilusión del yo, o el apego a los placeres mundanos –.
6) *Purificar*; por último, se concluye con la erradicación de todos los apegos emocionales a los fenómenos complejos como el cuerpo, los cinco skandhas, etc., como consecuencia de la comprensión de la naturaleza real de los dharmas últimos –impermanencia, sufrimiento, vacuidad, e ilusión del yo –.

1 En el budismo, entender los cinco agregados que constituyen la experiencia humana es fundamental para comprender las cuatro nobles verdades. Son forma, que equivale a lo material, tanto externo como interno (impresiones sensoriales); sensaciones, tanto agradables como desagradables; percepciones, que ya incluye lo conceptual; formaciones mentales, que abarca un amplio abanico de experiencias mentales y hábitos emocionales; y la consciencia, que sería la percatación mental, táctil, gustativa, etc.

2 De acuerdo con Vasubandhu, los fenómenos constructivos o buenas cualidades incluyen el desapego, la falta de hostilidad, la falta de ingenuidad, tener un sentido de valores, tener escrúpulos, las acciones motivadas por cualquiera de ellos, o los estados mentales que acompañen a cualquiera de ellos.

El *Abhidharmakośa* también nos deja en claro, entre otras cosas, que una conciencia sin juicios – aspecto central de la definición de mindfulness en occidente –, no es el punto de partida, sino la consecuencia del entrenamiento en mindfulness.

Lo descrito con anterioridad es simplemente un atisbo de contextualización epistemológica. Ojalá sirva de invitación para continuar investigando. Tal vez, la reducción de síntomas que se anhela en el campo de la salud, en realidad sea la consecuencia de interactuar con saberes más profundos, y reestructuraciones en la filosofía de vida de los occidentales. Basta pensar durante un momento en los modelos psicoterapéuticos florecientes en las últimas décadas, que incluyen perspectivas e intervenciones basadas en Mindfulness, para no tirar por la borda rápidamente una pregunta que podría formularse de la siguiente manera: ¿si estudiamos el budismo como epistemología no nos resultaría más simple desplegar un universo de psicoterapias o intervenciones médicas posibles –recordemos que el MBSR no se desarrolla en el contexto de la psicoterapia, sino en el de la medicina– que puedan ser de ayuda para lidiar con el sufrimiento de las personas? En definitiva, si según la lógica budista, la ignorancia es sufrimiento y el conocimiento es liberación, hablar de una *epistemología del mindfulness* quizás nos abra una nueva ventana de entendimiento y profundización, en vistas de nuevos desarrollos terapéuticos y científicos integradores, con una perspectiva amplia de la mente humana y su relación con el mundo. Entonces, quizás, estudiar budismo debería empezar a ser algo más corriente entre los profesionales de la salud; y si "mindfulness" fue la palabra que ganó la adherencia de los científicos para tomarse a la meditación en serio, tal vez "*epistemología del mindfulness*" sean las palabras correctas que nos posibiliten continuar adentrándonos en la sabiduría de los aportes budistas.

Sobre la formación en mindfulness: del *McMindfulness* a la centralización del saber

Resulta interesante abordar el tema sobre la formación en mindfulness desde los conceptos de *McMindfulness* y *centralización del saber.*

El McMindfulness, término acuñado por Purser y Loy (2013), critica la descontextualización budista del mindfulness, la enajenación del contexto social, como si fuese únicamente parte de un proceso individualista, y la utilización indiscriminada del mindfulness. Desde esta perspectiva, desde el MBSR en adelante, se crea una industria para la sociedad capitalista que provee de un método rápido para resolver problemas – equiparándose a la lógica de la cadena más popular de comida rápida estadounidense –.

Haciendo foco en el tema de la formación en mindfulness, esta crítica arroja luz sobre algunas cuestiones. En primer lugar, que, como profesionales especializados en la temática, estudiar mindfulness desprovisto de su contextualización budista empobrece absolutamente la comprensión del método.

En segundo lugar, tomando el discurso acerca de la *industria McMindfulness*, es notoria la construcción de estructuras jerárquicas y piramidales que giran en torno a los programas más reconocidos. Desde la década de los ´90 completar una capacitación formal se ha convertido en un requisito para la enseñanza. En esto hay que ser críticos y revisar la forma en que la ciencia contribuye con apoyo empírico, pero, al mismo tiempo, es utilizada bajo una lógica de mercado. Es decir, los programas de mindfulness con mayor aval científico, son también los que abogan por una titulación especial para impartir mindfulness y se jactan de las investigaciones a favor, pero fijan precios en dólares en contextos latinoamericanos donde la desigualdad de posibilidades se encuentra a la orden del día. A esto me refiero con el concepto de *centralización del saber;* cuando un determinado conocimiento queda pura y exclusivamente en manos de algunas instituciones, fomentando la segregación de quienes no pueden acceder.

Repasemos el segundo artículo de la Ley 23.277 de ejercicio profesional de psicología promulgada en Argentina:

Art. 2º - Se considera ejercicio profesional de la psicología, a los efectos de la presente ley, la aplicación y/o indicación de teorías, métodos, recursos, procedimientos y técnicas específicas en: a) El diagnóstico, pronóstico y tratamiento de la personalidad y la recuperación, conservación y prevención de la salud mental de las personas.

Entonces, si consideramos al mindfulness, por ejemplo, como un método científico para la recuperación de la salud mental, los psicólogos no necesitamos de un título específico para su aplicación. Obviamente, siguiendo nuestro *Código de ética profesional*, se espera que tengamos experiencia o formación si vamos a promocionarnos como *psicoterapeutas mindfulness.* Pero si hemos dedicado muchas horas a nuestra práctica personal, hemos participado de retiros, asisitido a formaciones, supervisado con profesionales de mayor experiencia, y otorgado muchos días a nuestros estudios; ¿por qué depender de un título cotizado en dólares para sentirnos preparados? ¿la explotación del factor económico genera exclusividad y/o desigualdad? ¿La exclusividad que otorga ese título realmente es un indicador de calidad?

Claro que la formación es necesaria, y los códigos de ética profesional nos comprometen a estar preparados académicamente en lo que sea que nos promocionemos, sin embargo, la centralización del saber o las estructuras piramidales, no deben ser una limitante para los psicoterapeutas – quizás para potenciales instructores en mindfulness que no son profesionales de la salud mental, esto tenga más sentido –. Ahora bien, de todos modos, sincerarse con uno mismo es fundamental, y así como un psicoterapeuta que no tiene idea de cómo abordar la problemática de un niño o un adolescente, por ejemplo, tiene la obligación ética de no tomar el caso, lo mismo ocurre con el mindfulness para quienes nunca han llevado a cabo un entrenamiento. El riesgo de indicar la práctica de mindfulness ligeramente o de forma superficial, termina convirtiéndose en la pérdida de una oportunidad real para el paciente. Si, como profesionales, no le damos la seriedad que se merece, intervenimos de forma descuidada y sin sentido, y lo más probable es que no resuene en el paciente con un grado considerable de importancia. De igual forma, en el caso de que no apliquemos mindfulness en nuestra terapia, y quisiéramos que nuestros pacientes comiencen a practicarlo, no será igual decirles: a) *cuando puedas practicá mindfulness en youtube* o *hay una serie en netflix sobre el tema, mirala*, que b) *me parece fundamental que inicies la práctica de mindfulness como complemento de la psicoterapia, voy a derivarte con un especialista.*

Hace 10 años se publicó un documento (MBI-TAC; Crane *et al.*, 2012) bajo la colaboración de las universidades de Bangor, Exeter y Oxford, que subdivide en seis dominios las competencias requeridas para la enseñanza del mindfulness:

1- Cobertura, ritmo y organización del programa de las sesiones
2- Habilidades relacionales
3- Encarnación o personificación del mindfulness
4- Guiando las prácticas de mindfulness
5- Transmitiendo los temas del curso a través de la indagación interactiva y la enseñanza didáctica
6- Sosteniendo el entorno de aprendizaje en grupo

Generalmente, esta guía es utilizada para evaluar a los nuevos instructores MBSR Y MBCT mediante la conducta observable, lo cual implica que sometan a revisión el modo en que transmiten la formación, por lo general, mediante grabaciones de video (Brandsma, 2017).

Por su parte, los creadores del MBCT (Segal, Williams y Teasdale; 2002) advierten que los terapeutas no son efectivos en sus intervenciones hasta que comienzan a profundizar en la práctica personal de mindfulness: *así como los profesores de natación necesitan saber nadar, los profesores de mindfulness necesitan el conocimiento experiencial que proviene de montar las olas, el flujo y reflujo de sus experiencias internas.*

Referencias

Arch J, Brown K, Goodman R, Della Porta M, Kiken LG, Tillman S. (2016) Enjoying food without caloric cost: The impact of brief mindfulness on laboratory eating outcomes. Behav Res Ther. Apr;79:23-34

Baer, R. (2003) Mindfulness training as a clinical intervention: A conceptual and empirical review. Clinical Psychology: Science and Practice, 10(2), 125–143

Baer R., Smith G., Hopkins J, Krietemeyer J, Toney L. (2006) *Using self-report assessment methods to explore facets of mindfulness Assessment.* 13(1):27-45.

Baer, R. (2006) Mindfulness-based treatment approaches: Clinician's guide to evidence base and applications. Elsevier

Bellosta-Batalla, M., Blanco-Gandía, M. C., Rodríguez-Arias, M., Cebolla, A., Pérez-Blasco, J., & Moya-Albiol, L. (2020). Increased salivary oxytocin and empathy in students of clinical and health psychology after a mindfulness and compassion-based intervention. Mindfulness, 11(4), 1006–1017

Bennett-Goleman, T. (2001). *La alquimia emocional: los poderes de la atención consciente.* Nueva York: Harmony Books.

Bishop, S. R., Lau, M., Shapiro, S., Carlson, L., Anderson, N. D., Carmody, J. y otros (2004) *Mindfulness: A proposed operational definition*, Clinical Psychology: Science and Practice, 11(3), 2004, 230-241.

Brandsma, R. (2017) *The mindfulness Tteaching guide Essential Skillls y Competencies for Teaching Mindfulness-Based Interventions.* New Harbinger Publication, CA, USA

Chadha, M (2015) A Buddhist Epistemological Framework for Mindfulness Meditation, Asian Philosophy, 25:1, 65-80

Caprara, G. V., Steca, P., Zelli, A., & Capanna, C. (2005). A new scale for measuring adults' prosocialness. European Journal of Psychological Assessment, 21(2), 77-89.

Crane RS, Kuyken W, Williams JM, Hastings RP, Cooper L, Fennell MJ. (2012) Competence in Teaching Mindfulness-Based Courses: Concepts, Development and Assessment. Mindfulness (N Y). Mar;3(1):76-84.

Davidson R., Goleman D. (1977) *The role of attention in meditation and hypnosis: a psychobiological perspective on transformations of consciousness.* Int J Clin Exp Hypn. 25(4):291-308.

Depue R. y Morrone-Strupinsky J. (2005) A neurobehavioral model of affiliative bonding: implications for conceptualizing a human trait of affiliation. Behav Brain Sci. Jun;28(3):313-50

Diamond, A. (2016) *Why improving and assessing executive functions early in life is critical.* En J. Griffin, P. McCardle, & L. Freund (Eds.) Executive Functions in Pre-school Age-Children. Integrating Measurement, Neurodevelopment and Translational Research. Washington, DC: American Psychological Association.

Epstein, M (1995) Pensamientos sin pensador. Psicoterapia desde una perspectiva budista. Nueva York: Basic books.

Ferrarelli *et al.* (2013) *Experienced Mindfulness Meditators Exhibit Higher Parietal Occipital EEG Gamma Activity during NREM Sleep*. Plos One 8:8.

Fredrickson BL, Cohn MA, Coffey KA, Pek J, Finkel SM. (2008) *Open hearts build lives: Positive emotions, induced through loving-kindness meditation, build consequential personal resources.* Journal of Personality and Social Psychology. 95:1045–1062.

Friedman, N. P., & Miyake, A. (2004). *The relations among inhibition and interference control functions: A latent-variable analysis.* Journal of Experimental Psychology: General, 133(1), 101-135.

Gallant S. (2016) *Mindfulness meditation practice and executive functioning: Breaking down the benefit.* Conscious. Cogn. 40:116–130.

García Campayo, J. y Demarzo M. (2018) ¿Qué sabemos del Mindfulness? Kairos. Barcelona

Garcia-Martin, E., Ruiz-de-Gopegui, E., Otin, S. *et al.* (2016) *Assessment of Visual Function and Structural Retinal Changes in Zen Meditators: Potential Effect of Mindfulness on Visual Ability.* Mindfulness 7, 979–987

Germer, C. K., Siegel, R. D., & Fulton, P. R. (Eds.). (2005). Mindfulness and psychotherapy. The Guilford Press.

Germer C. (2004) *What is mindfulness?* Insight Journal 3: 24-29.

Goleman, D. (1971) *Meditation as meta-therapy: hypotheses toward a proposed fifth state of conscounsness.* Journal of Transpersonal Psychology 3:1: 1-26

Goleman, D. (1973) *La meditación y los estados superiores de consciencia.* Málaga: Sirio.

Goleman y Davidson (2017) Los beneficios de la meditación. Kairos. Barcelona

Goldstein, J (1973) *The Experience of Insight: A Simple and direct Guide to Buddhist Meditation.* Shambhala Dragon Editions

Gotink, R., Chu, P., Busschbach, J., Benson, H., Fricchione, G. y Hunink, M. (2015). *Standardised mindfulness-based interventions in healthcare: An overview of systematic reviews and meta-analyses of RCTs.* PLoS ONE, 10(4), Article e0124344.

Gunaratana, H. (2012) *El libro del Mindfulness.* Barcelona: Kairos

Hervás, G., Cebolla, A. y Soler, J. (2016) *Intervenciones psicológicas basadas en mindfulness y sus beneficios: estado actual de la cuestión.* Clínica y Salud. Volume 27, Issue 3, Pages 115-124.

Harris, S. (2014). Waking up: a guide to spirituality without religion. New York: Simon & Schuster.

Hayes, S. C., Strosahl, K., & Wilson, K. G. (1999). Acceptance and Commitment Therapy: An experiential approach to behavior change. New York: Guilford Press.

Hayes, S. C. (2004). Acceptance and Commitment Therapy and the new behavior therapies: Mindfulness, acceptance and relationship. In S. C. Hayes, V. M. Follette, & M. Linehan (Eds.), Mindfulness and acceptance: Expanding the cognitive behavioral tradition (pp. 1-29). New York: Guilford.

Hutcherson CA, Seppala EM, Gross JJ. (2008) *Loving-kindness meditation increases social connectedness.* Emotion. 8:720–724.

Jaiswal S., Tsai S., Juan C., Liang W., Muggleton N. (2018) *Better cognitive performance is associated with the combination of high trait mindfulness and low trait anxiety.* Front. Psychol. **9**:627.

Kabat-Zinn, J. (1990). Full catastrophe living: Using the wisdom of your body and mind to face stress, pain and illness. New York, NY: Delacorte.

Kabat-Zinn J. (2003) Mindfulness-based interventions in context: Past, present, and future.

Clinical Psychology: Science and Practice, 10 (2003), pp. 144-156

Kabat-Zinn J. (2005) *Coming to our senses: healing ourselves and the world through mindfulness.* New York: Hyperion

Kabat-Zinn J. (2011) Some reflections on the origins of MBSR, skillful means, and the trouble with maps, Contemporary Buddhism, 12:1, 281-306

Kabat-Zinn J. (2012) Mindfulness for Beginners: Reclaiming the Present Moment and Your Life

Khoury B, Sharma M, Rush SE, Fournier C. (2015) Mindfulness-based stress reduction for healthy individuals: A meta-analysis. J Psychosom Res. Jun;78(6):519-28.

Kieran C.R. Fox *et al.* (2014) *Is meditation associated with altered brain structure? A systematic review and meta-analysis of morphometric neuroimaging in meditation practitioners.* Neurosci Biobehav Rev ;43:48-73.

Klimecki O., Leiberg S, Lamm C, Singer T. (2013) Functional neural plasticity and associated changes in positive affect after compassion training. Cereb Cortex. Jul;23(7):1552-61.

Kral T., Schuyler B., Mumford J., Rosenkranz M., Lutz A, Davidson R. (2018) Impact of short- and long-term mindfulness meditation training on amygdala reactivity to emotional stimuli. Neuroimage: 1;181:301-313

Lazar S., Kerr C., Wasserman R., Gray J., Greve D., Treadway M., McGarvey M, Quinn B, Dusek J, Benson H, Rauch S., Moore CI, Fischl B. (2005) Meditation experience is associated with increased cortical thickness. Neuroreport. Nov 28;16(17):1893-7.

Lindsay EK, Chin B, Greco CM, Young S, Brown KW, Wright AGC, Smyth JM, Burkett D, Creswell JD. (2018) How mindfulness training promotes positive emotions: Dismantling acceptance skills training in two randomized controlled trials. J Pers Soc Psychol. 115(6):944-973.

Linhean, M. (1993) *Manual de Tratamiento de los Trastornos de Personalidad Límite.* Paidos: Barcelona.

Luberto CM, Shinday N, Song R, Philpotts LL, Park ER, Fricchione GL, Yeh G. (2018) Systematic Review and Meta-analysis of the Effects of Meditation on Empathy, Compassion, and Prosocial Behaviors. Mindfulness (N Y). 9(3):708-724.

Lutz A. *et al.* (2008) Regulation of the Neural Circuitry of Emotion by Compassion Meditation: Effects of Meditative Expertise, *PLoS One* 3:3

Mason *et al.* (2007) "Wandering Minds: The Network and Stimulus-Independent Thought", *Science* 315:581.

Mirams L, Poliakoff E, Brown R, Lloyd D (2013) Brief body-scan meditation practice improves somatosensory perceptual decision making. Conscious Cogn. Mar;22(1):348-59.

Pániker, A. (2018). Las tres Joyas: El Buda, su enseñanza y la comunidad. Madrid: Editorial Kairos.

Pereyra Saez, G. (2018). *Mindfulness. Mente plena, corazón contento.* Albatros. Buenos Aires

Pereyra Saez, G. (2021) *Mindfulness paso a paso.* Albatros. Buenos Aires

Purser, R y Loy, D (2013) *Beyond McMindfulness.* Huffington Post

Raichle M. *et al.* (2001) A Default Mode of Brain Function, *Proceedings of the National Academy of Sciences* 98: 676- 82.

Rizzolatti G, Fadiga L, Gallese V, Fogassi L. (1996) Premotor cortex and the recognition of motor actions. Brain Res Cogn Brain Res. Mar;3(2):131-41.

Roche-Olivar, R. (1998) Psicología y educación para la prosocialidad. Bs. As.: Ciudad Nueva.

Roemer, L., & Orsillo, S. M. (2002) *Expanding our conceptualization of and treatment for generalized anxiety disorder: Integrating mindfulness/acceptance-based approaches with existing cognitive-behavioral models.* Clinical Psychology: Science and Practice, 9(1), 54–68.

Rovner, J. (2011) *Vivir Zen, una guía para occidentales.* Paidos. Buenos Aires.

Segal, Z., Williams, M., & Teasdale, J. (2002). Mindfulness-based cognitive therapy for depression: A new approach to preventing relapse: Book review [Review of the book Mindulfness-Based cognitive therapy for depression: A new approach to preventing relapse, by Z. Segal, M. Williams & J. Teasdale]. Cognitive Behaviour Therapy, 31(4), 193–194.

Shapiro, S., Siegel, R.y Neff, C. (2018) Paradoxes of mindfulness. *Mindfulness* 9, 1693–1701

Shapiro S., Carlson L., Astin J., Freedman B. (2006) *Mechanisms of mindfulness.* J Clin Psychol. Mar;62(3):373-86.

Shin H., Black D., Shonkoff E., Riggs N., Pentz M. (2016) Associations Among Dispositional Mindfulness, Self-Compassion, and Executive Function Proficiency in Early Adolescents. *Mindfulness.* 7:1377–1384.

Siegel R., Germer C., Olendzki A. (2009) *Mindfulness: ¿Qué es? ¿Dónde surgió?* En: *Manual clínico de mindfulness* (ed. Fabrizio Didonna). Bilbao: Desclee de Brouwer.

Siegel, D. (2010) *The mindful therapist.* New York: Norton

Singer, T. y Klimecki, O. (2014) "*Empathy and Compassion*", Current Biology 24:15: R875-R878.

Segal, Z., Williams, M., & Teasdale, J. (2002). Mindfulness-based cognitive therapy for depression: A new approach to preventing relapse: Book review [Review of the book Mindulfness-Based cognitive therapy for depression: A new approach to preventing relapse, by Z. Segal, M. Williams & J. Teasdale]. Cognitive Behaviour Therapy, 31(4), 193–194.

Tang Y., Hölzel, B. y Posner, M. (2015) *The neuroscience of mindfulness meditation.* Nature Reviews Neuroscience, 16 (2015), pp. 213-225

Thich Nhat Hanh (1974) *El milagro del mindfulness. a Manual on Meditation.* Boston: Beacon Press

Vekety B., Logemann H.N.A., Takacs Z. (2020) *The effect of mindfulness-based interventions on inattentive and hyperactive—Impulsive behavior in childhood: A meta-analysis.* Int. J. Behav. Dev. 45:133–145.

Zeng X, Chiu CPK, Wang R, Oei TPS, Leung F. (2015) *The effect of loving-kindness meditation on positive emotions: A meta-analytic review.* Frontiers in Psychology. 6:1693.

CAPÍTULO 2

Mindfulness y Psicoterapia

Ronald D. Siegel (Harvard Medical School)

Introducción

Las prácticas de Mindfulness son muy prometedoras para el propio desarrollo personal de los terapeutas y son herramientas potentes para mejorar las relaciones terapéuticas. Ahora también son el ingrediente central en una impresionante gama de tratamientos con respaldo empírico y están demostrando ser técnicas poderosas para aumentar prácticamente todas las formas de psicoterapia. En los Estados Unidos, donde vivo, la psicoterapia orientada al Mindfulness se ha convertido en el enfoque de tratamiento de más rápido crecimiento en la última década y ahora es un elemento básico de los programas de capacitación clínica.

Sin embargo, Mindfulness no es un remedio único para todos. Las prácticas deben adaptarse a las necesidades de personas y situaciones particulares. Este capítulo explorará las diversas funciones que puede desempeñar la atención plena en la psicoterapia y las opciones que afrontamos para adaptar las prácticas a nuestras necesidades cambiantes y las de nuestros pacientes.

Los roles del Mindfulness

Mindfulness puede desempeñar varios papeles en la psicoterapia. Podemos pensar que estos roles caen en un continuo, de implícito a explícito (Germer, 2013). En el extremo implícito del continuo está el terapeuta que practica mindfulness. Cuando iniciamos la práctica regular de la atención plena, naturalmente comenzamos a relacionarnos de manera diferente con nuestros pacientes. A medida que aumenta la capacidad de atención de la mente, resulta más fácil prestar una atención más completa al proceso psicoterapéutico, para notar mejor el desarrollo momento a momento de los pensamientos y sentimientos de nuestros pacientes y los nuestros propios. También desarrollamos una mayor tolerancia afectiva, una mayor capacidad para estar con sentimientos dolorosos. Al aprender a abrazar tanto las experiencias placenteras como las dolorosas durante la práctica de Mindfulness, aumentamos nuestra capacidad para sentarnos con las dificultades de nuestro paciente, así como para tolerar nuestras respuestas emocionales a esas dificultades (Fulton, 2013).

Esta capacidad de abrirse a la angustia emocional es clave para las relaciones terapéuticas efectivas. Nuestros pacientes no se sentirán libres de explorar durante la terapia aquellos sentimientos que no seamos capaces de tolerar por nosotros mismos. Además, dado que, como señaló Carl Rogers (1957), la aceptación es la condición previa para el cambio, si no podemos aceptar profundamente los sentimientos dolorosos de nuestros pacientes, ellos tampoco podrán hacerlo.

Lo siguiente en el continuo es lo que mis colegas y yo llamamos psicoterapia orientada al mindfulness (Germer, 2013). A medida que nuestra propia práctica de atención plena se profundiza, obtenemos una visión de primera mano de cómo nuestras mentes crean sufrimiento. Notamos, por ejemplo, que cualquier experiencia o contenido mental al que nos resistimos tiende a persistir. Vemos cómo los intentos de aumentar la autoestima, aferrarse al placer y tratar de evitar el dolor, crean angustia. Vemos cuánto tiempo y energía gastamos tratando de deshacernos del malestar. Tales conocimientos comienzan a influir en nuestros modelos de psicopatología y tratamiento a medida que nos damos cuenta de que las mentes de nuestros pacientes crean sufrimiento de manera similar. Nuestro trabajo se orienta cada vez más a ayudar a nuestros pacientes a abrirse y aceptar una gama más amplia de contenidos mentales y experiencias emocionales.

En el extremo más explícito del continuo se encuentra lo que comúnmente se denomina psicoterapia basada en mindfulness (Germer, 2013; Pollak, Pedulla y Siegel, 2014). Aquí sugerimos a algunos de nuestros pacientes, cuando sea clínicamente apropiado, que prueben las prácticas de mindfulness ellos mismos. Inicialmente, basándonos en nuestra propia experiencia con la práctica de la atención plena, presentamos técnicas que podrían adaptarse mejor al nivel de angustia, el grado de apoyo, la estructura de la personalidad y la orientación cultural de cada paciente. Por lo general, primero practicamos estas técnicas juntos en el consultorio y luego las sugerimos como tarea entre sesiones.

Adaptar la práctica a la persona

Hace algunos años, mis colegas y yo tuvimos el privilegio de que Su Santidad, el Dalai Lama, se uniera a nosotros en la Escuela de Medicina de Harvard para una conferencia de psicoterapia. En un momento le pedimos a Su Santidad que nos guiara a todos en una breve meditación. Con su estilo inimitable, el Dalai Lama (2009) reaccionó como si la petición fuera divertida: "Creo que algunos de ustedes querrán una sola meditación. Y una simple. Y cien por ciento positivo.

Eso, creo que es imposible ". Continuó sugiriendo que hay innumerables estados mentales que conducen al sufrimiento y, en consecuencia, se necesitan innumerables prácticas de meditación para trabajar hábilmente con ellos. Lo que una persona en particular necesita en un momento determinado es un asunto complejo. Luego concluyó: "Algunas empresas de otro tipo, siempre anuncian algo simple, algo efectivo, o algo muy barato. Mi publicidad es todo lo contrario. ¡Qué difícil y complicado! "

Tanto si seleccionamos prácticas para nosotros como para nuestros pacientes, decidir cuáles serán más útiles en un momento dado, es una decisión terapéutica compleja. Los clínicos apenas están comenzando a trazar un mapa de este territorio. Como atestiguan otros capítulos de este volumen, las prácticas que apoyan el desarrollo del mindfulness se pueden encontrar en muchas culturas diferentes, y la mayoría de estas prácticas han evolucionado ampliamente con el tiempo. Además, los médicos individuales experimentarán naturalmente mezclando y modificando prácticas para las necesidades de pacientes particulares. Por tanto, disponemos de una variedad extraordinariamente amplia de prácticas.

Si bien hay innumerables formas de categorizar y describir estas prácticas, según nuestra experiencia personal y clínica, mis colegas y yo hemos identificado siete consideraciones que podríamos tener en cuenta al elegir entre ellas (Pollak, Pedulla y Siegel, 2014):

1. ¿Qué habilidades enfatizar?: ¿concentración (atención enfocada), mindfulness per se (monitoreo abierto) o aceptación?
2. ¿Práctica informal, formal o de retiro?
3. ¿Qué objetos de atención –burdos o sutiles–?
4. ¿Orientadas hacia puntos seguros (para estabilización) o hacia puntos peligrosos (para integración)?
5. ¿Centradas en la narración o en la experiencia?
6. ¿Prácticas religiosas o seculares?
7. ¿Centradas en la verdad relativa o en la verdad absoluta?

Vamos a examinar estas consideraciones y a ver cómo debemos emplearlas para elaborar directrices que nos sirvan a la hora de elegir una u otra forma de práctica.

1) ¿Qué habilidades enfatizar?

El desarrollo del mindfulness implica al menos tres habilidades principales: atención enfocada (o concentración), monitoreo abierto (o mindfulness per se) y aceptación compasiva (Lutz, Slagter, Dunne y Davidson, 2008). Estos términos pueden ser confusos porque en las tradiciones budistas, el monitoreo abierto generalmente se llama "mindfulness", mientras que, en Occidente, siguiendo el precedente establecido por Jon Kabat-Zinn en el desarrollo del MBSR, generalmente usamos la palabra "mindfulness" como un término general cubriendo una variedad de prácticas interrelacionadas. La atención enfocada, en la que elegimos un objeto de conciencia y lo seguimos de cerca, es un buen lugar para que la mayoría de la gente comience. Estas prácticas enfocan y estabilizan la mente, formando una base para desarrollar otras habilidades. Si bien el objeto principal de la conciencia puede ser prácticamente cualquier sensación, incluido el movimiento de la respiración, los pies tocando el suelo, los sonidos o un estímulo visual, las instrucciones generales suelen ser similares. Dirigimos nuestra atención al objeto, intentando cultivar una actitud de interés o curiosidad en las sensaciones del momento. A medida que los pensamientos entran en la mente, que es lo que naturalmente sucederá, permitimos que surjan y pasen. Cuando nuestras mentes son secuestradas por una cadena de pensamientos narrativos, o divagan hacia otras sensaciones, redirigimos gentil y amorosamente nuestro enfoque de regreso al objeto principal de atención.

Sin un cierto grado de concentración, se hace difícil ver los mecanismos internos de la mente de manera clara. Tendemos a pasar los días sumidos en nuestros propios pensamientos. Cuando nos vemos envueltos en nuestra propia charla interna, a menudo creemos en sus contenidos y perdemos la conciencia metacognitiva de lo que la mente está haciendo en cada momento. Asimismo, es difícil tomar decisiones en nuestro comportamiento sin concentración –tendemos a actuar compulsivamente y sin caer en la cuenta de que tenemos una oportunidad de parar y considerar nuestras respuestas en vez de perseguir el placer o de retroceder ante el dolor–. Finalmente, sin concentración es igualmente difícil ejercitar las otras dos habilidades necesarias para desarrollar el mindfulness: el monitoreo abierto y la aceptación compasiva.

La concentración también nos ayuda a apreciar la riqueza del momento. Cuando practicamos la atención a la experiencia sensorial en la meditación, durante el resto de nuestro día tendemos a ver, oír, tocar, saborear y oler las cosas de manera más vívida, aumentando nuestra capacidad de saborear la experiencia y enriqueciendo nuestro día a día.

Una vez se ha desarrollado un cierto grado de atención focalizada o de concentración, y la mente es capaz de permanecer en un objeto y de darse cuenta de que ha desviado su atención, entonces resulta posible practicar la meditación de monitoreo abierto. En este punto, en vez de volver una y otra vez al mismo objeto de atención –como las sensaciones al respirar o los pies tocando el suelo– nos centramos en lo que predomina en nuestra conciencia en ese momento. Así, podemos prestar atención a nuestra respiración, a un sonido, a un dolor del cuerpo, a la sensación que nos produce notar el aire en nuestra cara o a sensaciones de tristeza en los ojos o en la garganta. En lugar de analizar o pensar en estas sensaciones, dejamos que la mente *conviva con* ellas, mostrando una actitud de interés, curiosidad y de aceptación de la experiencia. Hasta que una persona ha invertido cierto tiempo en desarrollar la concentración y sabe lo que es permanecer en un solo objeto de atención por un período de tiempo, le puede resultar difícil hacerse una idea de lo que es la meditación de monitoreo abierto. La actitud se podría comparar a estar sentado junto al estanque de un bosque al que todo tipo de animales se acercasen a beber antes de volver a ponerse en marcha. Qué animales llegan y cuándo se van está más allá de nuestro control. Lo que podemos hacer es tratar de darles la bienvenida a todos.

Una forma de comprender la relación entre la atención focalizada y el monitoreo abierto es pensar en la fotografía antes de que las cámaras fueran automatizadas. Por entonces, para sacar una fotografía clara debías de saber previamente cómo enfocar la lente de la cámara. Sin esta habilidad, un fotógrafo estaba limitado a imágenes abstractas, impresionistas o borrosas. Aprender a concentrarse es similar a enfocar la lente de la mente –nos permite ver de manera clara todo aquello a lo que prestamos atención–. Una vez se desarrolla esta habilidad, podemos usarla para examinar todo lo que está sucediendo en cada momento.

La meditación de monitoreo abierto puede ser útil para ver cómo la mente crea sufrimiento cuando soporta diferentes experiencias sensoriales y pensamientos e imágenes emergentes. También es útil para reintegrar contenidos que habían sido separados o rechazados previamente. Estos contenidos pueden incluir pensamientos, sentimientos e impulsos que no eran aprobados por nuestras familias o por nuestra comunidad, o recuerdos de sucesos traumáticos que fueron demasiado dolorosos para experimentarlos plenamente en el momento en que ocurrieron. La meditación de monitoreo abierto nos ayuda a percibir estos contenidos que pueden surgir en la mente y, en la medida en que los recibimos con aceptación, pueden llegar a ser familiares y dejar de ser intrusiones. Al igual que en el psicoanálisis, donde si uno se recuesta en el diván y dice de manera libre lo que le viene a la mente, tarde o temprano todo el material que hemos tratado de evitar acabará emergiendo –también en la práctica del mindfulness dichos contenidos tenderán a regresar a la conciencia–. Aquello que irrumpe puede variar entre recuerdos traumáticos menores, como momentos de rechazo o fracaso, o aquellos que tienen mayor trascendencia, como experiencias de abuso físico o sexual. A menudo surgirán impulsos agresivos, codiciosos y sexuales que vemos como inmorales. Como analizaremos en breve, tales encuentros pueden ser útiles o perjudiciales, dependiendo de la disposición de la persona a aceptar e integrar estos contenidos.

La concentración y el mindfulness funcionan bien conjuntamente a la hora de trabajar la atención y la conciencia. Sin embargo, la gente se abruma a menudo por la intensidad de lo que emerge al realizar estas prácticas o se encuentra atrapada en una charla interna autocrítica. En estos momentos, es necesaria una mayor aceptación. Las técnicas de bondad amorosa, autocompasión y ecuanimidad pueden ser útiles en este punto para aguantar y calmar, fortaleciéndonos para ser capaces de soportar cualquier hecho que experimentemos.

Los ejercicios de aceptación pueden ser de muchas clases. Un tipo común consiste en imaginar una persona o un animal compasivo y cariñoso, dirigir el amor y la atención hacia ella o él, y después, una vez experimentado este sentimiento, dirigirlo también hacia uno mismo, hacia sus seres queridos y hacia comunidades más grandes. Con frecuencia este sentimiento se refuerza con frases como *Ojalá seas feliz, Ojalá seas apacible, Ojalá te liberes del sufrimiento.* Existen prácticas similares, parecidas a la oración, que pueden extraerse de una variedad de tradiciones culturales. Todas ellas ayudan a las personas a sentirse amadas, apoyadas y aceptadas por ellas mismas y por el resto de la gente. Otros ejercicios de aceptación incluyen técnicas de compasión diseñadas para ayudar a sentirnos apoyados en momentos de dolor emocional, y ejercicios de ecuanimidad que mejoran nuestra capacidad para soportar o aguantar experiencias difíciles, trabajando la estabilidad en medio de los tormentosos cambios emocionales.

Encontrar en cada momento un balance óptimo entre los ejercicios de concentración, de mindfulness y de aceptación es un arte. Cuando la mente es particularmente dinámica y está descentrada o tiende a perderse en corrientes de pensamientos, suele ser útil realizar más ejercicios de concentración. Cuando está abrumada por emociones o recuerdos difíciles o cuando está repleta de contenidos autocríticos, los ejercicios de bondad amorosa, de autocompasión y de ecuanimidad suelen ayudar. Cuando la mente se encuentra más estable y receptiva, la meditación de monitoreo abierto puede llevarnos a una mayor comprensión e integración, y ayudarnos a ser conscientes y a aceptar una amplia variedad de pensamientos, sentimientos y recuerdos que, de otro modo, podrían escapar a nuestra conciencia (R. D. Siegel, 2010).

Sin embargo, al elegir prácticas, siempre existe la posibilidad de que gravitemos hacia una técnica que pueda resultar defensiva. Por ejemplo, podemos apegarnos a la sensación de paz, libertad de confusión emocional y soledad que se encuentra en estados intensos de concentración. O podemos aferrarnos a las prácticas de aceptación para tratar de cortar, en lugar de investigar, los sentimientos dolorosos, aunque tengamos la capacidad de tolerarlos. Ya sea en nuestra práctica de meditación personal o en el diseño de prácticas para los pacientes, por lo tanto, es útil estar alerta a estas posibilidades y estar abierto a probar, o alentar a nuestros pacientes a que prueben, prácticas que inicialmente pueden resultar incómodas.

2) ¿Práctica informal, formal o de retiro?

El cultivo del mindfulness es comparable al desarrollo de la forma física. Sin necesidad de un cambio radical en nuestro estilo de vida podemos usar las escaleras en vez del ascensor o utilizar la bicicleta en lugar de conducir, y así desarrollar cierta condición física. Para estar en buena forma, sin embargo, necesitamos quitarle tiempo a nuestra rutina diaria e ir al gimnasio, correr o practicar algún deporte. Si verdaderamente queremos comenzar nuestro programa de fitness, podemos irnos varios días con la bicicleta, hacer una excursión o tomarnos unas vacaciones en un gimnasio-spa. Existen opciones similares para el desarrollo del mindfulness: la práctica informal, la práctica formal y la práctica de retiro.

Sin necesidad de tomarnos un tiempo extra en nuestro día a día, podemos adoptar prácticas *informales* de mindfulness, como andar, ducharnos, comer o conducir, siempre que todas ellas se practiquen de manera consciente. Estas prácticas únicamente requieren un cambio en la intención. Por ejemplo, al dar un paseo de manera consciente, en vez de centrar nuestra atención en lo que ocurrió en la reunión del día anterior, o en planificar la comida, tratamos de notar las sensaciones momento a momento de nuestros pies al tocar el suelo y avanzar a lo largo del espacio. Al ducharnos de manera consciente, disfrutamos de la intensa experiencia sensual que producen miles de gotas de agua –a la temperatura adecuada– al acariciar nuestros cuerpos desnudos. Nos centramos en las sensaciones al lavarnos, enjabonarnos y enjuagarnos a nosotros mismos, más que en revisar la lista de cosas que tenemos que hacer o en acabar de ducharnos sin saber si nos hemos lavado el pelo, «¿o fue ayer cuando lo hice?». Al comer de manera consciente tratamos de saborear nuestra comida, y al conducir conscientemente observamos el aspecto de la carretera, de los otros coches, los árboles, las casas y demás. En todas estas actividades, cuando otros pensamientos entran en nuestra mente, permitimos que vayan y vengan, y volvemos a fijar nuestra atención en las sensaciones de la actividad del momento. Cualquiera puede utilizar el mindfulness a través de esta clase de ejercicios informales, ya que no requieren de tiempo extra y raras veces desestabilizan.

Pero si queremos profundizar en nuestra práctica del mindfulness, necesitamos de un tiempo reservado para la meditación *formal*. Elegimos un lugar tranquilo donde no nos puedan molestar para llevar a cabo una combinación de ejercicios de atención focalizada, de monitoreo abierto y de aceptación. Estas sesiones pueden variar entre períodos breves de 10-20 minutos o períodos más intensos de 30-45 minutos. Los estudios que demuestran cambios en la función y estructura del cerebro como resultado de la práctica del mindfulness, normalmente investigan los efectos de tal práctica formal de meditación, por lo que la mayoría de protocolos clínicos basados en el mindfulness la incluyen (Lazar, 2013).

Muchos pacientes encuentran desafiante la práctica formal, ya que la meditación puede abrir las puertas a todo tipo de contenidos mentales no deseados. Los períodos más prolongados de práctica en silencio, especialmente si se enfocan en las sensaciones internas del cuerpo, como la respiración, pueden volverse abrumadores. Algunas personas pueden sentir que no tienen tiempo para agregar práctica formal a sus agendas ya ocupadas, mientras que otras pueden ver la meditación como una actividad ajena que va en contra de sus creencias religiosas o culturales. Sin embargo, muchas de estas objeciones pueden superarse encontrando la combinación óptima en intensidad de prácticas y presentándolas de una manera colaborativa y culturalmente sensible.

Una de las formas más efectivas de establecer una práctica de meditación es asistiendo a un retiro silencioso intensivo, pasando días alternando entre sentarse, caminar, comer y otras prácticas de meditación sin hablar ni enviar mensajes de texto, o revisar el correo electrónico. Estos retiros tienden a aumentar significativamente nuestro nivel de mindfulness, y la mayoría de los participantes los encuentran transformadores.

De hecho, es difícil hacerse una idea del potencial de la práctica del mindfulness sin haber experimentado un retiro de silencio. Es complicado tener suficiente concentración a lo largo del día para observar de manera clara el funcionamiento de la mente. En nuestra vida diaria necesitamos pasar mucho tiempo pensando y planificando cómo cumplir nuestros objetivos. Por consiguiente, nos obsesionamos con nuestra cascada de pensamientos, con nuestra charla interna continua sobre la experiencia.

Durante un retiro intensivo de silencio hay pocas decisiones y pocos objetivos aparte del trabajo en mindfulness. Como resultado de ello, la mente tiende a calmarse y se abren espacios entre los pensamientos. Vemos cómo la mente crea su concepción de la realidad y va más allá de las sensaciones, las percepciones, los sentimientos y las intenciones preconcebidos. Advertimos cómo intenta aferrarse una y otra vez a experiencias agradables, apartando aquellas que son dolorosas y le causan sufrimiento. E incluso podemos echar un vistazo a la insustancialidad de nuestro sentido del yo –cómo se construye cada momento a partir del continuo y cambiante flujo de la experiencia–. Estas percepciones tienen un potencial enorme para cambiar nuestra comprensión de la angustia psicológica, tanto en terapeutas como en pacientes.

Pero los retiros también plantean peligros importantes. En los inicios, los profesores de meditación occidentales rara vez realizaban pruebas de estabilidad psicológica antes de permitir que las personas se inscribieran en retiros intensivos. No pocas veces, los participantes experimentaron una avalancha de recuerdos traumáticos o incluso experimentaron brotes psicóticos. Ahora sabemos que, para las personas con un sentido del yo frágil o rígido, con un trauma significativo no resuelto o no integrado, o que puedan estar sufriendo de psicosis, los retiros silenciosos suelen estar contraindicados.

La evaluación de quién de entre nuestros pacientes es el más adecuado para unas prácticas intensivas requiere, por un lado, una considerable experiencia personal en retiros y, por otro lado, una buena comprensión de las fortalezas y vulnerabilidades de nuestros pacientes. Dicha comprensión puede alcanzarse a través del trato con el paciente en el que observemos su tolerancia afectiva, en qué medida este puede abrirse y aceptar los distintos contenidos de su mente, y cuán fácilmente puede dejar de lado los marcos cognitivos para comprender las experiencias. También es importante considerar los recursos biopsicosociales de los pacientes, como la fortaleza de la alianza terapéutica, el apoyo de la familia y los amigos, el grado de seguridad en la vida cotidiana, la calidad de las primeras relaciones de apego y la predisposición genética a padecer trastornos psicológicos. Cuantos más factores de riesgo estén presentes, más prudentes deberíamos ser a la hora de recomendar un retiro.

Y existe otro posible peligro. Las personas pueden apegarse a la concentración, la quietud y la claridad de la práctica del retiro, junto con la oportunidad de escapar de los desafíos de vivir en el mundo del amor y el trabajo. Si bien la mayoría de los clínicos orientados al mindfulness no verían la práctica de la meditación como *unas irresueltas ansias infantiles por volver a un estado de unidad oceánica,* como lo describió Freud (1929), claro que podemos preguntarnos si el interés de un paciente por asistir a un retiro extenso puede reflejar la evitación de los desafíos vitales, en lugar de solo una búsqueda del desarrollo psicológico o espiritual.

3) ¿Qué objetos de atención?

En los ejercicios de concentración, podemos optar por centrarnos en objetos de atención sutiles, como la sensación del aire entrando y saliendo por las fosas nasales, o en objetos más intensos y burdos, como la sensación de las plantas de los pies tocando el suelo al caminar. Cuando la mente es más dinámica y distraída, los objetos burdos son más fáciles de seguir. ¿Entonces por qué no elegimos siempre objetos de atención burdos para la meditación formal? ¿Por qué algunos de nosotros no vamos a parques de diversiones para meditar? Después de todo, ahí es fácil prestar atención a los principales objetos de atención: el sonido, la luz y las sensaciones corporales de ser arrojado. De hecho, es probable que todos disfruten de la experiencia de absorción –de apartar sus pensamientos y sentimientos habituales y de quedarse absortos con los paseos y los efectos visuales–. El problema es que no vamos a perfeccionar nuestra atención con estos objetos tan intensos; podemos atender al estímulo, pero no es fácil prestar atención ni percibir lo que está pasando en la mente. No vemos tan fácilmente la tendencia de la mente a aferrarse a ciertos contenidos y a apartar otros, a observar sentimientos más sutiles o a darse cuenta de cómo reacciona a los logros y las derrotas.

Por ello, tanto en la práctica clínica como en nuestra meditación personal es imprescindible saber cuándo elegir objetos más sutiles y cuándo aquellos más burdos. Muchos meditadores entienden que los objetos más burdos son útiles cuando la mente tiene dificultad en permanecer con un objeto seleccionado de la conciencia, cuando los pensamientos secuestran su atención repetidamente. También son útiles cuando nuestro estado de agitación es alto, así como en momentos de mayor ansiedad y excitación. Aunque cada persona puede experimentar un objeto u otro como más o menos intenso, para la mayoría de ellas, notar las sensaciones de los pies al practicar la meditación caminando, las vistas y sonidos de la naturaleza, el sabor de la comida o el sonido de una campana, ayudará a estabilizar la mente cuando esta se encuentra activa o agitada. Cuando la mente está más asentada, menos excitada y menos atraída hacia la corriente de pensamientos, una mayor cantidad de objetos de atención sutiles –como la sensación del aire entrando y saliendo por las fosas nasales, la observación de cómo el abdomen se levanta y cae o un mantra (frases repetidas en silencio)– pueden permitir una atención más refinada.

En esta elección, también es útil estar atento a la evasión defensiva. No es raro escuchar: "Realmente disfruto la meditación caminando, pero odio la práctica sentada" (o viceversa). ¿Cuándo es más hábil elegir objetos cómodos de atención y cuándo debemos empujarnos (o alentar a nuestros pacientes) hacia prácticas que son más difíciles? Algunas personas tienden a evitar las molestias y, como resultado, pueden frustrar su progreso psicológico. Por ejemplo, es posible que el paciente que prefiere la meditación caminando, porque no nota ansiedad o inquietud al caminar, nunca llegue a comprender y aprender a tolerar estos sentimientos.

Por otro lado, las personas pueden adoptar una actitud excesivamente rígida de "sin dolor, no hay ganancia". En esta situación, el individuo no se da cuenta de cuándo le vendría bien un descanso de la incomodidad, cuándo sería más hábil elegir una práctica que le resulte más fácil en ese momento. La meditación disciplinada se puede utilizar como defensa contra la alegría, contra fluir y estar a gusto. Escuchar atentamente nuestras experiencias y las de nuestros pacientes con diferentes técnicas, y considerarlas en el contexto de la personalidad en general, es importante para encontrar un enfoque equilibrado de la práctica.

4) ¿Orientadas hacia puntos seguros o hacia puntos peligrosos?

La mayoría de profesionales clínicos se muestran sensibles al reto de valorar las intervenciones –no empujar demasiado rápido a los pacientes a aguas pantanosas y potencialmente desestabilizadoras–. Hay consenso, surgido a partir del estudio del trauma, en que las personas necesitan crearse cierta seguridad antes de revelar recuerdos reprimidos o de acercarse a pensamientos y sentimientos rechazados (e.g., Herman, 1992; van der Kolk, McFarlane y Weisaeth, 1996).

Nuestro entorno interpersonal (familiar y cultural) nos disuade a menudo de que admitamos ciertos contenidos mentales. Un niño puede crecer con temor a que sus anhelos de amor y afecto o sus sentimientos de vulnerabilidad le conviertan en «menos hombre», mientras que una niña puede estar preocupada de que su firmeza la convierta en un «marimacho». Mucha gente ha sido educada en la idea de que cualquier tipo de sentimiento sexual, agresivo o de codicia es inmoral. Además, la mayoría de nosotros hemos tenido experiencias abrumadoras en las que han destrozado nuestros corazones o en las que fuimos humillados, amenazados o agredidos físicamente. Estos acontecimientos pueden haberse experimentado parcialmente porque eran demasiado dolorosos para ser soportados en ese momento, y los recuerdos de ellos ahora son accesibles solo parcialmente. A la hora de explorar dicho material en la terapia hemos de hacerlo prudentemente, para no agobiar o volver a traumatizar a nuestros pacientes.

Por lo general, parece que los ejercicios de meditación que centran nuestra atención en el pecho, en el vientre y en la garganta (tales como concentrarse en las sensaciones de la respiración) nos acercan a los puntos peligrosos, mientras que aquellos que ponen la atención en puntos más lejanos (como las plantas de los pies, los sonidos, el sabor de la comida o el medio natural) tienden a ser más estables. Este principio está relacionado con la observación hecha por el método de focalización de Eugene Gendlin (1978) y por otras psicoterapias orientadas al cuerpo, de que centrar la atención en las sensaciones corporales en el pecho, el vientre y la garganta nos conecta de manera inmediata con recuerdos y estados afectivos, y hace que dirijamos nuestra atención a los puntos peligrosos. Tanto en la experiencia clínica como en la personal, hemos visto repetidamente que cerrar los ojos y percibir sensaciones en el núcleo central del cuerpo puede proporcionar acceso a sentimientos que, de otro modo, estarían fuera de la conciencia.

Por ello, si un paciente tiene dificultades para tolerar la intensidad de su estado afectivo o se siente abrumado por pensamientos o imágenes molestas, elegir objetos de atención «externos» y emplearlos en los ejercicios de concentración puede proporcionar una experiencia de seguridad o de estabilidad, sin que se intensifique la conciencia de contenidos «internos» complicados. Todas estas sensaciones «externas» implican un foco de atención alejado del núcleo del cuerpo, y pueden llevarse a cabo como prácticas informales (mientras se realizan otras actividades) o formales (reservando tiempo para la meditación). Incluiríamos aquí las meditaciones practicadas mientras caminamos, escuchamos, observamos el entorno o comemos, todas ellas con los ojos abiertos. En esencia, podemos ayudar a que nuestros pacientes comprendan que, pese a todo lo que pueda surgir en su interior, las sensaciones relativamente seguras del mundo exterior pueden ofrecerles un refugio acogedor.

Además de las prácticas de concentración externas, algunas técnicas basadas en el mindfulness que incluyen visualizaciones pueden proporcionar estabilización. El mindfulness implica darse cuenta de la experiencia presente con aceptación, y estos ejercicios están diseñados específicamente para fortificar nuestra capacidad de aceptación y para permitir que los sentimientos dolorosos vayan y vengan. Las técnicas no dirigen la atención al núcleo del cuerpo o a sensaciones externas, sino que más bien se encaminan a cultivar sentimientos o perspectivas particulares. Las prácticas de bondad amorosa y de autocompasión funcionan de esta forma para ayudar a las personas a sentirse calmadas y reconfortadas, particularmente cuando se sienten agobiadas por sentimientos dolorosos. Igualmente, las técnicas de visualización guiadas, como la meditación de la montaña (en la que nos imaginamos a nosotros mismos como una montaña que apenas se inmuta ante los cambios de estación y ante lo que sucede a su alrededor), pueden cultivar la ecuanimidad, proporcionando una sensación de estabilidad en medio de circunstancias emocionales y del entorno cambiantes. Las técnicas zen empleadas en la Terapia Dialéctica-Conductual (TCD, [Dialectical Behaviour Therapy, DBT];

Linehan, 1993a, 1993b), como la coordinación de la respiración con los pasos, el imaginarse la mente como un inmenso cielo en el que los contenidos surgen y se desvanecen, o el adoptar una media sonrisa, pueden ayudar asimismo a que las personas se sientan más seguras.

Cuando un paciente está en una situación relativamente estable en su vida, tiene una buena alianza terapéutica y no está abrumado por estados afectivos o por recuerdos difíciles, entonces puede ser el momento de ayudarle a avanzar hacia los puntos peligrosos: enfrentarse a recuerdos perturbadores, explorar sentimientos incómodos o quizá estudiar las consecuencias de comportamientos problemáticos. Esto implica un acercamiento y una reintegración de estados afectivos, impulsos, imágenes y recuerdos que tal vez hayan sido expulsados de la conciencia por lo doloroso de su naturaleza. Aunque hay muchas técnicas psicoterapéuticas útiles para este tipo de revelaciones, algunas prácticas de mindfulness pueden ser especialmente eficaces.

Como hemos visto, si un meditador pasa suficiente tiempo ocupándose de un objeto interno de la conciencia, como la respiración, tarde o temprano una amplia variedad de contenidos mentales rechazados irrumpirán en esta. La mayoría de las personas descubren que una vez han decidido llevar su atención a los puntos peligrosos, son capaces de abrirse y aceptar con más facilidad el miedo, la tristeza, la ira, el anhelo, los sentimientos sexuales y otros contenidos que emergen, y pueden focalizarse en cómo estos son experimentados momento a momento como sensaciones corporales –que surgen normalmente en el torso o en la garganta–. Cuando observamos las emociones objetivamente de esta manera, notamos que conllevan la aparición simultánea de sensaciones corporales y corrientes de pensamientos e imágenes. Por eso, si estoy enfadado, puede que experimente la tensión de los músculos en los hombros y el pecho, un aumento en la frecuencia respiratoria y cardiaca, y pensamientos como: «No puedo creer que me hagas esto con todo lo que he hecho por ti», pasando por la mente. Al permanecer con los componentes corporales de la emoción, más que con los narrativos, seré capaz de experimentarla más plenamente sin sentirme obligado a tomar medidas para «arreglar» la situación (como haría si atendiese principalmente al contenido narrativo). La mayoría de la gente puede tolerar estados afectivos intensos una vez ha aprendido a convivir con ellos en cuanto sensaciones corporales, permitiendo que las imágenes y los pensamientos que los acompañan surjan y desaparezcan. Podemos aprender a adoptar esta actitud no solamente frente a las emociones, sino también frente a los impulsos hacia comportamientos destructivos, como las adicciones y las compulsiones (Brewer, 2013; R. D. Siegel, 2010).

Al igual que con las otras opciones clínicas que hemos estado discutiendo, decidir cuándo moverse más hacia la seguridad y cuándo moverse hacia los puntos peligrosos es más un arte que una ciencia. Hemos discutido cómo refugiarse en la atención enfocada o la práctica de concentración, puede apegarnos a objetos cómodos de atención, o incluso cómo dedicar un tiempo excesivo a la meditación formal o la práctica de retiro pueden usarse a la defensiva para evitar experimentar situaciones de la vida o contenidos mentales desafiantes. Pero, por otro lado, volverse hacia la seguridad puede ser terapéuticamente esencial, asegurando que nuestra práctica no traumatice ni retraumatice a nosotros ni a nuestros pacientes. Detectar si se necesita más seguridad o desafío generalmente requiere una experiencia clínica considerable. Si bien es posible dar pautas generales sobre cuándo es importante cultivar la seguridad (situaciones de vida inestables, mucho trauma no integrado, una relación terapéutica débil), es nuestra experiencia clínica trabajando íntimamente con una amplia variedad de personas lo que nos ayuda a sentir cuándo los desafíos emocionales son demasiado grandes en comparación con cuando son puertas de crecimiento.

Curiosamente, esta es un área en la que las propias defensas inadaptadas del clínico pueden desempeñar un papel importante. Si un terapeuta teme a los afectos poderosos, puede empujar a los pacientes hacia la seguridad para evitar su propia incomodidad; si un terapeuta se siente inseguro acerca de sus talentos terapéuticos y siente la necesidad de mostrar progreso, podría empujar a los pacientes prematuramente hacia los puntos peligrosos.

5) ¿Centradas en la narración o en la experiencia?

La mayoría de pacientes vienen al tratamiento porque quieren compartir sus historias. Han tenido buena o mala suerte, y ello ha dado lugar a pensamientos y sentimientos tanto agradables como dolorosos. La psicoterapia se centra a menudo en esta narración, ya sea poniéndola en perspectiva al explorar sus orígenes y las subsiguientes manifestaciones en la transferencia y en la vida cotidiana (en el tratamiento psicodinámico); ya sea examinándola para determinar si existen distorsiones cognitivas desadaptativas (en enfoques cognitivo-conductuales); o ya sea tratando de comprenderla en el contexto cultural o interpersonal (en terapias sistémicas). Centrarse en la narración ayuda a nuestros pacientes a sentirse comprendidos y protegidos, y les libera de las construcciones mentales dolorosas innecesarias (Fulton y Siegel, 2013).

Por lo general, los ejercicios de mindfulness desvían la atención de nuestras narraciones y se centran en la experiencia del momento a momento. Por consiguiente, la psicoterapia orientada hacia el mindfulness normalmente se centrará en lo que pasa aquí y ahora, en el estar atentos a las sensaciones corporales cambiantes. Tal y como decíamos anteriormente, aprender a prestar atención a las sensaciones corporales en cada momento puede ayudar a los pacientes a desarrollar una mejor ecuanimidad y tolerancia afectiva, ya que las emociones son más fáciles de aceptar cuando las experimentamos en el cuerpo, separadas de nuestra narrativa. Poner el foco en las sensaciones del cuerpo puede ayudar igualmente a que los pacientes se recuperen de recuerdos traumáticos o de estados afectivos reprimidos, como ocurre en terapias orientadas al cuerpo como la experiencia somática (Levine y Frederick,

1997), la terapia sensoriomotriz (Ogden, Minton y Pain, 2006), o enfoques como la bioenergética (Lowen, 1958, 1994), fruto del trabajo de Wilhelm Reich.

Ambas vías son útiles. Como profesionales clínicos orientados al mindfulness, nuestro reto es el de elegir entre un enfoque más tradicional centrado en la narración y uno centrado en la experiencia. Por ejemplo, si una joven tiene miedo de ir a una fiesta por culpa de su ansiedad social, la técnica de convivir con las sensaciones de ansiedad en el cuerpo en vez de intentar evitarlas puede resultar bastante terapéutica. De manera similar, si un señor está inquieto y cae en una depresión, concentrarse en su tristeza y su ira subyacentes en tanto que sucesos corporales, puede volverle a conectar con su vida emocional y con los recuerdos traumáticos que pueden haber contribuido a su angustia.

En ocasiones, permanecer con la experiencia momento a momento es menos poderoso que explorar la terapia narrativa. Si un adolescente está tremendamente avergonzado porque ha actuado de manera impulsiva y teme que su entorno le rechace, puede aliviarle el revisar lo que ha pasado, examinar las condiciones que le han conducido a su acto impulsivo, y hablar sobre cómo cree que los demás le ven ahora –la luz y el aire ayudan mucho a solucionar la vergüenza –. Un enfoque narrativo puede ser mucho más útil para él que ver cómo se manifiesta la experiencia de vergüenza en su cuerpo mientras permanece atascado en pensamientos autocríticos.

Decidir el equilibrio óptimo entre estos dos enfoques es un arte. A veces presentimos que un paciente está en contacto con la experiencia sensitiva, pero realmente está desarrollando una narrativa particularmente dolorosa e irracional –como el padre desolado porque su hijo no haya sido aceptado en su alma máter (universidad)–. Aquí puede ser útil explorar la historia directamente, examinar qué supone para el padre el rechazo, y cómo se conecta con otras decepciones. En otras ocasiones, la narrativa de una persona no puede ser distorsionada, o puede estar bloqueada en patrones de evitación, por lo que la práctica de convivir con la experiencia momento a momento puede ser más liberadora. Una madre que tiene miedo de enfadarse con su hija adolescente, por temor a que el enfado interfiera en su relación, tal vez necesite pasar algo de tiempo simplemente notando cómo este surge en su cuerpo. Por supuesto, ambos enfoques pueden ser útiles en cualquier sesión –nuestro desafío consiste en discernir cuándo enfatizar uno u otro–.

Si bien la decisión de en qué enfoque hay que hacer hincapié en un momento dado dependerá de muchos factores, la consideración primordial podría ser la medida en que un individuo se siente atraído hacia uno u otro modo de tratar con la experiencia. Especialmente, si un paciente parece estar estancado en un patrón de sufrimiento mental y tiende a explorarlo exclusivamente desde un punto de vista bien narrativo o bien basado en la experiencia, puede ayudarle investigar el otro enfoque para que el proceso terapéutico avance.

6) ¿Prácticas religiosas o seculares?

Profesionales clínicos de muchas partes de Estados Unidos preguntan a menudo: «¿Cómo puedo introducir a mis clientes religiosos conservadores en estas prácticas? Rechazarán todo lo relativo al budismo y a la meditación». Hace algunos años, el Dalai Lama (2007) hablaba a unos investigadores que estudiaban la depresión. Sugirió que, si descubriesen que ciertas prácticas budistas pueden ayudar a gente con depresión, no deberían subrayar que estas provienen del budismo. Dijo también que el único propósito de esta tradición es aliviar el sufrimiento, y que, si la gente piensa en estas prácticas como ejercicios budistas, tal pensamiento se interpondrá en su camino.

Toda psicoterapia eficaz requiere sensibilidad a los antecedentes culturales de los pacientes. Esto se vuelve especialmente cierto cuando se introducen prácticas que han sido adaptadas de tradiciones desconocidas. Con individuos seculares con mentalidad científica, el camino es relativamente sencillo. Existe un impresionante cuerpo de investigación de resultados neurobiológicos y clínicos que describe las prácticas de mindfulness en términos científicos occidentales. Incluso podemos seguir el ejemplo de investigadores pioneros y simplemente llamarlo "Entrenamiento en el control de la atención" (Teasdale, Segal y Williams, 1995).

Para pacientes algo más inclinados a la religión, es más complicado decidir cómo presentarles estas prácticas. En primer lugar, necesitamos evaluar su grado de apertura a otras tradiciones. A veces, un ejercicio adaptado de otra tradición religiosa es más interesante que uno que proviene de una fuente no religiosa o científica. En este caso, no debería ser ningún problema enseñar alguno de estos ejercicios, y señalar que derivan de una tradición budista.

Alternativamente, podemos buscar prácticas de mindfulness relacionadas con la creencia religiosa de nuestro paciente. Podemos ofrecerle, por ejemplo, técnicas *centradas en la oración* provenientes de tradiciones católicas monásticas medievales (Pennington, 1980), así como adaptaciones contemporáneas de la Cábala judía (Michaelson, 2006) y de los ejercicios sufíes islámicos (Helminski, 1992).

Naturalmente, y al igual que ocurre con las personas no religiosas, algunos pacientes religiosos tendrán mejores resultados con una presentación no religiosa de estos ejercicios. Si evitamos palabras que tengan un sentido religioso, como *meditación*, y presentamos estas prácticas como herramientas para el desarrollo cognitivo, el entrenamiento de la mente o el aprovechamiento de la neuroplasticidad, nuestros pacientes aceptarán estas técnicas tan fácilmente como otras intervenciones médicas u otras enseñanzas. Hemos oído casos en los que se ha introducido con éxito diferentes ejercicios de mindfulness a pacientes en el seno de comunidades religiosas evangélicas bajo la forma de prácticas de entrenamiento de la atención –una manera de centrarse con mayor claridad en la iglesia, el trabajo y la escuela–.

Aunque estos ejercicios sean susceptibles de ser enmarcados de diferentes modos, puede haber un punto en el que el enfoque del tratamiento orientado al mindfulness es difícil de conciliar con determinadas tradiciones de fe. Esto ocurre con mayor frecuencia cuando la tradición religiosa enseña que ciertos contenidos de la mente deben ser eliminados porque son «pecaminosos». Aquí puede ser útil conseguir la ayuda de aquellos practicantes religiosos que enfaticen la aceptación y el amor como parte de su tradición, o explorar con nuestro paciente los pros y los contras de un enfoque que prohíbe posibles pensamientos, sentimientos e impulsos problemáticos.

7) ¿Centradas en la verdad relativa o en la verdad absoluta?

Los profesionales clínicos que ahondan más profundamente en la práctica del mindfulness ven en ella un potencial que va mucho más allá del alivio de síntomas (para más detalles, ver Germer y Siegel, 2012). Después de todo, muchas de estas prácticas fueron originalmente diseñadas para una transformación radical de la mente, para una liberación denominada a veces iluminación. Este despertar supone mirar más allá de nuestras ideas tradicionales y ver el mundo tal como es, para ser plenamente conscientes de lo que en la tradición budista se conoce como las tres características de la existencia: *anicca* –todo es un flujo constante de cambio en la materia y la energía–; *dukkha*, a menudo traducido como «la vida es sufrimiento» –la observación de que la mente está siempre insatisfecha, aferrándose al placer y tratando de evitar el dolor–; y *anatta*, la comprensión de que, si observamos nuestra experiencia con cuidado, no hay un «yo» que encontrar –no existe un pequeño homúnculo dentro–, tan solo el despliegue de sensaciones y otras experiencias momento a momento, junto con el comentario mental continuo sobre todo esto (o como diría el neurocientífico Wolf Singer, 2005, la mente es «una orquesta sin director»).

Entender y aceptar estas realidades existenciales, que podemos considerar como verdades absolutas, provoca una enorme libertad, dado que nos dedicamos mucho menos a tratar de aferrarnos al placer y a evitar el dolor; mejora nuestra autoestima; e insiste en resultados particulares. La terapia orientada al mindfulness tiene el potencial de guiar a un paciente para que vea estas verdades. Las preguntas importantes son cómo y cuándo.

Cuando un paciente acude afligido al tratamiento, porque su novia le ha dejado poco antes de la boda, si tratamos de hacerle ver que todo cambia (y, en consecuencia, su relación no tenía por qué durar); si le hacemos ver que nunca podemos aferrarnos a nada; que la mente inevitablemente crea sufrimiento tanto en los buenos como en los malos momentos (por lo que aun habiéndose casado, él habría encontrado algo con lo que angustiarse); y si le hacemos caer en la cuenta de que tanto él como su prometida no son más que constelaciones cambiantes de materia y de energía, sin una existencia real, excepto como construcciones condicionadas culturalmente; si hacemos todo esto, probablemente experimentará una terrible falta de empatía.

Sin embargo, hay momentos en el tratamiento en que puede ser útil reconocer la futilidad de nuestra visión convencional. Muchos pacientes ven lo infructuoso que es tratar de mantener una autoestima positiva (no podemos estar siempre por encima de la media), que aferrarse al placer y alejar el dolor multiplica nuestro sufrimiento, y que nuestra experiencia de vida no es más que un espectáculo pasajero. En un ejemplo aún más sorprendente, una de nuestras pacientes que había perdido a su marido unos meses antes a causa de un cáncer y que estaba tremendamente apenada, compartió la siguiente observación: «A veces, cuando estoy hablando con un amigo me doy cuenta de que realmente no importa que mi marido muriese. Mientras tenga en cuenta la presencia de mi amigo, en vez de pensar: "Está de vuelta en casa", pienso: "Él ya no está vivo". Lo único diferente en ese momento es ese pensamiento; el resto de la conversación es exactamente la misma». Aunque nunca queremos acercar prematuramente al paciente a esta perspectiva, abrirse a esta posibilidad puede ser profundamente liberador.

La psicoterapia necesita comenzar casi siempre en el nivel de lo que llamamos realidad relativa, que está formada por los elementos usuales de la historia humana: éxito y fracaso, placer y dolor, anhelo, sufrimiento, ira, envidia, alegría y orgullo. Como terapeutas, tenemos que determinar el estado en que se encuentran nuestros pacientes y saber empatizar y entender sus emociones y reacciones cognitivas ante los altibajos de la vida. Pero una vez que hemos establecido esta conexión empática y hemos explorado los detalles sobre cómo una circunstancia particular de un paciente puede causarle dolor emocional, podemos considerar si para este paciente puede ser liberadora una perspectiva más amplia, un foco en nuestros dilemas existenciales comunes y en cómo la mente crea sufrimiento normalmente, o la comprensión de que todo lo que existe es el momento presente.

Decidir entre niveles de comprensión relativos o absolutos es otra área en la que la terapia es más un arte que una ciencia, y para una mayor orientación necesitamos echar mano de la experiencia clínica y de los conocimientos revelados en nuestra práctica personal del mindfulness. En general, tiene sentido comenzar el tratamiento en un nivel de verdad relativa, pero es difícil permanecer aquí hasta que el paciente sea capaz de explorar múltiples aspectos de cualquier experiencia, conectando con sus pensamientos y sentimientos al respecto. Podemos considerar que esta exploración se ha producido cuando los pensamientos y sentimientos que sigan emergiendo se vuelvan familiares y ya no se oponga resistencia contra ellos. Una vez suceda esto, si nuestro paciente tiene flexibilidad cognitiva y es capaz de considerar múltiples perspectivas de manera simultánea, puede ser útil explorar sus experiencias desde un punto de vista más constructivista y existencial que considere la realidad de *anicca*, *dukkha* y *anatta*.

Si bien la mayoría de los pacientes experimentarán un movimiento prematuro al nivel de la verdad absoluta como un fracaso empático, también existe el peligro de que se sientan atraídos por una perspectiva trascendente y se involucren en lo que a veces se denomina un "desvío espiritual". Esta maniobra defensiva ocurre con mayor frecuencia cuando las personas ven su práctica como parte de un camino espiritual o religioso, que conduce a la sabiduría, la compasión, la conexión con Dios o la iluminación. Al tener una comprensión puramente intelectual de lo que hemos llamado la verdad absoluta: la naturaleza cambiante de todos los fenómenos, la forma en que la mente crea sufrimiento perpetuamente y la naturaleza insustancial de nuestro sentido del yo separado, negamos nuestras emociones humanas, engañándonos a nosotros mismos para actuar. Entonces, cuando nuestro amigo nos decepciona, inmediatamente ponemos la otra mejilla o notamos el sufrimiento detrás del comportamiento de nuestro amigo, sin permitirnos sentir primero nuestro dolor o enojo. El problema con este desvío de la realidad relativa, como todas las defensas psicológicas, es que lleva los sentimientos a la clandestinidad. Y cuando enterramos los sentimientos, parece que los enterramos vivos; pueden volver en forma de síntomas somáticos, actos pasivo-agresivos, compulsiones y otros comportamientos desadaptativos. Los desvíos espirituales son en realidad momentos de inconsciencia disfrazados de mindfulness, negando que nuestras reacciones no tan nobles sucedan en el momento.

A veces, los desvíos espirituales están respaldados por profundas experiencias místicas o trascendentes que parecen prometer un atajo a través de las dificultades de la vida. Sin embargo, tarde o temprano nos enfrentamos a los desafíos de nuestra vida cotidiana.

De hecho, es complicado

Hemos visto que incorporar mindfulness a la psicoterapia es, como sugirió el Dalai Lama (2009), "complicado". Los seres humanos son multifacéticos y, como resultado, ninguna práctica o técnica es óptima para todos en todo momento. Las pautas sugeridas en este capítulo son solo sugerencias. Cada uno de nosotros tendrá que descubrir en los laboratorios de nuestra práctica de meditación y en las horas clínicas, cómo las diversas técnicas afectan a diferentes personas en diferentes momentos.

Que esta investigación nos beneficie a todos.

Referencias

Dalai Lama XIV. (2007, October). *Investigating the mind: Mindfulness, compassion, and the treatment of depression*. Panel discussion at Mind and Life Conference, Emory University, Atlanta, GA.

Dalai Lama XIV. (2009, May). *Meditation and psychotherapy: Cultivating compassion and wisdom*. Panel discussion at Harvard Medical School Conference, Boston, MA.

Fulton, P. (2013) *Mindfulness como entrenamiento clínico. En Eds. Germer, Siegel y Fulton. Mindfulness y psicoterapia.* 2nd ed. The Guilford Press.

Freud, S (1929) *El malestar en la cultura.* Buenos Aires. Amorrortu

Germer, C. (2013) *Mindfulness. ¿Qué es y qué importancia tiene? En Eds. Germer, Siegel y Fulton. Mindfulness y psicoterapia.* 2nd ed. The Guilford Press.

Germer, C. K. y Siegel, R. D. (Eds.). (2012). *Wisdom and compassion in psychotherapy: Deepening mindfulness in clinical practice.* Nueva York: Guilford Press.

Gendlin, E (1978) *Focusing.* Everest House. Nueva York

Helminski, K. E. (1992). *Living presence: A Sufi way to mindfulness & the essential self.* Nueva York: Tarcher/Perigee (trad. esp.: *Presencia viva,* Sufi, Madrid 2011).

Herman, J. L. (1992). Trauma and recovery. Basic Books/Hachette Book Group.

Lazar, S. W. (2013). "The neurobiology of mindfulness". En C. K. Germer, R. D. Siegel y P. R. Fulton (Eds.), *Mindfulness and psychotherapy* (2ª ed., pp. 282-294). Nueva York: Guilford Press. (Trad. cast.: *Mindfulness y psicoterapia,* Desclée De Brouwer, Bilbao, 2015).

Levine, P. A., & Frederick, A. (1997). Awakening the Tiger. Berkeley, CA: North Atlantic Books.

Linehan, M. M. (1993a). *Cognitive-behavioral treatment of borderline personality disorder.* Nueva York: Guilford Press.

Linehan, M. M. (1993b). *Skills training manual for treating borderline personality disorder.* Nueva York: Guilford Press (trad. esp.: *Manual de tratamiento de los trastornos de personalidad límite,* Paidós, Barcelona 2003).

Lowen, A. (1958). Physical dynamics of character structure: Bodily form and movement in analytic therapy. Grune & Stratton.

Lowen, A. (1994) *La experiencia del placer: Vivencias corporales, creatividad y bioenergetica para alcanzar una vida más plena.* Paidos. Buenos Aires

Lutz A, Slagter HA, Dunne JD, Davidson R (2008) Attention regulation and monitoring in meditation. Trends Cogn Sci. Apr;12(4):163-9.

Michaelson, J. (2006). *God in your body: Kabbalah, mindfulness and embodied spiritual practice.* Woodstock, VT: Jewish Lights.

Ogden, P., Minton, K., & Pain, C. (2006). Trauma and the body: A sensorimotor approach to psychotherapy. W. W. Norton & Company.

Pennington, B. (1980). *Centering prayer.* Garden City: Doubleday (trad. esp.: *Oración centrante,* Narcea, Madrid 1986).

Pollak, S. M., Pedulla, T., & Siegel, R. D. (2014). *Sitting together: Essential skills for mindfulness-based psychotherapy.* Guilford Press.

Rogers, C. R. (1957). The necessary and sufficient conditions of therapeutic personality change. Journal of Consulting Psychology, 21(2), 95–103.

Siegel, R. D. (2010). *The mindfulness solution: Everyday practices for everyday problems.* Nueva York: Guilford Press

Singer, W. (2005, November). "Possible biological substrates of meditation". Ponencia presentada en Mind and Life Institute Conference, Washington, DC.

Teasdale, J. D., Segal, Z. V., & Williams, J. M. G. (1995). How Does Cognitive Therapy Prevent Depressive Relapse and Why Should Attentional Control (Mindfulness) Training Help? Behaviour Research and Therapy, 33, 25-39.

van der Kolk, B. A., McFarlane, A. C., & Weisaeth, L. (Eds.). (1996). Traumatic stress: The effects of overwhelming experience on mind, body, and society. The Guilford Press.

CAPÍTULO 3

Mindfulness como estrategia transdiagnóstica para los trastornos de ansiedad

Navarrete, J., Folgado, M., Cebolla, A.

Si buscamos los últimos estudios de eficacia de mindfulness como tratamiento psicológico seguramente nos daremos cuentas de dos cosas, la primera, que los niveles de eficacia son elevados, y por tanto es una herramienta válida que está basada en abundante evidencia, y la segunda que se utiliza en una gran diversidad de situaciones clínicas, desde ansiedad social, hasta depresión, pasando por esquizofrenia y trastorno de pánico. ¿Cómo puede una herramienta tener semejante versatilidad? ¿Cómo puede utilizarse en tantos trastornos diferentes y ser eficaz en todos? La respuesta que darían los más escépticos es que es una especie de panacea, que motivada por la moda del momento genera una especie de placebo. Posiblemente, la respuesta más adecuada es que mindfulness funciona como una estrategia transdiagnóstica que afecta procesos psicológicos nucleares, o al menos, que afectan o median sobre diferentes expresiones sintomáticas.

Así pues, podemos conceptualizar mindfulness como proceso transdiagnóstico, en tanto en que, como describimos a continuación, está implicado en la recuperación de mecanismos que, de un modo u otro, contribuyen a la psicopatología (Goldberg y cols., 2018). También podría comprenderse como un proceso o estrategia transterapéutica, en la medida en que las intervenciones combinadas con o basadas en mindfulness (como la Terapia Cognitiva Basada en Mindfulness, TCBM) han resultado ser eficaces para una amplia gama de trastornos psicopatológicos (Hofmann y Gómez, 2017).

En este sentido, tanto la perspectiva de la psicología contemplativa (Germer, 2005; Gunaratana, 2002; Kabat-Zinn, 2011), como de la psicología social (p.ej. Langer, 1989) – ambas raíces históricas del interés científico en el mindfulness – coinciden en que la capacidad de estar centrado en el presente (*to be mindful*) es intrínseca, universal y puede ser entrenada. De este modo, el planteamiento sugiere que ya poseemos la “herramienta” y que además es posible potenciar su fuerza y estabilidad para obtener mayores efectos. Es más, algunos autores sugieren que el máximo potencial del mindfulness pasa por comprenderlo no sólo como una herramienta a la que recurrir, sino como un modo de verse a sí mismos y al mundo, una forma de ser, estar y relacionarse con el entorno, tanto interno como externo (Kabat-Zinn, 2005). En definitiva, desarrollar en mindfulness no solo como estado, sino, además, integrarlo como rasgo, y como forma de estar en el mundo.

Entre las alteraciones fundamentales compartidas por muchas psicopatologías destacan la inflexibilidad, la falta de *insight* o el estrechamiento de la perspectiva (presentes por ejemplo en ansiedad, depresión, estrés postraumático, abuso de sustancias, alteraciones del sueño, trastornos de la conducta alimentaria y dolor crónico). Precisamente estos procesos disfuncionales incluyen específicamente o están a la base de algunos de los constructos mecanísticamente transdiagnósticos aislados por Harvey y sus colaboradores (Harvey y cols.., 2004, 2011), como el pensamiento repetitivo negativo, la evitación experiencial, el afecto negativo o la reactividad emocional. Los avances recientes en la psicología, neurociencia y la investigación en mindfulness sugieren que las capacidades que se entrenan mediante la práctica del mindfulness pueden abordar eficazmente una extensa variedad de estos procesos disfuncionales transdiagnósticos, pudiendo potencialmente influir para el beneficio de numerosas alteraciones psicopatológicas (Greeson y cols.., 2014).

Aproximación transdiagnóstica para el abordaje y comprensión de los trastornos de ansiedad

En los últimos años, estamos presenciando un cambio de enfoque en el campo de la psicopatología y los tratamientos psicológicos, que está cristalizando en una manera diferente de entender los trastornos (Mansell y cols., 2009), lo que implica un replanteamiento de la propia concepción de "trastorno mental". La tradicional perspectiva centrada en el diagnóstico ha imperado el desarrollo y el avance de la psicología clínica y la psiquiatría, en tanto en que ha facilitado un marco de compresión de los trastornos que hace posible el desarrollo del conocimiento tanto teórico como experimental. No obstante, desde hace algunas décadas se viene observando que esta aproximación también tiene notables desventajas, cuestionándose incluso su validez y utilidad (Harvey y cols., 2004; Insel y cols., 2009; Sanislow y cols., 2010).

Los esfuerzos por clasificar y conceptualizar los trastornos mentales han llevado al desarrollo de sistemas de clasificación diagnóstica, como *Diagnostic and Statistical Manual* (DSM; p. ej., Spitzer y cols., 1992) o the *International Classification of Disorders* (ICD). Éstos se basan en la presencia de "síndromes", es decir, identifican agrupaciones de signos (lo que los clínicos observan) y síntomas (lo que los pacientes reportan) como criterio para definir categóricamente la presencia o ausencia de un trastorno. La utilización de sistemas diagnósticos como el DSM o ICD, con un elevado nivel de detalle en la operacionalización de los cuadros sintomáticos, ha mejorado sustancialmente la fiabilidad de los diagnósticos (Watkins, 2015) y, a efectos prácticos, resulta evidente que las nosologías psiquiátricas tienen diversas ventajas, como son facilitar la comunicación entre profesionales, utilizar un lenguaje común, y unificar los criterios de investigación clínica en los diferentes países. No obstante, la demarcación de grupos de síntomas como criterio diagnóstico supone también una limitación en el abordaje de la realidad compleja que envuelve a la persona y al problema, conduciendo a la pérdida de información relevante, tanto personal como contextual. Igualmente, los esfuerzos por delimitar y especificar diagnósticos han llevado a la determinación de más y más trastornos cada año. Siendo que en la primera edición del DSM se recogían un total de 106 trastornos mentales, en la última y actual versión (DSM-V, 2013) la cifra asciende a más de 216, haciendo inevitablemente más compleja la tarea diagnóstica y de clasificación (Sandín, 2013). Además, la delimitación categórica pasa por la determinación de puntos de corte, habitualmente arbitrarios, como la estipulación de dos semanas de síntomas para el diagnóstico de Depresión Mayor según el DSM-V. En su revisión sobre las ventajas e inconvenientes de esta aproximación, Watkins (2015) señala algunas evidencias que ponen en cuestión la funcionalidad de este sistema de clasificación enclaustrada para abordar la compleja realidad de los trastornos mentales.

En primer lugar, las elevadas tasas de solapamientos entre trastornos. Los resultados arrojados por la replicación reciente de *The National Comorbidity Survey* revelan la excepcionalidad de los casos "puros", siendo la inmensa mayoría de los trastornos con prevalencia de por vida, trastornos comórbidos (Krueger y Markon, 2006). En el caso de los trastornos de ansiedad, la prevalencia de la comorbilidad de por vida y a los 12 meses mantiene las tasas más altas de todos los trastornos estudiados, situándose en un 30 y 18% respectivamente (Kessler, Berglund y cols., 2005; Kessler, Chiu y cols., 2005). Igualmente, Kessler y cols. (1994) concluyeron que las personas con trastornos psicológicos sufren de promedio 2.1 trastorno por persona. Esta realidad cuestiona la exclusividad de los factores que subyacen a los diagnósticos, planteando la posibilidad de que haya características o aspectos comunes y compartidos entre diversos trastornos.

En segundo lugar, existe una elevada variabilidad de manifestaciones dentro de un mismo diagnóstico. Pese a la intención de que los diagnósticos fueran grupos homogéneos de manifestaciones sintomáticas, la realidad es que la heterogeneidad de cuadros sintomáticos dentro de un mismo trastorno y diagnóstico es muy significativa. Por ejemplo, siguiendo al DSM-V, dos pacientes pueden ser diagnosticados de depresión mayor aun coincidiendo únicamente en un síntoma. Precisamente esta amplitud y diversidad de manifestaciones que se incluyen dentro de un mismo trastorno puede complicar el ajuste de las intervenciones las necesidades terapéuticas de los pacientes, por lo que, como atestigua Sandín, contra su objetivo, el establecimiento de un diagnóstico clínico no siempre resulta clarificador del tratamiento a seguir.

Este último aspecto nos lleva al tercero de los inconvenientes: la relativa eficacia de las intervenciones. En una amplia revisión sobre los estudios de seguimiento tras intervenciones psicológicas para los trastornos de ansiedad, Bandelow y cols. (2018) observaron tasas de recaída considerables tras la intervención psicológica de referencia y recomendada en las guías de tratamiento. Por ejemplo, en un análisis de ocho estudios controlados de terapia cognitivo conductual (TCC) para los trastornos de ansiedad, el 48% de los pacientes eran sintomáticos en los periodos de seguimiento (de 2 a 14 años). Del mismo modo, estudios previos sobre la eficacia de los tratamientos psicológicos y biológicos para la depresión, revelan también elevadas tasas de respuestas al tratamiento insuficientes (del 20 al 60%) y de recaídas y episodios recurrentes (50-80%) (Judd, 1997). También en la frecuente y compleja realidad de las manifestaciones comórbidas, investigaciones previas sugieren que la eficacia de los tratamientos sigue siendo reducida tanto para los diagnósticos primarios (Coplan, Aaronson, Panthangi, y Kim, 2015) como secundarios (Allen, Ehrenreich, y Barlow, 2005; Tsao y cols., 2005).

Algunos autores (Harvey y cols., 2004; Insel y cols., 2009; Sanislow y cols., 2010) consideran que los límites en la eficacia de los tratamientos podrían deberse a la focalización en los grupos de síntomas observables, en lugar de los mecanismos potencialmente subyacentes. En consonancia con esto último, investigaciones recientes sobre las necesidades y prioridades en la investigación y asistencia en el ámbito de la salud mental (Tortella-Feliu, Baños y cols., 2016; Tortella-Feliu, Vázquez y cols., 2016) señalan la necesidad de investigar sobre los procesos y mecanismos psicológicos implicados en diferentes manifestaciones psicopatológicas, dirigiendo preferentemente la atención a los factores transdiagnósticos, y no solo al análisis específico de la psicopatología característica de determinados trastornos concretos.

Más allá de las inconveniencias de los abordajes tradicionales, las aproximaciones transdiagnósticas se alzan como una alternativa que se focaliza en la identificación de procesos y mecanismos implicados en diversos trastornos, y aborda tanto la investigación como la intervención clínica atendiendo a lo que éstos tienen en común y genérico (Sandín, 2012). En este sentido, el objetivo de éstas seria la identificación, estudio e intervención sobre procesos cognitivo-conductuales, interpersonales y biológicos que (a) son compartidos por diversos trastornos y (b) contribuyen causalmente a la génesis, mantenimiento, recurrencia y /o recuperación de los trastornos psicopatológicos (Harvey y cols., 2004).

La propuesta de Harvey y sus colaboradores (Harvey y cols., 2004; Watkins, 2015) es que estos procesos serían compartidos por diversos trastornos porque serían mecanismos universales, es decir, formarían parte también del funcionamiento adaptativo y, por tanto, estarían presentes en los individuos sanos. La evidencia sobre la presencia de estos procesos en población sana (p. ej. Pensamientos negativos recurrentes, los sesgos de memoria selectiva, ver Adler y Pansky, 2020) sostiene la comprensión de las alteraciones psicopatológicas por el avance a lo largo de un continuo en el funcionamiento, de normativo a psicopatológico. Es decir, serían la alteración o disfuncionalidad de estos procesos lo que produce el avance progresivo hacia la psicopatología. Por ejemplo, la atención selectiva a estímulos novedosos, amenazantes o salientes es un mecanismo que forma parte del funcionamiento adaptativo y es necesario para la identificación y respuesta efectiva ante las amenazas. No obstante, a lo largo de los diferentes trastornos de ansiedad, los sesgos en la atención selectiva se han visto como procesos que contribuyen causalmente al aumento y mantenimiento de la sintomatología (Hertel y Mathews, 2011). La investigación al respecto ha identificado que estos mecanismos derivan en alteraciones psicológicas porque (a) se vuelven disfuncionales, hipersensibles o desregulados (Wakefield, 1992); (b) los mecanismos tienen un funcionamiento normal, pero operan sobre estímulos o contextos inapropiados, sea por aprendizajes previos o por el impacto de preocupaciones personales extremas; o (c) por la exposición a situaciones extremas de estrés o trauma (Watkins, 2015). En suma, este planteamiento resulta de gran interés en tanto en que acoge la posibilidad desarrollar intervenciones dirigidas a reajustar la disfuncionalidad y retroceder en el continuo de la psicopatología hacia el funcionamiento adaptativo.

Implicaciones de la aproximación transdiagnóstica

La aproximación transdiagnóstica en general, y la identificación de constructos mecanísticamente transdiagnósticos en particular tienen notables implicaciones (Harvey y cols., 2004, 2011). En primer lugar, proporciona un nuevo enfoque para la comprensión de los solapamientos entre distintas categorías o trastornos psiquiátricos.

En segundo lugar, la aproximación transdiagnóstica permite potenciar la transferencia de los avances teóricos y de tratamiento de unos trastornos a otros. Aunque, en cierto modo, esto ya ocurre (p.ej. los avances en el tratamiento del Trastorno Obsesivo Compulsivo (Salkovskis, 1985), trastorno de pánico (Clark, 1986) e hipocondría (Salkovskis y Warwick, 1986) son reflejados en los avances teóricos y de tratamiento para la psicosis (Morrison, Haddock, y Tarrier, 1995), fobia social (Clark y Wells, 1995), trastorno dismórfico corporal (Veale y cols., 1996), trastorno de estrés postraumático (Ehlers y Clark, 2000), insomnio (Harvey, 2002) y la despersonalización (Hunter y cols., 2003), la evidencia sugiere que se produce de forma muy lenta (Harvey y cols., 2004, 2011). Si tenemos en cuenta las comunalidades entre diferentes trastornos psiquiátricos en cuanto a los procesos que los mantienen, los avances alcanzados en un trastorno concreto pueden ser aplicados a otros trastornos. En este sentido, la transferencia de hallazgos y avances podría producirse con mayor rapidez a un amplio rango de trastornos.

En tercer lugar, permite diseñar estrategias de tratamiento que sean eficaces para una amplia gama de trastornos. La aportación de los diseños de Ensayos Clínicos Aleatorizados (ECAs) - que obtienen medidas pre y post tratamiento de una amplia gama de trastornos psicológicos - ha permitido conocer cómo psicopatologías que no eran el objetivo primario del tratamiento, también se ven beneficiadas por éste. En el estudio llevado a cabo por Tsao y cols. (2002), en el cual se aplicó terapia cognitivo-conductual para el trastorno de pánico con agorafobia, el 39% de los participantes con un diagnóstico comórbido (otros trastornos de ansiedad o depresión, previo al tratamiento), experimentaron una reducción significativa en la severidad del mismo de forma inmediata a la finalización del tratamiento, manteniéndose estos resultados en los 6 meses posteriores. Resultados similares han sido observados en una amplia variedad de trastornos (p. ej., Bélanger y cols., 2004; Borkovec, Abel y Newman, 1995; Brown, Antony y Barlow, 1995; Brown y Barlow, 1992), lo que sugiere que, la intervención deliberadamente específica sobre mecanismos activos fundamentales, en lugar de a grupos de síntomas, podría mejorar los resultados y llevar a una eficacia terapéutica más amplia (Mansell y cols., 2009). En relación con esto último, algunos autores sugieren que la atención específica sobre los procesos mecanísticamente transidiagnósticos puede repercutir en mejores resultados terapéuticos (Mansell y cols., 2008), ya que se trataría intervenciones más ajustadas a las vulnerabilidades relevantes para cada individuo (*godness-of-fit*) y en tratamientos más flexibles. A su vez, pueden funcionar como mejores fuentes de información sobre la evolución de los tratamientos, en tanto en que se dirigirían al núcleo de los déficits en lugar de correlatos más distales (Sauer-Zavala y cols., 2017). Por último, se ha visto que abordar las vulnerabilidades subyacentes a diferentes manifestaciones comórbidas conduce a mejoras clínicamente significativas en éstas, promoviendo así la eficiencia de los tratamientos (Sauer-Zavala y cols., 2012).

¿Por qué la aproximación transdiagnóstica para el abordaje de la ansiedad?

La co-ocurrencia de distintos trastornos de ansiedad se ha observado ampliamente en la literatura, abriéndose también la discusión sobre las posibles razones de este efecto (First, 2005). En consonancia con lo que venimos diciendo, entre estas razones se destacan la influencia de un sistema clasificatorio sobre inclusivo y la existencia de mecanismos compartidos a la base del mantenimiento de las patologías de ansiedad. Por ejemplo, un proceso cognitivo distintivo y nuclear de todos los trastornos de ansiedad es la sobreestimación de la amenaza o peligro y sus potenciales consecuencias (Beck, 1976): la sobreestimación del poder y la amenaza que se otorga los pensamientos intrusivos, en el caso del trastorno obsesivo compulsivo (TOC, Rachman, 2002), de la evaluación negativa de los otros en el caso de la ansiedad social (Uren, Szabo, y Lovibond, 2004), o de la ocurrencia del trauma y sus consecuencias, en el trastorno de estrés post traumático (TEPT, Ehlers y Clark, 2000). Del mismo modo, otros síntomas como los ataques de pánico y los pensamientos intrusivos (Huppert y cols.., 2005), o respuestas como la evitación, son ampliamente compartidos.

Las tasas de prevalencia, comorbilidad e interferencia en la vida diaria de los trastornos de ansiedad demandan urgentemente tratamientos más eficaces y eficientes. Tanto la co-ocurrencia de varios trastornos de ansiedad como la comorbilidad con otros trastornos plantea una gran dificultad a la hora de desarrollar intervenciones eficaces, frente a la cual, la aproximación transdiagnóstica resulta un enfoque prometedor. En esta línea, McManus, Shafran y Cooper (2010) realizaron una revisión sobre la eficacia de las distintas estrategias a la hora de abordar la problemática que plantea la coexistencia de múltiples trastornos de ansiedad. En su estudio encontraron que habitualmente la decisión terapéutica puede adoptar tres perspectivas: (1) aplicar el tratamiento eficaz para un trastorno y evaluar el impacto en los comórbidos; (2) aplicar secuencialmente los tratamientos más eficaces para cada trastorno o combinarlos; y (3) dirigirse a los mecanismos transdiagnósticos compartidos por los trastornos coexistentes.

En cuanto a la primera opción, la evidencia surgiere que la intervención sobre un trastorno tiene beneficios sobre los co-ocurrentes (Borkovec, Abel, y Newman, 1995; Tsao y cols., 2002), reduciéndose variablemente la comorbilidad de 51 a 17% (Brown y Barlow, 1995), 46 a 31% (Allen y cols., 2005), y del 67 al 40% (Tsao y cols., 2005). Sin embargo, los datos revelan que la mayoría de los pacientes mantienen los diagnósticos comórbidos tras el tratamiento o la sintomatología ansiosa sigue siendo notablemente elevada (Corominas, Guerrero, y Vallejo, 2002). En esta línea, la evidencia sobre la propensión a las recaídas en los trastornos de ansiedad comórbidos (Brown y cols., 1995; Borkovec y cols., 1995) refleja que, pese a su relativa eficacia, la dinámica de esta estrategia terapéutica es todavía mejorable.

A la vista de algunos estudios (Labrecque y cols., 2006; Labrecque y cols., 2007), la opción de combinar los diferentes tratamientos o aplicarlos secuencialmente parecía una estrategia esperanzadora. No obstante, la profundización en investigaciones con muestras mayores (Craske y cols., 2006; Randall, Thomas, y Thevos, 2001) ha evidenciado peores resultados que la aplicación de un solo tratamiento. En definitiva, parece ser que la simple combinación de los tratamientos, aunque basados en la evidencia, puede diluir la eficacia del tratamiento sobre el diagnostico primario, y tampoco supone mejoras para el trastorno comórbido.

Mindfulness como mecanismo transdiagnóstico

Pese a la dificultad y complejidad de alcanzar un consenso científico entorno a los ingredientes de las prácticas del mindfulness, casi todas las formulaciones reconocen e incluyen un conjunto de capacidades nucleares, terapéuticamente relevantes e interrelacionadas que son potenciadas mediante el entrenamiento meditativo (Lutz y cols., 2015). Estas capacidades son la meta-conciencia, la conciencia centrada en el presente, la no reactividad a la experiencia, el descentramiento y cambios en la percepción del sí mismo (*self*) (Cebolla y cols., 2018).

Según Schooler y cols., (2011) la meta-conciencia (*meta-awareness*) se refiere a la capacidad de un individuo para monitorizar el contenido y los procesos habituales de su mente, de modo que luego pueda informar de ellos. Esta capacidad permite al individuo observar y medir la calidad de su atención y, a su vez, darse cuenta del contexto en el que está teniendo lugar, como por ejemplo los estados afectivos que concurren con la atención. En relación con el tema que nos ocupa, permitiría, por ejemplo, la conciencia de las sensaciones de peligro y alarma que acompañan a la atención hipervigilante característica de las alteraciones de ansiedad.

La conciencia centrada en el presente (*present-centered awareness*) se refiere a la capacidad de mantener el foco atencional centrado en el momento presente. Su desarrollo se opone a quedar capturado por el flujo de pensamientos que se dirigen al pasado o al futuro, como las preocupaciones (*worrys*) o las anticipaciones de eventos catastróficos características de los trastornos de ansiedad. Habitualmente la práctica de esta capacidad se estimula mediante la atención a las sensaciones corporales (Farb y cols., 2015), destacando que éstas tienen lugar únicamente en el momento presente, y por tanto, pueden funcionar como anclaje para volver la atención a cada instante.

La no reactividad a la experiencia (*nonreactivity to experience*) implica la capacidad de cambiar o suspender la valoración afectiva que se realiza sobre el contenido de la experiencia, como puede ser la valoración como "horrorosas" o "insoportables" de las sensaciones fisiológicas y corporales de propia respuesta de ansiedad. En la práctica meditativa, se caracteriza por el desarrollo de una postura y apertura hacia la experiencia como no aversiva (Lutz y cols., 2015), estimulando adoptar una perspectiva de curiosidad, aceptación y no-juicio (Kabat-Zinn, 1990) hacia lo que está ocurriendo. Como apuntan algunos autores, facilitar la no reactividad a la experiencia puede prevenir la evitación de estímulos internos, como las sensaciones en la ansiedad, concediendo más disponibilidad atencional hacia los pensamientos que concurren (Dunne, 2015; Lutz y cols., 2008, 2015).

El descentramiento (*decentering / dereification*) se refiere a la capacidad que favorece el cambio en la forma de relacionarse con los pensamientos. Es decir, los pensamientos no se perciben como lecturas reales del mundo sino que, promoviendo la distancia cognitiva o la no fusión con los pensamientos (Dahl y cols., 2015, Lutz y cols., 2015), se adopta una perspectiva de observador y se les concibe como eventos mentales. Esta capacidad se opone a la identificación (fusión) con los pensamientos, mediante la cual, se puede estar tan inmerso en el contenido de éstos que se tomen como descripciones inherentes y veraces de la realidad (p.ej., en el trastorno de pánico, la creencia absoluta del pensamiento "voy a tener un infarto" al experimentar las sensaciones agudas de ansiedad; en la ansiedad social, la absoluta certeza de que "los demás se están riendo de mí" en un contexto de interacción social distendida).

Por último, también se ha visto que la práctica de mindfulness promueve cambios en la percepción del *sí mismo*, alejándose de la visión del yo como una entidad discreta e invariable (Lin y cols., 2018). Aunque la estimulación de esta capacidad no es propiamente un objetivo de los programas de intervención clínica que incorporan la práctica del mindfulness, se entiende que estos cambios ocurren de forma implícita al cultivar las otras capacidades (Hölzel y cols., 2011, Vago y Silbersweig, 2012). Del mismo modo, algunos autores (para una revisión, ver Hofmann y cols., 2011) consideran que también de forma implícita se estimula la compasión, entendida como la capacidad de saber apreciar y estar motivado a aliviar el sufrimiento de los otros y destacan su relevancia para con la psicopatología.

Mecanismos cognitivos y afectivos sobre los que influye la práctica de mindfulness

En una amplia y reciente revisión, Wielgosz y cols. (2019) examinan el conocimiento actual sobre las prácticas meditativas de mindfulness y la psicopatología desde la perspectiva de la neurociencia clínica. En su trabajo, tratan de esbozar la relación entre las capacidades nucleares del mindfulness y los principales constructos cognitivos y afectivos según la matriz de criterios en el campo de la investigación (*Research Domain Criteria*, RDoC), propuesta por el Instituto Nacional de Salud Mental (*National Institute of Mental Health*) (Insel y cols., 2010). RDoc se trata de un marco de investigación "biologicista" para comprender y tratar los trastornos mentales. Este marco conceptual fue diseñado para integrar varios tipos de información y niveles de análisis, incluyendo aspectos genéticos, moleculares, celulares, circuitos, comportamentales, fisiológicos y autoinformados.

En primer lugar, las capacidades que se estimulan mediante la práctica del mindfulness están íntimamente relacionadas con el funcionamiento cognitivo. Sistemas como la memoria operativa de trabajo, procesos atencionales y funciones ejecutivas, son funciones cognitivas superiores, necesarias para, y estimuladas a través, de la práctica del mindfulness. Tratándose de funciones cognitivas de alto nivel, Tang y cols., (2015) apuntaron a que los cambios en éstas serían perceptibles en redes neurales extensas. En congruencia con esto, se han identificado diferentes vías neurales con una especial relevancia para los aspectos cognitivos de la práctica de mindfulness (para una revisión, ver Lutz y cols., 2015). En general, el conjunto de activaciones y desactivaciones de estas vías se ha visto relacionada con una mejora en la capacidad de regular el pensamiento discursivo autorreferente (Brewer y cols., 2011, Mrazek y cols., 2014).

A nivel procesual, la práctica de mindfulness implica el funcionamiento de diferentes procesos cognitivos es orquestado a distintos niveles con el objetivo de mantener eficazmente el foco atencional, sin dejarse capturar por la distracción de los pensamientos. El control atencional es necesario para mantener la suficiente conciencia de los procesos mentales, de modo que sea posible detectar la distracción; los circuitos de control cognitivo están implicados en la detección de las discrepancias entre el contenido de la mente y la tarea meditativa; y los sistemas inhibitorios permiten "desengancharse" de las distracciones que aparecen en la mente y volver el foco atencional al objeto meditativo (Lutz y cols., 2008, 2015). De este modo se promueven capacidades ya comentadas, como la conciencia centrada en el presente y la meta-conciencia.

Respecto al funcionamiento cognitivo, Gallant (2016) examinó el impacto del entrenamiento en mindfulness sobre subdominios del funcionamiento ejecutivo, hallando efectos positivos en la respuesta inhibitoria y la memoria de trabajo, y menor impacto en la flexibilidad mental (para una revisión más detallada, ver Gallant, 2016).

En cuanto a los sistemas afectivos, la matriz RDoC (Insel y cols., 2010) - empleada por Wielgosz y cols., (2019) - distingue dos conjuntos, los sistemas de valencia negativa y los sistemas de valencia positiva. Los primeros abarcan los procesos implicados en la respuesta a estímulos aversivos, y se ha visto que la práctica de mindfulness afectaría concretamente a la pérdida, la percepción aguda de amenaza y la percepción sostenida de amenaza (Garland y cols., 2017; Hölzel y cols., 2011; Tang y cols., 2015). En el caso concreto de los trastornos de ansiedad, la influencia de estos sistemas se refleja en una de sus características nucleares, la sobreestimación de la amenaza o el peligro (Beck, 1976). En este sentido, el efecto de la práctica meditativa de mindfulness estaría abordando uno de sus mecanismos centrales. Por otro lado, el sistema de valencia positiva está a la base de los procesos relacionados con los estímulos motivacionales. La evidencia sugiere que la práctica del mindfulness impactaría sobre los procesos de aproximación, respuesta al refuerzo y anticipación del refuerzo (Garland y Howard, 2018; Hölzel y cols., 2011; Lutz y cols., 2015; Tang y cols., 2015).

Conocidos los procesos sobre los que la práctica del mindfulness parece tener efecto, la investigación también se ha interesado en observar mediante qué mecanismos se producen estos cambios. La evidencia al respecto señala cuatro mecanismos clave: el aumento de la conciencia emocional, cambios en la reactividad emocional, revalorización cognitiva y cambios en el sistema de recompensa. Consistentemente, en varios meta-análisis recientes (Fox y cols., 2014, 2016) la práctica de mindfulness se ha visto asociada a cambios funcionales y estructurales en regiones cerebrales implicadas en la valoración emocional, reactividad y regulación (p. ej., amígdala, corteza cingulada anterior, corteza prefrontal ventromedial y el hipocampo). Esto es particularmente interesante en relación con los trastornos de ansiedad.

En la práctica clínica de la terapia de exposición para el trastorno de pánico, se observa cómo el aumento de la conciencia y percepción de estímulos internos, como pueden ser las sensaciones corporales, puede de hecho, aumentar la reactividad emocional y exacerbar los síntomas ansiosos (McNally, 2007). No obstante, el cultivo de la no reactividad y el descentramiento mediante la práctica meditativa podría contribuir a regular esta conexión disfuncional entre las percepciones y las valoraciones cognitivas de los estímulos. En este sentido, algunos autores (Creswell y Lindsay, 2014) proponen que la incorporación de estas capacidades a los entrenamientos revierte los efectos adversos que se hallan en la exposición. En esta línea, también se ha propuesto que la experiencia repetida de estados afectivos sin la evitación o distracción generada por los pensamientos puede constituir una forma de exposición, conduciendo a la habituación o extinción de las reacciones emocionales condicionadas (Baer, 2003; Phelps y cols., 2004; Tang y cols., 2015).

La investigación sobre los mecanismos cognitivos y afectivos sobre los que la práctica de mindfulness actúa necesita todavía seguir aportando evidencias para ir configurando una base de literatura robusta. Actualmente, un reto importante es ir superando las barreras metodológicas inherentes a esta área, como puede ser el empleo de medidas de autoinforme, que en gran medida dependen de la capacidad de introspección de los participantes (Davidson y Kaszniak, 2015). No obstante, también actualmente se ha acumulado suficiente evidencia que avala los efectos significativos de la práctica del mindfulness sobre, al menos, algunos de los mecanismos que directamente inciden en los procesos psicopatológicos (Wielgosz y cols., 2019), sugiriendo ser una estrategia eficaz en el marco de la aproximación transdiagnóstica.

Eficacia de *mindfulness* para el tratamiento de los factores transdiagnósticos en trastornos de ansiedad

Como ya hemos indicado existen diferentes marcos de trabajo esencialmente transdiagnósticos, y cada uno de ellos propone un listado diferente de dimensiones. LA práctica de mindfulness ha mostrado ser eficaz en algunas de esas dimensiones, como el pensamiento negativo recurrente, la autocrítica, etc...

Pensamiento Negativo Repetitivo

El pensamiento negativo repetitivo se caracteriza por la presencia involuntaria de pensamientos recurrentes acerca de aspectos negativos de una situación, del estado emocional y de los síntomas psicológicos en el presente, pasado o futuro (Mahoney y cols., 2012). En los últimos años, la investigación indica que se trata de un factor latente en los trastornos del estado del ánimo (Arditte y cols., 2016; Hur y cols., 2017). Por ejemplo, el malestar asociado a la constante anticipación de potenciales peligros futuros (*worry*) es una característica fundamental del trastorno de ansiedad generalizada (APA, 2013). Del mismo modo, las personas con trastorno de ansiedad social suelen tener pensamientos repetitivos que evalúan continuamente su comportamiento y actitud en situaciones sociales pasadas (p. ej., Yoshinaga y cols., 2020).

Una reciente revisión sistemática y meta-análisis de intervenciones basados en mindfulness para la reducción de estrés indica que la mejoría en bienestar y salud mental propiciada por el desarrollo de mindfulness es resultado, parcialmente, de la disminución de pensamientos negativos repetitivos que se obtiene al entrenar dicha capacidad (Gu y cols., 2015). Este estudio aporta evidencia acerca de la relación inversa entre mindfulness y pensamiento negativo repetitivo (Burg y Michalak, 2011; Keng y cols., 2011), dado que una atención plena al momento presente, amable y carente de juicios y reacciones automáticas, debilita el efecto del contenido negativo de estos pensamientos gracias a que no son entendidos como fieles representaciones de la realidad (Frewen y cols., 2008). En línea con todo esto, un reciente estudio llevado a cabo con un millar de meditadores experimentados, quienes acumulaban años de práctica formal regular, encontró una asociación significativa entre más años de práctica meditativa (atencional, constructiva y deconstructiva) y una disminución progresiva del pensamiento negativo repetitivo (Schlosser y cols., 2020).

Autocrítica

Autocrítica es la expresión de hostilidad y falta de respeto hacia uno mismo resultado de no alcanzar un objetivo, en el contexto de una constante necesidad de alcanzar un rendimiento alto en todas las facetas de la vida (Shahar, 2015). En el caso de la ansiedad social, la auto-crítica se ha descrito como un factor con una influencia significativa en el desarrollo y mantenimiento de la sintomatología asociada (Lazarus y Shahar, 2018; Shahar y Gilboa-Shechtman, 2007). Por ejemplo, Cox y colaboradores (2004) obtuvieron evidencia de que las personas con trastorno de ansiedad social son más autocríticas que las personas diagnosticadas con otros trastornos de ansiedad y que personas carentes de psicopatología. Además, se ha visto que la baja autoestima y alta autocrítica predicen una mayor gravedad en la manifestación de la ansiedad social (Iancu y cols., 2015).

Las intervenciones basadas en mindfulness y compasión se han mostrado efectivas para el tratamiento de la autocrítica (Ferrari y cols., 2019, Kirby y cols., 2017). Incluso intervenciones breves demuestran ser efectivas, es el caso de un estudio sobre una intervención de 2 semanas de duración en el que los participantes incrementaron su autocompasión y redujeron sus niveles de autocrítica (Ondrejková y cols., 2020).

Regulación emocional

La regulación emocional es el proceso orientado a modificar el desarrollo de una emoción impactando sobre su latencia, tiempo de surgimiento, duración, magnitud y/o respuesta, para el cual se ponen en marcha estrategias explícitas o implícitas (Gross, 2013). Hoffman y colaboradores (2012) plantearon un modelo explicativo común a todos los trastornos de ansiedad, en el que defendían que estos son resultado de la desregulación emocional del afecto negativo y una deficiente experiencia de afecto positivo, jugando un papel fundamental la tendencia a experimentar cierto afecto y el uso de determinadas estrategias de regulación en lugar de otras. Las personas con trastornos de ansiedad se caracterizan por aplicar estrategias de regulación emocional ineficaces (Amstadter, 2008), es decir, experimentan disregulación emocional en la medida en que sus intentos de regulación les conducen a respuestas desadaptativas (Cisler y cols., 2010). En esta línea, se ha descrito que las creencias acerca del propio funcionamiento cognitivo y la desregulación emocional son factores fuertemente asociados con la sintomatología del trastorno de ansiedad generalizada (Salguero y cols., 2019).

Las intervenciones basadas en mindfulness se han mostrado efectivas para la mejora en claridad emocional (Cooper y cols., 2018), un aspecto fundamental de la regulación emocional cuya carencia se define por la dificultad en identificar emociones, en describirlas y en prestar atención a la experiencia emocional (Bagby y cols., 1994). Además, se ha visto cómo las intervenciones basadas en *mindfulness* hacen disminuir las dificultades en regulación emocional gracias a la reducción en la intensidad del afecto negativo, al aumento en la facilidad para recuperar el equilibrio emocional, la reducción de patrones cognitivos negativos autorreferenciales y/o la mejora en la habilidad para llevar a cabo comportamientos dirigidos a metas (Roemer y cols., 2015). Desde un punto de vista neurológico se demostró que las personas con alto nivel de *mindfulness* requieren de un menor esfuerzo para atenuar la activación emocional, viéndose reflejado en una menor activación de las áreas prefrontal e insular derecha ante estímulos con carga emocional negativa (Lutz y cols., 2014).

Interpretación de amenaza

El error en la interpretación de cuán amenazante es un estímulo es un factor clave en el desarrollo y mantenimiento de la ansiedad, común a todos los trastornos de este espectro (Briton y cols., 2010; Milne y cols., 2019). La interpretación de amenaza fue definida por Carr (1974) como la estimación de la probabilidad de que un evento futuro negativo suceda y de la gravedad de las consecuencias que ocasione. Recientemente, se ha descrito cómo la ausencia de aceptación (componente fundamental de *mindfulness*) ante la experiencia del momento presente predice una mayor interpretación errónea de amenaza, lo que a su vez conduce a experimentar un mayor estrés percibido. Por el contrario, la observación de la experiencia en el momento presente con aceptación predice bajos niveles de interpretación de amenaza y estrés percibido (Hoffman y Geisler, 2020).

Relacionado con lo anterior, se ha demostrado que el entrenamiento en *mindfulness* predice una mayor reinterpretación cognitiva (Cebolla y cols., 2018; Garland y cols., 2015; Garland y cols., 2017). Es decir, la estrategia de regulación que permite modular la respuesta emocional al reinterpretar el significado y naturaleza de un evento (Gross, 2002). En esta línea, un estudio con una muestra internacional de población general compuesta por 1151 adultos mostró que *mindfulness* conducía a una menor sintomatología ansiosa gracias al efecto mediador de la reinterpretación cognitiva (Parmentier y cols., 2019). Es decir, aquellos individuos con un mayor nivel de *mindfulness* mostraban una mayor facilidad para regular sus emociones a través de la reinterpretación cognitiva, lo que a su vez les conducía a experimentar menos ansiedad.

Control percibido

Control percibido se entiende como la evaluación de la propia capacidad para controlar la experiencia emocional interna y los estímulos externos amenazantes o estresantes (Barlow, 2002). Los resultados de una revisión meta-analítica sobre la relación entre control percibido y ansiedad indican que déficits en control percibido están asociados con una mayor gravedad en la sintomatología ansiosa, consolidándose así la idea de que se trata de un factor transdiagnóstico fundamental en los trastornos de ansiedad (Gallagher y cols., 2014).

Respecto a su relación con *mindfulness*, Pagnini y cols. (2016) describieron cómo una mayor sensación de control está relacionada con *mindfulness*. Es decir, estos autores enfatizan que el entrenamiento de *mindfulness* conduce a entender que la realidad está en constante cambio (Fatemi y Langer, 2016), y por tanto aumenta la percepción de que hay múltiples formas de afrontar las circunstancias presentes, otorgando así una mayor sensación de control.

Evitación

La evitación es una característica fundamental de los trastornos de ansiedad y consiste en mantener la distancia con un potencial peligro, bien sea física (espacial o temporal) o psicológicamente (p.ej., conducta de seguridad) (APA, 2013; Arnaudova y cols., 2017). Se han identificado cinco mecanismos a través de los cuales la evitación se convierte en patológica (Arnaudova y cols., 2017): aumento de la interpretación de amenaza, automatización de las conductas de evitación, disminución en la regulación de la evitación, la continua repetición de la evitación la convierte en un acto impulsivo y aumento de pensamientos que generan temor y preocupación.

Respecto a su evitación gracias a la mejora en regulación atencional, conciencia corporal y estrategias de regulación relación con mindfulness, se ha descrito que una de las formas a través de las cuales el desarrollo del rasgo mindfulness conduce a experimentar menos ansiedad es a través de la reducción de evitación. Es decir, mindfulness está negativamente asociado con ansiedad y evitación y la relación entre mindfulness y ansiedad está mediada por la disminución en evitación (McCluskey y cols., 2020). El entrenamiento en mindfulness se ha mostrado beneficioso para el tratamiento de la evitación a través del desarrollo del control atencional y emocional (Arnaudova y cols., 2017; Tang y cols., 2015).

Respecto a su efectividad, resulta paradigmático el estudio de laboratorio de Carlin y Ahrens (2014), en el que una intervención breve en mindfulness mostró ser efectiva para reducir tasa de abandono en una tarea de cálculo matemático, que utilizaron como medida implícita de evitación, tras haberles inducido miedo. Por otra parte, una revisión sistemática de intervenciones basadas en *mindfulness* y aceptación para el tratamiento del trastorno de ansiedad generalizada mostró evidencia de estas intervenciones en la mejoría de la evitación, entre otros síntomas (Norton y cols., 2015).

Hipervigilancia

La hipervigilancia es la excesiva comprobación del entorno en busca de posible peligro, promovida por una constante sensación de alarma (Richards y cols., 2014). En el caso del trastorno de ansiedad generalizada, se ha estudiado con tecnología de *eye-tracking*, cómo personas con este diagnóstico muestran mayores distancias recorridas con la atención y mayor número de puntos de fijación ante una condición inducida de peligro respecto a personas carentes de esta patología (Wermes y cols., 2018). Concretamente en este trastorno, se ha descrito que la hipervigilancia es un factor precipitante y/o mantenedor de un bucle de ansiedad (Kimble y cols., 2014). Respecto a personas con ansiedad social, se ha visto que estas muestran una mayor hipervigilancia respecto a las expresiones faciales respecto a personas con otros trastornos de ansiedad y personas sin estas patologías (McTeague y cols., 2018), siendo esta hipervigilancia un factor mantenedor del trastorno (Bögels y Mansell, 2004). Concretamente, muestran una mayor hipervigilancia ante emociones "negativas" (p. ej., ira), traducido en un gran número de fijaciones del rostro opuesto al principio y seguido por una reducción en la atención a la mirada de la otra persona (Lima y cols., 2019). Respecto al trastorno de estrés postraumático, se ha visto que uno de los mecanismos de cambio a través de los cuales el entrenamiento en *mindfulness* reduce hipervigilancia es el incremento en regulación atencional sobre los pensamientos auto-referenciales (Cameron y Mamon, 2019). Por ejemplo, en veteranos de guerra con estrés postraumático se ha mostrado efectivo para el tratamiento de la hipervigilancia (King y cols., 2016).

Un reciente estudio sobre *mindfulness* y sesgos atencionales (Makowski y cols., 2019), describe que un elevado *mindfulness* está asociado con una rápida velocidad para devolver la atención tras una distracción con carga emocional. Es decir, no estaría tan relacionado con distraerse menos, sino con devolver la atención más rápidamente. La aplicación de técnicas de *mindfulness* en personas con trastorno de ansiedad generalizada ha mostrado resultados favorables en regulación atencional (Renna y cols., 2017), además de en población general (Cebolla y cols., 2018; Hölzel y cols., 2011).

Sensibilidad al afecto

La intolerancia o sensibilidad al afecto es la percepción de incapacidad para soportar estados emocionales aversivos y/o temor a experimentarlos (Bernstein y cols., 2009). Se ha visto en población infanto-juvenil y adulta que la sensibilidad a la ansiedad, al estrés y la intolerancia a la incertidumbre están fuertemente asociadas y predicen sintomatología de ansiedad, depresión y obsesivo-compulsiva, siendo un factor determinante en el desarrollo y mantenimiento de esta (Shaw y cols., 2021; Tobar y cols., 2020). Recientemente, se apunta a que la sensibilidad al afecto conduce a experimentar síntomas de ansiedad, depresión y estrés debido a la aplicación de estrategias de regulación emocional desadaptativas (Jaso y cols., 2020).

Respecto a su relación con mindfulness, se ha descrito que la intolerancia a la incertidumbre media la asociación entre mindfulness y ansiedad sobre la salud. Es decir, aquellos con un mayor nivel de mindfulness, experimentan menor intolerancia a la incertidumbre, lo que a su vez les conduce a experimentar menos ansiedad relacionada con su estado de salud (Kraemer y cols., 2016).

Una reciente revisión sistemática y meta-análisis sobre la eficacia de intervenciones basadas en mindfulness y aceptación para el tratamiento de sensibilidad al afecto muestra que producen mejoras en la tolerancia y sensibilidad a un amplio rango de estados emocionales negativos. La estimación de estos efectos varía de pequeños a medianos y se mantienen en períodos de 1 a 6 meses tras las intervenciones realizadas (Kraemer y cols., 2020).

Programas de tratamiento de base transdiagnóstica con *mindfulness* integrado para el tratamiento de la ansiedad

Los programas de intervención psicológica de base transdiagnóstica, en su mayoría protocolos cognitivos-comportamentales o variantes, han mostrado ser efectivos para la disminución de síntomas de ansiedad y depresión y aumento de calidad de vida al tratar los factores comportamentales, cognitivos, emocionales e interpersonales comunes a los trastornos de depresión, ansiedad y relacionados (Newby y cols., 2015). En lo que respecta concretamente a trastornos de ansiedad e intervenciones basadas en *mindfulness*, existe una gran evidencia de la efectividad de estas intervenciones sobre los factores comunes que subyacen a los trastornos de ansiedad (de Abreu Costa y cols., 2019; Fumero y cols., 2020; Vøllestad y cols., 2011).

Los protocolos de intervenciones basadas en *mindfulness* que mayor evidencia empírica han acumulado en los últimos años son revisados a continuación. La literatura científica los sitúa como intervenciones efectivas para el tratamiento de numerosas variables transdiagnósticas (estrés, depresión, ansiedad, burnout, fatiga, pensamiento negativo recurrente, calidad de vida) en población general y clínica (Hofmann y Gómez, 2017; Khoury y cols., 2013; Questret y cols.., 2020).

Mindfulness-based Stress Reduction (MBSR; Kabat-Zinn, 1990)

El programa MBSR está estructurado en 8 semanas con sesiones de 2 horas y media, una por semana. Su propósito es desarrollar *mindfulness* a través de meditación (p. ej., escáner corporal y atención a la respiración) y meditación en movimiento (p. ej., ejercicios de yoga), pidiendo a sus participantes una implicación diaria de 45 minutos de práctica. Originalmente fue concebido para el tratamiento de pacientes con dolor crónico (Kabat-Zinn, 1982). Aunque el estudio de su eficacia se ha extendido a otros desórdenes y trastornos, entre ellos los de ansiedad (Hervás y cols., 2016).

Respecto a sintomatología ansiosa en población no clínica, el programa MBSR ha mostrado ser eficaz en reducirla en distintos grupos de edad, incluidos jóvenes (entre 12 y 25 años; Zhou y cols., 2020) y mayores (entre 62 y 82 años; Hazlett-Stevens y cols., 2018; Li y Bressington, 2019).

En un estudio de eficacia, se examinó el potencial del MBSR en 22 personas para el tratamiento del trastorno de ansiedad generalizada y trastorno de pánico y se obtuvieron disminuciones significativas en sintomatología ansioso-depresiva tras la intervención, además de en el número y frecuencia de ataques de pánico (Kabat-Zinn y cols., 1992). Un estudio posterior revelaría que estas mejoras se mantuvieron 3 años después de finalizar el programa (Miller y cols., 1995).

Posteriormente, Koszycki y cols. (2007) estudiaron la eficacia del MBSR comparado con terapia cognitivo-conductual en una muestra de 53 pacientes con trastorno de ansiedad social. Los resultados indicaron para ambas intervenciones mejoras equivalentes y significativas en sintomatología asociada al trastorno, estado de ánimo y calidad de vida. Otro estudio examinó los efectos del programa a nivel neurológico y cognitivo-conductual en personas con ansiedad social (Goldin y Gross, 2010). Los resultados indicaron reducciones en síntomas asociados al trastorno, depresión, rumiación, ansiedad estado y aumento de autoestima. El MBSR se ha mostrado como un protocolo con eficacia suficiente para considerarse tratamiento complementario para personas con trastorno de ansiedad social (Goldin y cols., 2013; Goldin y cols., 2017; Jazaieri y cols., 2012).

Vøllestad y cols. (2012) analizaron los resultados sobre la eficacia de 19 estudios para el tratamiento de distintos trastornos de ansiedad (trastorno de pánico, ansiedad generalizada y fobia social fundamentalmente) en los que se aplicaba el programa MBSR, observando una reducción significativa de la sintomatología. Además, un análisis cualitativo de la experiencia de cambio de pacientes con trastorno de pánico, ansiedad generalizada o ansiedad social que realizaron el programa MBSR indica que los participantes redujeron su sintomatología porque adquirieron estrategias para regular mejor su atención y así restarla a sus pensamientos negativos recurrentes, "dejándolos marchar", sin identificarse ni aferrarse a ellos (Schanche y cols., 2020).

Mindfulness-based Cognitive Therapy (MBCT; Segal y cols., 2002)

La MBCT surgió como una adaptación del MBSR para el tratamiento de pacientes con depresión recurrente y resistentes a tratamiento. Se trata de una intervención de 8 semanas con sesiones de 2 horas, una por semana. Incorpora ejercicios de meditación formal (meditación al uso) e informal (*mindfulness* aplicado a actividades del día a día). Respecto al propósito para el que fue diseñada, la MBCT ha mostrado evidencia de su eficacia para reducir las recaídas en pacientes con depresión mayor (Kuyken y cols., 2016; Piet y Hougaard, 2011). En cuanto a su aplicación en trastornos de ansiedad, existen estudios prometedores que apuntan a que es eficaz para el tratamiento de estos trastornos, aunque se requiere mayor investigación al respecto (Chiesa y Seretti, 2011; Hofmann y cols., 2010).

En un estudio aleatorizado, Kim y cols. (2009) contrastaron la eficacia de la MBCT para el tratamiento de pacientes con trastorno de pánico o trastorno de ansiedad generalizada como coadyuvante de terapia con fármacos. Los resultados indicaron una reducción significativa de la sintomatología ansioso-depresiva del grupo que recibió MBCT respecto a la condición control, que recibió psicoeducación. Un estudio posterior, constató la eficacia de la MBCT para el tratamiento de la sintomatología asociada al trastorno de pánico en una muestra única de participantes con este trastorno (Kim y cols., 2010).

En paralelo, Craigie y cols. (2008) llevaron a cabo un estudio sin grupo control sobre la eficacia de la MBCT en 33 participantes con trastorno de ansiedad generalizada en el que obtuvieron disminuciones significativas de *worry* y síntomas asociados al trastorno. Sin embargo, un reciente ensayo controlado aleatorizado con el mismo tipo de muestra obtuvo resultados no esperados (Wong y cols., 2016). En este caso, el grupo que recibió psicoeducación fue tan efectivo como la MBCT para la reducción de síntomas de ansiedad, respecto a una tercera condición de lista de espera. Por otra parte, un reciente estudio indicó la eficacia de la MBCT para el tratamiento de intolerancia a la incertidumbre en pacientes con trastorno de pánico (Kim y cols., 2016).

En otro ensayo controlado aleatorizado se estudió la eficacia de la MBCT frente al tratamiento habitual de ansiedad relacionada con la salud en 74 participantes con hipocondría (McManus y cols., 2012). Los resultados indicaron una diferencia significativa entre grupos en la mejora de ansiedad relacionada con la salud, siendo el grupo que recibió MBCT el más beneficiado. Un análisis fenomenológico de personas con este cuadro clínico que han recibido MBCT indicó que los cambios fundamentales se dieron en referencia a darse cuenta de las propias barreras para mejorar y el desarrollo de una nueva forma de relacionarse con su ansiedad y la vida en general (Williams y cols., 2011).

Conclusiones

La investigación sobre la eficacia de mindfulness para el tratamiento de los trastornos de ansiedad sigue avanzando y generando nuevas perspectivas. A pesar de la aparente sencillez de mindfulness, de su aprendizaje y de su práctica, los mecanismos que la subyacen son profundamente complejos, interviniendo sobre marcadores nucleares involucrados en el sufrimiento humano, en toda su complejidad y multidimensionalidad. Desde los primeros estudios de finales del siglo pasado, hasta la perspectiva transdiagnóstica, el grado de conocimiento sobre lo que es mindfulness y por qué funciona en el tratamiento de los trastornos de ansiedad ha sido enorme. Desde los modelos más centrados en relajación, hasta los nuevos modelos más complejos, cada podemos comprender mejor los mecanismos de su eficacia.

La perspectiva trandiagnóstica no solo nos permite comprender esta versatilidad, también nos permite ampliar las miras generando a su vez nuevos protocolos, y formas de enseñanza. Si el futuro de la psicoterapia es la personalización, también lo es el de mindfulness, y un buen rail sobre el que hacerlo es su dimensión transdiagnóstica. Hasta ahora la personalización se ha llevado a cabo a partir de los trastornos (donde el único ingrediente que cambia es el componente de psicoeducación), ¿tendría sentido hacer protocolos a partir de dimensiones? ¿Podremos ser capaces de adaptar el tipo, duración, orden, secuencia, y profundidad de las meditaciones utilizadas en las intervenciones basadas en mindfulness? Cada vez tenemos más claras las dimensiones sobre las se debería basar una intervención personalizada basada en mindfulness, y de esta forma convertirla en una herramienta que sea capaz de alcanzar mayores cotas de eficacia y de adherencia.

Referencias

Adler, O., & Pansky, A. (2020). A "rosy view" of the past: Positive memory biases. In *Cognitive Biases in Health and Psychiatric Disorders*. Elsevier Inc.

Allen, L. B., Ehrenreich, J. T., & Barlow, D. H. (2005). A unified treatment for emotional disorders: Applications with adults and adolescents. *Japanese Journal of Behavior Therapy, 31*, 3–31.

American Psychiatric Association. (2013). *Diagnostic and statistical manual of mental disorders (DSM-5®)*. American Psychiatric Pub.

Amstadter, A. (2008). Emotion regulation and anxiety disorders. *Journal of Anxiety Disorders, 22*, 211–221.

Arditte, K. A., Shaw, A. M., & Timpano, K. R. (2016). Repetitive negative thinking: a transdiagnostic correlate of affective disorders. *Journal of Social and Clinical Psychology, 35*(3), 181-201.

Arnaudova, I., Kindt, M., Fanselow, M., & Beckers, T. (2017). Pathways towards the proliferation of avoidance in anxiety and implications for treatment. *Behaviour Research and Therapy*, *96*, 3-13.

Baer, R. A. (2003). Mindfulness training as a clinical intervention: a conceptual and empirical review. *Clin. Psychol. Sci. Pract, 10*(2), 125–43.

Bagby, R., Parker, J., Taylor, G., 1994. The twenty-item Toronto Alexithymia scale—i. Item selection and cross-validation of the factor structure. *J. Psychosom. Res.*, 38, 23–32.

Bandelow, B., Sagebiel, A., Belz, M., Görlich, Y., Michaelis, S., & Wedekind, D. (2018). Enduring effects of psychological treatments for anxiety disorders: Meta-analysis of follow-up studies. *The British Journal of Psychiatry, 212*(6), 333-338.

Barlow, D. H. (2002). *Anxiety and its disorders: The nature and treatment of anxiety and panic (2nd ed.)*. New York: Guilford Press.

Beck, A. T. (1976). *Cognitive therapy and the emotional disorders.* New York: International Universities Press.

Bélanger, L., Morin, C.M., Langlois, F., and Ladouceur, R. (2004). Insomnia and generalized anxiety disorder: effects of cognitive behavior therapy for GAD on insomnia symptoms. *Journal of Anxiety Disorders, 18*(4), 561-571.

Bernstein, A., Zvolensky, M. J., Vujanovic, A. A., & Moos, R. (2009). Integrating anxiety sensitivity, distress tolerance, and discomfort intolerance: A hierarchical model of affect sensitivity and tolerance. *Behavior Therapy*, *40*(3), 291-301.

Bögels, S. M., & Mansell, W. (2004). Attention processes in the maintenance and treatment of social phobia: hypervigilance, avoidance and self-focused attention. *Clinical psychology review*, *24*(7), 827-856.

Borkovec, T.D., Abel, J.L., & Newman, H. (1995). Effects of psychotherapy on comorbid conditions in generalised anxiety disorder. *Journal of Consulting and Clinical Psychology, 63*, 479–83.

Brewer, J. A., Worhunsky, P. D., Gray, J. R., Tang, Y. Y., Weber, J., Kober, H. (2011) Meditation experience is associated with differences in default mode network activity and connectivity. *PNAS, 108*(50), 20254–59.

Britton, J. C., Lissek, S., Grillon, C., Norcross, M. A., & Pine, D. S. (2011). Development of anxiety: The role of threat appraisal and fear learning. *Depression and anxiety*, *28*(1), 5-17.

Brown, T.A. & Barlow, D.H. (1992). Comorbidity among anxiety disorders: implications for treatment and DSM-IV. *Journal of Consulting and Clinical Psychology, 60,* 835–44.

Brown, T.A., Antony, M.M., & Barlow, D.H. (1995). Diagnostic comorbidity in panic disorder: effect on treatment outcome and course of comorbid diagnoses following treatment. *Journal of Consulting and Clinical Psychology, 63*, 408–18.

Burg, J., & Michalak, J. (2011). The healthy quality of mindful breathing: Associations with rumination and depression. *Cognitive Therapy and Research*, *35*(2), 179–185.

Cameron, A. Y., & Mamon, D. (2019). Towards a better understanding of hypervigilance in combat veterans. *Military Behavioral Health*, *7*(2), 206-217.

Carlin, E. A., & Ahrens, A. H. (2014). The effects of mindfulness and fear-inducing stimuli on avoidance behavior. *Mindfulness*, *5*(3), 276-281.

Carr, A. T. (1974). Compulsive neurosis: a review of the literature. *Psychological Bulletin, 81*, 311–331.

Cebolla, A., Galiana, L., Campos, D., Oliver, A., Soler, J., Demarzo, M., & García-Campayo, J. (2018). How does mindfulness work? Exploring a theoretical model using samples of meditators and non-meditators. *Mindfulness*, *9*(3), 860-870.

Chiesa, A., & Serretti, A. (2011). Mindfulness based cognitive therapy for psychiatric disorders: a systematic review and meta-analysis. *Psychiatry research*, *187*(3), 441-453.

Cisler, J. M., Olatunji, B. O., Feldner, M. T., & Forsyth, J. P. (2010). Emotion regulation and the anxiety disorders: An integrative review. *Journal of psychopathology and behavioral assessment*, *32*(1), 68-82.

Clark, D.M. (1986). A cognitive approach to panic. *Behaviour Research Therapy, 24*, 461–70.

Clark, D.M. and Wells, A. (1995). A cognitive model of social phobia. En R. Heimberg, M. Liebowitz, D.A. Hope, and F.R. Schneier, (Eds.) *Social phobia: diagnosis, assessment and treatment* (pp. 69–93). New York: Guilford.

Coplan, J. D., Aaronson, C. J., Panthangi, V., & Kim, Y. (2015). Treating comorbid anxiety and depression: Psychosocial and pharmacological approaches. *World journal of psychiatry*, *5*(4), 366–378.

Corominas, A., Guerrero, T., & Vallejo, J. (2002). Residual symptoms and comorbidity in panic disorder. *European Psychiatry, 17*, 399–406

Cox, B. J., Fleet, C., & Stein, M. B. (2004). Self-criticism and social phobia in the US national comorbidity survey. *Journal of Affective Disorders*, *82*(2), 227-234.

Craigie, M. A., Rees, C. S., Marsh, A., & Nathan, P. (2008). Mindfulness-based cognitive therapy for generalized anxiety disorder: A preliminary evaluation. *Behavioural and Cognitive Psychotherapy*, *36*(5), 553.

Craske, M., Niles, N., Burklund, L., Wolitzky-Taylor, K., Plumb, J., Arch, J., *et al.* (2014). Randomized controlled trial of cognitive behavioral therapy and acceptance and commitment therapy for social phobia: outcomes and moderators. *Journal of Consulting and Clinical Psychology, 82*, 1034-1048.

Craske, M. G., Farchione, T. J., Allen, L. B., Barrios, V., Stoyanova, M., & Rose, R. (2006). Cognitive behavioral therapy for panic disorder and comorbidity: More of the same or less of more?. *Behavior Research and Therapy, 45*, 1095–1109.

Creswell, J. D., & Lindsay, E. K. (2014). How does mindfulness training affect health? A mindfulness stress buffering account. *Curr. Dir. Psychol. Sci, 23*(6), 401–7.

Dahl, C. J., Lutz, A., & Davidson, R. J. (2015). Reconstructing and deconstructing the self: cognitive mechanisms in meditation practice. *Trends Cogn. Sci, 19*(9), 515–23.

Davidson, R. J., & Kaszniak, A. W. (2015). Conceptual and methodological issues in research on mindfulness and meditation. *Am. Psychol, 70*(7), 581–92.

de Abreu Costa, M., de Oliveira, G. S. D. A., Tatton-Ramos, T., Manfro, G. G., & Salum, G. A. (2019). Anxiety and stress-related disorders and mindfulness-based interventions: a systematic review and multilevel meta-analysis and meta-regression of multiple outcomes. *Mindfulness, 10*(6), 996-1005.

Dunne, J. D. (2015). Buddhist styles of mindfulness: a heuristic approach. In B. D. Ostafin, M. D. Robinson, B. P. Meier (Eds.). *Handbook of Mindfulness and Self-Regulation* (pp. 251–70). New York: Springer.

Ehlers, A. and Clark, D.M. (2000). A cognitive model of posttraumatic stress disorder. *Behaviour Research and Therapy, 38*, 319–45.

Farb, N. A. S., Daubenmier, J., Price, C. J., Gard, T., Kerr, C., y cols.. (2015). Interoception, contemplative practice, and health. *Front. Psychol, 6*, 763.

Fatemi, S. M., & Langer, E. J. (2016). Perceived Control and Mindfulness. *Perceived Control: Theory, Research, and Practice in the First 50 Years*, 131.

Ferrari, M., Hunt, C., Harrysunker, A., Abbott, M. J., Beath, A. P., & Einstein, D. A. (2019). Self-compassion interventions and psychosocial outcomes: A meta-analysis of RCTs. *Mindfulness, 10*(8), 1455-1473.

First, M. B. (2005). Mutually exclusive versus co-occurring diagnostic categories: The challenge of diagnostic comorbidity. *Psychopathology, 38*, 206–210.

Fox, K. C. R., Nijeboer, S., Dixon, M. L., Floman, J. L., Ellamil, M., y cols.. (2014). Is meditation associated with altered brain structure? A systematic review and meta-analysis of morphometric neuroimaging in meditation practitioners. *Neurosci. Biobehav. Rev, 43*, 48–73.

Fox, K. C. R., Dixon, M. L., Nijeboer, S., Girn, M., Floman, J. L., y cols.. (2016). Functional neuroanatomy of meditation: a review and meta-analysis of 78 functional neuroimaging investigations. *Neurosci. Biobehav. Rev, 65*, 208–28.

Frewen, P., Evans, E., Maraj, N., Dozois, D., & Partridge, K. (2008). Letting go: Mindfulness and negative automatic thinking. *Cognitive Therapy and Research*, 32(6), 758–774.

Fumero, A., Peñate, W., Oyanadel, C., & Porter, B. (2020). The Effectiveness of Mindfulness-Based Interventions on Anxiety Disorders. A Systematic Meta-Review. *European Journal of Investigation in Health, Psychology and Education, 10*(3), 704-719.

Gallagher, M. W., Bentley, K. H., & Barlow, D. H. (2014). Perceived control and vulnerability to anxiety disorders: A meta-analytic review. *Cognitive therapy and research, 38*(6), 571-584.

Gallant, S. N. (2016). Mindfulness meditation practice and executive functioning: breaking down the benefit. *Conscious. Cogn 40*, 116–30.

Garland, E. L., Hanley, A., Farb, N. A., & Froeliger, B. (2015). State mindfulness during meditation predicts enhanced cognitive reappraisal. *Mindfulness, 6*(2), 234-242.

Garland, E. L., Kiken, L. G., Faurot, K., Palsson, O., & Gaylord, S. A. (2017). Upward spirals of mindfulness and reappraisal: Testing the mindfulness-to-meaning theory with autoregressive latent trajectory modeling. *Cognitive Therapy and Research, 41*(3), 381-392.

Garland, E. L., Howard, M. O. (2018). Mindfulness-based treatment of addiction: current state of the field and envisioning the next wave of research. *Addict. Sci. Clin. Pract, 13*, 14.

Goldin, P. R., Morrison, A. S., Jazaieri, H., Heimberg, R. G., & Gross, J. J. (2017). Trajectories of social anxiety, cognitive reappraisal, and mindfulness during an RCT of CBGT versus MBSR for social anxiety disorder. *Behaviour research and therapy, 97*, 1-13.

Goldin, P., Ziv, M., Jazaieri, H., Hahn, K., & Gross, J. J. (2013). MBSR vs aerobic exercise in social anxiety: fMRI of emotion regulation of negative self-beliefs. *Social cognitive and affective neuroscience, 8*(1), 65-72.

Gu, J., Strauss, C., Bond, R., & Cavanagh, K. (2015). How do mindfulness-based cognitive therapy and mindfulness-based stress reduction improve mental health and wellbeing? A systematic review and meta-analysis of mediation studies. *Clinical Psychology Review*, 37, 1–12.

Gross, J. J. (2002). Emotion regulation: Affective, cognitive, and social consequences. *Psychophysiology, 39*(3), 281-291.

Gross, J. J. (2013). *Handbook of emotion regulation.* Guilford publications.

Harvey, A. G., Watkins, E., Mansell, W., & Shafran, R. (2004). Cognitive behavioural processes across psychological disorders: A transdiagnostic approach to research and treatment. *Oxford University Press*, 365.

Harvey, A. G., Murray, G., Chandler, R. A., and Soehner, A. (2011). Sleep disturbance as transdiagnostic: consideration of neurobiological mechanisms. *Clinical psychology review, 31*(2), 225-235.

Harvey, A. G. (2002a). A cognitive model of insomnia. *Behaviour Research and Therapy, 40*, 869–93.

Harvey, A. G. (2002b). Identifying safety behaviors in insomnia. *Journal of Nervous and Mental Disease, 190*, 16–21.

Hertel, P. T., & Mathews, A. (2011). Cognitive bias modification: Past perspectives, current findings, and future applications. *Perspectives on Psychological Science, 6*(6), 521–536

Hervás, G., Cebolla, A., & Soler, J. (2016). Intervenciones psicológicas basadas en mindfulness y sus beneficios: estado actual de la cuestión. *Clínica y salud, 27*(3), 115-124.

Hoffmann, C. F., & Geisler, F. C. (2020). Accept what you observe: A conditional process model linking mindfulness facets, threat appraisal, and perceived stress in German college students. *Personality and Individual Differences, 156*, 109752.

Hofmann, S. G., & Gómez, A. F. (2017). Mindfulness-based interventions for anxiety and depression. *Psychiatric clinics, 40*(4), 739-749.

Hofmann, S. G., Sawyer, A. T., Fang, A., & Asnaani, A. (2012). Emotion dysregulation model of mood and anxiety disorders. *Depression and anxiety, 29*(5), 409-416.

Hofmann, S. G., Sawyer, A. T., Witt, A. A., & Oh, D. (2010). The effect of mindfulness-based therapy on anxiety and depression: A meta-analytic review. *Journal of consulting and clinical psychology, 78*(2), 169.

Hofmann, S. G., Grossman, P., Hinton, D. E. (2011) Loving-kindness and compassion meditation: potential for psychological interventions. *Clin. Psychol. Rev 31*(7), 1126–32.

Hölzel, B. K., Lazar, S. W., Gard, T., Schuman-Olivier, Z., Vago, D. R., & Ott, U. (2011). How does mindfulness meditation work? Proposing mechanisms of action from a conceptual and neural perspective. *Perspectives on psychological science, 6*(6), 537-559.

Hunter, E.C.M., Phillips, M.L., Chalder, T., Sierra, M., and David, A.S. (2003).Depersonalisation disorder: a cognitive-behavioural conceptualization. *Behaviour Research and Therapy, 41*, 1451-67.

Huppert, J. D., Moser, J. S., Gershuny, B. S., Riggs, D. S., Spokas, M., Filip, J., y cols.. (2005). The relationship between obsessive-compulsive and posttraumatic stress symptoms in clinical and non-clinical samples. *Journal of Anxiety Disorders, 19*, 127–136.

Hur, J., Heller, W., Kern, J. L., & Berenbaum, H. (2017). A bi-factor approach to modeling the structure of worry and rumination. *Journal of Experimental Psychopathology*, 8, 252–264.

Iancua, L., Bodnerb, E., Ben-Zionc, IZ (2015). Self esteem, dependency, self-efficacy and self-criticism in social anxiety disorder. *Comprehensive Psychiatry, 58*, 165-171.

Insel, T., Cuthbert, B., Garvey, M., Heinssen, R., Pine, D. S., Quinn, K., … Wang, P. (2009). Research domain criteria (RDoC): Toward a new classification framework for research on mental disorders. *American Journal of Psychiatry, 167*, 748–751

Insel T., Cuthbert, B., Garvey, M., Heinssen, R., Pine, D. S., y cols.. (2010) Research Domain Criteria (RDoC): toward a new classification framework for research on mental disorders. *Am. J. Psychiatry, 167*(7), 748–51.

Jaso, B. A., Hudiburgh, S. E., Heller, A. S., & Timpano, K. R. (2020). The Relationship Between Affect Intolerance, Maladaptive Emotion Regulation, and Psychological Symptoms. *International Journal of Cognitive Therapy, 13*(1), 67-82.

Jazaieri, H., Goldin, P., Werner, K., Ziv, M., & Gross, J. (2012). A Randomized Trial of MBSR Versus Aerobic Exercise for Social Anxiety Disorder. *Journal Of Clinical Psychology, 68*(7), 715-731.

Judd, L. L. (1997). The clinical course of unipolar major depressive disor- ders. *Archives of General Psychiatry, 54*, 989–991

Kabat-Zinn, J. (1982). An outpatient program in behavioral medicine for chronic pain patients based on the practice of mindfulness meditation: Theoretical considerations and preliminary results. *General hospital psychiatry, 4*(1), 33-47.

Kabat-Zinn, J. (1990). *Full catastrophe living: Using the wisdom of your body and mind to face stress, pain and illness.* NewYork: Delacorte.

Kabat-Zinn, J., Massion, A.O., Kristeller, J., Peterson, L.G., Fletcher, K.E., Pbert, L., Lenderking, W.R., & Santorelli, S.F. (1992). Effectiveness of a meditation-based stress reduction program in the treatment of anxiety disorders. *American Journal of Psychiatry, 149*(7), 936-943.

Keng, S.-L., Smoski, M. J., & Robins, C. J. (2011). Effects of mindfulness on psychological health: A review of empirical studies. *Clinical Psychology Review*, 31(6), 1041–1056.

Kessler, R. C., McGonagle, K. A., Zhao, S., Nelson, C. B., Hughes, M., Eshleman, S., Wittchen, H. U., & Kendler, K. S. (1994). Lifetime and 12-month prevalence of DSM-III-R psychiatric disorders in the United States. Results from the National Comorbidity Survey. *Archives of general psychiatry, 51*(1), 8–19.

Kessler, R. C., Berglund, P., Demler, O., Jin, R., Merikangas, K. R., & Walters, E. E. (2005). Lifetime prevalence and age-of-onset distributions of DSM-IV disorders in the National Comorbidity Survey Replication. *Archives of general psychiatry, 62*(6), 593–602.

Kessler, R. C., Chiu, W. T., Demler, O., Merikangas, K. R., & Walters, E. E. (2005). Prevalence, severity, and comorbidity of 12-month DSM-IV disorders in the National Comorbidity Survey replication. *Archives of General Psychiatry, 62*, 617–627

Khoury, B., Lecomte, T., Fortin, G., Masse, M., Therien, P., Bouchard, V., & Hofmann, S. G. (2013). Mindfulness-based therapy: a comprehensive meta-analysis. *Clinical psychology review, 33*(6), 763-771.

King, A. P., Block, S. R., Sripada, R. K., Rauch, S. A., Porter, K. E., Favorite, T. K., Giardino, N., & Liberzon, I. (2016). A Pilot Study of Mindfulness-Based Exposure Therapy in OEF/OIF Combat Veterans with PTSD: Altered Medial Frontal Cortex and Amygdala Responses in Social-Emotional Processing. *Frontiers in psychiatry, 7*, 154.

Kim, B., Lee, S. H., Kim, Y. W., Choi, T. K., Yook, K., Suh, S. Y., & Yook, K. H. (2010). Effectiveness of a mindfulness-based cognitive therapy program as an adjunct to pharmacotherapy in patients with panic disorder. *Journal of Anxiety Disorders, 24*(6), 590-595.

Kim, M. K., Lee, K. S., Kim, B., Choi, T. K., & Lee, S. H. (2016). Impact of mindfulness-based cognitive therapy on intolerance of uncertainty in patients with panic disorder. *Psychiatry investigation, 13*(2), 196.

Kim, Y. W., Lee, S. H., Choi, T. K., Suh, S. Y., Kim, B., Kim, C. M., ... & Song, S. K. (2009). Effectiveness of mindfulness-based cognitive therapy as an adjuvant to pharmacotherapy in patients with panic disorder or generalized anxiety disorder. *Depression and anxiety, 26*(7), 601-606.

Kimble, M., Boxwala, M., Bean, W., Maletsky, K., Halper, J., Spollen, K., & Fleming, K. (2014). The impact of hypervigilance: Evidence for a forward feedback loop. *Journal of anxiety disorders, 28*(2), 241-245.

Kirby, J. N., Tellegen, C. L., & Steindl, S. R. (2017). A meta-analysis of compassion-based interventions: Current state of knowledge and future directions. *Behavior Therapy, 48*(6), 778-792.

Koszycki, D., Benger, M., Shlik, J., & Bradwejn, J. (2007). Randomized trial of a meditation-based stress reduction program and cognitive behavior therapy in generalized social anxiety disorder. *Behaviour Research and Therapy, 45*(10), 2518-2526.

Kraemer, K. M., O'Bryan, E. M., & McLeish, A. C. (2016). Intolerance of uncertainty as a mediator of the relationship between mindfulness and health anxiety. *Mindfulness, 7*(4), 859-865.

Kraemer, K. M., Luberto, C. M., Hall, D. L., Ngo, L. H., & Yeh, G. Y. (2020). A systematic review and meta-analysis of mindfulness-and acceptance-based interventions for affect intolerance/sensitivity. *Behaviour Research and Therapy*, 103746.

Krueger, F. R., & Markon, E. F. (2006). Reinterpreting Comorbidity: A Model-Based Approach to Understanding and Classifying Psychopathology. *Annual Review of Clinical Psychology*, 2(1), 111-133.

Kuyken, W., Warren, F. C., Taylor, R. S., Whalley, B., Crane, C., Bondolfi, G., ... & Segal, Z. (2016). Efficacy of mindfulness-based cognitive therapy in prevention of depressive relapse: an individual patient data meta-analysis from randomized trials. *JAMA psychiatry, 73*(6), 565-574.

Lazarus, G., & Shahar, B. (2018). The role of shame and self-criticism in social anxiety: a daily-diary study in a nonclinical sample. *Journal of Social and Clinical Psychology, 37*(2), 107-127.

Labrecque, J., Dugas, M. J., Marchand, A., & Letarte, A. (2006). Cognitive-behavioral therapy for comorbid generalized anxiety disorder and panic disorder with agoraphobia. *Behavior Modification, 30,* 383–410.

Labrecque, J., Marchand, A., Dugas, M. J., & Letarte, A. (2007). Efficacy of cognitive-behavioral therapy for comorbid panic disorder with agoraphobia and generalized anxiety disorder. *Behavior Modification, 31*(5), 616–637.

Li, S. Y. H., & Bressington, D. (2019). The effects of mindfulness-based stress reduction on depression, anxiety, and stress in older adults: A systematic review and meta-analysis. *International Journal of Mental Health Nursing, 28*(3), 635-656.

Lima, L. K. S. D., Assis, E. D. B. D., & Torro, N. (2019). Facial expressions and eye tracking in individuals with social anxiety disorder: a systematic review. *Psicologia: Reflexão e Crítica, 32.*

Lutz, A., Jha, A. P., Dunne, J. D., Saron, C. D. (2015). Investigating the phenomenological matrix of mindfulness-related practices from a neurocognitive perspective. *Am. Psychol 70*(7), 632–58.

Lutz, A., Slagter, H. A., Dunne, J. D., Davidson, R. J. (2008). Attention regulation and monitoring in meditation. *Trends Cogn. Sci, 12*(4), 163–69.

Mahoney, A.E.J., McEvoy, P. M., & Moulds, M. L. (2012). Psychometric properties of the Repetitive Thinking Questionnaire in a clinical sample. *Journal of Anxiety Disorders, 26,* 359–367.

Mansell, W., Harvey, A., Watkins, E. R., & Shafran, R. (2008). Cognitive behavioral processes across psychological disorders: A review of the utility and validity of the transdiagnostic approach. *International Journal of Cognitive Therapy, 1*(3), 181–191.

Mansell, W., Harvey, A., Watkins, E., and Shafran, R. (2009). Conceptual foundations of the transdiagnostic approach to CBT. *Journal of Cognitive Psychotherapy, 23*(1), 6-19.

Makowski, D., Sperduti, M., Lavallée, S., Nicolas, S., & Piolino, P. (2019). Dispositional mindfulness attenuates the emotional attentional blink. *Consciousness and cognition, 67,* 16-25.

McCluskey, D. L., Haliwa, I., Wilson, J. M., Keeley, J. W., & Shook, N. J. (2020). Experiential avoidance mediates the relation between mindfulness and anxiety. *Current Psychology,* 1-11.

McManus, F., Surawy, C., Muse, K., Vazquez-Montes, M., & Williams, J. M. G. (2012). A randomized clinical trial of mindfulness-based cognitive therapy versus unrestricted services for health anxiety (hypochondriasis). *Journal of consulting and clinical psychology, 80*(5), 817.

McManus, F., Shafran, R., & Cooper, Z. (2010). What does a 'transdiagnostic approach have to offer the treatment of anxiety disorders? *British Journal of Clinical Psychology, 49*(4), 491–505.

McNally, R. J. (2007). Mechanisms of exposure therapy: how neuroscience can improve psychological treatments for anxiety disorders. *Clin. Psychol. Rev, 27*(6), 750–59.

McTeague, L. M., Laplante, M. C., Bulls, H. W., Shumen, J. R., Lang, P. J., & Keil, A. (2018). Face perception in social anxiety: Visuocortical dynamics reveal propensities for hypervigilance or avoidance. *Biological psychiatry, 83*(7), 618-628.

Milne, S., Lomax, C., & Freeston, M. H. (2019). A review of the relationship between intolerance of uncertainty and threat appraisal in anxiety. *The Cognitive Behaviour Therapist, 12.*

Miller, J. J., Fletcher, K., & Kabat-Zinn, J. (1995). Three-year follow-up and clinical implications of a mindfulness meditation-based stress reduction intervention in the treatment of anxiety disorders. *General hospital psychiatry, 17*(3), 192-200.

Morrison, A.P., Haddock, G., & Tarrier, N. (1995). Intrusive thoughts and auditory hallucinations: a cognitive approach. *Behavioural and Cognitive Psychotherapy, 23,* 265–80.

Mrazek, M. D., Mooneyham, B. W., Schooler, J. W. (2014). Insights from quiet minds: the converging fields of mindfulness and mind-wandering. In S. Schmidt, H. Walach (Eds.), *Meditation: Neuroscientific Approaches and Philosophical Implications*, (Vol. 2, pp. 227–41). Springer

Newby, J. M., McKinnon, A., Kuyken, W., Gilbody, S., & Dalgleish, T. (2015). Systematic review and meta-analysis of transdiagnostic psychological treatments for anxiety and depressive disorders in adulthood. *Clinical psychology review, 40*, 91-110.

Norton, A. R., Abbott, M. J., Norberg, M. M., & Hunt, C. (2015). A systematic review of mindfulness and acceptance-based treatments for social anxiety disorder. *Journal of clinical psychology, 71*(4), 283-301.

Ondrejková, N., Halamová, J., & Strnádelová, B. (2020). Effect of the intervention mindfulness based compassionate living on the-level of self-criticism and self–compassion. *Current Psychology.*

Pagnini, F., Bercovitz, K., & Langer, E. (2016). Perceived control and mindfulness: Implications for clinical practice. *Journal of Psychotherapy Integration, 26*(2), 91.

Parmentier, F. B., García-Toro, M., García-Campayo, J., Yañez, A. M., Andrés, P., & Gili, M. (2019). Mindfulness and symptoms of depression and anxiety in the general population: The mediating roles of worry, rumination, reappraisal and suppression. *Frontiers in psychology, 10*, 506.

Phelps, E. A., Delgado, M. R., Nearing, K. I., & LeDoux, J. E. (2004). Extinction learning in humans: role of the amygdala and vmPFC. *Neuron, 43*(6), 897–905.

Piet, J., & Hougaard, E. (2011). The effect of mindfulness-based cognitive therapy for prevention of relapse in recurrent major depressive disorder: a systematic review and meta-analysis. *Clinical psychology review, 31*(6), 1032-1040.

Querstret, D., Morison, L., Dickinson, S., Cropley, M., & John, M. (2020). Mindfulness-based stress reduction and mindfulness-based cognitive therapy for psychological health and well-being in nonclinical samples: A systematic review and meta-analysis. International Journal of Stress Management, 27(4), 394–411.

Rachman, S. (2002). A cognitive theory of compulsive checking. *Behavior Research Therapy, 40*, 625–639.

Randall, C. L., Thomas, S., & Thevos, A. K. (2001). Concurrent alcoholism and social anxiety disorder: A first step toward developing effective treatments. *Alcoholism, Clinical and Experimental Research, 25*, 210–220.

Renna, M. E., Seeley, S. H., Heimberg, R. G., Etkin, A., Fresco, D. M., & Mennin, D. S. (2018). Increased attention regulation from emotion regulation therapy for generalized anxiety disorder. *Cognitive Therapy and Research, 42*(2), 121-134.

Richards, H. J., Benson, V., Donnelly, N., & Hadwin, J. A. (2014). Exploring the function of selective attention and hypervigilance for threat in anxiety. *Clinical psychology review, 34*(1), 1-13.

Roemer, L., Williston, S. K., & Rollins, L. G. (2015). Mindfulness and emotion regulation. *Current Opinion in Psychology, 3*, 52-57.

Salkovskis, P.M. (1985). Obsessional-compulsive problems: a cognitive-behavioural analysis. *Behaviour Research and Therapy, 25*, 571–83.

Salkovskis, P.M. and Warwick, H.M.C. (1986).Morbid preoccupations, health anxiety and reassurance: a cognitive-behavioural approach to hypochondriasis. *Behaviour Research and Therapy, 24*, 597–602.

Sandín, B. (2012). Transdiagnóstico y psicología clínica: introducción al número monográfico. *Revista de Psicopatología y Psicología Clínica, 17*(3), 181-184.

Sandín, B. (2013). DSM-5: ¿Cambio de paradigma en la clasificación de los trastornos mentales? [DSM-5: A paradigm shift in the classification of mental disorders?]. Revista de Psicopatología y Psicología Clínica, 18(3), 255–286.

Sanislow, C. A., Pine, D. S., Quinn, K. J., Kozak, M. J., Garvey, M. A., Heinssen, R. K., … Cuthbert, B. N. (2010). Developing constructs for psychopathology research: Research domain criteria. *Journal of Abnor- mal Psychology, 119*, 631–639.

Sauer-Zavala, S., Gutner, C. A., Farchione, T. J., Boettcher, H. T., Bullis, J. R., & Barlow, D. H. (2017). Current Definitions of "Transdiagnostic" in Treatment Development: A Search for Consensus. *Behavior Therapy, 48*(1), 128–138.

Schanche, E., Vøllestad, J., Binder, P. E., Hjeltnes, A., Dundas, I., & Nielsen, G. H. (2020). Participant experiences of change in mindfulness-based stress reduction for anxiety disorders. *International Journal of Qualitative Studies on Health and Well-being, 15*(1), 1776094.

Schlosser, M., Jones, R., Demnitz-King, H., & Marchant, N. L. (2020). Meditation experience is associated with lower levels of repetitive negative thinking: the key role of self-compassion. *Current Psychology, Jun 9*, 1-12.

Schooler, J. W., Smallwood, J., Christoff, K., Handy, T. C., Reichle, E. D., Sayette, M. A. (2011) Meta-awareness, perceptual decoupling and the wandering mind. *Trends Cogn. Sci, 15*(7), 319–26

Segal, Z. V., & Teasdale, J. (2002). *Mindfulness-based cognitive therapy for depression*. New York: The Guilford Press.

Shahar, G. (2015). *Erosion: The psychopathology of self-criticism*. Oxford University Press, USA.

Shahar, G., & Gilboa-Shechtman, E. (2007). Depressive personality styles and social anxiety in young adults. *Journal of Cognitive Psychotherapy, 21*(4), 275-284.

Shaw, A. M., Halliday, E. R., Tonarely, N. A., & Ehrenreich-May, J. (2021). Relationship of affect intolerance with anxiety, depressive, and obsessive-compulsive symptoms in youth. *Journal of affective disorders*, *280*(Pt A), 34–44.

Solhaug, I., de Vibe, M., Friborg, O., Sørlie, T., Tyssen, R., Bjørndal, A., & Rosenvinge, J. H. (2019). Long-term mental health effects of mindfulness training: A 4-year follow-up study. *Mindfulness*, *10*(8), 1661-1672.

Spitzer, R. L., Williams, J. B., Gibbon, M., & First, M. B. (1992). The Struc- tured Clinical Interview for DSM-III-R (SCID). I: History, rationale, and description. *Archives of General Psychiatry, 49*, 624–629

Tang, Y. Y., Posner, M. I., Rothbart, M. K., & Volkow, N. D. (2015). Circuitry of self-control and its role in reducing addiction. *Trends in cognitive sciences*, *19*(8), 439-444.

Tang, Y. Y., Hölzel, B. K., Posner, M. I. (2015). The neuroscience of mindfulness meditation. *Nat. Rev. Neurosci, 16*(4), 213–25.

Tobar, R. T., Avendaño-Prieto, B. L., & Espinosa, N. M. V. (2020). Transdiagnostic Model of Anxiety and Depression According to the Relationship with Affect, Intolerance of Uncertainly, and Anxiety Sensitivity. *Revista CES Psicología*, *13*(1), 140-152.

Tortella-Feliu, M., Baños, R. M., Barrantes, N., Botella, C., Fernández-Aranda, F., García-Campayo, J., y Soler, J. (2016). Retos de la investigación psicológica en salud mental. *Clínica y Salud*, *27*(1), 37-43.

Tortella-Feliu, M., Vázquez, C., Valiente, C., Quero, S., Soler, J., Montorio, I., y Fernández-Aranda, F. (2016b). Retos en el desarrollo de intervenciones psicológicas y la práctica asistencial en salud mental. *Clínica y Salud*, *27*(2), 65-71.

Tsao, J.C.I., Mystkowski, J.L., Zucker, B.G., and Craske, M.G. (2002). Effects of cognitive behavioural therapy for panic disorder on comorbid conditions: Replication and extension. *Behaviour Therapy, 33*, 493–509.

Tsao, J. C., Mystkowski, J. L., Zucker, B. G., & Craske, M. G. (2005). Impact of cognitive-behavioral therapy for panic disorder on comorbidity: a controlled investigation. *Behaviour research and therapy*, *43*(7), 959–970.

Uren, T. H., Szabo, M., & Lovibond, P. F. (2004). Probability and cost estimates for social and physical outcomes in social phobia and panic disorder. *Journal ofAnxiety Disorders, 18*, 481–498.

Vago, D. R., Silbersweig, D. A. (2012). Self-awareness, self-regulation, and self-transcendence (S-ART): a framework for understanding the neurobiological mechanisms of mindfulness. *Front. Hum. Neurosci, 6*, 296.

Veale, D.M., Sahakian, B.J., Owen, A.M., and Marks, I.M. (1996). Specific cognitive deficits in tests sensitive to frontal lobe dysfunction in obsessive-compulsive disorder. *Psychological Medicine, 26*, 1261–9.

Vøllestad, J., Nielsen, M. B., & Nielsen, G. H. (2012). Mindfulness-and acceptance-based interventions for anxiety disorders: A systematic review and meta-analysis. *British journal of clinical psychology*, *51*(3), 239-260.

Wakefield, J. C. (1992). Disorder as harmful dysfunction: A conceptual critique of DSM-III-R's definition of mental disorder. *Psychological Review, 99*, 232–247.

Watkins, E. (2015). An Alternative Transdiagnostic Mechanistic Approach to Affective Disorders Illustrated with Research from Clinical Psychology. *Emotion Review*, *7*(3), 250–255.

Wielgosz, J., Goldberg, S. B., Kral, T. R. A., Dunne, J. D., & Davidson, J. R. (2019). Mindfulness Meditation and Psychopathology. *Annual Review of Clinical Psychology Rev Clin Psychol, May 07*(15), 285–316.

Wermes, R., Lincoln, T. M., & Helbig-Lang, S. (2018). Anxious and alert? Hypervigilance in social anxiety disorder. *Psychiatry research*, *269*, 740-745.

Williams, M. J., McManus, F., Muse, K., & Williams, J. M. G. (2011). Mindfulness-based cognitive therapy for severe health anxiety (hypochondriasis): An interpretative phenomenological analysis of patients' experiences. *British Journal of Clinical Psychology*, *50*(4), 379-397.

Wong, S. Y. S., Yip, B. H. K., Mak, W. W. S., Mercer, S., Cheung, E. Y. L., Ling, C. Y. M., ... & Lee, T. M. C. (2016). Mindfulness-based cognitive therapy v. group psychoeducation for people with generalised anxiety disorder: randomised controlled trial. *The British Journal of Psychiatry*, *209*(1), 68-75.

Yoshinaga, N., Takaoka, K., & Kobori, O. (2020). It hurts but I still need it: a qualitative investigation of post-event processing in social anxiety disorder. *Behavioural and Cognitive Psychotherapy*, *48*(3), 364-369.

Zhou, X., Guo, J., Lu, G., Chen, C., Xie, Z., Liu, J., & Zhang, C. (2020). Effects of mindfulness-based stress reduction on anxiety symptoms in young people: A systematic review and meta-analysis. *Psychiatry Research*, 113002.

CAPÍTULO 4

Kindfulness: hacer amistad con nuestra experiencia[3]

Dharmakirti Zuázquita

Es una paradoja encontrar tanto ruido interno cuando lo que queremos es sentarnos en silencio.

Es una paradoja que experimentar dolor suavice el dolor.

Es una paradoja que permanecer inmóviles nos pueda llevar tan profundamente en la vida y en el ser.

A nuestra mente no le gustan las paradojas. Nosotros queremos tener las cosas claras para mantener nuestra ilusión de seguridad. La certeza produce una satisfacción tremenda.

Sin embargo, cada uno de nosotros tenemos un nivel más profundo del ser que ama las paradojas. Que sabe que el verano ya está creciendo como la semilla en el seno del invierno. Sabe que, en el momento en que nacemos, empezamos a morir...

Paradox of Noise (1993), de G. Norris

1- Introducción

Es una paradoja que pasamos gran parte de nuestra vida evitando sentir emociones como el enfado, la ansiedad, la tristeza, sin embargo, están ahí porque han de estar, nos ayudan a aceptar situaciones nuevas, difíciles, de incertidumbre o pérdidas. Es natural que surjan y la mayoría de nuestras estrategias para alejarlas no hacen más que reforzar su intensidad y permanencia en el tiempo. Las emo-

3 Ilustraciones de Juan Castell y Dharmakirti Zuázquita. Todo este material está protegido por las leyes internacionales de copyright.

ciones negativas no son negativas si aprendemos a gestionarlas. Constituyen el material básico para el proceso de transformación que nos lleva a liberarnos del sufrimiento, a la auténtica felicidad. Como dice la famosa frase budista "No hay fango, no hay loto"

Entonces podemos preguntarnos, cómo podemos salir de experiencias emocionales estresantes que nos causan angustia, ansiedad o miedo irracional. En su visión del sufrimiento humano y del camino de la liberación, el Buda usa la analogía de las dos flechas (Sallatha Sutta, SN36). La primera flecha, dice, es la flecha de lo inevitable. El dolor es inevitable, sea la agonía de un insomnio o el dolor de las lumbares o la ansiedad de tener que pasar un examen. Si practicamos mindfulness podemos entrenarnos en sentirlo y sobrellevarlo, ser consciente de ello y cuidarnos. Pero usualmente, nos dice el Buda, nos disparamos una segunda flecha, esta vez es la flecha de nuestra reacción a la primera flecha (esta es la mente reactiva de la queja, la culpa, la catastrofización, la rumiación, etc). Tan pronto como hacemos eso creamos más sufrimiento para nosotros mismos a la vez que alimentamos una espiral negativa descendente cada vez más estrecha, haciéndonos sentir más vulnerables y con menos recursos.

Meditar es un acto de amor a la vida y a la mente dice Jon Kabat Zinn. El objetivo principal de mindfulness (la atención consciente) y kindfulness (la conciencia amable) es notar la realidad de la experiencia tal como es desde una mente estable, pacífica y compasiva para liberarnos del sufrimiento y abrir la puerta de la felicidad. Aunque es útil estudiar estas cualidades por separado, no quiero decir que estén realmente separadas. Por un lado, mindfulness nos ayuda a centrar la mente, a no dejarnos arrastrar por los pensamientos, nos ayuda a "ver" el contenido de la experiencia desde una perspectiva no-reactiva (respondiendo a la pregunta: ¿cuál es la experiencia aquí y ahora?). Por otro lado, kindfulness nos ayuda a mantenernos dentro de la ventana de tolerancia emocional, nos ayuda contextualizar la experiencia, creando una emocionalidad positiva que nos permita relacionarnos/hacer amistad, cuidarnos y aprender de la experiencia, lo que abre un espacio para la repuesta hábil y creativa (respondiendo a la pregunta: ¿qué necesito ahora para estar bien y cuidarme?). Mientras que mindfulness nos ayuda a abrir los ojos de la conciencia para "ver" nuestra experiencia, Kindfulness nos ayuda a abrir el corazón a lo que se estamos viendo. Las emociones positivas, a diferencia de las negativas, facilitan la contextualización de los eventos o retos de la vida y el acceso a recursos mentales y emocionales tanto a nivel individual como social, lo que la investigadora Barbara Fredrickson engloba en su teoría de la "*ampliación, construcción y transformación*" (Fredrickson, 2001).

Un papel importante del profesor o instructor de mindfulness en un entorno psicoeducativo grupal es precisamente encarnar y comunicar un abordaje holístico y equilibrado de los diferentes aspectos de la meditación. Un enfoque exclusivo en mindfulness, descuidando las necesidades afectivas, puede llevarnos a aceptar la experiencia, pero carecer de una motivación ética de ser amables y cuidarnos.

Mientras que un enfoque demasiado centrado en kindfulness puede llevarnos a la evitación experiencial en pos de estar superficialmente bien o enfocándonos en "parches" a corto plazo.

Trabajar con los estados mentales negativos (como el miedo, la ansiedad, el estrés, etc.) desde estas dos perspectivas complementarias, la atención y la amabilidad (mindfulness y kindfulness), nos ofrece la oportunidad de salir de ciclo reactivo y entrar en una espiral positiva ascendente que aumenta nuestros recursos psicológicos, mentales y emocionales, que a su vez tienen el potencial de generar cambios físicos y funcionales medibles en nuestro cerebro. "Todos podemos ser escultores de nuestro propio cerebro" decía el premio Nobel Ramón y Cajal. En los primeros versos del *Dhammapada* se menciona que los estados mentales-emocionales en los que más tiempo pasamos resultan fortalecidos en nuestra mente. El Buda afirmaba que "los estados mentales se graban en nuestro carácter, tal como si los talláramos en una roca" (*Lekha Sutta*). Todas estas ideas apuntan a la cualidad neuroplástica del cerebro que permite que la experiencia active y fortalezca determinadas redes neuronales y debilite otras. De modo que, si cultivamos y moramos en estados de amabilidad, satisfacción y conciencia, estos se convertirán en estados cada vez más naturales y accesibles.

Existe una conocida historia de una anciana india norteamericana cuyos nietos le preguntan cómo había llegado a ser tan sabia, feliz y respetada. La anciana les responde "En mi corazón hay una constante lucha entre dos lobos, el lobo del odio y el lobo del amor. Todo depende de a cuál de ellos alimentes en cada momento". Entonces ¿cómo podemos alimentar el lobo del amor?

La palabra amabilidad que utilizamos en este capítulo está relacionada con la palabra *metta* o *maitri* (en pali y sánscrito respectivamente). A su vez, de *maitri* se deriva la palabra mitra y *mitrata* que significa amigo/amistad. De modo que cuando cultivamos esta conciencia amable nos hacemos amigos, cultivamos amistad hacia nuestra experiencia, desarrollamos, hacia nosotros mismos y lo demás, la misma actitud que tendría una persona amiga: cuidado, comprensión, deseo de aliviar el sufrimiento y felicidad.

Con kinduflness alimentamos, nutrimos el lobo del amor. Esto no significa que eliminamos el lobo del odio, más bien que el lobo del amor nos permite reconocer, sostener y regular nuestras emociones, sean negativas o positivas. El lobo del amor incluye un tipo de inteligencia emocional o sabiduría interna para escuchar, reconocer, aprender a transformar las emociones negativas.

La palabra *sati*, que significa mindfulness en pali, es de género femenino, de modo que desarrollar *sati* hacia nuestra experiencia es como desarrollar un sentido de una presencia amiga, desinteresada, cálida y comprensiva. Cuando nos abrimos a nuestra experiencia no siempre es obvio lo que necesitamos hacer. Necesitamos abrirnos con curiosidad y aprender nuevamente, no podemos esperar cambiar aplicando las mismas estrategias que nos llevaron a justamente a la situación en la que nos encontramos. Tal vez, necesitamos aprender a amar las paradojas.

2- Aprendiendo a amar las paradojas: "no hay fango, no hay loto"

En el corazón de la práctica de mindfulness encontramos una paradoja: si quieres ir de A a B, ¡realmente tienes que estar en A! Por ejemplo, digamos que quieres ir de un estado de ansiedad o miedo a uno de calma y confianza.

En vez de esforzarnos o luchar por detener la sensación de ansiedad y comenzar a sentirnos en calma (¡lo cual tiende a hacernos sentir mayor ansiedad![4]), lo que realmente necesitamos hacer es simplemente notarla en el cuerpo la ansiedad, explorar las sensaciones, sentir curiosidad por cómo se perciben y las notas. ¿En qué parte del cuerpo se sienten? ¿Qué se siente en realidad?

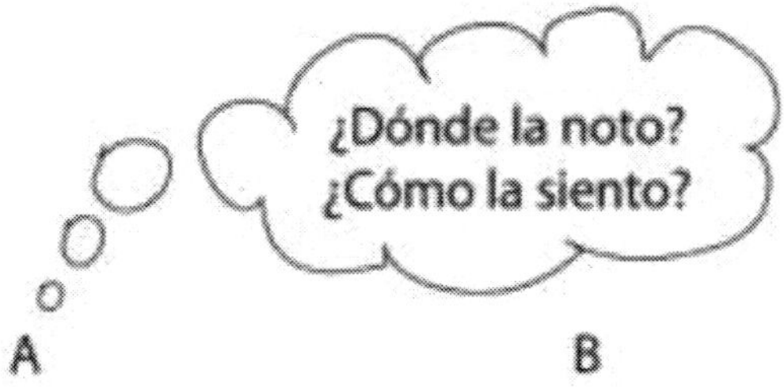

Con tan solo traer la atención a las experiencias desagradables o difíciles la experiencia cambia, aunque sea ligeramente. La luz de la conciencia nos puede permitir percibir los matices, el carácter cambiante de las sensaciones directas (conocido como impermanencia o *anicca* la psicología budista) y nuestra tendencia a fijar la experiencia, a la vez que podemos soltar etiquetas y expectativas. Además, Cuando traemos la atención a una situación, traemos también un poco de calma a ella. En lugar de tratar de llegar a B, B viene hacia nosotros simplemente a través del mero acto de estar atentos, presentes y abiertos a nuestra experiencia.

4 A lo largo de este capítulo encontrarás algunos párrafos y oraciones que destacan por su tono más coloquial y cercano. Puedes tomarlos como recursos didácticos para transmitir estos conceptos a tus potenciales clientes o participantes.

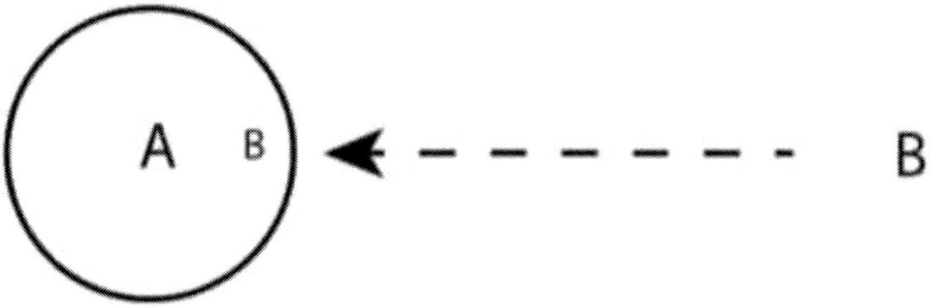

Al principio puede que no notes el efecto calmante de mindfulness, especialmente cuando tu experiencia primera (de ansiedad o lo que sea) es muy intensa. Pero si continúas prestando atención a tu conciencia de la ansiedad, puede que notes "un pequeño oasis de calma en medio de la tormenta". Si continúas con la práctica, aceptando que ésta es la manera como las cosas son en este momento, este pequeño oasis crecerá, y con más práctica se hará más grande que la ansiedad

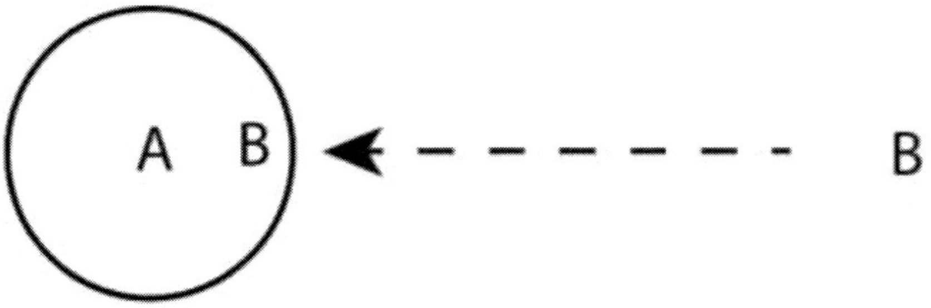

2.1- La paradoja de la aceptación

Sea lo que sea A, cuando dejamos de resistirnos, de intentar alejarla, de tratar de no tenerla, y en su lugar permitimos que simplemente sea como tal y como es, descubrimos que, con el tiempo, los sentimientos disminuyen y se calman. "Con el tiempo" puede ser mucho tiempo; no hay soluciones rápidas en el trabajo de mindfulness. Mientras tanto, podemos permanecer con nuestra ansiedad o lo que sea que A sea (nuestra experiencia primaria) en calma, aceptando que así son las cosas en este momento.

2.2- Cosas que no podemos cambiar

Por supuesto que hay algunos aspectos de nuestra experiencia que no podemos cambiar. Quizás no te guste el clima británico, por ejemplo, y simplemente "aceptar esto" no va a transformarlo en un paraíso tropical. Más seriamente, si A es un *dolor físico crónico*, simplemente estar en A no va a llevarte a la situación de B *libre de dolor*. Aceptar estas situaciones inextricables no significa que vayan a desaparecer. Esto puede sonar muy desesperanzador. Sin embargo, si volvemos a la idea de la primera flecha (la experiencia primaria) y la segunda flecha (la experiencia secundaria), recordaremos que mucho de nuestro sufrimiento surge porque resistimos y luchamos en contra de la experiencia desagradable. Si dejamos ir o soltamos esta resistencia (los pensamientos inútiles, emociones negativas y juicios críticos), entonces nuestra experiencia primaria se hace más llevadera. Esto es en parte porque simplemente hay menos sufrimiento que gestionar, pero adicionalmente, mucha gente encuentra que dejar ir o soltar la resistencia a la experiencia desagradable lo alivia. Podemos aplicar la conocida formula: sufrimiento = dolor X resistencia (Germer, 2011). Nuestra experiencia del dolor, de hecho, cualquier experiencia desagradable, está fuertemente influenciada por nuestro estado mental. Simplemente se siente peor cuando luchamos contra ella.

2.3- La paradoja de estar con una experiencia no deseada

En la práctica de meditación que os propongo hacer ahora tendremos la oportunidad de estar con algo que en este momento esté sucediendo en nuestra vida y que no nos guste. Podría ser una dificultad en una relación; quizás estés teniendo un conflicto con alguien ahora mismo. Podría ser un problema financiero, un problema de salud o que en este momento el trabajo sea particularmente difícil.

Para esta práctica puedes elegir cualquier tipo de dificultad, aunque para empezar será mejor elegir algo que no suponga un gran reto. Intenta practicar con algo que sea relativamente fácil trabajar, más adelante, a medida que vayas teniendo más experiencia, podrás elegir algo más difícil. Como verás, hemos incluido dolor físico y otros tipos de molestias físicas; pero tú puedes trabajar con cualquier tipo de experiencia no deseada.

Te invito a hacer la siguiente práctica de meditación "Estar con una experiencia no deseada" escuchando la pista 7a en el siguiente enlace: <https://www.respiravida.net/recurso/audios-para-el-manual-de-mindfulness-para-el-abordaje-de-los-trastornos-de-ansiedad> o en conectando con el código QR.

3- Kindfulness: el corazón de mindfulness

> *"Cuando recibimos al dolor con amor el mundo del sufrimiento se disuelve".*
> Stephen Levine, 2017

3.1- ¿Qué es kindfulness?

En esta sección vamos a considerar "cómo prestamos atención", la calidad, incluso la actitud detrás de nuestra atención. La palabra atención tiene dos significados, por un lado, significa enfocar, centrar la mente, prestar atención a algo y, por otro, significa cuidar y hacer amistad, familiarizarnos con la experiencia y con la vida tal y como es. Hasta ahora hemos mirado el primero de estos dos significados, aunque nos hemos acercado al segundo en la práctica de trabajar con experiencias no deseadas, trayendo una suave y amable actitud hacia ellas. Vamos a explorar y profundizar en esta dimensión afectiva de mindfulness un poco más.

El principio de kindfulness es simple pero profundo: la conciencia amable es transformadora. Traer más conciencia a nuestra experiencia nos permite ver cómo generamos sufrimiento innecesariamente, brindándonos así la posibilidad de dejar de hacerlo y comenzar a actuar de manera que generemos más compasión, libertad y felicidad en nuestras vidas.

¿Qué significa kindfulness? La palabra «kind» significa «amable/amor/ bondadoso», el resto de la palabra "fulness" denota el aspecto pleno, amplio, integro de la presencia o conciencia. Tal vez una posible traducción podría ser "conciencia o presencia amable".

Estamos hablando de una cualidad universal e innata del ser humano: *metta* (Sangharákshita, 2011). *Metta* significa "amor/amabilidad/bondad", y como *sati* viene también de la tradición budista más antigua. *Metta* (*maitri* en sánscrito) significa un tipo especial de amor, no el típico sentimiento de una relación romántica ni un amor posesivo. Se trata de una cualidad que forma parte de un grupo de cuatro cualidades inconmensurables o *Bramaviharas: Metta, Karuna, Mudita y Upekkha* (en lengua pali), que comparten una fórmula estandarizada de práctica con algunos matices específicos para cada cualidad. Si bien cada una de estas cualidades emocionales tienen características específicas, tienen también aspectos en común: no están restringida por la perspectiva estrecha del ego, abrazan todos los seres y se pueden entrenar de manera ilimitada. Podríamos llamarlas las cuatro amigas para toda la vida. Las cuatro, además, comparten una base: "el amor altruista o *metta*". Por ejemplo, k*aruna*/compasión es la forma que adquiere la amabilidad al encontrarse con la experiencia del sufrimiento. *Mudita* es una especie de alegría empática por las cosas buenas que le suceden a los demás (que al mismo tiempo ayuda a disolver al envidia y celos). Por último, *upekkh*a/ecuanimidad, la quintaesencia de mindfulness, el equilibrio necesario para permitirte ser consciente de las emociones sin dejar que te arrastren, para no identificarte con tu yo y abrirte a una mente-corazón más grande.

Metta/amabilidad/bondad a veces se traduce como "amor incondicional o universal", ya que se trata de una cualidad que trasciende cualquier barrera, de géneros, raza o estatus social, trasciende la visión egocentrista y es naturalmente expansiva.

Existe una práctica de meditación específica en la tradición budista, muy bella y transformadora, llamada *mettabhavana* (Sangharákshita, 2014), que se traduce como el "cultivo o desarrollo de *metta*", siendo *metta* una emoción positiva esencial y universal para el crecimiento y el desarrollo de todo el potencial humano.

La palabra *Bhavana* es una palabra interesante, significa cultivo, desarrollo o meditación. De modo que *Mettabhavana* es el cultivo de la conciencia amable o la bondad amorosa (en inglés "loving kindness meditation").

3.2- Una mente saturada por la amabilidad: El antídoto contra el miedo

Se dice que el Buda enseñó la amabilidad (*metta*) como antídoto al miedo, la mala voluntad y el odio (Salzberg, 1997). Una mente saturada por la amabilidad no puede quedar subyugada por el miedo, aunque surja, no llegará a dominarla.

Al igual que la mayoría de las emociones, el miedo ha tenido un gran papel en la supervivencia de la especie y gracias a que nuestros antepasados tuvieron miedo estamos aquí. Liberarnos de la posibilidad de que emociones tan poderosas como el miedo controlen nuestras vidas, es recuperar nuestra capacidad para liberarnos del sufrimiento. Algo de miedo, ansiedad o estrés es natural que surja a la hora de emprender o afrontar una actividad que te importa y es manejable, pero cuando es excesivo o se mantiene en el tiempo, nos puede paralizar, arrastrar o acorralar en sus garras y además potenciar otras emociones negativas. Cuando esto sucede es importante tomar conciencia de esta emoción y descubrir herramientas que puedan ayudarte a liberarte del miedo. Gran parte de nuestras emociones se resumen en el miedo. Por ejemplo, la rabia se puede entender como nuestra forma de defendernos ante el miedo de ser dañado; los celos como la respuesta ante el miedo a perder lo que queremos o la codicia como el miedo de ser privado de cosas. La ofuscación como el miedo a aceptar ver la realidad tal y como es (cambiante, insatisfactoria e insustancial).

Hay numerosos estudios, como el del conocido neurocientífico R. Davidson (Lutz, 2008), en el que se llega a la conclusión de que cuando una persona entra en situación de paralización o bloqueo y se visualiza a sí mismo y a los demás (con amabilidad y compasión a sus compañeros de trabajo, familiares, amigos, etc.), empieza a dejar de vivir la situación como amenazante y aumenta la neuroplasticidad, o lo que es lo mismo, se regeneran nuevas neuronas en la zona de la corteza prefrontal que desbloquean y neutralizan la activación de la amígdala (parte del cerebro donde se generalmente se activa la reacción de alarma, lucha y huida).

La famosa maestra budista Pema Chödrön, cuenta la siguiente historia sobre el poder del miedo: Había una vez una joven guerrera. Su profesora le dijo que tenía que luchar con el miedo, pero ella no quería hacerlo. Pero la profesora insistió y le dio las instrucciones para su batalla. Llegado el día, la estudiante estaba de pie en un lado y el miedo estaba al otro lado. La guerrera se sentía muy pequeña y el miedo parecía muy grande e iracundo, ambos tenían asidas sus armas. La joven guerrera se levantó, fue hacia el miedo, se postró tres veces ante él y le preguntó: '¿Me das permiso para entrar en esta batalla contigo?' El miedo dijo: 'Gracias por mostrar tanto respeto al pedirme permiso.' La joven guerrera volvió a preguntar: '¿Cómo puedo derrotarte?' Y el miedo replicó: 'Mis armas son que hablo muy rápido y me sitúo muy cerca de tu cara. Entonces te pones muy nerviosa y haces lo que te digo. Si no hicieses lo que te digo, no tendría ningún poder. Puedes escucharme y puedes respetarme, puedo incluso convencerte con mis argumentos; pero si no haces lo que te digo, no tengo poder.' De esta forma la estudiante guerrera aprendió a derrotar al miedo.

4- Tres sistemas de regulación emocional

Antes de pasar explicar cómo podemos practicar kindfulness, voy a compartir un modelo simple y útil para comprender las emociones. Se trata de los 3 sistemas de regulación emocional procedente de la neurociencia evolutiva que ha sido desarrollado el psicólogo Paul Gilbert (Gilbert, 2018). Para facilitar la didáctica de cada sistema se le ha asociado un color, el de amenaza y protección al color rojo, el de incentivo y búsqueda el color azul y el sistema de calma y satisfacción el color verde (Dharmakirti, 2021).

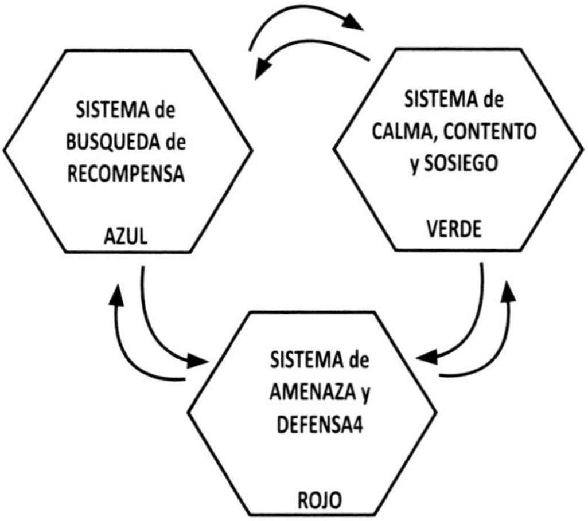

4.1- El sistema rojo de amenaza y defensa

La función de estas emociones es la de notar cuándo estamos en peligro y activarnos para protegernos a nosotros y otras personas que cuidamos. Estas emociones incluyen miedo, ansiedad, enfado y asco (si abrimos la puerta de la nevera y olemos un olor desagradable, el asco que sentimos nos protegerá del peligro de comernos algo que nos puede enfermar o incluso matar). Es interesante que todas las emociones de este sistema sean desagradables, lo que demuestra que no todo lo desagradable es "malo" o indeseable: si hay un fuego en tu edificio, por supuesto es adecuado sentir miedo y dejar el edificio lo antes posible. Este sistema emocional está conectado con una de las partes más antiguas de nuestro cerebro, la amígdala, que está situada en la base del cráneo (Hölzel, 2010). Cuando nos sentimos amenazados, hormonas como la adrenalina y el cortisol son liberadas en nuestro torrente sanguíneo, lo que nos da un subidón de energía que nos permite responder rápidamente para congelarnos, luchar o huir.

El sistema rojo está conectado con el "sesgo hacia la negatividad" (Hanson, 2013). Cuando estamos detectando peligro estamos operando en este sistema emocional y el cerebro da mayor prioridad a la gestión de la amenaza que a la de las oportunidades (Hanson, 2011). Esto significa que fácilmente podemos quedar atrapados en el sistema rojo, incluso cuando no estamos en peligro, y aunque el subidón de adrenalina y cortisol es adecuado para un periodo corto, para largos periodos tienen un efecto negativo en nuestra salud, incluyendo el debilitamiento de nuestro sistema inmune (Sánchez Segura, 2007).

4.2- El sistema azul de incentivo y búsqueda de recompensa

Este sistema tiene dos facetas: por un lado, nos motiva a buscar y obtener las cosas buenas en la vida y, el segundo, cuando obtenemos estas cosas, nos sentimos recompensados por sentirnos bien. Esto es debido a un neurotransmisor llamado dopamina, que nos da la motivación de perseguir nuestras metas y, cuando las alcanzamos, activa la parte de recompensa del cerebro para que nos dé una ráfaga de placer. Por esta razón, algunas personas llaman a la dopamina la recompensa química. Este sistema incluye emociones como deseo (de conseguir lo que es bueno), excitación (cuando estamos cerca de lograrlo), placer y gozo (cuando lo conseguimos).

El sistema azul está conectado con el rojo, en el sentido que, si algo o alguien nos impide obtener aquello que perseguimos, nos frustramos y quizás nos enfadamos. En esos momentos ambos sistemas se activan simultáneamente.

Esta es una de las razones por la que no es buena idea basar nuestra felicidad en la obtención de cosas, porque no siempre conseguimos lo que queremos. Además, hay otra razón: porque la dopamina se siente bien, vamos a querer repetir la experiencia y, si el sistema azul no se equilibra con el verde, tan pronto como conseguimos una cosa, empezamos a buscar otra y nunca nos sentimos satisfechos con lo que tenemos. Algunas personas son muy sensibles al sistema de recompensa, y estas personas pueden desarrollar hábitos adictivos (Corominas *et al,* 2007).

4.3- El sistema de calma y contento

Este sistema se activa cuando nos sentimos seguros y cuando no queremos o no necesitamos nada. Los sentimientos de este sistema incluyen satisfacción y contento, sentimiento de seguridad, paz y realización, así como también emociones que nos conectan positivamente con los demás: amabilidad, afecto, aprecio, gratitud, cooperación, compasión, etc. Por esta razón es también llamado el sistema de calma y conexión. El trasmisor químico involucrado en este sistema incluye endorfinas y oxitocina, esta última es conocida como la "hormona del amor". Cuando las endorfinas y la oxitocina son liberadas, experimentamos un fuerte sentido de bienestar. De hecho, algunas endorfinas son analgésicos naturales para el dolor, así pues, estimular el sistema verde puede reducir nuestro dolor y otras sensaciones físicas desagradables.

¿Has notado que cuando te sientes bien y relajado, eres más afectuoso y eres capaz de recibir más afecto de los demás? También funciona a la inversa: cuando nos sentimos conectados con los demás, también nos sentimos más relajados y menos estresados. Por lo tanto, al desarrollar sentimientos de amabilidad, también estamos reduciendo nuestros niveles de estrés.

He mencionado las desventajas del sistema rojo y el azul, y hay una desventaja para el sistema verde también: si pasamos demasiado tiempo allí podemos volvernos un poco apáticos, aletargados y desmotivados, lo que lleva a una pérdida de energía y ánimo bajo, lo cual a su vez puede quizás conducirnos a una depresión.

4.4- Equilibrando los sistemas: bajando el rojo y azul, subiendo el verde

Nuestra cultura contemporánea tiende a mantenernos atrapados en los dos primeros sistemas, y en gran medida a dejar de lado al tercero. La práctica de mindfulness nos ayuda a encontrar un adecuado equilibrio entre estos sistemas, en particular mediante el desarrollo y cuidado del sistema de calma y contento.

Cada sistema tiene su ventajas y desventajas, y cada uno necesita ser regulado o equilibrado por los otros dos. Eso es lo que significan las flechas entre los círculos del diagrama.

La sociedad contemporánea valora el sistema rojo y azul mucho más que el verde, y la mayoría de nosotros necesitamos equilibrar esto "subiendo el verde" y "bajando el rojo y azul". Todas las prácticas que llevaremos a cabo en este capítulo te ayudan a hacer eso.

En siguiente apartado vamos a enfocarnos particularmente en los aspectos de conexión, amabilidad y afecto del sistema verde.

5- Un mapa para el cultivo de la conciencia amable o kindfulness

Hemos visto que una manera de entender el estrés o la ansiedad es como un desequilibrio emocional: cuando pasamos demasiado tiempo en el sistema de amenaza y auto-protección y/o en el de incentivo y búsqueda de recursos y muy poco en el sistema de calma y contento, experimentamos estrés. El entrenamiento en kindfulness nos ayuda a regular las emociones, manteniéndonos en el umbral o la ventana de tolerancia emocional y a corregir este desequilibrio desarrollando el sistema de calma y contento.

Hemos visto que el sistema de calma y contento incluye afecto, cuidado, conexión y amabilidad, y que al desarrollar activamente durante algún tiempo estas emociones, nuestros niveles de estrés tienden a reducirse.

Kindfulness nos ayuda a aprender a acercarnos a nuestra experiencia (sea esta agradable o desagradable) desde una mente creativa, no-reactiva. Es decir, desarrollar la actitud de "hacer amistad" con nuestra experiencia, ya que cuando nos hacemos amigos de algo es natural que surja el interés, la curiosidad, el cuidado, la buena disposición a escuchar, abrirnos a ella e incluso abrazarla.

Uno de los mecanismos psicológicos de regulación emocional que subyacen a la práctica de mindfulness, y que por extensión podemos extrapolar a kindfulness, es la re-evaluación (reappraisal) de la experiencia negativa (Holzel & Lazar *et al,* 2011). Incluso cuando estamos sujetos a experiencias o eventos desagradables podemos reconsiderarlas, resignificarlas, podemos tomarlas como oportunidades para aprender y crecer.

5.1- ¿Qué entendemos por amabilidad?

La amabilidad es una actitud de atención y un interés genuino tanto por nuestro bienestar como por el de los demás (Salzberg, 1997). Que esto sea en ambas direcciones es muy importante. Ser "amable" hacia los demás, pero no hacia nosotros mismos o serlo hacia nosotros mismos, pero no hacia los demás no es amabilidad real (aunque puede ser un punto de partida para cultivarla en un sentido más amplio). La amabilidad incluye empatía o preocupación por nuestro bienestar y por el de los demás, además de una voluntad de actuar a partir de este objetivo. La amabilidad incluye también sentimiento y comprensión, además de una acción basada en dicha comprensión. Esto quiere decir que la amabilidad real no implica ni debilidad ni mera sentimentalidad. Ser realmente amable significa entender lo que sucede y tener el valor para actuar a partir de este entendimiento.

Podemos hablar de kindfulness, más que como una emoción positiva, como una actitud que motiva u orienta, como la luz de un faro, nuestro comportamiento ético y altruista. La amabilidad es la práctica de no hacer daño con nuestros pensamientos, comunicación y acciones, mientras que la compasión tiene que ver con la motivación y compromiso de aliviar el sufrimiento de los demás con nuestros propios pensamientos, acciones y comunicación.

5.2- Malentendidos acerca de la amabilidad: enemigos lejanos y cercanos

Hay que tener clara la diferencia entre amabilidad verdadera y falsa por dos razones. En primer lugar, si lo que creemos que es amabilidad, en realidad, es falsa amabilidad, esto nos puede desviar en nuestro intento por cultivarla. En segundo lugar, cuando desarrollamos amabilidad debemos estar alerta de las dificultades que nos pueden alejar de la amabilidad real.

Entre los malentendidos que hay acerca de la amabilidad hay tres que son muy comunes: que la amabilidad es débil, torpe o manipuladora. A veces se cree que ser amable significa ser permisible o volverse una alfombrilla de puerta (doormat) para otros. Por ejemplo, que alguien puede tolerar una agresión por parte de su pareja con el pretexto de ser "amable". Así, el ser verdaderamente amable puede significar enfrentarse a situaciones difíciles y esto puede necesitar de mucho valor.

Al igual que la compasión, la amabilidad puede confundirse como algo que es suave o blando. Puede ser suave (cuando reconfortas o das cariño a alguien) o enérgica (cuando enérgicamente paramos a alguien que por desatención va a cruzar la calle cuando viene un coche que lo va a atropellar).

A veces escuchamos decir que "él o ella tenía buenas intenciones". Pero a pesar de que podamos cometer errores al actuar con buenas intenciones (lo cual nos da la oportunidad de aprender), la verdadera amabilidad implica un discernimiento práctico e inteligente que prevé las consecuencias realistas de nuestras decisiones y acciones (incluyendo cualquier forma de comunicación). El actuar amablemente de una manera general, sin observar las necesidades de la otra persona hacia quien supuestamente estamos siendo amables, no es amabilidad. Existe entonces un elemento de sabiduría dentro de la verdadera amabilidad.

En tercer lugar, la amabilidad aparente puede ser una manipulación encubierta. Esto no quiere decir que habremos de esperar a tener siempre una motivación pura y desinteresada. Al actuar con amabilidad es probable que tengamos todo tipo de beneficios para nosotros mismos, tales como sentirnos felices, y ser querido por otros, pero nuestra conciencia de esto no debe impedirnos actuar con amabilidad. Podemos simultáneamente querer lo mejor para nosotros mismos y para los demás, y la amabilidad puede ayudar a ambos. Sin embargo, esto es diferente de un congraciamiento deliberado en donde solamente nos involucramos por lo que podamos conseguir. Por lo general podemos sentir la diferencia claramente. Esta "amabilidad" no es auténtica. El "enemigo lejano" de una cualidad hace referencia al opuesto de la cualidad en cuestión, y es fácil de detectar por contraste. En este caso sería el odio. Mientras que los "enemigos cercanos" de la amabilidad o *metta* son más sutiles y tienen la apariencia de tratarse de amabilidad.

Hay dos enemigos cercanos a la amabilidad: el sentimentalismo y la lástima. El sentimentalismo es un exceso de emoción, mostrándonos muy comprensivos, pero sin que esto se traduzca en una acción útil. La lástima toma una posición de superioridad, "oh, pobre de ti", y se utiliza para mantenernos a distancia de los problemas de alguien más, porque el acercarnos resultaría amenazador. La autoconmiseración es igualmente una manera de no hacer frente a lo que sucede, aferrándonos a la emoción de insatisfacción.

5. 3- Aprendiendo a expandir el corazón: No es algo que tengas o no, la amabilidad se puede entrenar

La enseñanza principal en la cual se inspira *metta* o la conciencia amable es el *sutta Karaniya metta* (Sangharákshita, 2020). Se trata de una bella enseñanza (*sutta*) sobre el amor incondicional que nos legó el Buda. La práctica de meditación dividida en etapas progresivas fue establecida por el maestro indio del siglo V Buddhagosha en su obra *El sendero de la purificación o Visuddhimagga* (Ñanamoli, 2011). Quien también tuvo el cuidado de señalar que el propósito de cultivar *metta* hacia uno mismo es conectar con nuestro deseo común de ser felices, no de potenciar el "yo".

No es algo que tengas o no, la amabilidad se puede entrenar. Tradicionalmente, la práctica de la conciencia amable (*mettabhavana*), consta de 5 etapas o estadios (Sangharákshita, 2014). En cada uno de ellos nos centramos en diferentes personas. Comenzamos centrándonos en uno mismo, y luego ampliamos, expandimos la práctica hacia otras personas: la persona amiga, la persona neutra, el enemigo y finalmente todos los seres.

Durante la práctica de la meditación de la conciencia amable resulta fácil esforzarnos demasiado, e intentamos extraer amabilidad, como si se tratara de tubo de pasta de dientes casi vacío. En cambio, necesitamos ser flexibles, con suficiente espacio para la receptividad. No necesitamos preocuparnos por tener fuertes sentimientos de benevolencia: esto puede suceder o no. Después de todo hay que tener en cuenta que se trata de un proceso de entrenamiento progresivo.

5.4- Cuatro herramientas para el cultivo de la conciencia amable o kindfulness

Hay diferentes maneras de hacer esta práctica, y si bien una forma se adapta muy bien a algunas personas, no funciona tan bien para otras. Como dice una amiga: la ama-abilidad es la "habilidad de amar". Esta habilidad puede entrenarse de varias maneras. Vamos a ver cuatro que podemos usar durante la práctica de esta meditación: usando la respiración, frases, imágenes y los gestos.

5.4.1- Respirando amabilidad

"La solución la tenemos delante de nuestras narices" decía Jon Kabat Zinn. La respiración es una herramienta que nos ayuda a conocer y trabajar directamente con nuestras emociones de manera sencilla y práctica. Tomar conciencia de nuestros patrones de respiración también nos brinda la posibilidad de regularlas y fomentar aquellos patrones beneficiosos y que más facilitan el desarrollo de las emociones positivas. Podemos aprender a impregnar nuestra respiración de un sentido de amabilidad y calma, especialmente en situaciones de ansiedad, miedo o angustia. Nos hacemos conscientes de las sensaciones de la respiración en el cuerpo, en este momento: el aire entrando y saliendo por las fosas nasales, las sensaciones de movimientos generados por la respiración en diversas partes del cuerpo, como el abdomen, el pecho, etc. La mera consciencia del proceso de respirar puede tener un efecto calmante. Podemos inhalar incluyendo un sentido de aceptación y curiosidad hacia nuestra experiencia y exhalar incluyendo un sentido de estar amablemente con la experiencia.

Cuando guio una meditación, suelo comenzar la práctica, una vez establecida la postura, invitando a realizar un par de respiraciones profundas, exhalando lentamente. Cuando intencionalmente hacemos más lenta la respiración, naturalmente suavizamos la actividad de la rama simpática del sistema nervioso (sistema de lucha y huida, excitación y activación). Al mismo tiempo se activa la rama parasimpática del sistema nervioso (homeostasis, recuperación, digestión y relajación) y por ende el aumento del tono vagal. Según la investigadora Bárbara Fredrickson (Fredrickson, 2015) el nervio vago, junto con la neuroplasticidad, las neuronas espejo del cerebro y la oxitocina, constituyen la base de lo que ella describe como "biología del amor".

La conciencia de nuestra propia respiración nos facilita un sentido de conexión con todos los seres, todos los seres están respirando, tal como lo estamos haciendo ahora, mientras lees hay miles de millones de seres respirando; esto es vivenciar la humanidad compartida de manera directa. Respiramos unas 22.000 veces al día, pero de cuántas veces somos consciente.

5.4.2- El poder de los pensamientos amables

Durante esta práctica es necesario contactar con una sensación de que queremos ser felices, incluso si somos conscientes de que hay otros sentimientos presentes. Una manera de hacerlo es susurrarnos de manera palabras o frases como: "Que me encuentre bien; que sea feliz; que me libere del sufrimiento". Decimos las frases lentamente para evocar un sentimiento de cuidado o afecto para con uno mismo (u otra/s persona/s), incluso como si le habláramos a un niño que necesita sentirse seguro. Es importante pronunciar estas frases con intención, conectando, con la emocionalidad y corporalidad correspondiente.

Es importante personalizar estas frases para que sean más efectivas. Necesitamos ir probando y adecuando las frases a la experiencia de cada uno en el momento presente. En general deben ser breves, claras, sinceras y expresar necesidades universales como alegría, amor, salud, paz, seguridad y no deseos como que pueda pasar el examen mañana. Es recomendable usar un tono invitacional y no impositivo. Puede funcionar, según cada uno, decir el nombre hacia quien va dirigido el deseo: "Qué Dharmakirti (yo mismo) o Lisa (una amiga) encuentre paz en su vida". Cuando decimos una frase durante la práctica podemos imaginar que es como dejar caer una piedra en un estanque de agua tranquilo. Tal vez vemos ondas apareciendo en la superficie del agua, que se expanden llegando a todos los seres (evocando el verdadero espíritu de metta).

En términos de utilizar frases o pensamientos hacia otras personas (la persona amiga, la indiferente, la persona difícil, todos los seres) podemos evocar una poderosa práctica budista llamada "Regocijarse o alegrarse en los méritos o virtudes". A pesar de nuestro disgusto o indiferencia con esas personas, enfocamos nuestra atención deliberadamente en aquellas virtudes, cualidades y/o fortalezas de la persona con la que estamos desarrollado kindfulness. También nos podemos enfocar en el hecho de que profundamente todos los seres no queremos sufrir y deseamos ser felices. Esta sencilla práctica de elogio o aprecio nos permite contrarrestar, lo que el famoso neurocientífico Rick Hanson llama, "el sesgo hacia la negatividad de nuestro cerebro" (Hanson, 2013).

5.4.3- Imaginar la amabilidad

Si observas que decirte frases de buenos deseos no te funciona a ti, con el apoyo de tu imaginación y creatividad puedes usar una simple y bella imagen (visual, auditiva, etc.) que funcione mejor para ti. Podrías imaginar una flor de loto abriéndose lentamente en tu corazón o una luz cálida y brillante irradiando desde el centro de tu ser. Hay símbolos que tienen un gran eco universal y son usados por todas las tradiciones espirituales importantes, como el loto que simboliza el crecimiento y la transformación o un sol irradiando luz y calidez desde tu corazón y llega a todos los seres o un cielo azul ilimitado.

Durante la meditación podemos, por ejemplo, podemos imaginar que estamos practicando en un lugar seguro o acompañado de personas amigas, que desean nuestra felicidad y bienestar. A través de esta herramienta podemos ensayar en nuestra mente como se siente ser honesto y comunicar nuestras necesidades sin miedo durante la etapa que trabajamos con la persona que encontramos difícil. Además, la imaginación nos permitimos re-interpretar ciertas experiencias dotándolas de un nuevo significado.

Con esta herramienta podemos aprovechar hecho de que nuestro cerebro y cuerpo reaccionan de manera similar tanto ante una experiencia creada con nuestra imaginación que la experimentada a través de la percepción directa. La imaginación es una poderosa fuente de generación de emociones. Imaginar no es fantasear. En la imaginación estamos intencionalmente cultivando una imagen con un propósito claro (por ejemplo, desarrollo de emociones positivas o pensamiento creativo o perspectiva). En la fantasía quien gobierna son los caprichos del ego. Imaginar requiere una gran inversión de energía mental y capacidad de atención, por esta razón suele provocar cierta resistencia trabajar con la imaginación en la práctica.

5.4.4- Tocando la amabilidad con el cuerpo

El auto-tacto y los auto-gestos que expresan cariño, ternura y amabilidad, como poner delicadamente la mano sobre el corazón, caricias o abrazarte, son maneras sencillas, directas e inmediatas de activar el sistema verde de calma y contento y la consiguiente secreción de oxitocina en nuestro organismo. Nos ayuda a manejar mejor el estrés y otros desafíos de la vida y de hecho disminuyen el cortisol, la hormona estrés (Aljoscha, 2021).

Estos gestos son particularmente efectivos en momentos de mucha autocrítica o de sentirte vulnerable (Simón, 2018). El tacto entre las manos o las manos con los muslos o caricias con las manos en el rostro o el cuello, pueden también ayudarnos a despertar un sentido de acompañamiento, seguridad y cuidado. Es como si nos dijéramos: "está todo bien, tranquilízate, estoy aquí contigo, no te preocupes, voy a cuidarte". Para apoyar estas palabras puedes hacer el gesto de abrir ligeramente los labios como si esbozaras una suave sonrisa (conocida como la sonrisa del meditador).

Durante la práctica de la meditación de la conciencia amable es importante estar conscientemente atento a las señales corporales. Nuestros pensamientos y emociones pueden afectar nuestro cuerpo, pero esto también funciona a la inversa. Si notas tensión en los hombros puedes intervenir en tu postura, lo mismo si observas que tu torso está ligeramente contraído o tus labios apretados (no va a funcionar decir "que seas feliz" apretando los labios, frunciendo el ceño o apretando los puños). La verdadera amabilidad (y esta es una afirmación que puede aplicarse a las emociones positivas en general) surgen de la plena corporización (*embodiment*), de una experiencia sentida de la misma. Es lo que distingue una amabilidad superficial (que sucede solo de cuello arriba), de una amabilidad genuina, enraizada o corporizada. Esta última se deriva de una profunda sensación de seguridad: tu cuerpo se relaja, tu torso literalmente se expande. Esta postura física aumenta tu perspectiva y vivifica tu experiencia.

5.5- Comenzar por casa: amabilidad hacia tu propia persona

Si queremos conectar positivamente con otras personas, es útil tener una actitud cariñosa hacia nosotros mismos, y esta meditación nos ayuda a hacerlo. Es posible que no experimentes su efecto de inmediato, de hecho, es probable que no lo experimentes. No estamos buscando resultados instantáneos. Más bien piensa en ello como sembrar semillas que crecerán en el futuro, si las cultivas.

5.5.1- Autocrítica versus auto-amabilidad

A lo mejor piensas que toda esta idea de ser amable contigo mismo es algo de débiles y de ser autocomplaciente. ¿A lo mejor piensas que ser duro contigo mismo es el camino para seguir, que ser autocrítico está bien y te previene de ser perezoso y ayuda a mejorar?

Hay investigaciones recientes sobre el tema que sugieren que, de hecho, es justo lo opuesto (Neff, 2012). En estos estudios, las personas que han estado practicando la meditación "amabilidad hacia uno mismo" eran más capaces a la hora de reconocer sus propias equivocaciones, imperfecciones y acciones negativas, aprender de ellas y hacer cambios para mejorar, que aquellos que no la hacían. Esto es así porque al tener una actitud amable hacia ellos mismos les permitía admitir sus fallos sin sentirse abrumados por las emociones negativas. La autoamabilidad, más que hacernos débiles y complacientes, nos hace más robustos emocionalmente y menos egoístas.

Cuando somos criticados, el sistema rojo se activa en nosotros; la crítica es sentida como una amenaza, incluso aunque se haya hecho con la motivación de ayudar. De manera similar, cuando somos críticos con nosotros mismos aumentamos el sistema rojo, de modo que, si somos habitualmente autocríticos, estamos constantemente activando las emociones del miedo, la ansiedad y el enfado (dirigido hacia nosotros mismos), y quizás autodesprecio. Estas emociones no nos ayudan a ser mejor, solo nos hacen sentir mal.

Cómo dice Pema Chodron, aprender a estar con uno mismo en la meditación es como adiestrar un perro. Si lo adiestramos a base de golpes y críticas, acabaremos con un perro obediente, pero muy inflexible y más bien aterrado. El perro puede que obedezca nuestras órdenes ¡quieto!, ¡échate!, pero también estará neurótico y confundido. En cambio, si lo adiestramos con amabilidad, se volverá flexible y confiado, y no se alterará cuando las situaciones se vuelvan imprevisibles e inseguras.

5.5.2- Amabilidad hacia uno mismo versus autoestima

El concepto de "amabilidad hacia uno mismo" tiene un significado muy cercano a lo que se conoce como autocompasión y es diferente del concepto de autoestima. La autoestima implica la evaluación positiva de uno mismo y, a menudo, la necesidad de ser especial y ubicarse por encima de una supuesta media. La autocompasión no está basada en comparaciones, sino todo lo contrario: se apoya en nuestras similitudes profundas con los demás por el mero hecho de compartir la condición humana (Neff, 2012). La autocompasión está vinculada al sistema emocional de calma y sosiego mientras que el de la autoestima se relaciona más con el de búsqueda y recompensa (prevalece más el estar bien que aventajar o el logro).

Los tres componentes del constructo de la autocompasión son: mindfulness, amabilidad y humanidad compartida (Neff, 2012). Es decir, tomar conciencia de la experiencia, darnos el cariño y cuidado que necesitamos y recordar que la vulnerabilidad y el sufrimiento son experiencia que compartimos con todos los seres. Hay una micro-práctica en formato de mantra muy oportuna para recordar en cualquier momento: "Este es un momento de sufrimiento (minfulness). El sufrimiento es parte de la vida (humanidad compartida). Que pueda ser amable conmigo misma (amabilidad)" (para reforzar el efecto del mantra puedes poner una o dos manos sobre la zona del corazón)

5.6- Ampliando el círculo de la amabilidad. Conectando y empatizando con la persona amiga, la persona neutra, la persona difícil y todos los seres

El gran secreto de la moral es el amor: o sea una expansión de nuestra naturaleza, y una identificación de nosotros mismos con lo bello que existe en el pensamiento, en la acción, en las personas, fuera de nosotros.

Defensa de la poesía, de P. B. Shelley

La amabilidad, la bondad o *metta*, es una cualidad naturalmente expansiva y radiante que comienza con la transformación del individuo, pero su objetivo a largo plazo es la transformación global de la sociedad y de todos los seres. La humanidad compartida es una especie de sabiduría interpersonal y social universal que nos ayuda a desarrollar este sentido de conexión con todos los seres y que es la base de la compasión. Con la práctica de la conciencia amable podemos desarrollar esta perspectiva, que nos permite tomar conciencia de nuestras tendencias emocionales básicas como seres humanos, y nuestro deseo de ser felices y liberarnos del sufrimiento. La humanidad compartida consiste en ser conscientes de que el sufrimiento es una característica universal e inevitable de la vida humana. En la psicología budista este sufrimiento se conoce como *dukkha*, que además es una de las tres características de la existencia condicionada, siendo las otras dos *annica* (impermanencia) y *anatta* (insustancialidad, más conocido como ausencia de un yo fijo). La humanidad compartida nos ayuda a trascender los límites entre lo mío y lo tuyo, dándonos cuenta de que ninguno de nosotros quiere sufrir y que todos queremos ser felices.

Investigaciones usando imágenes del cerebro (IRMf) muestran que la ínsula se activa durante la meditación. Desde la perspectiva de la compasión, esta observación tiene un gran significado porque esta parte del cerebro se relaciona con el sentido de conexión humana, especialmente con la empatía (Farb, *et al*, 2007). La empatía, además de ser un factor fundamental para cultivar y mantener las relaciones humanas y construir una sociedad prospera y compasiva, es parte central del desarrollo íntegro del individuo. Empatizar y sentir compasión y bondad hacia ti mismo y los demás tiene enormes efectos en nuestra salud y bienestar. Cuanto más medita una persona más se desarrolla la ínsula.

Recientemente en una entrevista me preguntaron si la amabilidad podía ser efectiva para la gestión del estrés. En mi propia experiencia y creo que esto es

universal es poco probable que podamos ser amables (tanto hacia los demás o con nosotros mismos) si estamos dominados por el estrés. La amabilidad, la empatía y la generosidad son sensibles al ajetreado estilo de vida que llevamos gran parte de la sociedad actual. Hay un conocido estudio basado en la parábola del buen samaritano de la biblia que ilustra cómo puede ponerse en práctica el principio enunciado en la Biblia de "amarás a tu prójimo como a ti mismo". En este estudio se pide a un grupo de seminaristas que den un sermón sobre dicha parábola. Para dar el sermón debían caminar desde la sala donde estaban a otra atravesando un amplio patio. En el patio pusieron un actor que simulaba tener síntomas de dolor. A un grupo de seminaristas le dijeron que disponían de bastante tiempo para llegar a la sala donde darían el sermón, mientras que al otro le dijeron que se dieran prisa ya que llegarían tarde. Del segundo grupo solo un porcentaje muy bajo (10%) se acercó al actor que simulaba estar afectado de dolor, mientras que un porcentaje alto del primer grupo (más 60%) se acercaron al actor en el patio. Hay varias conclusiones que podemos sacar de este estudio, pero relacionándolo con el tema que estamos explorando, podemos reflexionar sobre la enorme influencia del estrés y la ansiedad en nuestras vidas y darnos cuenta de cómo este puede mermar notablemente nuestra capacidad de amabilidad, empatía, de ser altruistas o de tener una disposición a escuchar a los demás. Creo que en este caso también podemos extrapolar conclusiones del efecto nocivo que puede tener el estrés (además de los devastadores efectos fisiológicos) en nuestra la autoamabilidad y la importancia de crear condiciones favorables para que pueda florecer la motivación de la compasión y la autocompasión.

5.6.1- Celebrando la amistad: amabilidad hacia la persona amiga

Hemos estado un tiempo desarrollando amabilidad hacia uno mismo, pues ahora vamos a ampliar nuestra conciencia para incluir a otras personas dentro de nuestro círculo de amabilidad. Lo hacemos de la misma manera que con la meditación de amabilidad hacia uno mismo, excepto que ahora dirigimos nuestros sentimientos positivos hacia los demás. Comencemos con un amigo o alguien a quien admiras o que es importante para ti. Es prudente, mientras estás aprendiendo estas prácticas, no elegir a alguien por quien te sientas atraído sexualmente, o alguien que haya muerto, porque puedes estimular otros sentimientos y esto tenderá a complicar la práctica ahora que estás empezando a ponerla en práctica en tu experiencia.

Piensa en qué significa para ti la amistad, lo que más valoras y lo que tú como tal ofrecerías a otros. ¿Qué te viene a la mente: confianza, honestidad, generosidad, humor? A veces puedes temer emprender una actividad si tienes que realizarla solo pero seguramente se disolverá ese miedo si puedes contar con un amigo. Este es el significado de la solidaridad y el poder de la comunidad. Si cuentas con una "sabia compañía", como dijo el Buda, y tienes buenos amigos, dispondrás de uno de los mayores recursos para tu felicidad y libertad.

En esta etapa puedes poner en práctica un ejercicio muy bello que hacemos en la Comunidad Budista Triratna, llamado "regocijo en los méritos y cualidades". Consiste en una especie de feedback positivo hacia tu amiga o amigo, en el que intentas recordar y resaltar sus cualidades o todo aquello que hace que tú aprecies su amistad o admires en él o ella. Esto puede activar en nuestro corazón la gratitud y la alegría, además de crear una base emocional positiva para continuar con las siguientes etapas. La gratitud está estrechamente relacionada con nuestra capacidad de estar presentes y apreciar lo que tenemos ahora en lugar de preocuparnos por lo que no tenemos o lo que nos gustaría conseguir.

5.6.2- Solidaridad: cultivar amabilidad hacia la persona neutra o indiferente

> "La solución a muchas de nuestras limitaciones mentales y dificultades emocionales yace en la generosidad, porque la práctica de generosidad (*Dana*) es expansiva".
>
> *La vida de Dhardo Rimpoche*, de Suvajra

Una vez que hayas practicado esta meditación durante algún tiempo, puedes ampliar aún más tu círculo de amabilidad, e incluir a otras personas. Puede ser algo desafiante porque generalmente no sentimos mucho hacia las personas que no conocemos. Tenemos entonces que usar nuestra imaginación: esta persona tiene una vida que es tan importante para él o ella como tu vida lo es para ti. Al igual que tú, no quiere sufrir y, como tú, quiere estar sano y feliz.

En esta etapa estamos intentando expandir, extender nuestro alcance emocional. Estamos estimulando una reorientación básica de nuestra vida emocional, de una emocionalidad autoreferencial a una emocionalidad abierta y expansiva.

En algún momento de nuestras vidas todos hemos experimentado sentimiento de amabilidad/*metta* proveniente de un extraño, un acto de cordialidad libre de cualquier tipo de motivación egoísta. Puede que haya sido algo simple como una sonrisa o la ayuda prestada en un momento de dificultad. Es decir, estamos estimulando un sentimiento de solidaridad y generosidad.

Compartir y dar es lo que crea conexión, es lo que construye comunidad. Una sociedad saludable se basa en la capacidad de sus miembros de ser generosos. La generosidad (*dana* en pali) es la virtud ética por excelencia que podemos entrenar en esta etapa de la meditación: damos nuestros pensamientos empáticos, nuestra gratitud, nuestra sonrisa, nuestra escucha amable, nuestros abrazos (puedes abrazar a alguien en la meditación abrazándote a ti mismo e imaginar lo que experimenta la otra persona al ser abrazada). Cuando somos generosos estamos yendo más allá del apego y el egocentrismo. Muchas veces nos podemos sentir desconectados, apáticos y sin propósitos, entonces podemos poner en acción un sabio consejo del lama Dhardo Rimpoche: "Cuando no sepas qué hacer con tu vida, sirve". Los efectos de la generosidad son buenos antes, durante y después (Sangharáshita, 2015).

5.6.3- Amar al enemigo: cultivar amabilidad hacia la persona que encontramos difícil

Por supuesto que otras personas pueden ser difíciles: no siempre hacen lo que nosotros queremos, ¡tienen sus propias ideas! Es tentador tratar de cambiarlas (¡por su propio bien! como tendemos a asumir y justificarlo), pero tal vez has aprendido por tu propia experiencia que eso rara vez funciona. A pesar de la frustración por nuestras expectativas conscientes o inconscientes, podemos ahorrarnos conflicto y amargura innecesaria; al dejar simplemente que las personas sean quienes son, con todos sus defectos.

Cuando las personas nos critican o nos tratan mal, el sistema emocional rojo se activa en nosotros. Y esto tiende a ponernos a la defensiva o agresivos, y si actuamos así podemos empeorar la situación. Es mejor si encendemos el verde, en el que aún nos sentimos lastimados por el comportamiento de la otra persona, pero podemos retroceder un poco, y actuar con un poco más de inteligencia emocional de lo que quizás lo haríamos si actuáramos desde el rojo. Encender el verde no significa que permitamos que otros nos traten como un trapo, podemos levantar la voz y luchar contra las injusticias, pero podemos hacerlo de una manera más efectiva, porque estamos más tranquilos y somos más robustos emocionalmente. En una situación difícil las emociones negativas tienden a polarizarnos mientras que las positivas tienden a contextualizar lo que sucede, tomando una perspectiva amplia, lo que a su vez permite una mejor evaluación de la situación y así identificar cual es la mejor estrategia o recurso disponible. Para hacer esta etapa de la meditación de manera progresiva y efectiva, debemos haber cultivado ya un sentido bastante robusto de amabilidad hacia uno mismo;

de otra manera, podríamos sentirnos abrumados por el daño que consideramos que esta persona nos ha causado, o por el enojo hacia su comportamiento. En otras palabras, estaríamos encendiendo el círculo rojo en lugar del verde.

Es importante, para empezar, buscar una persona con quien tenemos una dificultad o conflicto de nivel intermedio a bajo. De esta manera podemos ir poco a poco, para ir ganando confianza gradualmente y experimentando cómo funciona la práctica para ti.

Primero, dedica un poco de tiempo a desarrollar amabilidad hacia ti mismo, luego hacia alguien que aprecias o admiras. Esto te dará una base positiva sobre la cual desarrollar amabilidad hacia la persona que encuentras difícil. A continuación, puedes traer a tu mente a alguien que no conoces bien, ampliando un poco más el círculo de amabilidad y, finalmente, a la persona difícil.

En esta etapa de la meditación es donde puede ser necesario dar paso el proceso gradual del perdón. El perdón a veces es malentendido y no significa no protegerte o un cheque en blanco para alguien que hizo algo torpe, "está bien, no pasa nada". Perdonar es básicamente romper el ciclo de venganza, es romper el ciclo del odio. Como dice el Buda, si respondes al odio con el odio, este nunca terminará. Sobre este mismo asunto Gandhi dijo "si aplicamos el criterio de ojo por ojo, diente por diente, muy pronto todo el mundo estará ciego y sin dientes". No perdonar a la larga solo nos daña a nosotros.

La imaginación también facilita el perdón: imaginarnos y preguntarnos con toda honestidad si nosotros actuaríamos de manera diferente si estuviéramos bajo las mismas circunstancias o condicionamientos del que consideramos nuestro victimario, enemigo o persona difícil. Si podemos recordar o imaginarnos como hemos hecho daño a otros bajo la opresión de la avidez, la dispersión, resentimiento, etc. Y por supuesto no podemos apresurar este proceso, antes hace falta realmente procesar nuestro duelo, perdida dolor con verdadera empatía y compasión hacia nosotros mismos; antes de precipitarnos a perdonar. La compasión hacia uno mismo facilita el perdón, en parte porque nos permite curar las heridas emocionales provocadas por otras personas.

Dedicar diariamente un tiempo a cultivar una actitud positiva hacia una persona difícil puede tener un efecto muy positivo en ti mismo, pero también en la relación con esa persona. Alguien que alguna vez fue un enemigo puede convertirse en un amigo. Esto puede parecer increíble, ¡por no decir indeseable! Pero, solo practica y mira qué pasa.

5.6.4- Expandir e irradiar de forma ilimitada: cultivar amabilidad hacia todos los seres

Que todos los seres vivan felices y libres de todo daño
y que sus corazones se regocijen en su interior.
Todo lo que existe con respiración de vida,
tanto si son seres frágiles como muy fuertes,

sin excepción, sean altos, bajos
o de mediana estatura; sean grandes, pequeños
o gruesos; visibles o invisibles;
si viven lejos o si viven cerca;
los que están aquí, los que persiguen la existencia:
que todos los seres se regocijen en su interior.

Karaniya metta sutta (Sangharákshita, 2014)

Una vez que hayas practicado de esta manera con personas individuales, si lo deseas, puedes ampliar aún más el círculo de amabilidad para abarcar a todos en el planeta. ¡Cerca de 8 mil millones y sigue en aumento!

Durante la práctica progresivamente iremos incluyendo a uno mismo, la persona amiga, la persona neutra, la persona difícil y finalizamos cultivando la amabilidad hacia todos los seres, expandiendo gradualmente nuestro círculo de amor incondicional incluyendo a todos los que viven en tu ciudad o barrio, y luego en el país, continente y el mundo. No tienes por qué limitar tu círculo de amabilidad a las personas; puedes incluir a todos los seres vivos. En esta etapa estamos fomentando la no exclusividad de nuestra amabilidad. Expandimos imaginativamente a todos los seres; deseando el bien de todos los seres, deseando que todos los seres se encuentren libres de cualquier sufrimiento, deseando que todos los seres progresen hacia la verdadera felicidad.

Lo que importa es que incluyamos a tanta gente como podamos. A veces esta idea puede parecernos abstracta; quizás nos preguntemos cómo podemos realmente extender el sentimiento de amabilidad a personas que nunca hemos conocido. Pero si dejamos a un lado las limitaciones que imponemos a nuestra imaginación, conectaremos con la esencia de la humanidad compartida y descubriremos como esta parte de la práctica puede convertirse en una experiencia muy enriquecedora.

Te invito a hacer la siguiente práctica de meditación "Kindfulness hacia todos los seres con sus 5 etapas" escuchando la pista 11 en siguiente enlace: <https://www.respiravida.net/recurso/audios-para-el-manual-de-mindfulness-para-el-abordaje-de-los-trastornos-de-ansiedad> o en conectando con el código QR.

6- Solo elige caminos con corazón: algunos frutos a medio y largo plazo de kindfulness

La mente creativa ama aun cuando no hay razón para amar, es feliz incluso cuando no hay razón para serlo, crea donde aparentemente no hay posibilidad de crear y construye un cielo en la desesperanza del infierno.

Sólo existe el momento presente (1994), de Sangharákshita

Hay numerosas evidencias científicas sobre los efectos del cultivo de amabilidad hacia uno mismo y los demás (Fredrickson, 2008; Seppala, 2014, Galant, 2014, Shonnin, 2015). Algo que hemos notado en nuestra propia experiencia es que los beneficios de esta práctica, a diferencia de los de mindfulness, es que puede tener un efecto retardado (Fredrickson, 2008). Mientras haces la práctica, uno puede preguntarse si está pasando algo realmente (hasta parece un poco ingenuo utilizar estas frases de buenos deseos). Es en las siguientes horas o días cuando comienzas a percibir que algo ha comenzado a cambiar en tu experiencia. Puede que incluso la idea de ti mismo esté poniéndose patas arriba. Puede que sea que ahora ya notes más claramente tu voz crítica interna, la observes, tomes cierta distancia de ella, lo que hace que pierda su poder. O de repente te encuentras con alguien y sientes una fresca sensación de confianza y apertura en tu corazón mientras expresas tus necesidades. De repente, te sientes menos defensivo y más receptivo al entablar una conversación. Estas y muchas más son las señales positivas de que la práctica de la conciencia amable está haciendo su trabajo.

Un breve resumen de algunos de los beneficios de Kindfulness avalados por la ciencia y la práctica de la meditación:

- Reduce los estados mentales negativos y aumenta los positivos
- Nos volvemos menos reactivos, más creativos y resilientes
- Es contagiosa y tiene un efecto boomerang
- Mejora las relaciones interpersonales y la conexión social
- Aumenta la conectividad cerebral para la empatía y las emociones positivas
- Liberamos oxitocina "la hormona del amor"
- Retrasa el envejecimiento, reduce el estrés y la ansiedad

Por supuesto que no es magia y requiere un compromiso de práctica diario y a largo plazo. La meditación es una aventura y la naturaleza de toda aventura es la incertidumbre. Tras haber estado meditando por unos cuantos años, la gente a menudo descubre que su vida ha cambiado de arriba abajo. Por supuesto no digo esto para echarte atrás, pero es también importante practicar en un grupo donde puedas compartir estas percataciones, profundizar y recibir asesoramiento de un profesor certificado o maestro.

Según el Buda estos son los beneficios de practicar metta (Angutara Nikàya, 11:16):

Monjes, cuando el amor universal (metta) que conduce a la liberación de la mente es practicado y desarrollado ardientemente, considerado como un recurso inexorable, usado como vehículo propio, hecho el fundamento de la propia vida, plenamente establecido, bien consolidado y perfeccionado, entonces estas once bendiciones pueden esperarse. ¿Cuáles once?: Uno duerme feliz; despierta feliz; no tiene malos sueños; es estimado por los seres humanos; es estimado por los seres no-humanos; los dioses lo protegen; ni fuego, ni venenos, ni armas le hacen daño; la mente consigue concentración rápidamente; la expresión del rostro es serena; muere sin perturbación.

"Practicar la meditación sin practicar la ética es como subir a un bote y querer navegar sin soltar amarras" me recuerda mi maestro Sangharákshita. Sin embargo, como hemos visto practicar la ética es muy difícil cuando no sentimos amenazados, de aquí la importancia de aprender a desarrollar estados emocionales positivos. También, es importante darnos cuenta de que la meditación no es un fin en sí mismo. Su práctica adecuada requiere tener en cuenta otros aspectos y herramientas que facilitan el cultivo sabio, saludable y progresivo. Por empezar la meditación mindfulness y kindfulness son parte de lo que se conoce como triple sendero: ética, meditación y sabiduría. Podemos ver aún más la amplitud y diversidad de este sendero en lo que se conoce como Noble Sendero Óctuple (Sangharákshita, 2015)

Claramente se puede utilizar mindfulness como una mera técnica y de hecho este uso utilitario, banal e inadecuado de la meditación está muy extendido y ha sido fuente de muchas críticas e incluso catalogada como McMindfulness (Kabat-Zinn, 2015). La inclusión de la amabilidad y la compasión de manera explícita en las nuevas generaciones de programas favorece la motivación ética y fomenta la dimensión altruista y social de mindfulness. Precisamente, la integridad y el cuidado en la utilización de estas herramientas y de los programas ha sido lo que motivo la creación la Red Española de Programas Estandarizados de Mindfulness y Compasión[5].

En la actualidad, además del vasto cuerpo de enseñanza que hemos heredado de la tradición budista, tenemos la enorme ventaja de que muchas de estas herramientas y métodos milenarios están siendo constantemente revisadas y validadas por un creciente cuerpo de investigación científica. En gran medida este aspecto ha impactado su difusión y mejorado enormemente en la pedagogía de mindfulness. También estamos siendo testigos de su florecimiento en ámbitos tan diversos como la salud, las organizaciones, la educación, la justicia, etc.

5 http://www.redprogramasmindfulness.org/

Es habitual que se enseñe la meditación como un camino de desarrollo individual soslayando su dimensión relacional, interpersonal, social, incluso trascendental. Sin embargo, una investigación resalta que el factor grupal y la calidad del profesor (es decir el factor social) suelen ser más importantes que el tipo o la cantidad de meditación practicada (Camby, *et al*, 2021). Contar con una grupo o sangha, personas afines comprometidas en este camino puede marcar una gran diferencia e impactar profundamente en la práctica, integración y efectos de la meditación. El contexto grupal también puede ayudarnos a entender lo que estamos haciendo, a ser conscientes de nuestra motivación y a inspirarnos mutuamente. Esto es lo que nutre y mantiene la práctica viva. Además de practicar en un contexto grupal, y en la medida que deseamos profundizar se hace imprescindible la mentorización de instructor, profesor o maestro acreditado, con una experiencia sedimentada, y conocimiento amplio de los retos y peligros potenciales que pueden emerger de la práctica de la meditación. Tal como enfatiza el Buda "La amistad, la comunidad (*kalyana mitrata* en sánscrito), no es un aspecto más, sino que lo es todo en el camino espiritual".

Reflexionando sobre la importancia de encontrar compañeros de viaje en la aventura de la meditación, me viene a la memoria la repuesta que Don Juan (el chamán de la novela *Las enseñanzas de Don Juan* del antropólogo Carlos Castaneda) le ofrece a un discípulo que le pregunta "¿cuál es el mejor camino?": "Todos los caminos son iguales, no llevan a ninguna parte, pero uno tiene corazón. Solo elige estos caminos con corazón, son los únicos que valen, recórrelos en toda su extensión hasta perder el aliento".

6.1- Un nuevo lenguaje corpóreo-emocional

Hay quienes piensan que esta práctica podría parecer ingenua, o propia del pensamiento mágico, pero desde la perspectiva de la ciencia hay solidas evidencias empíricas sobre los efectos de esta práctica. Un área donde la práctica del cultivo de la amabilidad tiene se manifiesta con signos observables es el cuerpo mismo. Se puede manifestar como más apertura en tu postura corporal y fluidez en tu respiración, desde una sutil suavidad en el rostro hasta el esbozo de una sonrisa o realzar las patas de gallo alrededor de tus ojos, u otros signos que pueden ser rápidamente percibidos por aquellos con quienes te cruzas o interactúas. Y como los gestos no verbales son contagiosos, tu apertura también permite a otros mostrarse más abiertos y relajados.

Otro beneficio corporal de la práctica de kindfulness es el resplandor y luminosidad que suele asomar en el rostro. Son consecuencia de la irradiación indisimulada de una belleza interior (Salzberg, 1997).

Así como los estudios neurocientíficos muestran que las emociones positivas abren y amplían tu conciencia perceptiva, también tienen una correspondencia corporal, se mencionan cuatro señales no-verbales (Fredrickson, 2015):

- Frecuente sonrisa entre uno y otro.
- Frecuencia de ademanes amigables y abiertos.
- Frecuencia en la aproximación de los cuerpos.
- Frecuentes movimientos de cabeza.

Estas señales emanan de las experiencias internas de amor de una persona y son interpretadas por los demás como amor.

La práctica de la conciencia amable puede repercutir igualmente en el sentido que das a cada nueva circunstancia. Es más factible que veas las cosas bajo una luz favorable, concedas el beneficio de la duda y seas optimista acerca del futuro y el potencial de los demás. Si llevas esta práctica a largo plazo, tu conducta verbal y no verbal puede ser tan distinta que otros podrían sentirse más seguros en tu presencia, más propensos a abrirse y establecer contacto contigo.

6.2- La sabiduría de kindfulness: trascender la ilusión de la separación

> *El verdadero valor del ser humano viene determinado fundamentalmente por la medida y el grado en que ha conseguido liberarse de yo.*
>
> Albert Einstein, 1954

Kindfulness no es algo romántico, no es algo rosa, ni significa fingir o ignorar los problemas que existen en el mundo o en nuestro corazón-mente. Más bien es un intento serio de imprimir un giro radical a nuestra conciencia, que se producirá en forma acumulativa y progresiva con la práctica. Está relacionada con una visión de la realidad que dice que nada existe independientemente de lo otro, que toda la existencia es una vasta red de fenómenos interconectados e interdependiente, formando los unos las condiciones para la existencia de los otros (lo que se conoce como surgimiento dependiente o *praticca samuppada* en la tradición budista). Esto atañe a todo, desde una tormenta hasta por supuesto un ser humano.

La habilidad de sentir *metta* hacia otros está basada y depende de nuestra habilidad para sentir *metta* hacia nosotros mismos. Esta es tal vez una de las paradojas más interesantes de kindfulness. Es mucho más fácil querer a otros cuando nosotros mismos nos queremos; no nos sentimos amenazados por los demás, deseamos que ellos también sean felices. Por otro lado, nuestra libertad para extender nuestra amabilidad procede del descubrimiento de que podemos vivir sin la tendencia a tomar literalmente concepto de yo y el otro (o de nosotros y ellos). Esta percatación cambia toda nuestra percepción de la vida dado que el sentimiento de separación queda desmontado.

Shantideva, un monje budista de la Universidad Monástica Nalanda de la India del siglo VII, decía: "Toda la felicidad del mundo proviene del deseo de que todos los demás sean felices. Todo el sufrimiento del mundo proviene de desear solo mi felicidad". Puede parecer que esta declaración contradice la visión de kindfulness, pero en la segunda oración de la cita se dice que el "sufrimiento proviene de desear SOLO MI felicidad". Esta condición de "SOLO MI" es la que revela el carácter egoísta de exclusividad, que es diametralmente opuesto al auténtico espíritu altruista de *metta*.

Otra paradoja en la formulación de la práctica de la conciencia amable / *metta-bhavana* es que podría parecer incompatible con la idea de no-yo (*anatta*). Si me deseo lo mejor a mí mismo y a los demás, ¿a quién le deseo? ¿Quién es este "yo" quién deseo desear? La práctica avanzada y sostenida de la conciencia amable tiene el potencial de acercarnos a la percatación o sabiduría de lo que en la psicología budista se conoce como "*anatta* o no-yo" y que es clave en el proceso de desarrollo hacia una felicidad profunda y duradera. El desapego a este yo fijo es otro de los mecanismos psicológicos que subyacen a la práctica de mindfulness, llamado "cambios en las perspectivas del *self*" (Holzel & Lazar *et al,* 2011). Desde una perspectiva budista, la identificación con el sentido estático o fijo del yo es la causa de la angustia psicológica, y la desidentificación da como resultado una experiencia menos aflictiva y la libertad de experimentar una forma de ser más genuina (Olendzki, 2010). Comprender que nuestro sentido del "yo" no es tan sólido, permanente o sustancial como lo sostenemos habitualmente nos facilita el "no-apego" a nuestros hábitos repetitivos, torpes y dañinos que frenan el florecimiento de nuestro potencial humano y nos mantiene aislados de los demás.

Al finalizar una clase de meditación que solía ofrecer semanalmente en el Centro Triratna de Valencia, un estudiante me preguntó: "¿la meditación puede ayudarme a eliminar el yo?", tomé un largo respiro, lo miré, y con calma le pregunté: "¿tú tienes algún problema con tu yo?", me dijo algo así como que era una tremenda faena y estaba harto. Sangharákshita decía que "lo que llamamos yo es solo un manojo de hábitos". Hábitos para reforzar mi autoestima, aferrarme al placer y evitar la incomodidad. Cada hábito tiene su voz y puede emerger como un personaje interno, todos por supuesto quieren hacerse con el control de esta idea de un yo fijo. Esta lucha interna puede ser muy estresante e interminable. Por supuesto que deseamos cambiar algunos de los personajes o facetas que conforman nuestro yo, pero es importante no caer en esta actitud de autoodio y autodesprecio (como dice el *Dhammapada*, el odio no se extingue con el odio, se extingue con el amor). Aquí es donde la amabilidad/*metta* hacia uno mismo puede dar un giro radical en nuestra relación con esas partes de nosotros que nos disgustan. En este sentido puede ser adecuado hacer la cuarta etapa de la meditación kindfulness, la etapa del enemigo, poniendo como persona enemiga aquella faceta (o personaje) de ti que rechazas o con la que tienes dificultades para relacionarte. Abrazando todo tu ser, relacionándote desde esta nueva perspectiva sabia y amable.

Volviendo a la metáfora de los dos lobos que tenemos en nuestro interior. El lobo del amor, de la amabilidad, ve un amplio horizonte, con todos los seres incluidos en el círculo de nosotros. Ese círculo se encoge cuando estamos atrapados por lobo del odio, de modo que "nosotros" son solo una nación o tribu o amigos o familia, y en el caso más extremo, uno mismo nada más. De hecho, el circulo a veces es tan pequeño que una parte de la mente odia a la otra parte (Hanson, 2010). Por ejemplo, he tenido alumnos que no podían mirarse al espejo porque pensaban que eran muy feos. Como dice un dicho zen "nada queda fuera" del circulo de tu conciencia, de tu práctica, nada queda fuera de tu corazón. Nada queda fuera ni siquiera el mismo lobo del odio ya que negarlo lo único que consigue es dejarlo crecer en la sombra. Todos tenemos un lobo de odio en nuestro interior, y reconocer su origen evolutivo e impersonal, aporta amabilidad y compasión hacia uno mismo y los demás. Necesitamos reconocer al lobo del odio y apreciar el poder del amor, y luego aprender contener el primero mientras cuidamos del segundo.

A veces puede parecer que, dentro de nosotros, hay decenas de yoes porque, en un momento, queremos una cosa y, al momento siguiente, queremos otra completamente diferente. kindfulness arroja luz sobre estas tendencias contradictorias, permitiendo que nuestro corazón y nuestra mente dejen de apuntar en direcciones diferentes y se integren y unifiquen.

La Red Neuronal por Defecto (RND) es el circuito en nuestro cerebro que está activo con pensamientos auto-referenciales (yo, mío, mí). Estas funciones se pueden volver problemáticas cuando nos atascamos en pensamientos repetitivos, autopreocupación, autocríticos, etc. A través de imágenes generadas por escáneres de resonancia magnética (fMRI) se ha podido observar que uno de los beneficios de la meditación es que reduce la actividad de RND, tanto en cuando estamos sobre el zafu o fuera de él (Brewer, 2011). Según Hanson las representaciones del yo y la sensación de ser un yo existen como diversos patrones en la mente y en el cerebro. En él cada manifestación del yo es efímera. Del mismo modo que las imágenes fijas de una película que dan ilusión de movimiento, las redes neuronales conectan y luego se dispersan creando la ilusión de un yo coherente y continuo (Hanson, 2011). El yo jugó un rol determinante en la supervivencia durante la evolución del ser humano. El yo aparente es útil para las relaciones y una saludable coherencia psicológica a lo largo del tiempo. No se trata de oponerse (o de eliminar) el yo, porque esto solo lo fortalece. Más bien se trata de ver a través del yo, soltarlo y hacernos receptivos a la dimensión abierta, interconectada del ser (lo que se conoce como *shunyata* en la tradición budista) y que trasciende las etiquetas yo, mi, mío.

¿Qué pasaría si de repente viéramos todas las cosas como realmente son? Un papel importante que juegan las emociones positivas es la de crear una base emocional robusta y positiva para poder amortiguar los efectos de vislumbrar la visión profunda de la realidad y poder responder creativamente.

Una colega me contó la anécdota de su amiga que se fue a hacer una excursión de varios días caminando por unas montañas desconocidas. Cuando acampó la primera noche no pudo dormir debido a que todos los sonidos la sobresaltaron y generaron miedo. La segunda noche decidió hacer algo radical para poder dormir, continuar su viaje y llegar a destino. Entonces a la hora de dormir decidió desarmar la tienda y dormir a la intemperie. "La primera noche estaba asustada por lo que estaba fuera. Quité la tienda, y el interior y exterior dejaron de existir, pude dormir profundamente". Nuestro instinto, especialmente cuando estamos amenazados (o vulnerables), es fortalecer los nuestros límites (levantar muros/resistencia) o intentarlo. La liberación del miedo proviene de lo opuesto. Al desmontar la tienda, desmontó la noción de los límites por completo. Tomar precauciones y cuidados es una cosa, pero obsesionarnos y aislarnos puede ser a largo plazo un embudo que reduce nuestra perspectiva, conexión y equilibrio emocional. La práctica de la conciencia amable se parece más a un espiral ascendente que nos permite trascender nuestros límites, generar robustez emocional y recursos para lidiar con nuestras experiencias desafiantes.

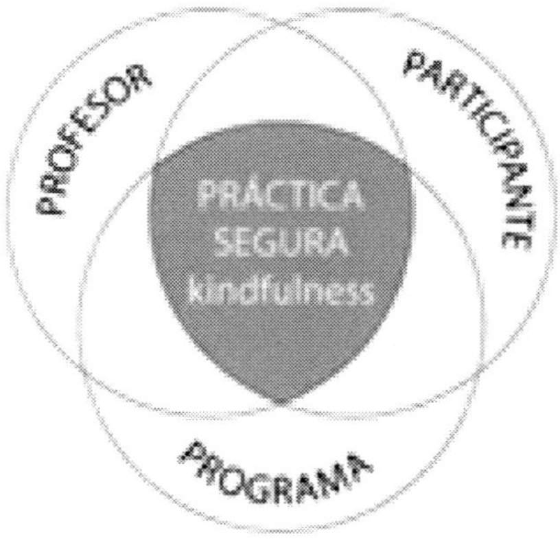

Hay sólidas y abundantes evidencias empíricas de que la meditación la conciencia amable fomenta la acción altruista, comienza con el cultivo de la amabilidad/compasión hacia uno mismo y gradualmente nos abre a conectar con los demás en los siguientes estadios (persona amiga, neutra, enemigo y todos los seres), disminuyendo precisamente esta creencia de vernos como seres separados, comenzando a experimentar una sensación de amplitud, fluidez y libertad que naturalmente deviene en un profundo interés, apertura y amabilidad por los demás. Según la interpretación de Sangharákshita, mi maestro, sobre una enseñanza central en el budismo, un signo de progreso y madurez espiritual lo constituye la experiencia encarnada de haberse liberado de la traba o grillete de la idea de un yo fijo (Sangharákshita, 2021).

7- Sensibilidad al trauma y potenciales efectos adversos de la práctica de Kindfulness:

Cultivar la amabilidad y utilizar frases compasivas hacia nosotros mismos puede hacernos tropezar con sentimientos difíciles o experiencia traumática pasadas que están almacenadas o dormidas en nuestra memoria emocional. Si bien el objetivo de kindfulness no es tener experiencias placenteras (aunque cuando ocurren son bienvenidas), cuando practicamos la atención consciente o la conciencia amable, al igual que sucede con intervenciones bien establecidas en el campo de la salud, como la psicoterapia o el deporte, pueden emerger sentimientos incomodos e incluso dolorosos.

Un grupo de investigadores establecieron que hay tres factores que, interrelacionados, pueden contribuir a una práctica no segura o que puede producir daño de mindfulness: factores relacionados con la intensidad de la práctica, factores relacionados con la vulnerabilidad del participante y factores relacionado con el profesor y las instrucciones o el programa (Baer *et al*, 2019).

La práctica de la Kindfulness es por naturaleza invitacional y empírica. También es cierto que puede ser incómoda, desagradable y desafiante y a la vez no causar daño. Si bien es posible que surjan efectos adversos; estos suelen ser de baja intensidad y poco frecuente. Por esta razón es aconsejable practicar dentro del contexto de un grupo facilitado por alguien que acredite una experiencia sedimentada en la práctica, alguien que ha recibido una formación adecuada como un profesor de mindfulness y/o compasión y recibe a su vez supervisión. Es recomendable realizar una entrevista previa (hacer un *screening o filtro*) con el participante/paciente para conocer estado de salud físico y mental.

Resulta importante reconocer estas reacciones adversas y aprender a gestionarlas ya que de lo contrario pueden generar resistencia hacia la práctica de la meditación. El efecto adverso "backdraft o contracorriente" (Neff, 2013), es una metáfora de lo que sucede a un bombero cuando tiene la intención de apagar el fuego, por ejemplo, de una habitación que está completamente cerrada, al abrir la puerta la súbita entrada de oxígeno no hace más que reavivar el fuego.

Algunas orientaciones básicas y sencillas para gestionar algunos efectos adversos pueden consistir, por ejemplo, en ampliar el circulo de la atención (incluyendo sonidos y otras sensaciones presentes), redirigir la atención al cuerpo, la respiración, o desplazar el foco de la atención amable hacia otro ser (un amigo/a o una mascota). Por último, otra opción es la de dejar de meditar y realizar una actividad reconfortante que involucre el cuerpo (tomar una infusión, caminar en un parque, etc.).

8- Conclusión: Transformando flechas en flores

La amabilidad es una habilidad. Esto es lo que enseña esta antigua práctica de meditación, y lo que la investigación de la psicología y la neurobiología moderna han demostrado. Lo maravilloso es que esta habilidad, al igual que conducir o bailar, se puede aprender, entrenar y puede permanecer contigo durante toda la vida. La práctica de la conciencia amable, tanto sobre el zafu como fuera de él, es una manera de crear condiciones internas y externas para que nuestros deseos de bienestar y felicidad hacia nuestra persona y los demás se integren, incluso se arraiguen más y más en nuestra experiencia, nuestro comportamiento intrapersonal, interpersonal y social. De esta manera estamos preparando el terreno y nutriéndolo para florecer. Podremos evolucionar de un estado en el que ansiamos recibir amor a otro en el que irradiamos amor, pasamos de la mente reactiva a la mente creativa (Sangharákshita, 1994), del modo poder al modo amor (Sangharákshita, 1997), pasamos del miedo a cambiar a la profunda comprensión de que todo está cambiando.

En definitiva, cultivando kindfulness, estaremos evocando, re-imaginando la experiencia del que iba a convertirse en el Buda mientras estaba sentado en profunda meditación y a punto de alcanzar el despertar. Todos sus miedos y deseos neuróticos, representados en la leyenda por las flechas y misiles de Mara, no logran alcanzarlo, sino que se desvanecen y caen a su alrededor transformadas en bellas flores.

Referencias

Aljoscha D., *et al,* (2021) *Self-soothing touch and being hugged reduce cortisol responses to stress: A randomized controlled trial on stress, physical touch, and social identity*, Comprehensive Psychoneuroendocrinology, Volume 8,2021,100091,ISSN 2666-4976

Baer, R, *et al. Doing no harm in mindfulness-based programs: Conceptual issues and empirical findings.* Clinical Psychology Review, https://doi.org/10.1016/j.cpr.2019.01.001

Brewer, J. A. *et al* (2011) *Meditation experience is associated with differences in default mode network activity and connectivity.* PNAS December 13, 2011 108 (50) 20254-20259.

Burch, V. y Penman, D. (2016) *Tú no eres tu dolor*. Barcelona: Editorial Kairós

Chodron, P. (1998) Cuando todo se derrumba. Gaia Ediciones

Corominas M., Roncero C., Bruguera, E. y Casas M. (2007). *Sistema dopaminérgico y adicciones.* Revista de Neurología; 44: 23-31

Cutler J., Campbell-Meiklejohn D. (2019) *A comparative fMRI meta-analysis of altruistic and strategic decisions to give*, NeuroImage, Volume 184, 2019, https://doi.org/10.1016/j.neuroimage.2018.09.009.

Farb NA, Segal ZV, Mayberg H, Bean J, McKeon D, Fatima Z, Anderson AK. *Attending to the present: mindfulness meditation reveals distinct neural modes of self-reference.* Soc Cogn Affect Neurosci. 2007 Dec;2(4):313-22.

Fredrickson, B. L. (2001). *The role of positive emotions in positive psychology: The broaden-and-build theory of positive emotions.* American Psychologist, 56(3), 218–226.

Fredrickson, B. L. (2015). *Amor 2.0 Una nueva mirada a la emoción que determina lo que sentimos, pensamos, hacemos y somos.* México, Editorial Océano.

Fredrickson, B. L., *et al* (2008). *Open Hearts Build Lives: Positive Emotions, Induced Through Loving-Kindness Meditation, Build Consequential Personal Resources.* J Pers Soc Psychol.

Galante, J. (2014). *Effect of kindness-based meditation on health and well-being: A systematic review and meta-analysis.* Journal of Consulting and Clinical Psychology

Germer, C. (2011) *El poder del mindfulness: liberate de los pensamientos y las emociones destructivas con la atención plena.* Barcelona, Editorial Paidós.

Gilbert, P. (2018) *La mente compasiva. Una nueva forma de enfrentarse a los desafíos vitales* (p. 56). Sitges, Barcelona: Editorial Eleftheria.

Hanson, R. (2013). *Cultiva la felicidad. Aprende a remodelar tu cerebro ... Y tu vida.* Editorial Sirio.

Hanson, R. y Mendius, R. (2011). *El cerebro de buda: la neurociencia de la felicidad, el amor y la sabiduría.* Editorial Milrazones.

Hennessey, G. (2016) *The little Mindfulness Workbook: Everyday techniques to help you combat stress and enhance your life.* United Kingdom, Crimson.

Hölzel, B. K. , Carmody, J. *et al* (2010) *Stress reduction correlates with structural changes in the amygdala.* Published in Social cognitive Psychology, Medicine.

Lutz A, Brefczynski-Lewis J, Johnstone T, Davidson RJ (2008) *Regulation of the Neural Circuitry of Emotion by Compassion Meditation: Effects of Meditative Expertise.* PLoS ONE 3(3): e1897

Neff, K. (2012) *Sé amable contigo mismo. Barcelona*: Editorial Oniro

Olendzki, A. (2010) *Unlimiting mind: The radically experiential psychology of Buddhism.* Somerville, MA: Wisdom Publications.

Salzberg, S. (1997) *Amor incondicional. La vía budista de las residencias celestiales que cambiará su vida.* Madrid: Editorial EDAF.

Sánchez Segura, M., González García, R. M., Cos Padrón, Y., & Macías Abraham, C. (2007). *Estrés y sistema inmune.* Revista Cubana de Hematología, Inmunología y Hemoterapia, *23*(2)

Sangharákshita, U. (2014) *Living with Kindness.* Cambridge, Windhorse Publications.

Sangharákshita, U. (2020) *Amor incondicional: Dialogo del Buda sobre el Karaniya Metta Sutta.* Barcelona, Editorial Siglantana.

Sangharákshita, U. (1994) *Solo existe el momento presente.* Valencia, Editorial Tres Joyas

Sangharákshita, U. (1997) *Los diez pilares del budistmo.* Barcelona, Editorial Oniro

Shonin, E., Van Gordon, W., Compare, A. *et al.* Buddhist-Derived Loving-Kindness and Compassion Meditation for the Treatment of Psychopathology: a Systematic Review. *Mindfulness* **6,** 1161–1180 (2015). https://doi.org/10.1007/s12671-014-0368-1

Segal, Z. V.; Williams, M. G. y Teasdale, J. D. (2006) *Terapia cognitiva basada en el mindfulness para la depresión.* Bilbao, Editorial Desclee de Brower.

Seppala, E. (2014) *18 science-based reasons to try loving-kindness meditation today.* https://emmaseppala.com/18-science-based-reasons-try-loving-kindness-meditation-today/

Simón, V. (2015) *El corazón de mindfulness: la conciencia amable.* Barcelona, Editorial Sello.

Williams, M. (2017) *Mindfulness and Psychological Process.* Emotion, 2010, Vol. 10, No. 1, 1-7.

Williams, M. and Penman, D. (2011) *Mindfulness: an eight-week plan for finding peace in a frantic world.* New York, Rodale.

Rodríguez Vega, B. (2020) *Esto de ser humano: contemplando la luz a través de la herida.* Bilbao, Desclee Brouwer

Yerkes, R.M., & Dodson, J.D. (1908). The Relation of Strength of Stimulus to Rapidity of Habit Formation. *Journal of Comparative Neurology & Psychology, 18,* 459–482.

Zuazquita, S. y Hennesey, G. (Dharmakirti y Ratnaguna) 2020. Kindfulness: Atención Consciente y Amable para el Estrés. Un curso de práctica de 8 semanas. Barcelona, España, Siglantana Editorial.

Zuazquita, D. (2019) *Revisión narrativa de las publicaciones de investigación de la literatura científica relacionadas con el programa Mindfulness y Compasión para la Salud MBPM de RespiraVida BreathWorks.* Zaragoza. TFM Master en mindfulness, Facultad de Medicina, Universidad de Zaragoza.

CAPÍTULO 5

Terapia basada en mindfulness para el trastorno de ansiedad social

Jésica Fagnani

Introducción

El trastorno de ansiedad social (TAS) o fobia social es una condición marcada por la presencia de miedo o ansiedad intensos que aparecen en relación a una o más situaciones sociales o en las que el individuo está expuesto a la posible evaluación por parte de los demás. La persona siente un gran temor a actuar de una determinada manera o mostrar síntomas de ansiedad que puedan ser valorados negativamente por otros individuos (Asociación Americana de Psiquiatría, APA, 2014). En general, los trastornos de ansiedad son el segundo trastorno mental más discapacitante en la mayoría de los países de la Región de las Américas (especialmente en los países sudamericanos; Organización Panamericana de la Salud, 2018) y su presencia es más frecuente en las mujeres (World Health Organization, 2017). Específicamente con respecto al TAS, no se encuentran suficientes datos, pero se estima que es uno de los problemas de ansiedad más comunes, tanto en adultos como en jóvenes (Kessler, 2005; Knappe, Sasagawa & Creswell, 2015). Suele aparecer en la adolescencia temprana, aproximadamente entre los 13 y los 14 años de edad (Farrell, Ollendick & Muris, 2019; Kessler *et al.*, 2005) y, si no se trata, sigue un curso crónico y generalmente incesante a lo largo de la vida (Albano & Hayward, 2004; Knappe *et al.*, 2015).

Existen argumentos para suponer que el porcentaje de individuos con TAS está subestimado (e.g., Heimberg, 1990, citado en Caballo, Salazar & Hofmann, 2019). Por ejemplo, es probable que estos sujetos rehúyan al tratamiento ya que hablar abiertamente sobre sí mismos puede provocar el temor a ser observados. Otra posibilidad es que consideren que sus problemas no se pueden solucionar porque son tímidos de carácter ("así soy yo", "siempre fui así"). Finalmente, otra explicación es que acuden al tratamiento por otros motivos como depresión o alcoholismo.

La característica distintiva de alguien con TAS es el temor y preocupación por ser juzgado por los demás. En su definición, la APA incluye tres tipos de situaciones temidas: las interacciones sociales, ser observado y actuar delante de otras personas (APA, 2014). Durante las interacciones, sus temores suelen referirse a que los demás puedan pensar que son incompetentes, torpes, incapaces, que no son válidos (Caballo *et al.*, 2019). Durante las actividades en que se es observado, la mayor preocupación suele ser que se den cuenta de que está ansioso, que se ruborice, tiemble, parezca enfermo o muestre cualquier otra señal física de ansiedad (Caballo *et al.*, 2014). De hecho, se considera fobia "social", porque los sujetos con este trastorno no tienen dificultades cuando realizan las mismas tareas en privado (Caballo *et al.*, 2019). Finalmente, a nivel diagnóstico se suele especificar cuando el temor se relaciona exclusivamente con la ejecución y se lo identifica como fobia restringida a hablar o actuar en público (APA, 2014).

Asimismo, el TAS se asocia con una calidad de vida significativamente disminuida (Aderka *et al.*, 2012) y un deterioro funcional notable en una variedad de contextos como los interpersonales, educativos y ocupacionales (Acarturk *et al.*, 2008). En general, el TAS suele preceder a la aparición de otros problemas psicológicos como la depresión, ideaciones suicidas y la automedicación con alcohol u otras sustancias psicoactivas; de hecho, es un factor de riesgo para estos problemas (e.g., Katzelnick *et al.*, 2001).

La alta prevalencia y las tremendas consecuencias del TAS para los individuos y las sociedades han estimulado la investigación y el desarrollo de intervenciones validadas científicamente. Actualmente, entre los enfoques psicoterapéuticos, la Terapia Cognitiva-Conductual (TCC) representa el tratamiento más eficaz para el TAS (Gordon, Wong & Heimberget, 2014; Hofmann *et al.*, 2012; Society of Clinical Psychology, APA Tak Force Division 12, 2018). Se cuenta con pruebas convincentes en formatos individuales y grupales (Mayo-Wilson *et al.*, 2014) y se hallaron efectos más duraderos que la farmacoterapia (Canton, Scott & Glue, 2012). Los programas más clásicos se basan en el modelo de Clark y Wells en formato individual (Clark & Wells, 1995; Wells, 1997) o el modelo de Heimberg y colegas en formato grupal o individual (Heimberg & Becker, 2002; Hope & Heimberg, 1993), y oscilan entre las 12-16 sesiones de 60 a 90 minutos cada una, incluyendo técnicas como la psicoeducación, la exposición conductual y la reestructuración cognitiva. Particularmente, los tratamientos con apoyo empírico más robusto son la exposición (especialmente en vivo, pero también imaginal), la reestructuración cognitiva combinada con exposición y la terapia cognitiva de Clark y Wells (Bados López, 2017).

Sin embargo, aún con resultados sólidos apoyados por un amplio historial de ensayos clínicos controlados y aleatorizados, un número considerable de personas con TAS no mejoran con TCC, o bien, no se recuperan por completo (Hofmann &

Bögels, 2006; Rodebaugh, Holaway & Heimberg, 2004). Por ejemplo, se encontró que solamente alrededor del 40% de los pacientes logran la remisión del trastorno (Leichsenring *et al.*, 2014) y, de los individuos que mejoran, un gran número continúan mostrando síntomas residuales y una calidad de vida inferior que la experimentada por individuos no ansiosos (Eng *et al.*, 2001). A su vez, las tazas de abandono del tratamiento son altas (e.g., un 45% ha sido reportado en Ossman *et al.*, 2006) y la recaída es especialmente problemática después de la interrupción de la farmacoterapia (Haug *et al.*, 2003; Stein, Versiani, Hair & Kumar, 2002; Walker *et al.*, 2000).

Un grupo especial a considerar son los adolescentes. Se sabe que las intervenciones psicológicas tienden a ser más efectivas cuando se administran alrededor de la edad de inicio (Herbert *et al.*, 2009; McGorry *et al.*, 2011; Spence *et al.*, 2000), por tanto, la TCC para adolescentes con ansiedad social debería ser particularmente eficaz cuando se administra en este rango de edad. Por el contrario, el TAS sigue siendo uno de los trastornos que menos responden a esta terapia en muestras de adolescentes (Hudson *et al.*, 2015) y se encontró eficacia solo en el 40-65% de los casos (Ginsburg *et al.*, 2011).

En conjunto, estos hallazgos sugieren que la familia de intervenciones de la TCC no estarían apuntando de forma integral a los factores precipitantes o de mantenimiento del TAS (Carlton *et al.*, 2020) ni a mejorar la satisfacción con la vida de los individuos (Hofmann & Bögels, 2006). En conclusión, hay una necesidad crítica de considerar nuevas modalidades de tratamiento que podrían ser promisorias para las personas afectadas (Carlton *et al.*, 2020). En este sentido, han surgido nuevas propuestas con aplicaciones específicas al tratamiento del TAS, siendo una de las más prometedoras las terapias cognitivas comportamentales de tercera generación.

El enfoque principal de este capítulo son los aportes de tercera ola a la TCC del TAS. En particular, se centrará en aquellos enfoques que algunos autores agrupan como Terapias basadas en Mindfulness y Aceptación (*Mindfulness and Acceptance-based therapies*, MABTs; Herbert, Gershkovich & Forman, 2014; Norton *et al.*, 2015). Primero se proporcionan evidencias y argumentos para el uso de las MABTs como tratamiento alternativo o complementario a la TCC tradicional. Para ello, se resumen los principales procesos involucrados en el mantenimiento del trastorno, cómo se abordan desde la TCC y cuáles son los aportes de las MABTs que tienen relevancia para dichos mecanismos. Seguidamente, se expone la eficacia de estas nuevas terapias y se introducen cuatro programas específicos que, hasta nuestro conocimiento, son los más investigados o desarrollados. Asimismo, se resumen los aspectos y etapas esenciales de cada protocolo. El objetivo al describir estos cuatro programas es proporcionar al profesional aportes técnicos que pueda incorporar a su labor con personas con ansiedad social, ya sea en el contexto de intervenciones clínicas individualizadas o en otros espacios de incumbencia. Para finalizar este capítulo se establecen conclusiones y perspectivas para el futuro.

Justificación y relevancia de las terapias basadas en mindfulness y aceptación para el TAS

En los últimos 20 años, las MABTs han recibido una amplia atención entre los profesionales de la salud. Desde la atención plena y la aceptación, estos abordajes comparten el énfasis en fomentar el cambio de comportamiento en presencia de cogniciones y emociones angustiantes, en lugar de intentar directamente alterar las cogniciones o afecto negativos (Herbert *et al.*, 2014). Existe apoyo empírico para la eficacia de las MABTs en varias problemáticas, tanto en poblaciones clínicas como no clínicas (Kim, 2020). Asimismo, está comprobada la asociación entre la atención plena y el bienestar psicológico (Keng, Somoski & Robins, 2011).

Recientemente se investigaron estos enfoques como posibles tratamientos independientes o como componentes agregados a la TCC para el TAS. En concreto, las MABTs que más se han estudiado para el TAS son la reducción del estrés basada en la atención plena (*Mindfulness-based Stress Reduction*, MBSR, Kabat-Zinn, 2016), la terapia cognitiva basada en la atención plena (*Mindfulness-based Cognitive Therapy*, MBCT, Segal, Williams & Teasdale, 2002) y la terapia de aceptación y compromiso (*Acceptance and Commitment Therapy*, ACT; Hayes, Strosahl & Wilson, 2014). Considerando de manera general la eficacia de las MABTs en otros trastornos y su importancia para el bienestar, sus aplicaciones y adaptaciones al TAS son justificadas y potencialmente provechosas.

Desde este posicionamiento, en esta sección se proporcionan evidencias y argumentos para la aplicación de las MABTs como un medio importante no solo para reducir los síntomas del TAS sino también para mejorar la satisfacción con la vida de estas personas. Para ello se sintetizan: a) algunos de los mecanismos involucrados en el mantenimiento del trastorno (mecanismo general, procesos atencionales, comportamiento de evitación y autocrítica excesiva), b) cómo se suelen abordar estos procesos desde la TCC y c) cuáles son los aportes teóricos y empíricos de las MABTs que tienen relevancia para los mecanismos propuestos.

Modelos cognitivo-conductuales del TAS

Aunque aún falta una gran cantidad de aspectos por investigar en cuanto al desarrollo y mantenimiento del TAS, algunos modelos cognitivo-conductuales de la ansiedad social cuentan con aval científico considerable. En general, los modelos más influyentes enfatizan la importancia de los procesos cognitivos en el desarrollo y mantenimiento del trastorno (Van Bockstaele & Bögels, 2014). Asumen que estas personas se ven a sí mismas como creen que otros las verían, pero de una manera negativamente distorsionada y autocrítica. Además, se sostiene que estos individuos se vuelven hipervigilantes ante los estímulos sociales que interpretan como amenazantes y, por tanto, no prestan atención a lo que realmente está sucediendo en la situación social (Roth & Heimberg, 2001). Hofmann (2007) sugirió un modelo integral para explicar el mecanismo de mantenimiento. Según el autor, la preocupación está relacionada con estándares y metas sociales poco realistas. En situaciones sociales desafiantes, estos individuos tienden a centrar su atención en sus sensaciones de ansiedad y autopercepciones negativas. Sobrestiman las consecuencias negativas de los eventos sociales y creen que tienen poco control sobre sus respuestas emocionales. Así mismo, se perciben con escasas habilidades sociales para afrontar los eventos con éxito, aumentando la probabilidad de que evalúen su desempeño como deficiente.

Aparte de las cogniciones, estos modelos consideran al reforzamiento negativo generado por la conducta de evitación como otro factor esencial en el mantenimiento del problema. Es decir, como estrategia de afrontamiento desadaptativa, las personas con TAS manifiestan comportamientos de seguridad y escape de las situaciones sociales, lo cual les genera un alivio temporal de su ansiedad. Sin embargo, esta estrategia contribuye a un aumento de la rumiación y la preocupación social anticipatoria (Hofmann, 2007), deteriorando las habilidades sociales y las relaciones interpersonales (para una explicación detallada de estos modelos el lector puede remitirse al manual de Clark & Beck, 2012).

En los siguientes tres apartados se comentan algunas de estas variables cognitivas y conductuales con mayor detenimiento.

Procesos atencionales

Los dos modelos cognitivos más reconocidos del TAS (Clark y Wells, 1995; Rapee & Heimberg, 1997) proponen que los procesos desadaptativos de atención son esenciales en el mantenimiento del trastorno, y esta idea está respaldada por diversos estudios (e.g., Bögels & Lamers, 2002; Zhou, Hudson & Rapee, 2007). Ambos modelos asumen que durante las situaciones sociales estos individuos dirigen su atención hacia sí mismos ("foco interno"), no logrando atender a la tarea/demanda que se necesita resolver en dicha situación (e.g., dar una respuesta acertada o seguir el contenido de una conversación). Este proceso atencional de monitoreo y observación detallados de uno mismo, genera una mayor conciencia de las propias emociones, conductas y respuestas fisiológicas. A partir de esto, el individuo construye una representación interna negativa de cómo cree que es visto por la audiencia, lo que a su vez aumenta aún más la ansiedad. Finalmente, este aumento de la ansiedad suele obstaculizar el desempeño, retroalimentando así a un circuito autoperpetuante.

Desde la terapia cognitiva de Clark y Wells (1995) por ejemplo, estos mecanismos atencionales se abordan haciendo primero que el paciente compruebe experimentalmente los efectos adversos de la atención centrada en sí mismo y de las conductas defensivas. Luego se lo entrena para focalizar la atención en la situación social en vez de en uno mismo, obteniendo información más precisa de cómo son los demás (e.g., color de ojos, apariencia, estado de ánimo) y de cómo reaccionan. De este modo, puede comprobar si es o no cierto aquello que teme. Finalmente, se trabaja en la identificación y modificación de los supuestos y creencias disfuncionales.

Por su parte, las intervenciones basadas en mindfulness proponen nuevas estrategias para abordar los procesos desadaptativos de atención. La atención plena es una técnica de meditación que puede definirse como atención sin juicios a las experiencias presentes tal como aparecen (Kabat-Zinn, 2016). Según Bishop *et al.* (2004), los dos componentes clave de la atención plena son (1) la autorregulación de la atención, que implica mantener y cambiar la atención, y (2) una apertura y aceptación de cualquier experiencia actual. El primer componente es el más relacionado con los modelos cognitivos del TAS inicialmente descritos. El mismo involucra aspectos de la atención focalizada que, entre otras cosas, permite atender sostenidamente a un objeto deseado y desviar la atención de distracciones redirigiéndola al objeto meta (Lutz *et al.*, 2008). Por lo tanto, entrenar mindfulness podría ayudar a modificar el foco interno, redirigiendo la atención del sujeto hacia el presente y ampliando la conciencia de toda la situación social.

A su vez, estudios previos han identificado que la dificultad en la regulación de emociones es uno de los problemas psicológicos más importantes experimentados por las personas con TAS (Farmer & Kashdan, 2012; Mennin, McLaughlin & Flanagan, 2009; Ziv *et al.*, 2013). La importancia del mindfulness para este hecho es que entrenar las habilidades atencionales puede mejorar la autorregulación de las emociones (Gross, 1998) y, en consecuencia, mejorar el bienestar psicológico (Van Bockstaele & Bögels, 2014). Adicionalmente, mindfulness podría ayudar a reemplazar los patrones de pensamiento rumiativo y anticipatorio típico del TAS, ya que permite desconectar las cogniciones de su contenido emocional (Strege *et al.*, 2018).

Por otra parte, dado que las personas con TAS son vulnerables al sesgo negativo de eventos sociales (Kim, 2020), el segundo componente de mindfulness plateado por Bishop *et al.* (2004), podría ampliar la conciencia a eventos sociales positivos y, por lo tanto, contribuir a un mayor afecto positivo y curiosidad hacia todas las experiencias internas y externas relacionadas con las interacciones sociales. Richey *et al.* (2019) sostienen que el incremento en la apertura podría conducir a contrarrestar los efectos secundarios de la evitación conductual: la desvinculación de la experiencia de interacción social de sus consecuencias normalmente gratificantes y el desarrollo o exacerbación de los déficits de habilidades sociales. De este modo, la práctica de la atención plena puede volver a unir la socialización con sus resultados gratificantes o reforzantes.

Más aun, varios estudios indican que niveles más altos de atención plena se asocian con niveles más bajos de ansiedad social (e.g., Brown, Weinstein & Creswell 2012; Schmertz, Masuda & Anderson, 2012). Considerando este dato sumado a los restantes argumentos planteados, vale el esfuerzo continuar investigando y desarrollando estos nuevos abordajes para el tratamiento del TAS.

Comportamiento de evitación

La mayoría de los modelos cognitivo-conductuales proponen que las expectativas negativas y los mencionados procesos desadaptativos de atención, suelen conducir a la evitación de las situaciones temidas, ya sea de un modo total o exponiéndose a las mismas pero sin implicarse en ellas. Esto último se refiere a que la persona logra permanecer en la situación pero no participa activamente en la misma, haciendo uso de conductas de seguridad para prevenir o minimizar las supuestas amenazas y la ansiedad. Estas conductas producen un alivio temporal a corto plazo y se mantienen por reforzamiento negativo (Bados López, 2017).

La exposición en vivo, en la que el individuo fóbico se enfrenta directamente a la situación temida, es el tratamiento cognitivo-conductual con mayor apoyo empírico para diversos trastornos de ansiedad, entre ellos el TAS (Andrews *et al.*, 2018; Bados López, 2017). La exposición generalmente se presenta con dos justificaciones para su eficacia: la modificación cognitiva (desconfirmación de creencias) y la habituación de la ansiedad. De este modo, la TCC grupal para el TAS (Heimberg & Becker, 2002) enmarca la exposición como una oportunidad para desafiar las cogniciones disfuncionales (e.g., la creencia de que la exposición a los estímulos temidos dará un resultado negativo) y para experimentar la progresiva reducción de los síntomas de ansiedad.

En los últimos años se ha encontrado cierto apoyo a otras perspectivas que también consideran la importancia de la evitación en el mantenimiento del problema, pero el modelo psicopatológico es diferente. Para la ACT (Hayes *et al.*, 2014) el escape es entendido como evitación de experiencias internas (pensamientos, emociones, sensaciones) desagradables o negativas. A largo plazo, el uso predominante de esta evitación experiencial como estrategia de regulación se hace incompatible con el comportamiento dirigido a acciones valiosas (Páez-Blarrina *et al.*, 2006), con la consiguiente reducción de la satisfacción vital. En concreto, en la medida en que la persona con TAS invierte su tiempo y esfuerzo en tratar de tener bajo control y evitar las experiencias internas negativas, no deja espacio para realizar otras acciones que, de hacerlas, la ubicarían en la dirección de lo que realmente es importante para ella (García-Pérez & Valdivia-Salas, 2018). Por ejemplo, no presentarse a una entrevista de trabajo impide acceder a un puesto deseado. Dado que varios estudios muestran que la evitación de experiencias internas desagradables es un rasgo característico de las personas con TAS (e.g., Hedman *et al.*, 2013; Kashdan *et al.*, 2013), es factible apoyar los supuestos de la ACT como aportes valiosos para los modelos explicativos de esta patología.

Con respecto a la labor clínica en la ACT, la técnica de exposición también se entiende con un énfasis diferente a la TCC tradicional. A diferencia de la exposición en la TCC, que tiene como objetivo reducir los síntomas de ansiedad, el objetivo aquí es aumentar la conducta hacia metas valoradas (Hayes & Duckworth, 2006). En otras palabras, incrementar el refuerzo positivo simbólico de "la persona que quiero ser" en vez del refuerzo negativo de la evitación de experiencias internas que se han convertido en aversivas en la historia personal (García-Pérez & Valdivia-Salas, 2018). Los procesos claves de cambio involucrados en la exposición son la *defusión* cognitiva y la *aceptación* de las experiencias internas (England, 2010). La defusión implica disminuir el impacto de los pensamientos creando una distancia entre la persona y la cognición. Por ejemplo, el TAS puede provocar pensamientos como "Todos piensan que soy aburrida" o "Todas me miran y piensan que soy una fracasada"; desde la ACT se adopta una perspectiva diferente al agregar "Estoy pensando que ..." al comienzo de estas oraciones. La aceptación se refiere a disminuir la amenaza de los sentimientos displacenteros, disponiéndose a aceptarlos en lugar de intentar controlarlos (Hofmann & Asmundson, 2008).

Ahora bien, para aceptar las experiencias, primero uno tiene que darse cuenta de ellas, y en este aspecto se superponen la aceptación con el mindfulness. Es decir, en realidad la aceptación se encuentra implícita en la atención plena y no se refiere a una resignación pasiva, sino que abre un espacio para que los pacientes experimenten sus pensamientos y emociones en vez de recurrir a las formas automáticas de responder (Forsyth & Eyfert, 2016). De esta manera, la exposición se enmarca como una oportunidad para participar en acciones valoradas mientras se distancia de los sentimientos y pensamientos y se los acepta tal como aparecen (Orsillo *et al.*, 2004). No obstante, es frecuente que la exposición considerada de este modo, también produzca una reducción de la sintomatología (Ruiz, 2012).

Ahora bien, no hay datos suficientes sobre la aplicación directa de la ACT a la población clínica con TAS. Sin embargo, la ACT cuenta con evidencia de eficacia considerable para la ansiedad y como tratamiento transdiagnóstico (Land, Schneider & Arch, 2015; Norton *et al.*, 2015; Ruiz, 2012). Se ha dicho que la ACT puede estar particularmente indicada cuando la TCC falla, especialmente cuando el paciente no está motivado, tiene dificultades para tolerar las experiencias internas o presenta cogniciones catastróficas que no se modifican con reestructuración cognitiva (Bados López, 2017).

En síntesis, los abordajes basados en aceptación enfocan a la ansiedad y la exposición con una óptica diferente a la TCC. En particular, existe cierto aval para el modelo psicopatológico del TAS desde la ACT y pruebas de su eficacia como terapia transdiagnóstica. Estos datos permiten suponer que la ACT podría ser un abordaje apropiado y justificado para reducir los síntomas de ansiedad social y, especialmente, mejorar la satisfacción con la vida de estas personas.

Por otra parte, además de los procesos atencionales y de evitación, la autocrítica es otra variable clave investigada en el mantenimiento del TAS. A continuación, se examina este factor resaltando la relevancia de la autocompasión como estrategia de afrontamiento y mejora de los síntomas.

Autocrítica excesiva

En general, se sabe que la autocrítica es un predictor importante de ansiedad y depresión (Blatt, 1995). Específicamente con respecto al TAS, varios estudios indican que la autocrítica (incluyendo los sentimientos extremos de vergüenza) es una de las características más relevantes de este trastorno. Por ejemplo, quedó demostrado que los individuos con TAS son más autocríticos que los controles psiquiátricamente sanos y aquellos con otros trastornos de ansiedad (Cox, Fleet & Stein, 2004). Además, la autocrítica excesiva y la baja autoestima está asociada con la gravedad del TAS (Cox *et al.*, 2009; Iancu, Bodner & Ben-Zion, 2015) y con una mayor probabilidad de presentar depresión y trastorno de personalidad evitativa (Cox *et al.*, 2009). Adicionalmente, la autocrítica puede ser un predictor de menores resultados en la terapia (Marshall *et al.*, 2008) y se halló que crea dificultades para establecer una relación terapéutica sólida (Warren, Smeets & Neff, 2016).

Algunos estudios sugieren que la autocrítica en el TAS se manifiesta como malestar por no lograr las metas propias o las metas de los otros respecto a uno (e.g., Shumaker & Rodebaugh, 2009; Yap *et al.*, 2016). Parece ser que esto último es lo que estaría más asociado al TAS. Asimismo, algunas investigaciones sugieren que el TAS podría derivar en el desarrollo de un perfeccionismo compensatorio (e.g. Gautreau *et al.*, 2015): el perfeccionismo funcionaría como una armadura para afrontar sus temores, por ejemplo, detectando errores y preocupándose por ellos, postergando, dudando y corrigiendo constantemente las propias acciones.

La TCC incluye como uno de los objetivos de tratamiento del TAS la reducción de la autocrítica y el trabajo sobre la autoimagen. Generalmente se aplican ejercicios de reestructuración cognitiva con la finalidad de corregir los errores cognitivos típicos (e.g. Heimberg *et al.*, 1990). También se suelen implementar técnicas para contrarrestar la imagen negativa de sí mismo sustituyéndola por otra menos negativa (e.g., una proveniente de una situación social en la que la persona se sintió relajada) o más precisa (e.g., la derivada del feedback de los compañeros del grupo o del visionado de una interacción propia grabada en vídeo) (e.g., Clark y Wells, 1995).

Alternativamente, se puede abordar la autocrítica desde el punto de vista de la autocompasión, un constructo que está siendo cada vez más estudiado en el ámbito de las terapias de tercera generación. Según Neff y Dahm (2014) la autocompasión es ausencia de autocrítica, ya que implica tratarse a sí mismo con la misma amabilidad, preocupación y apoyo que le mostraría a un buen amigo. Ahora bien, para darse a uno mismo compasión, uno debe ser capaz de tomar conciencia y aceptar que uno está sufriendo, lo que significa que la atención plena es un componente central de la autocompasión. El componente de atención plena en este caso se refiere a la conciencia equilibrada de los pensamientos y sentimientos *negativos* (Neff & Dahm, 2014).

En general, uno de los hallazgos más consistentes en este terreno es que a medida que la autocompasión aumenta, aumenta también la autoestima, disminuyen la ansiedad y depresión, y mejora la satisfacción con la vida (e.g., Makadi & Koszycki 2019; para un metaanálisis ver MacBeth & Gumley, 2012). Con respecto las personas con TAS, se descubrió que suelen tener niveles bajos de autocompasión y una baja autocompasión se correlaciona con un mayor miedo a la evaluación por parte de otros (Werner *et al.*, 2012). A la inversa también se encontró que niveles más elevados de este rasgo se asocian con un menor afecto negativo al imaginar escenarios de fracaso o vergüenza (Leary *et al.*, 2007).

Existen programas de tercera ola bien desarrollados que apuntan a aumentar la autocompasión y, por tanto, podrían ser útiles para incorporarse al tratamiento del TAS. Dos propuestas reconocidas son la Terapia Focalizada en la Compasión (*Compassion Focused Therapy*, Gilbert, 2010) y la Autocompasión Consciente (*Mindful Self-Compassion*, MSC; Neff & Germer, 2012). Paul Gilbert diseñó su terapia especialmente para personas con altos niveles de vergüenza y autocrítica, concibiéndola a esta última como una alarma o estrategia de seguridad que le permite al individuo asegurarse de que está prestando suficiente atención a los errores (Gilbert, 2010, 2014). Esta idea tiene una semejanza con la propuesta ya mencionada del perfeccionismo compensatorio. Desde la óptica de Kristin Neff, es fundamental la práctica formal de meditaciones de bondad amorosa (*loving kindness*) y de compasión (la tradicional budista), las cuales tienen como objetivo desarrollar un estado afectivo de amabilidad incondicional hacia uno mismo y los demás, y la comprensión de que el sufrimiento y los fracasos personales son universales y no exclusivos del individuo (Neff & Dahm, 2014). De hecho, la investigación muestra que los pacientes con TAS que han participado entrenamientos generales en autocompasión experimentan una menor reactividad a la amenaza psicosocial (e.g., Arch *et al.*, 2014).

Teniendo en cuenta todo lo anterior, se debería considerar el potencial beneficio de incorporar prácticas que explícitamente apunten a la autocompasión para aliviar la tendencia a la autocrítica ya comprobada en personas con TAS.

En conclusión, existen argumentos previos y datos que nos permiten suponer que el uso de las prácticas de atención plena, aceptación y autocompasión serían intervenciones justificadas para ayudar a las personas con TAS a disminuir su padecimiento y desarrollar mayor bienestar y satisfacción con la vida. Es necesario preguntarse ¿se han puesto a prueba de modo exclusivo en esta población clínica?, ¿qué se sabe hasta la fecha acerca de su eficacia?, ¿qué lugar ocupan con respecto a la TCC tradicional?, ¿qué accesibilidad tenemos actualmente a este tipo de intervenciones? En la siguiente sección se trata de responder a estos interrogantes.

Eficacia de las intervenciones basadas en mindfulness y aceptación para el TAS

En general, las investigaciones que aplican MABTs al tratamiento del TAS todavía son bastante escasas especialmente debido a la novedad de este enfoque. En los diferentes estudios se suelen emplear las intervenciones ya sea respetando rigurosamente el protocolo con el que fueron diseñados originalmente, o bien, integrando distintos componentes que dan lugar a desarrollos exclusivos para el TAS. Este capítulo se concentra en estos últimos pero, antes de introducir las evidencias de cada uno por separado, conviene exponer los datos generales de las MABTs aplicadas al TAS.

El tratamiento del TAS con intervenciones basadas en atención plena (MBCT y MBSR particularmente) produce una disminución de los síntomas de ansiedad social, autoestima negativa, rasgo de ansiedad, reactividad emocional negativa y depresión, así como un aumento del afecto positivo y de una visión positiva de sí mismo (e.g., Goldin *et al.*, 2012; Jazaieri *et al.* al., 2012; Koszycki *et al.*, 2007). Además, los resultados de la terapia evidencian un aumento significativo de las habilidades de atención plena así como del ajuste social, autocompasión, regulación de la atención, autoestima, mejor funcionamiento general y mayor calidad de vida (e.g., Cassin & Rector, 2011; Goldin, Ramel & Gross, 2009; Goldin & Gross, 2010; Goldin *et al.*, 2012; Koszycki *et al.*, 2020). Recientemente, Liu *et al.* (2021) publicaron un metaanálisis y encontraron que los programas basados en mindfulnessson son efectivos para aliviar los síntomas del TAS (incluso con efectos a los 12 meses). También hallaron que son menos eficaces que las TCC para aliviar los síntomas del TAS. No obstante, se considera que como un 40-50% de los pacientes con TAS no respondieron a las TCC, las intervenciones basadas en atención plena podrían ser una terapia alternativa eficaz y segura a las TCC.

El abordaje del TAS con intervenciones basadas en aceptación (ACT) es promisorio ya que logra una reducción notable de los síntomas (Azadeh *et al.*, 2016; Burklund *et al.*, 2017; Craske *et al.*, 2014). En algunos casos, esta mejora ha sido similar a la TCC, tanto al final del tratamiento como en los seguimientos (e.g., Craske *et al.*, 2014; Kocovski *et al.*, 2013; Niles *et al.*, 2014). Más aún, se observó superioridad de la ACT frente a la TCC en variables como la adherencia al tratamiento (Craske *et al.*, 2014) y la reducción de la evitación experiencial e inflexibilidad psicológica (Niles *et al.*, 2014). Además, la ACT resulta eficaz para reducir los pensamientos automáticos asociados al TAS y para mejorar la calidad de vida de los individuos (Kocovski, Fleming & Rector, 2009; Kocovski *et al.*, 2013; para una revisión ver García-Pérez & Valdivia-Salas, 2018). Asimismo, se encontraron resultados alentadores para la disminución de síntomas de ansiedad social en adolescentes (Khoramnia *et al.*, 2020).

En un metaanálisis reciente, Caletti *et al.* (2022) revisaron los ensayos clínicos que examinaron la eficacia de ACT en el TAS. Concluyeron que la ACT puede considerarse un tratamiento promisorio de la fobia social al mejorar el sesgo de atención, la conciencia, la regulación emocional y los comportamientos de seguridad/evasión. No obstante, en la mayoría de los trabajos, la ACT aún no ha demostrado ser una mejor opción a la TCC. Además, sólo cuatro trabajos consideraron una evaluación de seguimiento, por tanto se necesitan más estudios para generalizar los resultados. Cabe aclarar, que una limitación de este metaanálisis es que solo se consideraron artículos en inglés.

Finalmente, otro tipo de abordajes, como la Terapia Focalizada en la Compasión (Gilbert, 2010) y la Autocompasión Consciente (Neff & Germer, 2012) arrojan resultados positivos aplicándose al TAS (e.g., Arch *et al.*, 2014; Gharraee *et al.*, 2018). Sin embargo aún no cuentan con evidencias suficientes que permitan determinar su eficacia particularmente en este trastorno. Por lo tanto, existe una gran necesidad de replicar y extender los hallazgos con que contamos hasta la fecha.

En conjunto, el estado actual de la literatura es contradictorio en cuanto a si las MABTs tienen una ventaja significativa sobre la TCC para el tratamiento del TAS (Kocovski *et al.*, 2013; Koszycki *et al.*, 2007). Si bien hay pruebas sobre los beneficios de las MABTs para el TAS, las mejorías en la sintomatología esencial no son superiores a la TCC, sino equivalentes. Y en algunos casos se han obtenidos resultados inferiores. Todo lo cual sugiere que la base de evidencia hasta la fecha no es suficiente para recomendar las MABTs como una alternativa por sobre la TCC, la cual se considera hoy día el tratamiento de primera línea para el TAS (para una revisión se recomienda: Norton *et al.* 2015, sobre población de TAS general; Carlton *et al.* 2020, sobre TAS en adolescentes; y Pelissolo *et al.* 2019, sobre trastornos de ansiedad en conjunto). Este antecedente no anula el potencial de las MABTs, que de hecho se estima altamente prometedor.

Como se mencionó al principio, una parte de los estudios aplica el currículo estándar de las intervenciones, tal como fueron desarrolladas (e.g., Gharraee *et al.*, 2018; Goldin *et al.* 2009, 2016; Hjeltnes *et al.*, 2017; Jazaieri *et al.*, 2012; Koszycki *et al.*, 2007; Strege *et al.*, 2018). Otro grupo de trabajos incluyen en sus muestras a pacientes con TAS, pero en diseños que evalúan el potencial transdiagnóstico de un modelo (e.g., Eifert *et al.*, 2009; Tan & Martin, 2015). Una porción más reducida (aunque actualmente en aumento) ponen a prueba programas cuidadosamente diseñados para ser aplicados de modo exclusivo en el TAS.

En los desarrollos exclusivos para el TAS el formato predominante es el grupal. Algunos de los más referidos en la literatura combinan MBCT con entrenamiento en concentración en la tarea (Bögels *et al.*, 2006), MBCT con TCC grupal (Piet *et al.*, 2010) o MBSR con exposición y entrenamiento en autocompasión (Koszycki *et al.*, 2016). También, existen desarrollos de ACT especiales para TAS (Dalrymple & Herbert, 2007) y para fobia a hablar en público (England, 2010, 2012), y de ACT en combinación con MBCT y MBSR (Kocovski *et al.*, 2009). Ahora bien, entre los programas referidos, muy pocos cuentan con el currículo completo publicado y que, al mismo tiempo, haya atravesado testeos rigurosos de su eficacia. Hasta nuestro conocimiento, en la literatura se encuentran cuatro intervenciones con el currículo publicado (completo, o bien, suficientemente detallado) y con testeos aceptables. Seguidamente, se introduce cada programa con sus evidencias y, en la sección posterior, se describen más en detalle los protocolos.

Terapia de Grupo basada en Mindfulness y Aceptación para la ansiedad social

La Terapia de Grupo basada en Mindfulness y Aceptación para la Ansiedad Social (*Mindfulness and Acceptance Group Therapy for social anxiety disorder*, MAGT; Kocovski *et al.*, 2009) es un programa grupal de 12 semanas que se basa en la ACT e incluye ejercicios de atención plena extraídos de la MBCT (Segal *et al.*, 2002) y del MBSR (Kabat-Zinn, 2016). Durante un período de cinco años, se realizó un estudio piloto (Kocovski *et al.* 2009) y también se comparó el programa con la TCC grupal de Heimberg en un ensayo controlado aleatorizado (Kocovski *et al.*, 2013). En ambos estudios se encontraron mejoras significativas en la ansiedad social, la depresión, la atención plena, la evitación experiencial y la rumiación, tanto en el pos-tratamiento como en el seguimiento. Además, Kocovski *et al.* (2013) informaron mejoras en la reevaluación cognitiva y la calidad de vida. Más aún, encontraron que la MAGT fue igual de eficaz que la TCC grupal de Heimberg y ambas superiores a la lista de espera en una muestra numerosa.

En una etapa posterior, utilizando los datos de las muestras evaluadas en el 2013, se investigaron los posibles mecanismos de cambio para dos terapias grupales. La reevaluación cognitiva fue más importante para la TCC tradicional que para la MAGT, y la aceptación fue más importante para la MAGT (Kocovski *et al.*, 2015). Sorprendentemente, el mindfulness se evidenció relevante tanto para la TCC como MAGT (Kocovski *et al.*, 2015), lo cual significaría que la atención plena puede ser un mecanismo de cambio importante en los dos tipos de terapia (para una discusión al respecto remitirse a Kocovski *et al.*, 2015 y 2019).

Autoayuda basada en Mindfulness y Aceptación para la ansiedad social y la timidez

Considerando que algunas MABTs presentadas en un formato de libro de autoayuda parecen útiles para la ansiedad y la depresión (e.g., Ritzert *et al.*, 2016, citado en Kocovski *et al.*, 2019), Fleming y Kocovski (2013) desarrollaron el Cuaderno de Ejercicios basado en Mindfulness y Aceptación para la ansiedad social y la timidez (*The Mindfulness and Acceptance-based Workbook for Social Anxiety and Shyness*). Este programa se basa en mayor medida en la ACT pero incorpora más atención plena e incluye materiales adaptados del mencionado ensayo de Kocovski *et al.* (2013). El libro está fuertemente enfocado en la aceptación e incluye ejercicios que, si bien se realizan de manera autocompasiva, no implican prácticas explícitas de autocompasión.

En el 2019 se puso a prueba este programa para poder examinar su utilidad. Los participantes que practicaron los ejercicios del libro obtuvieron mejores resultados que aquellos en la condición de control (lista de espera) en todas las variables evaluadas, incluida la ansiedad social, la aceptación, la atención plena, la rumiación, la depresión y la autocompasión. Los tamaños del efecto fueron de medianos a grandes, no muy lejos de los tamaños del efecto obtenidos con la ACT en formato presencial con un terapeuta (Craske *et al.*, 2014; Kocovski *et al.*, 2013). Estos resultados son importantes dado que los tratamientos con respaldo empírico no están disponibles en muchas ubicaciones geográficas y son costosos. La autoayuda tiene el potencial de llegar a muchas personas que de otro modo no buscarían tratamiento (Kocovski *et al.*, 2019).

Intervención basada en Mindfulness para el trastorno de ansiedad social

La Intervención basada en Mindfulness para el trastorno de ansiedad social (*Mindfulness-Based Intervention for Social Anxiety Disorder*, MBI-SAD; Koszycki *et al.*, 2016) es un programa grupal que integra prácticas meditativas de compasión y estrategias de exposición consciente. Consiste en una adaptación del protocolo de MBSR que incorpora psicoeducación sobre el TAS, exposición consciente a las señales sociales temidas y un entrenamiento explícito en autocompasión.

Koszycki *et al.* (2016) evaluaron la viabilidad de este programa y encontraron que la intervención fue bien aceptada y superior a un control (lista de espera) para mejorar los síntomas de ansiedad social. Posteriormente, compararon esta intervención con la TCC grupal y resultó que el MBI-SAD fue menos eficaz para reducir los síntomas de ansiedad social. Asimismo, y contrariamente a lo esperado, el MBI-SAD no produjo mayores cambios en la atención plena y la autocompasión que la TCC grupal (Koszycki *et al.*, 2020).

En general, sus resultados confirman que la TCC grupal es un tratamiento sólido para el TAS y debe considerarse como tratamiento de primera línea. No obstante, las diferencias halladas no son del todo concluyentes y el MBI-SAD mostró mejoras comparables a la TCC en otros índices de bienestar (depresión, autoestima, satisfacción con la vida y ajuste social). Más aun, a pesar del mejor resultado con TCC, la preferencia de los pacientes y su satisfacción con la intervención fue mejor con el MBI-SAD (Koszycki *et al.*, 2020; Koszycki *et al.*, 2021).

Intervención Multidimensional para la ansiedad social

La *Intervención Multidimensional para la Ansiedad Social* (IMAS) de Caballo y colegas (2018a, 2018b) fue diseñada específicamente para el TAS y el trastorno de personalidad por evitación. El programa está manualizado, contando con un libro del terapeuta y otro del paciente, la intervención puede ser seguida con bastante fidelidad por terapeutas y consultantes de diversos países (Caballo *et al.*, 2019). Asimismo, es una de las pocas intervenciones desarrolladas a partir de investigaciones sobre múltiples variables asociadas al TAS en países de habla española y portuguesa.

En un primer trabajo (Caballo *et al.*, 2021) se hallaron indicadores de eficacia en la reducción de los síntomas específicos de ansiedad social, proporcionando una evidencia superior a la TCC individual y al tratamiento farmacológico. Posteriormente, en un estudio cuasiexperimental (Salazar *et al.*, 2022) se identificó un impacto del programa en otros problemas relacionados con la ansiedad social (habilidades sociales, depresión, síntomas del trastorno de la personalidad por evitación, alcoholismo, autoestima, sensibilidad personal, preocupaciones y calidad de vida). Además, estas mejoras se mantuvieron a los seis meses. Igualmente, al primer estudio, se comparó el programa IMAS con TCC individual y farmacoterapia, con resultados favorables para el programa IMAS.

Considerando estas dos investigaciones, el programa parece eficaz a corto y mediano plazo y sus resultados positivos parecen generalizables a diferentes países. Asimismo, posee efectos importantes en otros problemas relacionados habitualmente con el TAS. Sin embargo, debido al bajo número de sujetos aún no se pueden sostener conclusiones sólidas.

Programas basados en Mindfulness y Aceptación para el TAS

En este apartado se describen los aspectos esenciales de cada programa. El lector podrá remitirse a las fuentes sugeridas para ahondar en los detalles de cada propuesta.

MAGT: Terapia de Grupo basada en Mindfulness y Aceptación para la ansiedad social

Este programa consiste en 12 sesiones semanales de dos horas cada una y una breve sesión de control de seguimiento a los tres meses. En su mayor parte, en la primera hora de cada sesión se realiza una práctica específica de mindfulness más una revisión de las tareas para la casa. En la segunda hora, se introducen los conceptos de ACT utilizando metáforas y llevando a cabo ejercicios experienciales (sesiones 2 a 6) o ejercicios de exposición desde la perspectiva de la ACT (sesiones 7 a 12) (Kocovski *et al.*, 2009).

Hasta nuestro conocimiento, el protocolo no aparece publicado en forma de libro-manual de tratamiento y su mayor desarrollo puede encontrarse en el documento de investigación de Kocovski y colaboradores del año 2009. A continuación se presentan los elementos y estructura general del programa.

Socialización del modelo de tratamiento. En la sesión 1 se realizan las presentaciones y un ejercicio de alimentación consciente; también se aplica psicoeducación de los factores que mantienen la ansiedad social y se describen los componentes del tratamiento. El modelo es una integración de la investigación y teoría de la ansiedad social (e.g., Clark & Wells, 1995) y los procesos de mindfulness y de ACT. Por ejemplo, los terapeutas les explican a los participantes que las estrategias de control (i.e., conductas de seguridad) son factores clave en el mantenimiento del TAS y que el cambio se puede lograr cultivando una aceptación de la ansiedad en el momento, en lugar de utilizar estrategias destinadas a controlarla. Además, se presenta a la evitación como último recurso, el cual tiene un costo personal alto: interfiere significativamente con el alcance de metas valoradas en la vida. Por eso, en las primeras sesiones se destinará tiempo a identificar valores y metas, y los terapeutas les enfatizan que mantener los valores al frente es un paso importante para participar en actividades que provocan ansiedad.

A su vez, los terapeutas deben explicar el mecanismo del foco interno en el TAS y cómo se resuelve mediante la práctica de prestar atención consciente a todos los aspectos de la situación. También se discute sobre la autoimagen negativa, exponiendo cómo se mejora con la práctica de cultivar la aceptación de uno mismo tal como es. Finalmente, se les explica la importancia de desarrollar una relación diferente con los pensamientos que ocurren antes, durante y después de los eventos sociales. De esta manera, el mindfulness se expone como una forma de practicar la aceptación de pensamientos, imágenes, sentimientos y sensaciones físicas de ansiedad social.

Ejercicios de mindfulness. La mayoría de los ejercicios fueron adaptados de Segal y colegas (2002), comenzando con los conceptos básicos de prestar atención consciente al gusto, el sonido, la vista, la respiración y la conciencia del cuerpo. Esta última comienza con la atención al cuerpo en quietud (escáner corporal), luego en movimiento (estiramientos de yoga), y finalmente progresando hacia la conciencia plena de pensamientos y emociones. Como técnicas concretas, se presenta el ejercicio de la pasa de uva para conectar con los sentidos y el presente, y se enseña la meditación de la montaña (Kabat-Zinn, 1994, citado en Kocovski *et al.*, 2009) para fomentar el sentido trascendente de uno mismo. Otra herramienta, adaptada de Eifert y Forsyth (2005, citado en Kocovski *et al.*, 2009), es la meditación de aceptación de la ansiedad social, la cual tiene instrucciones para traer a la mente una situación social temida específica y permitir que cualquier pensamiento de ansiedad y/o sensaciones físicas estén presentes sin juzgarlos ni querer que sean diferentes.

Una aclaración importante en este programa: dado que las tareas para el hogar consisten en componentes adicionales al mindfulness (ver más abajo), las prácticas de atención plena asignadas como tarea son más cortas de lo que es típico para la MBCT. Por lo general, a los participantes se les asignan 15 minutos de atención plena diaria, incluida la práctica formal con grabaciones de audio y la informal en las actividades diarias como comer, ducharse y caminar. Desde la Sesión 7 en adelante, se les solicita a los participantes que encuentren una práctica diaria de atención plena que les sea factible de seguir después de terminar el tratamiento.

Ejercicios de ACT. Los entrenamientos y metáforas de la ACT fueron adaptados de Eifert y Forsyth (2005, citado en Kocovski *et al.*, 2009) y de Hayes y Smith (2005, citado en Kocovski *et al.*, 2009). Se dedican dos sesiones (sesiones 2 y 5) a discutir la inviabilidad del control experiencial y la disposición a experimentar la ansiedad como vía alternativa. En uno de los encuentros se aclaran valores y metas (sesión 3), para lo cual se les solicita a los participantes que elaboren listas. Las mismas son similares a la jerarquía de situaciones temidas de la TCC, excepto que se identifican actividades que reflejan sus metas valoradas y que les permiten practicar la disposición a experimentar ansiedad.

Otra sesión (sesión 4) se centra en defusionar los pensamientos ansiosos mediante el uso de ejercicios como el etiquetado ("Estoy pensando que...") o el reemplazo del "pero" por "y" ("quiero ir a la fiesta y estoy ansiosa" en lugar de "quiero ir a la fiesta pero estoy ansiosa"). Además se propone una dinámica de juego, el "vóley mental de ansiedad". Cada miembro se turna para desempeñar el rol de un pensador inmerso en sus pensamientos. Los demás miembros tiran la pelota de un lado a otro por encima de la cabeza del pensador, y con cada lanzamiento gritan un pensamiento de ansiedad (e.g., "voy a hacer el ridículo", "mis opiniones son estúpidas"). Entonces, en esta metáfora lúdica, el pensador puede observar sus pensamientos desde la distancia.

Por otra parte, en la sesión 6 se aplica la exposición interoceptiva de la ACT (Eifert & Forsyth, 2005, citado en Kocovski *et al.*, 2009). Estos ejercicios se denominan "ejercicios de disposición" para resaltar su propósito de brindar oportunidades para practicar la disposición a experimentar ansiedad mientras se participa en actividades temidas. Los ejercicios de disposición durante la sesión se adaptaron de Hayes (1987, citado en Kocovski *et al.*, 2009) y de Hayes y Smith (2005, citado en Kocovski *et al.*, 2009). También se les asignan de tarea otros ejercicios de este tipo. Desde la Sesión 7 en adelante los encuentros se centran en la exposición, utilizando los fundamentos de la ACT.

Seguimiento. Se pide a los participantes que continúen con los ejercicios de mindfulness y disposición durante los tres meses posteriores al tratamiento. En el encuentro de seguimiento, se abordan las barreras para practicar estos ejercicios y se establecen nuevas metas a largo plazo.

Cuaderno de ejercicios de autoayuda basado en Mindfulness y Aceptación para la ansiedad social y la timidez

El libro presenta un programa de ocho semanas. Similarmente al programa MAGT, la primera parte se centra en la conceptualización de la ansiedad social basada en la ACT, la aceptación como alternativa al control, la identificación de valores y metas, y el entrenamiento en estrategias de defusión. En la segunda parte se avanza hacia la exposición basada en la aceptación. Las diferentes actividades se encuentran disponibles para su descarga en forma de audios y un cuaderno imprimible de ejercicios de autorregistro (no se encuentran publicaciones en español; el material en inglés puede descargarse de www.newharbinger.com/20801). Además, a lo largo del libro las autoras presentan casos ejemplo de otras personas con TAS para que el lector pueda sentirse acompañado.

Semana 1: El campo de juego de la ansiedad social y el Modo Seguro. Se utiliza la metáfora del juego para explicarles cómo se desarrollará el programa, siendo el "campo" las situaciones temidas por la persona. En concreto, en todo deporte hay diferentes modos de acción: la práctica en la que se mejoran las habilidades, la competencia en la que se sale a la cancha o el juego en modo diversión; el modo problemático en la cancha de ansiedad social es el "seguro" ya que aleja de lo que es realmente importante para la persona. Se proponen ejercicios escritos, por ejemplo comparar en una tabla las situaciones evitadas versus sus costos y una lista sobre "a qué estoy renunciando" al utilizar la evitación.

Semana 2: Valores y metas. Para descubrir los valores se utiliza como disparador un ejercicio de imaginación: hacer de cuenta que uno amanece con el problema resuelto y se pregunta "¿cómo cambiaría mi vida?". Luego se introduce la metáfora de la brújula (para mayor detalle remitirse al libro de Hayes, 2013) y se proponen más ejercicios alternativos para reflexionar sobre los propios valores. Al final se pide realizar un registro categorizándolos según diferentes áreas de vida (relaciones interpersonales, trabajo, ocio, familia, etc.).

Semana 3: Introducción al mindfulness. Se presenta el ejercicio de la pasa de uva y se educa sobre tres aspectos de la atención plena: intencionalidad, estar en el presente y aceptación sin juicios. Para este último aspecto se proponen varias metáforas, por ejemplo el aflojar la soga (en el popular juego *tug-of-war*) o recibir un pariente no deseado (Hayes, Strosahl & Wilson, 1999, citado en Fleming & Kocovski, 2013). Luego, para facilitar el contacto con la aceptación, se presenta la "perspectiva del observador", trabajando con tres opciones sugeridas: "la montaña observadora" y la imagen del lago (Kabat-Zinn, 1994, citado en Kocovski *et al.*, 2009) para realizar en posición sentado, o las vías del tren, para realizar preferentemente acostado. Se sugiere esta práctica durante la semana y la generalización del ejercicio de la pasa de uva a actividades cotidianas como comer, ducharse, etc. Se brindan dos ejercicios guiados basados en Segal *et al.* (2002): mirar atento y escuchar atento. Se enmarcan estos últimos como "beneficios adicionales" de la atención plena. Siempre se solicita registrar lo practicado en la semana en la ficha descargable.

Semana 4: Aceptación de las sensaciones corporales. Como disparador se inicia con la metáfora de "las cataratas del Niágara" (inspirada en la metáfora del polígrafo de Hayes *et al.*, 1999, citado en Fleming & Kocovski, 2013). Con el objetivo de "dejar de luchar" con las sensaciones de ansiedad, se proponen tres prácticas: atención plena al cuerpo en reposo (escáner corporal en versiones rápida y lenta), al cuerpo en movimiento (estiramientos de yoga) y al cuerpo en general forzándolo a experimentar ansiedad ("estar con tu ansiedad"). Para llevar a cabo esta última práctica, se le facilita al lector un listado de tipos de sensaciones de ansiedad y una acción sugerida para propiciar estos estados. Por ejemplo, para generar el síntoma de sequedad bucal, la acción es ponerse una gasa/algodón en la boca; para la falta de aire, la acción de respirar por un sorbete durante 1-2 minutos, y así.

Semana 5: Defusión. Se personifica a la mente fusionada como un monstruo poderoso que no deja otra opción más que seguir sus órdenes si uno quiere mantenerse a salvo, aunque lejos de los valores. En la Figura 1 se adaptó la imagen que utiliza el libro para conectar con esta analogía. Luego de esta introducción se pide un registro de pensamientos con el objetivo de identificar a qué tipo pertenecen (previa psicoeducación sobre los errores cognitivos más relevantes al TAS). Finalmente, se facilitan una serie de estrategias de defusión que las autoras, desde su experiencia, consideran más útiles para la ansiedad social.

Semana 6: Pausa y práctica. Se estimula a revisar y practicar lo aprendido, especialmente las estrategias de defusión y el mindfulness de las sensaciones de ansiedad.

Semana 7: Tomar acción VITAL. VITAL es un acrónimo utilizado en la exposición basada en aceptación. Sirve como una guía práctica para recordarle al lector que identifique valores y metas, que atienda al momento presente, tome nota de su experiencia y permita que su experiencia sea exactamente como es. Se plantean tres etapas. El primer paso es una práctica en imaginación en la cual se instruye al lector para que imagine letra por letra cómo va avanzando en la situación. La segunda etapa es la planificación de la exposición gradual y en vivo. En la etapa final se ejecuta el plan, es decir, la persona se expone y registra éxitos, obstáculos y posibles soluciones.

Semana 8: Planificar el futuro. Se revisan las metas valoradas y se estimula a planificar una agenda para la práctica sostenida de lo aprendido. Se finaliza la intervención con la meditación ancestral de Bondad Amorosa para desarrollar la compasión hacia uno mismo y los demás.

Figura 1. Imagen adaptada del libro de Fleming y Kocovski (2013). En la izquierda, la mente fusionada desvía el camino lejos de los valores; en la derecha, mediante la defusión la persona toma el camino de los valores y "lleva a pasear" a los pensamientos ansiosos, los cuales seguirán gritando ordenes pero el sujeto elige no obedecerlas. Autor del dibujo: Joseph Ciarrochi.

MBI-SAD: Intervenciones basadas en Mindfulness para el trastorno de ansiedad social

El MBI-SAD es un tratamiento grupal que incorpora entrenamiento en autocompasión y estrategias de exposición consciente. Por una parte, Koszycki *et al.* (2020) argumentan que el programa entrena a los participantes en prácticas meditativas explícitas de autocompasión porque esto produce beneficios adicionales al entrenamiento estándar de atención plena (el MBSR). Aunque se ha encontrado que el MBSR puede mejorar la autocompasión (Kuyken *et al.*, 2010, citado en Koszycki *et al.*, 2020), este programa no incluye una práctica explícita de meditaciones de bondad amorosa y compasión. Por lo tanto, es posible que alguien sea consciente de experiencias dolorosas sin necesariamente responder a ellas con amabilidad (Neff & Dahm, 2014).

Por otra parte, la exposición consciente se incluye por dos motivos. Primero, confrontar las señales sociales temidas es una estrategia comprobada clave para desencadenar un cambio en el TAS. Segundo, si bien la práctica del mindfulness estimula a explorar y enfrentar el miedo y otras emociones desagradables, y esto facilitaría la extinción de los patrones de reactividad habituales (Hölzel *et al.*, 2011, citado en Koszycki *et al.*, 2020), probablemente sea difícil traducir estas habilidades desde el "almohadón" hacia los estímulos fóbicos sin una práctica explícita en la situación.

El MBI-SAD, tal como se describe en Koszycki *et al.* (2016, 2020), es un programa de 12 semanas en formato grupal de 8 a 10 participantes. Cada encuentro dura dos horas y comienza con una práctica de meditación, seguida de una discusión de lo practicado en el hogar (tareas para casa) y de los temas específicos de la sesión. Cada sesión termina con un ejercicio de meditación y la asignación de su práctica en casa. Se proporcionan folletos en cada sesión, incluidas la agenda de trabajo y lecturas de una variedad de fuentes sobre aspectos de la atención plena y la autocompasión. Los participantes reciben grabaciones de audio de meditaciones formales guiadas y se les pide que completen un registro semanal de sus prácticas meditativas en el hogar.

La **sesión 1** incluye una revisión de las reglas del grupo, una descripción general del programa, psicoeducación sobre la naturaleza de la ansiedad social y una introducción al mindfulness (incluyendo una discusión sobre la conexión mente-cuerpo y por qué la atención plena es relevante para las personas con TAS). En esta instancia se realiza el ejercicio de la pasa de uva y el del escáner corporal. Las **sesiones posteriores** se centran en el entrenamiento en otras meditaciones formales: meditaciones sentadas, yoga consciente y caminata consciente. Se anima a los participantes a practicar la atención plena en sus actividades cotidianas. En las **sesiones 2-7** se cubren principalmente estos temas: piloto automático versus atención plena, cómo la mente no entrenada contribuye al sufrimiento, etiquetar emociones, responder conscientemente a emociones difíciles, la respuesta al estrés y cultivar la conciencia de la interconexión entre cuerpo, emociones y mente.

La exposición consciente se presenta en la **sesión 6** y en la **7** se continúa con el foco en esta práctica. Los participantes completan una jerarquía de situaciones sociales temidas que se abordan gradualmente. El objetivo principal de estos ejercicios (durante la sesión y entre sesiones) es facilitar la respuesta consciente a las dificultades que surgen en situaciones sociales utilizando una herramienta budista de cuatro pasos llamada RAIN (Brach, 2003, citado en Koszycki *et al.*, 2020). Este acrónimo significa: Reconocer la propia experiencia en el momento, Aceptar la experiencia en la que se desarrolla sin intentar resistirla, evitarla o cambiarla, Investigar la experiencia (sensaciones fisiológicas, emociones, pensamientos) con curiosidad, y No identificarse con la experiencia. Asimismo, se utiliza la respiración como ancla para estabilizar la mente y controlar la activación fisiológica.

Las meditaciones basadas en la compasión se introducen en la **sesión 8** e incluyen la meditación Budista tradicional de bondad amorosa y otras meditaciones de autocompasión. Los temas de la sesión se centran en lo que es la autocompasión y su relevancia para el bienestar en general y para el TAS en particular. Asimismo, se les ayuda a distinguir entre autocompasión y autoestima, enfatizando en esta última depende más de los resultados externos y, por lo tanto, se asocia con sentimientos menos estables de autovalía (Neff & Dahm, 2014). Finalmente, se exploran los apegos a creencias y aquellos comportamientos que contribuyen a bajos niveles de autocompasión e interconexión en las relaciones. Las **sesiones 8 a**

11 trabajan en paralelo revisando los ejercicios de exposición conciente y presentando meditaciones de autocompasión.

En la **sesión 12** se revisa lo que los participantes han aprendido durante el programa, se refuerzan los cambios que ocurrieron, y se desarrollan estrategias para mantener una práctica regular de meditación. Se propone una despedida de los demás miembros, instigando a cada participante a desearles a los demás lo mejor y ofrecer palabras de elogio. Asimismo, se les brinda una lista de lecturas adicionales, sitios web, recursos comunitarios y centros de retiro donde podrán profundizar más en su práctica de la atención plena.

IMAS: Programa de Intervención multidimensional para la ansiedad social

El IMAS es un programa multidimensional porque se centra en cinco dimensiones que el equipo de investigación de Vicente Caballo y colegas hallaron evaluando el TAS en 20 países durante más de 15 años. Entre los desarrolladores se encuentra Stefan Hofmann que es un experto internacional y uno de los autores más citados en investigación clínica. Las dimensiones son: 1) Interacción con desconocidos, 2) Interacción con el sexo opuesto, 3) Expresión asertiva de molestia, desagrado o enfado, 4) Quedar en evidencia/Hacer el ridículo, y 5) Hablar en público/Interacción con personas de autoridad. La propuesta incorpora técnicas tradicionales de la TCC y estrategias de las terapias de tercera generación.

El IMAS se aplica en formato grupal a lo largo de 15 sesiones de tratamiento de dos horas y media cada una, una vez por semana. Además, se agregan dos sesiones iniciales de evaluación y selección de pacientes (pretratamiento), dos sesiones de evaluación pos-tratamiento, una sesión de apoyo a los tres meses, y dos sesiones de evaluación a los seis y doce meses. Cuenta con dos libros publicados, un manual para el terapeuta (Caballo *et al.*, 2018a) y un cuaderno de trabajo para el paciente (Caballo *et al.*, 2018b). Los participantes necesitan disponer del libro del paciente, porque allí se encuentran los ejercicios para la sesión y para la casa, así como información adicional sobre temas que se tratan en la terapia. Además, los autores sugieren una cantidad de seis a ocho miembros y una distribución equilibrada de sexos en el grupo. El programa está diseñado para ser aplicado a partir de los 18 años.

En términos generales, primero se enseña a los participantes las estrategias básicas que les van a permitir abordar las situaciones sociales temidas, como requisito para luego dedicarse a abordar cada una de las cinco dimensiones mencionadas (se destinan dos sesiones a cada dimensión). Las cinco primeras sesiones (sin contar las de evaluación) se dedicarían a la psicoeducación sobre la ansiedad social y, sobre todo, a aprender estrategias para enfrentarse a las situaciones sociales de una forma distinta a como lo habían hecho hasta ahora. Se trabaja sobre el establecimiento de valores para la vida, la aceptación de las emociones y de las sensaciones corporales, el actuar en dirección opuesta, la atención plena y la defusión de los pensamientos (que en este programa se la denomina "desvinculación" de los pensamientos). Además se mantienen algunas de las técnicas clásicas que ya han demostrado eficacia, como el entrenamiento en habilidades sociales y la exposición, así como algunos elementos de la reestructuración cognitiva (en especial, la identificación de pensamientos disfuncionales). A su vez, se utiliza la estrategia de relajación muscular progresiva pero adaptada al propósito de atender plenamente a las sensaciones corporales. Finalmente, los autores afirman que el éxito del programa depende en gran medida de las actividades que realice el paciente cuando no está con el terapeuta. Normalmente, cada sesión del programa empieza y termina con un debate sobre las tareas y la dificultad de las mismas se aumenta gradualmente conforme progresa el tratamiento.

A continuación se describen los elementos clave respetando el orden en que se van aplicando a lo largo del programa.

Evaluación pre-tratamiento. El primer contacto con el posible paciente se realiza a través de la "Entrevista clínica semiestructurada para la ansiedad social" (ECSAS; Salazar y Caballo, 2018, citado en Caballo *et al.*, 2019). El objetivo principal de la entrevista es obtener información exhaustiva del paciente y de su ansiedad social, tanto a nivel global como de las cinco dimensiones básicas de la ansiedad social. Además, es una entrevista diagnóstica, ya que intenta averiguar si el paciente cumple los criterios diagnósticos para el TAS según el DSM-5 (APA, 2014). Una vez terminada la entrevista, la persona se lleva para completar en su casa una serie de inventarios de autorreporte. En una segunda sesión se revisan estos cuestionarios (incluidos en el libro del terapeuta), se contrastan con los datos obtenidos por medio de la ECSAS y se verifica que el paciente cumple con los criterios para el TAS, descartando algún trastorno comórbido grave.

Psicoeducación. El terapeuta realiza una presentación valiéndose de material de carácter educativo como el que contiene el libro del paciente u otros (e.g., vídeos, folletos, testimonios, historietas, etc.) Asimismo, intenta que el paciente se implique por medio de ejercicios, actividades y debates.

Valores para la vida. La identificación de los valores propios se realiza en línea con la ACT y constituye uno de los aspectos clave planteados por el programa. En el caso de los sujetos con TAS, los valores ayudan especialmente a la realización de los ejercicios de exposición, al ser cada vez más conscientes de cómo la evitación y los comportamientos de seguridad les alejan de sus propósitos vitales.

Entrenamiento en aceptación. Siguiendo la propuesta de la ACT, el programa lo enmarca enfatizando la disposición para adoptar una postura amable y cariñosa hacia uno mismo y su historia.

Entrenamiento en mindfulness. En esta instancia se da mayor importancia a aprender a atender plenamente a los aspectos relevantes de las situaciones sociales.

Desvinculación de los pensamientos disfuncionales. Este procedimiento es esencial en el programa y similar al que se lleva a cabo en la ACT. Aunque aquí la aplicación de la desvinculación está precedida por la identificación de pensamientos disfuncionales según la TCC y su cuestionamiento, similarmente a la reestructuración cognitiva tradicional. Sin embargo, no se llega al cambio de esos pensamientos por otros más funcionales, sino que se pasa a la aplicación de la desvinculación.

Entrenamiento en habilidades sociales. Los autores justifican su inclusión por dos motivos. Uno, existe evidencia de que el aumento de estas habilidades reduce la ansiedad. Dos, estas habilidades podrían estar en los repertorios de los pacientes, pero tras años de evitación y desuso necesitan volver a confiar en su capacidad para ponerlas en marcha, por lo que este componente resulta esencial.

Exposición. Como se puede apreciar, se llega a este punto recién cuando el paciente logró desarrollar competencias básicas para llevar a cabo conductas sociales adecuadas. La exposición tiene lugar tanto durante la sesión, en forma de ensayos de conducta, como entre sesiones, por medio de las tareas para casa. Puede ser por medio de la imaginación, en situaciones simuladas o directamente en situaciones reales. La desvinculación de los pensamientos, la aceptación de las sensaciones y emociones y la atención plena a la situación son aliados fundamentales a la exposición.

Evaluación pos-tratamiento y seguimiento. Luego de que finalizan las sesiones de tratamiento, se realizan dos sesiones más de evaluación. La sesión 18 se realiza en grupo, se evalúan los progresos de cada paciente y se planifica el trabajo personal hasta el seguimiento final. Los pacientes rellenan los mismos cuestionarios que se pasaron antes de empezar las sesiones de tratamiento. La sesión 19 es una sesión de evaluación individual por medio de la ECSAS para averiguar si el participante sigue cumpliendo los criterios diagnósticos. La sesión 20 se lleva a cabo a los tres meses de terminado el último encuentro de terapia y consiste en una sesión de apoyo para comprobar los progresos y ayudar a afrontar obstáculos. En las dos sesiones de seguimiento (a los seis y a los doce meses) se aplican los mismos cuestionarios de las fases de pre y pos-tratamiento con el objetivo de evaluar si se mantienen, mejoran o empeoran los posibles beneficios obtenidos con el programa.

Conclusiones

A lo largo de este capítulo se presentaron diversos aportes teóricos y empíricos de las MABTs que son relevantes en el mantenimiento del TAS y justifican la aplicación de estos abordajes al tratamiento del trastorno. En particular, los datos sugieren que los pacientes con TAS pueden beneficiarse de los enfoques MBCT,

ACT, MBSR y el entrenamiento en autocompasión. Con la aplicación de estos modelos se registraron no solo reducciones de los síntomas de ansiedad social sino también efectos positivos en otras variables relacionadas como la mejora de la autoestima y del funcionamiento general, la disminución de la depresión y de reacciones emocionales negativas. Más aun, los resultados se han mantenido en el largo plazo y las personas reportan un aumento tanto de la calidad como de la satisfacción con su vida. Esto último no es un dato menor dado que se lo ha señalado como un punto débil de la TCC tradicional. Aunque las pruebas clínicas se encuentran en una etapa temprana en comparación con la TCC, la evidencia preliminar es prometedora.

En general, los cuatro programas revisados aplican y le otorgan importancia a la exposición a señales sociales temidas y las experiencias internas desagradables. Esto es sensato dado que es una estrategia comprobada clave para desencadenar un cambio en el TAS. A diferencia de la TCC, no se intenta alterar la experiencia con reestructuración cognitiva pero se logra una nueva perspectiva a medida que los pacientes se desvinculan de sus reacciones automáticas y participan en conductas adaptativas. Cabe destacar que el IMAS es el único que enfatiza el entrenamiento en habilidades sociales previo a la exposición en vivo, basándose en algunos datos de su eficacia y porque aumenta la confianza y capacidad del paciente para empezar con la exposición. Sin embargo, uno podría preguntarse si es realmente eficiente su incorporación por defecto en el programa. En caso de adaptarse a formato individual, quizás el terapeuta deba analizar la relevancia de esta incorporación con detenimiento. Por otra parte, el protocolo IMAS y especialmente el MAGT y el de autoayuda incorporan estrategias de defusión y aceptación similarmente a la ACT. En cambio, el MBI-SAD no las incluye sino que adiciona el entrenamiento en autocompasión.

Todavía es escasa la disponibilidad de protocolos específicos para el TAS con enfoques en mindfulness y aceptación, lo que dificulta que los terapeutas identifiquen cuáles son los útiles. Además, las contraindicaciones de estas nuevas intervenciones deben ser investigadas y evaluadas individualmente por cada terapeuta: ¿en qué tipo de pacientes con ansiedad social se deben priorizar estas nuevas terapias?, ¿cuál es el formato adecuado para cada caso?, ¿cuándo conviene aplicar un programa específico para TAS y cuándo utilizar estas nuevas terapias como complemento a la TCC? Con los datos que contamos actualmente, es axiomático un nivel elevado de personalización de las estrategias terapéuticas.

Asimismo, existen varias limitaciones metodológicas a superar en el futuro. Estas limitaciones no eliminan el potencial de las MABTs para tratar la ansiedad social. Simplemente indican que las mismas aun no alcanzaron todos los estadios requeridos en la carrera experimental, en la cual la TCC tradicional lleva años de ventaja. Por ejemplo, se requieren más ensayos controlados aleatorizados de alta calidad así como estudios longitudinales.

En conclusión, los resultados hasta la fecha sugieren las MABTs apuntan directamente a los síntomas del TAS, revelan una reducción significativa de la ansiedad, la mejoría se mantiene en el tiempo, la satisfacción con la vida aumenta y existe viabilidad y aceptabilidad por parte de los pacientes. En conjunto, las evidencias muestran que son un aporte valioso y podrían ser eficaces en el tratamiento del TAS. Es esperable que con el desarrollo de más investigaciones puedan aprobarse como uno de los tratamientos más beneficiosos para este trastorno.

Referencias

Acarturk, C., de Graaf, R., Van Straten, A., Ten Have, M., & Cuijpers, P. (2008). Social phobia and number of social fears, and their association with comorbidity, health-related quality of life and help seeking. *Soc. Psychiatry Psychiatr. Epidemiol., 43*, 273–279.

Aderka, I. M., Hofmann, S. G., Nickerson, A., Hermesh, H., Gilboa-Schechtman, E., & Marom, S. (2012). Functional impairment in social anxiety disorder. J. *Anxiety Disord., 26*, 393–400.

Albano, A. M., & Hayward, C. (2004). "Social anxiety disorder". En T. Ollendick & J. March (Eds.), *Phobic and anxiety disorders in children and adolescents: a clinician's guide to effective psychosocial and pharmacological interventions* (pp. 198–235). New York: Oxford University Press.

Asociación Americana de Psiquiatría, APA (2014). *DSM-5: Manual diagnóstico y estadístico de los trastornos mentales*. Madrid: Editorial Médica Panamericana.

Andrews G, Bell C, Boyce P, *et al.* (2018). Royal Australian and New Zealand College of Psychiatrists clinical practice guidelines for the treatment of panic disorder, social anxiety disorder and generalised anxiety disorder. *Aust. N. Z. J. Psychiatry., 52*, 1109–1172.

Arch, J. J., Brown, K. W., Dean, D. J., Landy, L. N., Brown, K. D., & Laudenslager, M. L. (2014). Self-compassion training modulates alphaamylase, heart rate variability, and subjective responses to social evaluative threat in women. *Psychoneuroendocrinology, 42*, 49–58.

Azadeh S.M., Kazemi-Zahrani H., & Besharat M.A. (2016). Effectiveness of acceptance and commitment therapy on interpersonal problems and psychological flexibility in female high school students with social anxiety disorder. *Glob J Health Sci., 8*, 131.

Bados López, A. (2017). *Fobia social o trastorno por ansiedad social: Naturaleza, evaluación y tratamiento* (2017). Universidad de Barcelona. Recuperado de: http://diposit.ub.edu/dspace/handle/2445/115727

Blatt, S. J. (1995). Representational structures in psychopathology. En D. Cicchetti & S. Toth (Eds.), *Rochester symposium on developmental psychopathology: Emotion, cognition, and representation, Vol. 6* (pp. 1-34). Rochester, NY: University of Rochester Press.

Bishop, S. R., Lau, M., Shapiro, S., Carlson, L., Anderson, N. D., Carmody, J., *et al.* (2004). Mindfulness: A proposed operational definition. *Clinical Psychology: Science and Practice, 11*, 230–241.

Bögels, S. M., & Lamers, C. T. J. (2002). The causal role of self-awareness in blushing-anxious, socially-anxious and social phobics individuals. *Behaviour Research and Therapy, 40,* 1367–1384.

Bögels, S. M., Sijbers, G. F. & Voncken, M. (2006). Mindfulness and task concentration training for social phobia: a pilot study. *J Cogn Psychother, 20*, 33–44.

Brown, K. W., Weinstein, N., & Creswell, J. D. (2012). Trait mindfulness modulates neuroendocrine and affective responses to social evaluative threat. *Psychoneuroendocrinology, 37*, 2037–2041.

Burklund, L.J., Torre, J.B., Lieberman, M.D., Taylor, S.E., & Craske, M.G. (2017). Neural responses to social threat and predictors of cognitive behavioraltherapy and acceptance and commitment therapy in social anxiety disorder. *Psychiatry Res Neuroimaging., 261*, 52-64.

Caballo, V. E., Salazar, I. C., Curtiss, J., Gómez, R. B., Rossitto, A. M., Coello, M. F., *et al.* (2021). Aplicación internacional del programa "Intervención multidimensional para la ansiedad social"(IMAS): I. Eficacia del tratamiento para problemas relacionados con la ansiedad social. *Behavioral Psychology/Psicología Conductual, 29*, 517-547.

Caballo, V. E., Salazar, I. C., & Hofmann, S. G. (2019). Una nueva intervención multidimensional para la ansiedad social: el programa Imas. *Behavioral Psychology/Psicología Conductual, 27*(1), 149-172.

Caballo, V. E., Salazar, I. C., Garrido, L., Irurtia, M. J. & Hofmann, S. G. (2018a). *Programa de Intervención multidimensional para la ansiedad social (IMAS): libro del terapeuta.* Madrid: Pirámide.

Caballo, V. E., Salazar, I. C. & Garrido, L. (2018b). *Programa de Intervención multidimensional para la ansiedad social (IMAS): libro del paciente.* Madrid: Pirámide.

Caballo, V. E., Salazar, I. C., García-López, L. J., Irurtia, M. J. & Arias, B. (2014). Trastorno de ansiedad social (fobia social): características clínicas y diagnósticas. En V. E. Caballo, I. C. Salazar & J. A. Carrobles (Dirs.), *Manual de psicopatología y trastornos psicológicos (2ª ed.,* pp. 183-210). Madrid: Pirámide.

Caletti, E., Massimo, C., Magliocca, S., Moltrasio, C., Brambilla, P., & Delvecchio, G. (2022). The role of the acceptance and commitment therapy in the treatment of social anxiety: An updated scoping review. *Journal of Affective Disorders, 310, 174-182.*

Canton, J., Scott, K.M., & Glue, P. (2012). Optimal treatment of social phobia: systematic review and meta-analysis. *Neuropsychiatr Dis Treat., 8,* 203–15.

Carlton, C. N., Sullivan-Toole, H., Strege, M. V., Ollendick, T. H., & Richey, J. A. (2020). Mindfulness-based interventions for adolescent soc

Cassin, E., & Rector, N. (2011). Mindfulness and the attenuation of post-event processing in SAD: An experimental investigation. *Cognitive Behvaviour Therapy, 40*, 267–278. ial anxiety: a unique convergence of factors. *Frontiers in psychology, 11*, 1783.

Clark, D.A. & Beck, A. (2012). *Terapia cognitiva para los trastornos de ansiedad: ciencia y práctica*. Bilbao: Desclée de Brouwer.

Clark, D.M. & Wells, A. (1995). A cognitive model of social phobia. En R.G. Heimberg, M.R. Liebowitz, D.A. Hope & F.R. Schneier. (Eds.), *Social phobia: Diagnosis, assessment, and treatment* (pp. 69-93). Nueva York: Guilford.

Cox, B., Pagura, J., Stein, M., & Sareen, J. (2009). The relationship between generalized social phobia and avoidant personality disorder in a national mental health survey. *Depression and Anxiety, 26,* 354-362.

Cox, B. J., Fleet, C., & Stein, M. B. (2004). Self-criticism and social phobia in the US national comorbidity survey. *Journal of Affective Disorders, 82*, 227–234.

Dalrymple, K. L., & Herbert, J.D. (2007). Acceptance and Commitment Therapy for generalized Social Anxiety Disorder: A pilot study. *Behavior Modification, 31*, 543–568.

Eifert, G.H., Forsyth, J.P., Arch, J., Espejo, E., Keller, M., & Langer, D. (2009). Acceptance and commitment therapy for anxiety disorders: Three case studies exemplifying a unified treatment protocol. *Cogn Behav Pract., 16*, 368-85.

England, E. L. (2010). *Exposure with acceptance-based versus habituation-based rationale for public speaking anxiety* (Tesis doctoral inédita). Drexel University, Estados Unidos.

England, E. L., Herbert, J. D., Forman, E. M., Rabin, S. J., Juarascio, A., & Goldstein, S. P. (2012). Acceptance-based exposure therapy for public speaking anxiety. *Journal of Contextual Behavioral Science, 1*, 66–72.

Eng, W., Coles, M. E., Heimberg, R. G., & Safren, S. A. (2001). Quality of life following cognitive behavioral treatment for social anxiety disorder: preliminary findings. *Depression and Anxiety, 13*, 192–193.

Farrell, L. J., Ollendick, T. H., & Muris, P. (Eds.) (2019). *Innovations in CBT for childhood anxiety, OCD, and PTSD: Improving access and outcomes*. Cambridge: Cambridge University Press.

Farmer, A. S., & Kashdan, T. B. (2012). Social anxiety and emotion regulation in daily life: spillover effects on positive and negative social events. *Cogn Behav Therapy., 41*, 152-62.

Fleming, J. E., & Kocovski, N. L. (2013). *The mindfulness and acceptance workbook for social anxiety and shyness: Using acceptance and commitment therapy to free yourself from fear and reclaim your life*. Oakland, CA: New Harbinger Publications.

Forsyth, J. P. & Eyfert, G. H. (2016). *The mindfulness & acceptance workbook for anxiety (2ª ed.)*. Oakland, CA: New Harbinger.

García-Pérez, L., & Valdivia-Salas, S. (2018). Intervención en el trastorno de ansiedad social a través de la terapia de aceptación y compromiso: una revisión sistemática. *Psicología Conductual, 26*(2), 379-392.

Gautreau, C. M., Sherry, S. B., Mushquash, A. R. & Stewart, S. H. (2015). Is self-critical perfectionism an antecedent of or a consequence of social anxiety, or both? A 12-month, three-wave longitudinal study. *Personality and Individual Differences, 82*, 125-130.

Gharraee, B., Tajrishi, K. Z., Farani, A. R., Bolhari, J., & Farahani, H. (2018). A randomized controlled trial of compassion focused therapy for social anxiety disorder. *Iranian Journal of Psychiatry and Behavioral Sciences, 12*, e80945.

Gilbert, P. (2010). *Compassion focused therapy: Distinctive features.* Routledge

Gilbert, P. (2014). Social mentalities: Internal social conflict and the role of inner warmth and compassion in cognitive therapy. En P. Gilbert & K. G. Bailey (Eds.), *Genes on the couch: Explorations in evolutionary psychotherapy* (pp. 128-160). Routledge.

Ginsburg, G. S., Kendall, P. C., Sakolsky, D., Compton, S. N., Piacentini, J., Albano, A. M., *et al.* (2011). Remission after acute treatment in children and adolescents with anxiety disorders: findings from the CAMS. *J. Consult. Clin. Psychol. 79*, 806.

Goldin, P., & Gross, J. (2010). Effects of mindfulness-based stress reduction (MBSR) on emotion regulation in social anxiety disorder. *Emotion, 10*, 83–91.

Goldin, P., Ramel, W., & Gross, P. (2009). Mindfulness meditation training and self-referential processing social anxiety disorder: Behavioral and neural effects. *Journal of Cognitive Psychotherapy: An International Quarterly, 23*, 242–257.

Goldin, P. R., Ziv, M., Jazaieri, H., & Gross, J. J., (2012). Randomized controlled trial of mindfulness-based stress reduction versus aerobic exercise: effects on the self-referential brain network in social anxiety disorder. *Frontiers in Human Neuroscience 6*, 295.

Goldin, P. R., Morrison A., Jazaieri H., Brozovich F., Heimberg R. & Gross, J. J. (2016). Group CBT versus MBSR for social anxiety disorder: a randomized controlled trial. *J Consult Clin Psychol., 84*, 427–37.

Gordon, D., Wong, J., & Heimberg, R.G. (2014). Cognitive-behavioral therapy for social anxiety disorder: The state of the science. En J. W. Weeks (Ed.), *The Wiley Blackwell handbook of social anxiety disorder*. New York: John Wiley & Sons.

Gross, J. J. (1998). The emerging field of emotion regulation: An integrative review. *Review of General Psychology, 2*, 271–299.

Haug, T. T., Blomhoff, S., Hellstrom, K., Holme, I., Humble, M., Madsbu, H. P., *et al.* (2003). Exposure therapy and sertraline in social phobia: I-year follow-up of a randomized controlled trial. *The British Journal of Psychiatry: The Journal of Mental Science, 182*, 312–318.

Hayes, S. C., & Duckworth, M. P. (2006). Acceptance and Commitment Therapy and traditional cognitive behavior therapy approaches to pain. *Cognitive and Behavioral Practice, 13*, 185-187.

Hayes, S. C. (2013). *Sal de tu mente, entra en tu vida.* Bilbao: Desclée de Brouwer.

Hayes, S., Strosahl, K., & Wilson, K. (2014). T*erapia de aceptación y compromiso. Proceso y práctica del cambio consciente (mindfulness).* Bilbao: Desclée de Brouwer.

He, L., Han, W., & Shi, Z. (2021). The Effects of Mindfulness-Based Stress Reduction on Negative Self-Representations in Social Anxiety Disorder. A Randomized Wait-List Controlled Trial. *Frontiers in psychiatry, 12*, 582333.

Hedman, E., Ström, P., Stünkel, A., & Mörtberg, E. (2013) Shame and guilt in social anxiety disorder: effects of cognitive behavior therapy and association with social anxiety and depressive symptoms. *PloS One, 8,* e61713.

Heimberg, R. G. (1990). Cognitive behavior therapy for social phobia. En A. S. Bellack & M. Hersen (Dirs.), *Handbook of comparative treatments for adult disorders* (pp. 203-218). Nueva York, NY: Wiley.

Heimberg, R.G. & Becker, R.E. (2002). *Cognitive-behavioral group therapy for social phobia: Basic mechanisms and clinical strategies.* Nueva York: Guilford.

Herbert, J. D., Gaudiano, B. A., Rheingold, A. A., Moitra, E., Myers, V. H., Dalrymple, K. L., *et al.* (2009). Cognitive behavior therapy for generalized social anxiety disorder in adolescents: a randomized controlled trial. *J. Anxiety Disord. 23*, 167–177.

Herbert, J., Gershkovich, M., & Forman, E. (2014). Acceptance and mindfulness-based therapies for social anxiety disorder. En J. W. Weeks (Ed.), *The Wiley Blackwell handbook of social anxiety disorder* (pp. 588–607). Hoboken: John Wiley & Sons, Ltd.

Hjeltnes, A., Molde, H., Schanche, E., Vøllestad, J., Lillebostad Svendsen, J., Moltu, C. *et al.* (2017). An open trial of mindfulness-based stress reduction for young adults with social anxiety disorder. *Scand J Psychol., 58*:80–90.

Hofmann, S. G. (2007). Cognitive factors that maintain social anxiety disorder: a comprehensive model and its treatment implications. *Cogn Behav Ther. 2007;36*, 193–209.

Hofmann, S. G. & Asmundson, G. J. (2008). Acceptance and mindfulness-based therapy: new wave or old hat? *Clin Psychol Rev., 28*, 1–16.

Hofmann, S. G., Asnaani, A., Vonk, I., Sawyer, A., & Fang, A. (2012). The eficacy of cognitive behavioral therapy: a review of meta-analyses. *Cogn Ther Res., 36*, 427–40.

Hofmann, S. G., & Bögels, S. M. (2006). Recent advances in the treatment of social phobia: introduction to the special issue. *Journal of Cognitive Psychotherapy, 20*, 3–5.

Hope, D.A. & Heimberg, R.G. (1993). Social phobia and social anxiety. En D.H. Barlow (Ed.), *Clinical handbook of psychological disorders* (2ª ed., pp. 99-136). New York: Guilford.

Hudson, J. L., Rapee, R. M., Lyneham, H. J., McLellan, L. F., Wuthrich, V. M., & Schniering, C. A. (2015). Comparing outcomes for children with different anxiety disorders following cognitive behavioural therapy. *Behav. Res. Ther. 72*, 30–37.

Iancu, I., Bodner, E., & Ben-Zion, I. Z. (2015). Self-esteem, dependency, self-efficacy and self-criticism in social anxiety disorder. *Comprehensive Psychiatry, 58*, 165–171.

Jazaieri, H., Goldin, P. R., Werner, K., Ziv, M., & Gross, J. J. (2012). A randomized trial of MBSR versus aerobic exercise for social anxiety disorder. *Journal of Clinical Psychology, 68*, 715–731.

Kabat-Zinn, J. (2016). *Vivir con plenitud las crisis: cómo utilizar la sabiduría del cuerpo y de la mente para enfrentarnos al estrés, el dolor y la enfermedad.* Argentina: Kairós.

Kashdan, T. B., Farmer, A. S., Adams, L. M., Ferssizidis, P., McKnight, P. E., & Nezlek, J. B. (2013). Distinguishing healthy adults from people with social anxiety disorder: evidence for the value of experiential avoidance and positive emotions in everyday social interactions. *J Abnorm Psychol., 122*, 645.

Keng, S., Smoski, M., & Robins, C. (2011). Effects of mindfulness on psychological health: A review of empirical studies. *Clinical Psychology Review, 31*, 1041–1056.

Kessler, R. C., Berglund, P., Demler, O., Jin, R., Merikangas, K. R., & Walters, E. E. (2005). Lifetime prevalence and age-of-onset distributions of DSM-IV disorders in the National Comorbidity Survey Replication. *Arch. Gen. Psychiatry 62*, 593–602.

Katzelnick, D.J., Kobak, K.A., DeLeire, T., Henk, H.J., Greist, J.H., Davidson, J.R.T., *et al.* (2001). Impact of generalized social anxiety disorder in managed care. *American Journal of Psychiatry, 158*, 1999-2007.

Khoramnia, S., Bavafa, A., Jaberghaderi, N., Parvizifard, A., Foroughi, A., Ahmadi, M., *et al.* (2020). The effectiveness of acceptance and commitment therapy for social anxiety disorder: a randomized clinical trial. *Trends in psychiatry and psychotherapy, 42*, 30-38.

Kim, Y. K. (Ed.). (2020). *Anxiety Disorders: Rethinking and Understanding Recent Discoveries* (Vol. 1191). Singapore: Springer Nature.

Knappe, S., Sasagawa, S., & Creswell, C. (2015). Developmental epidemiology of social anxiety and social phobia in adolescents. En K. Ranta, A. M. La Greca, L. J. Garcia-Lopez & M. Marttunen (Eds.), *Social anxiety and phobia in adolescents: Development, manifestation and intervention strategies* (pp. 39–70). Switzerland: Springer International Publishing.

Kocovski, N. L., Fleming, J. E., Blackie, R. A., MacKenzie, M. B., & Rose, A. L. (2019). Self-help for social anxiety: Randomized controlled trial comparing a mindfulness and acceptance-based approach with a control group. *Behavior Therapy, 50*, 696-709.

Kocovski, N. L., Fleming, J. E., Hawley, L. L., Ho. M-H., & Antony, M. M. (2015). Mindfulness and acceptance- based group therapy and traditional cognitive behavioral group therapy for social anxiety disorder: Mechanisms of change. *Behaviour Research and Therapy 70*, 11–22.

Kocovski, N.L., Fleming, J.E., & Rector, N.A. (2009). Mindfulness and Acceptance-Based Group Therapy for Social Anxiety Disorder: An Open Trial. *Cognitive & Behavioral Practice, 16*, 276–289.

Kocovski, N. L., Fleming, J. E., Hawley, L. L., Huta, V., & Antony, M. M. (2013). Mindfulness and acceptance-based group therapy versus traditional cognitive behavioral group therapy for social anxiety disorder: A randomized controlled trial. *Behaviour Research and Therapy, 51*, 889–898.

Koszycki, D., Benger, M., Shlik, J. & Bradwejn, J. (2007). Randomized trial of a meditation-based stress reduction program and cognitive behavior therapy in generalized social anxiety disorder. *Behaviour Research and Therapy, 45*, 2518–2526.

Koszycki, D., Gu´erin, E., Dimillo, J., & Bradwejn, J., (2020). Randomized trial of cognitive behaviour group therapy and a mindfulness-based intervention for social anxiety disorder: preliminary findings. *Clinical Psychology & Psychotherapy*, 28, 200-218.

Koszycki, D., Thake, J., Mavounza, C., Daoust, J. P., Taljaard, M., & Bradwejn, J. (2016). Preliminary investigation of a mindfulness-based intervention for social anxiety disorder that integrates compassion meditation and mindful exposure. *Journal of Alternative and Complementary Medicine, 22*, 363–374.

Koszycki, D., Ilton, J., Dowell, A., & Bradwejn, J. (2021). Does treatment preference affect outcome in a randomized trial of a mindfulness intervention versus cognitive behaviour therapy for social anxiety disorder?. *Clinical Psychology & Psychotherapy, 29* , 652-663.

Leary, M. R., Tate, E. B., Adams, C. E., Batts Allen, A., & Hancock, J. (2007). Self-compassion and reactions to unpleasant self-relevant events: The implications of treating oneself kindly. *Journal of Personality and Social Psychology, 92*, 887–904.

Leichsenring, F., Salzer, S., Beutel, M.E., Herpertz, S., Hiller, W., Hoyer, J., *et al.* (2014). Long-term outcome of psychodynamic therapy and cognitive-behavioral therapy in social anxiety disorder. *American Journal of Psychiatry, 171*, 1074-1082.

Land, L., Schneider, R. & Arch, J. (2015). Acceptance and commitment therapy for the treatment of anxiety disorders: a concise review. *Current Opinion in Psychology, 2*, 70-74.

Liu, X., Yi, P., Ma, L., Liu, W., Deng, W., Yang, X., *et al.* (2021). Mindfulness-based interventions for social anxiety disorder: A systematic review and meta-analysis. *Psychiatry Research, 300*, 113935.

Lutz, A., Slagter, H. A., Dunne, J., & Davidson, R. J. (2008). Attention regulation and monitoring in meditation. *Trends in Cognitive Sciences, 12*, 163–169.

Mayo-Wilson, E., Dias, S., Mavranezouli, I., Kew, K., Clark, D. M., Ades, A. E., *et al.* (2014). Psychological and pharmacological interventions for social anxiety disorder in adults: A systematic review and network meta-analysis. *Lancet Psychiatry, 1*, 368–376.

MacBeth, A., & Gumley, A. (2012). Exploring compassion: A meta-analysis of the association between self-compassion and psychopathology. *Clinical Psychology Review, 32*, 545-552.

Makadi, E., & Koszycki, D. (2019). Exploring connections between self-compassion, mindfulness, and social anxiety. *Mindfulness, 11*, 480–492.

Marshall, M. B, Zuroff, D. C., McBride, C., Bagby, & R. M. (2008). Self-criticism predicts differential response to treatment for major depression. *J Clin Psychol., 64,* 231–44.

McGorry, P. D., Purcell, R., Goldstone, S., & Amminger, G. P. (2011). Age of onset and timing of treatment for mental and substance use disorders: implications for preventive intervention strategies and models of care. *Curr. Opin. Psychiatry 24*, 301–306.

Mennin, D. S., McLaughlin, K. A., & Flanagan, T. J. (2009). Emotion regulation deficits in generalized anxiety disorder, social anxiety disorder, and their co-occurrence. *J Anxiety Disord., 23*, 866-71.

Neff, K. D., & Dahm, K. A. (2014). Self-Compassion: What it is, what it does, and how it relates to mindfulness. En M. Robinson, B. Meier, & B. Ostafin (Eds.), *Mindfulness and self-regulation* (pp. 121–140). New York: Springer.

Neff, K. D., & Germer, C. K. (2012). A pilot study and randomized controlled trial of the Mindful Self-Compassion Program. *Journal of Clinical Psychology, 69, 28-44.*

Niles, A., Burklund, L., Arch, J., Lieberman, M., Saxbe, D. & Craske, M. (2014). Cognitive mediators of treatment for social anxiety disorder: comparing acceptance and commitment therapy and cognitive-behavioral therapy. *Behavioral Therapy, 45*, 664-677.

Norton, A. R., Abbott, M. J., Norberg, M. M., & Hunt, C. (2015). A systematic review of mindfulness and acceptance-based treatments for social anxiety disorder. *Journal of Clinical Psychology, 71*, 283–301.

Organización Panamericana de la Salud (2018). *La carga de los trastornos mentales en la Región de las Américas, 2018*. Washington, D.C.: OPS. Disponible en https://iris.paho.org/bitstream/handle/10665.2/49578/9789275320280_spa.pdf?sequence=9&isAllowed=y

Ossman, W. A., Wilson, K. G., Storaasli, R. D., & McNeill, J. W. (2006). A preliminary investigation of the use of acceptance and commitment therapy in group treatment for social phobia. *International Journal of Psychology and Psychological Therapy, 6*, 397–416.

Orsillo, S. M., Roemer, L., Block-Lerner, J., LeJeune, C., & Herbert, J. D. (2004). ACT with anxiety disorders. En S. C. Hayes & K. D. Strosahl (Eds.), *A practical guide to Acceptance and Commitment Therapy* (pp. 103-132). New York: Springer Science+Business Media, Inc.

Páez-Blarrina, M., Gutiérrez, O., Valdivia-Salas, S. & Luciano, C. (2006). Terapia de aceptación y compromiso (ACT) y la importancia de los valores personales en el contexto de la terapia psicológica. *International Journal of Psychology and Psychological Therapy, 6*, 1-20.

Pelissolo, A., Abou Kassm, S., & Delhay, L. (2019). Therapeutic strategies for social anxiety disorder: where are we now?. *Expert review of neurotherapeutics, 19*, 1179-1189.

Piet, J., Hougaard, E., Hecksher, M. S., & Rosenberg, N. K. (2010). A randomized pilot study of mindfulness-based cognitive therapy and group cognitive-behavioral therapy for young adults with social phobia. *Scand. J. Psychol. 51*, 403–410.

Rapee, R. M., & Heimberg, R. G. (1997). A cognitive-behavioral model of anxiety in social phobia. *Behaviour Research and Therapy, 35*, 741–756.

Richey, J. A., Brewer, J. A., Sullivan-Toole, H., Strege, M. V., Kim-Spoon, J., White, S. W., *et al.* (2019). Sensitivity shift theory: a developmental model of positive affect and motivational deficits in social anxiety disorder. *Clin. Psychol. Rev., 72*, 101756.

Rodebaugh, T. L., Holaway, R. M., & Heimberg, R. G. (2004). The treatment of social anxiety disorder. *Clinical Psychology Review, 24*, 883–908.

Ruiz, F. J. (2012). Acceptance and commitment therapy versus traditional cognitive behavioral therapy: a systematic review and meta-analysis of current empirical evidence. *International Journal of Psychology and Psychological Therapy, 12*, 333-357.

Roth, D. A., & Heimberg, R. G. (2001). Cognitive-behavioral models of social anxiety disorder. *Psychiatr Clin North Am., 24*, 753–71.

Salazar, I. C., Caballo, V. E., Arias, V., Curtiss, J., Rossitto, A. M., Araujo, R. B. G., *et al.* (2022). Aplicación internacional del programa "Intervención multidimensional para la ansiedad social"(IMAS): II. Eficacia del tratamiento para problemas relacionados con la ansiedad social. *Behavioral Psychology/Psicología Conductual, 30*, 19-49.

Schmertz, S. K., Masuda, A., & Anderson, P. L. (2012). Cognitive processes mediate the relation between mindfulness and social anxiety within a clinical sample. *Journal of Clinical Psychology, 68*, 362–371.

Segal, Z., Williams, J., & Teasdale, J. (2002). *Mindfulness-based cognitive therapy for depression: A new approach to preventing relapse.* New York: The Guilford Press.

Society of Clinical Psychology. Division 12 American Psychological Association (2018). *Treatment: cognitive behavioral therapy for social anxiety disorder*. Disponible en https://www.div12.org/treatment/cognitive-behavioral-therapy-for-social-anxiety-disorder/

Spence, S. H., Donovan, C., & Brechman-Toussaint, M. (2000). The treatment of childhood social phobia: the effectiveness of a social skills training-based, cognitive-behavioral intervention, with and without parental involvement. *J. Child Psychol. Psychiatry 41*, 713–726.

Stein, D. J., Versiani, M., Hair, T., & Kumar, R. (2002). Efficacy of paroxetine for relapse prevention in social anxiety disorder: A 24-week study. *Archives of General Psychiatry, 59*, 1111–1118.

Strege, M. V., Swain, D., Bochicchio, L., Valdespino, A., & Richey, J. A. (2018). A pilot study of the effects of mindfulness-based cognitive therapy on positive affect and social anxiety symptoms. *Front. Psychol., 9*, 866.

Shumaker, E. & Rodebaugh, T. (2009). Perfectionism and social anxiety: Rethinking the role of high standards. *Journal of Behavior Therapy and Experimental Psychiatry, 40*, 423-433.

Tan, L., & Martin, G. (2015). Taming the adolescent mind: a randomised controlled trial examining clinical efficacy of an adolescent mindfulness-based group programme. *Child Adolesc. Mental Health 20*, 49–55.

Van Bockstaele, B., & Bögels, S. M. (2014). Mindfulness-based therapy for social anxiety disorder. En S. G. Hofmann & P. M. DiBartolo (Eds.), *Social Anxiety* (pp. 729-751). Elsevier.

Walker, J. R., Van Ameringen, M. A., Swinson, R., Bowen, R. C., Chokka, P. R., Goldner, E., *et al.* (2000). Prevention of relapse in generalized social phobia: Results of a 24-week study in responders to 20 weeks of sertraline treatment. *Journal of Clinical Psychopharmacology, 20*, 636–644.

Warren, R., Smeets, E., & Neff, K.. (2016). Exploring the function of self-criticism in patient's lives. *Curr Psychiatr., 15*, 9–32.

Wells, A. (1997). *Cognitive therapy of anxiety disorders: A practice manual and conceptual guide*. Chichester: Wiley.

Werner, K. H., Jazaieri, H., Goldin, P. R., Ziv, M., Heimberg, R. G. M., & Gross, J. J. (2012). Self-compassion and social anxiety disorder. *Anxiety, Stress, and Coping, 25*, 543–558.

World Health Organization (2017). *Depression and Other Common Mental Disorders: Global Health Estimates*. Geneva: World Health Organization. Recuperado de https://apps.who.int/iris/bitstream/handle/10665/254610/WHO-MSD-MER-2017.2-eng.pdf

Yap, K., Gibbs, A. L., Francis, A. J. P., & Schuster, S. E. (2016). Testing the Bivalent Fear of Evaluation model of social anxiety: The relationship between fear of positive evaluation, social anxiety, and perfectionism. *Cognitive Behaviour Therapy, 45*, 136-149.

Zhou, J. B., Hudson, J. L., & Rapee, R. M. (2007). The effect of attentional focus on social anxiety. *Behaviour Research and Therapy, 45*, 2326–2333.

Ziv, M., Goldin, P. R., Jazaieri, H., Hahn, K. S., & Gross, J. J. (2013). Emotion regulation in social anxiety disorder: behavioral and neural responses to three socio-emotional tasks. *Biol Mood Anxiety Disord., 3*, 20.

CAPÍTULO 6

Mindfulness y Compasión en el Tratamiento del Trastorno Obsesivo-Compulsivo

Joaquín Pastor Sirera - Bionexum Health- Valencia - España

Introducción

El trastorno obsesivo-compulsivo (TOC) se caracteriza por pensamientos intrusivos recurrentes y no deseados que motivan comportamientos compulsivos persistentes. Sin embargo, las clasificaciones diagnósticas al uso no hacen justicia a la complejidad, brutalidad, espanto y misterio de la experiencia obsesiva. Algunas de las manifestaciones externas del TOC, como el lavado de manos excesivo, las manías ritualistas y la comprobación repetitiva, se han descrito con mayor o menor fortuna en los medios de comunicación, literatura y films populares, pero el pensamiento, razonamiento, complejidad de la cognición, emoción y las cualidades aterradoras de experiencia obsesiva que intervienen en estos comportamientos es mucho menos familiar para el público en general.

Los cambios recientes en el DSM-5 (APA, 2013) y la ICD-11 (WHO, 2020) han colocado al TOC a la cabeza de una nueva familia de trastornos del espectro obsesivo-compulsivo y trastornos relacionados (OCRD) que incluyen al trastorno dismórfico corporal, de acumulación, tricotilomanía, rascado compulsivo y excoriación, etc., conformando un grupo de condiciones que comparten la ocurrencia de reacciones compulsivas como característica principal. Estos cambios no han estado exentos de críticas en la dirección de que en realidad, el TOC comparte la mayor parte de sus aspectos clínicos y fenomenológicos con los trastornos de ansiedad (Abramowitz y Jacoby, 2014).

Las obsesiones se definen como pensamientos, impulsos o imágenes repetitivos y persistentes que la persona experimenta como indeseados e intrusivos y que causan ansiedad, miedo, angustia, disforia, asco u otros sentimientos negativos como vergüenza, culpa o remordimiento. La raíz latina de "obsesión" es obsidere, que significa sitiar o asediar; la experiencia que comparten muchas personas con TOC es sentirse "asediadas" por su condición.

Las compulsiones o rituales, son comportamientos repetitivos o actos mentales que se realizan en respuesta a una obsesión y que tienen como objetivo evitar una consecuencia temida, reducir la ansiedad o el malestar, neutralizar o desactivar la obsesión, o lograr reasegurarse de impedir la ocurrencia de eventos temidos, internos o externos. La palabra deriva del latín compelere, que significa obligar, forzar, coaccionar.

La compulsión es, por tanto, un acto voluntario (aunque se sienta como imperativo) que sigue al precipitante de una obsesión asediante. Sin embargo, muchas personas con TOC describen una evolución en su conciencia de los rituales a lo largo del tiempo, transformándose en hábitos que se realizan de forma casi automática (aparentemente sin ningún pensamiento inicial sobre por qué están realizando la compulsión). Sin embargo, la base implícita de la compulsión puede identificarse fácilmente preguntando al paciente qué ocurriría si se enfrentase a la situación que desencadena la obsesión sin realizar el ritual. Puede describir un acontecimiento externo (p. ej., "podría incendiarse la casa"), la ocurrencia de un impulso (p.ej. "podría hacer daño a alguien") o una consecuencia cognitiva o emocional interna (p. ej., "no podré pensar en nada más y me sentiré fatal durante días").

A principios del siglo XX, Pierre Janet (1903) ya estableció una conexión interna entre las ideas obsesivas (idées obsédantes) y las compulsiones que conllevan (agitations forcées). Su visión sobre "el automatismo psicológico" parece haberse adelantado mas de un siglo a las propuestas actuales sobre los circuitos reverberantes que subyacen a la reactividad de la respuesta de rumiar o las ideas obsesivas mismas. Posteriormente, surgió lo que Janet llamó "sentimientos de insuficiencia" (sentiments d'incomplétude), que a su vez produce una constelación de síntomas, que incluían despersonalización, vergüenza, ansiedad, impresiones de automatismo, etc. Muy a menudo su enfoque terapéutico incorporó el intento educativo o reeducativo de mejorar el ejercicio de la atención voluntaria, lo que ya sugería en su tiempo un abordaje afín a la práctica de mindfulness.

Aunque los contenidos temáticos y las manifestaciones conductuales del TOC pueden ser muy diversos, desde el punto de vista terapéutico, el abordaje más sólido del TOC se centró en un primer momento casi exclusivamente en el tratamiento de la ansiedad. La terapia basada en la exposición (in vivo, interoceptiva o en imagen), en particular la exposición con prevención de respuesta (E+PR), es el tratamiento más ampliamente estudiado para el TOC y se considera el tratamiento psicológico de elección (NICE, 2005). Sin embargo, las tasas significativas de rechazo, abandono y falta de respuesta, así como la eficacia limitada con subtipos específicos de TOC como el acaparamiento, rumiación obsesiva, ideación sobrevalorada, depresión concomitante, etc., han llevado a una evolución hacia modelos y tratamientos cognitivos. Muchos de estos modelos siguen incluyendo componentes conductuales significativos como la E+PR , aunque los ejercicios de exposición se presentan como experimentos conductuales realizados para ayudar a examinar las cogniciones. Este solapamiento ha propiciado un debate sobre si la adición de elementos cognitivos a la terapia de exposición ha dado lugar a un tratamiento más aceptable y eficaz, o si tales elementos son necesarios, y si podrían potencialmente debilitar la efectividad de la E+PR (Kozak, 1999).

Más recientemente, se han realizado esfuerzos para mejorar los efectos de la E+PR, como añadir estrategias de entrevista motivacional (McCabe *et al.* 2019) o la optimización de la E+PR con estrategias basadas en principios de aprendizaje inhibitorio. Estas estrategias incluyen diversos procesos como exposición en diversos contextos, violación de expectativas o etiquetado emocional durante la E+PR, que se basan en hallazgos de laboratorio relacionados con la extinción del miedo (Craske *et al.* 2014). Una idea importante de las perspectivas de aprendizaje inhibitorio es que una actitud abierta y de aceptación hacia los eventos mentales adversos podría reducir la angustia de manera más eficiente que los intentos de suprimirlos o controlarlos (Jacoby y Abramowitz, 2016).

De manera similar, investigaciones recientes sugieren que la disposición a experimentar pensamientos, emociones y sensaciones corporales desagradables se asocia con una respuesta más rápida a la E+PR (Reid *et al.* 2017). En consonancia con esto, las intervenciones basadas en mindfulness, que se centran en una conciencia abierta y sin prejuicios y en la aceptación de la experiencia del momento presente podrían reducir la necesidad de escapar de las intrusiones y realizar actos compulsivos (Fairfax, 2008). En la misma línea está la propuesta de Didonna (2009, 2020) que ha descrito de manera convincente el TOC como un estado de "mindlessness" y sugiere combinar las técnicas terapéuticas eficaces con enfoques basados en mindfuness para aumentar su efectividad.

Después de revisar con mayor detalle los aspectos clínicos y fenomenológicos del TOC así como las aportaciones llevadas a cabo desde los modelos cognitivo-conductuales, este capítulo se centra en las intervenciones terapéuticas que incorporan mindfulness, aceptación y compasión en el tratamiento psicológico del TOC, destacando los aspectos que pueden aportar al tratamiento y a la optimización de la E+PR.

Por otro lado, los avances en la investigación sobre la neurofisiología de mindfulness han puesto de manifiesto su efecto sobre los circuitos neuronales relevantes en la regulación emocional. Ésta hace referencia a la capacidad de modular las respuestas emocionales en curso por medio de procesos reguladores. Con la práctica de mindfulness y compasión, se favorece la regulación emocional, en que los sistemas de control prefrontal reducen la reactividad de los sistemas productores de emociones, como la amígdala o el hipocampo. El fortalecimiento de este mecanismo de regulación emocional (que incluye la exposición, extinción y reconsolidación), junto con el aumento de la capacidad de supervisar la atención así como el incremento de la conciencia corpórea, la activación vagal y el cambio en la perspectiva sobre el sí mismo, han sido propuestos como mecanismos neuropsicológicos para explicar cómo funciona mindfulness (Hölzel *et al.* 2011).

De esta forma, lugar de quedar atrapada en las reacciones habituales al entorno externo e interno, la persona puede experimentar la naturaleza transitoria y subjetiva de todas las percepciones, emociones o cogniciones relacionadas en cada momento de la experiencia. La conciencia de la naturaleza transitoria del yo y de la experiencia momentánea, conduce a un cambio en la perspectiva del sí mismo, donde el procesamiento autorreferencial (es decir, la narrativa sobre la relevancia del estímulo para uno mismo) se ve disminuida, mientras que se realza la experiencia consciente (Wasserman y Wasserman, 2019). Todo el proceso da como resultado un comportamiento de autorregulación mejorado. En resumen, los pensamientos, sentimientos y respuestas fisiológicas desadaptativas se desacoplan de los estímulos, que pueden emparejarse con respuestas adaptativas en cada una de estas áreas. El estímulo original pierde su capacidad de provocar inexorablemente la respuesta compulsiva.

La acción integrada de estos principios conduciría a la formación de un circulo virtuoso de consciencia (Miró y Pastor, 2012), en el que el fortalecimiento de esta capacidad humana puede facilitar la implicación del paciente con TOC para participar de un tratamiento efectivo, que según la mejor evidencia disponible sigue siendo la Terapia Cognitivo-Conductual que incluya E+PR, cuya aplicación clínica requiere habilidades altamente especializadas (Sookman *et al.* 2021).

Aspectos clínicos y fenomenológicos del Trastorno Obsesivo Compulsivo (TOC)

Cuando una persona presenta pensamientos indeseados, persistentes y repetitivos, puede ser difícil determinar si la perturbación cognitiva es una obsesión o alguna otra forma de pensamiento aflictivo persistente como la preocupación, los pensamientos negativos automáticos, o rumiaciones. Las obsesiones son muy variadas en cuanto a su forma y contenido, pero tienen características comunes y también diferentes de otros tipos de pensamientos negativos repetitivos que también experimentan las personas con TOC. Respecto a las compulsiones, con frecuencia, pero no siempre, los pacientes son conscientes de que los rituales no tienen sentido, son una pérdida de tiempo y resultan estresantes (Ideación sobrevalorada). Sin embargo, sienten también que cualquier esfuerzo por resistirlos resulta doloroso e inútil, de modo que adquieren un carácter compulsivo.

De acuerdo con Clark (2019) las principales características que definen las obsesiones, para poder establecer un diagnóstico diferencial frente a otros fenómenos cognitivos como las rumiaciones depresivas, preocupación ansiosa, etc. Son las siguientes:

A) Intrusividad: El pensamiento, imagen, o impulso entra en la conciencia de la persona forma no intencionada, contra la voluntad propia, y se asocia con un sentimiento de necesidad de compulsión.

B) Inaceptabilidad: El afecto negativo asociado con la intrusión puede variar desde la molestia desagradable a un miedo y ansiedad muy severos.

C) Resistencia subjetiva: Hay una fuerte necesidad de resistirse, reprimir, expulsar o impedir que la obsesión entre en la consciencia mediante la evitación, estrategias de control cognitivo, o rituales manifiestos.

D) Falta de control: Sensación subjetiva de no poder manejar los contenidos de la mente. Se intenta suprimir la obsesión, pero en el mejor de los casos el éxito es incompleto y sólo temporal.

E) Egodistonicidad: La intrusión puede variar desde la falta completa de sentido, contenidos absurdos, que tienen una implicación mínima sobre el self, hasta ideas, imágenes o impulsos que suponen una seria amenaza para los valores fundamentales de la persona.

Los pacientes con TOC pueden juzgar sus imágenes tan horrendas e inaceptables que su sentido de vergüenza y culpa puede ocasionar resistencia a verbalizar su contenido. De igual forma, el miedo a poner el contenido de las imágenes y pensamientos en palabras o escribirlo puede hacerles pensar que pueden convertirse en una realidad. Esto puede dificultar al terapeuta considerablemente la evaluación, que es un proceso constante y laborioso de indagación.

Los pensamientos intrusivos ocasionales son muy comunes en la población general. Hasta un 90% de las muestras análogas y de la comunidad han informado de intrusiones de contenido similar al hallado en muestras clínicas (Salkovskis y Harrison, 1984). No obstante, difieren en la frecuencia, intensidad y el significado que se otorga a los pensamientos intrusivos no deseados. Mientras que la mayoría de personas pueden sencillamente dejar pasar la intrusión sin mayor trascendencia, las personas con TOC interpretan la ocurrencia de estos eventos mentales como signos cargados de significado personal, que puede impulsar conductas dirigidas a neutralizar las intrusiones, con el objetivo de prevenir la ocurrencia de resultados temidos o consecuencias catastróficas imaginadas.

Las obsesiones clínicas se experimentan con mayor frecuencia (se vuelven a experimentar una y otra vez) que las intrusiones no clínicas, lo que respalda un continuo de diferencia cuantitativa. Sin embargo, como señalan Berry y Laskey (2012) hay diferencias adicionales en el contenido, las valoraciones y la respuesta. Las obsesiones clínicas son más violentas / agresivas y extrañas en comparación con los pensamientos intrusivos no clínicos y pueden experimentarse como más espontáneas e impredecibles (ocurren de forma independiente de los desencadenantes explícitos). Es más probable que la persona con TOC valore los pensamientos intrusivos en términos de responsabilidad y control, lo que impulsa respuestas de evitación. Las diferencias observadas en la frecuencia sugieren que las personas con TOC vuelven a experimentar sus pensamientos intrusivos con mayor frecuencia que las muestras no clínicas, lo que se asocia con una mayor angustia, valoraciones negativas y esfuerzo evitativo.

Se ha hallado además, la ocurrencia de intrusiones, rituales e impulsos TOC subclínicos en el 13% de la población general (Fullana *et al.* 2010), entendiendo por subclínicos aquellos síntomas con características idénticas a las del TOC que por su intensidad o frecuencia no interfieren significativamente en el funcionamiento cotidiano de la persona.

El contenido y las características más frecuentes de las obsesiones y compulsiones se relacionan con: suciedad/contaminación (rituales de limpieza y lavado), dudas/incertidumbre (rituales de comprobación), perfeccionismo/errores (rituales de orden, lentitud, control de fenómenos sensoriales), agresión/sexo/religión (rituales encubiertos de prevención de daños con significado personal). Cada presentación es única y totalmente idiosincrásica, no hay dos TOC iguales.

El contenido TOC varía enormemente, pero puede encuadrarse en varios ámbitos amplios. Por ejemplo, a la mayoría les preocupa la suciedad, la contaminación (física o mental) y temen enfermar o morir o dañar a les demás como resultado del contacto con la suciedad o los gérmenes. Estos temores se asocian con esfuerzos extremos para evitar la contaminación o para mantener las cosas limpias, como lavarse o ducharse varias veces al día, insistir en que los miembros de la familia se pongan ropa limpia antes de entrar en casa o tener normas estrictas sobre quién puede tocar distintos objetos de la casa. Otros temas comunes de preocupación son: el miedo a hacer o decir algo blasfemo, o a dañar intencionadamente a otros. Las formas de evitar o neutralizar los miedos en el TOC pueden ser: comprobación, recuento, ordenar, rezar o pensar "bien", o la realización de acciones de forma ritualizada.

La mayoría de las personas con TOC tienen múltiples obsesiones que cambian con el tiempo y están influenciadas por la cultura, las experiencias personales y los acontecimientos vitales significativos. Es importante que el terapeuta seleccione y comprenda la obsesión principal y su miedo central asociado, el que actualmente es responsable de la mayor cantidad de malestar y deterioro funcional, reconociendo al mismo tiempo que esto podría cambiar con el tiempo y las diferentes circunstancias de la vida.

En cuanto a la prevalencia del trastorno, existe considerable variabilidad de resultados. Una revisión reciente estima su tasa de prevalencia a lo largo de la vida en el 1% en hombres y del 1,5% en mujeres (Fawcett *et al.* 2020) No obstante, estudios epidemiológicos en diferentes culturas han confirmado que entre un 1% y un 3% de la población general en todo el mundo sufren el problema en un momento dado (Ruscio *et al.* 2010). El TOC se inicia en la adolescencia o primera juventud, usualmente con un desarrollo gradual, que interfiere en todos los aspectos del funcionalmiento de la persona, a nivel social, familiar, laboral, estudios, etc., en etapas críticas de su desarrollo biográfico y proyecto vital.

El TOC y la ocurrencia de pensamientos intrusivos tienen una elevada coexistencia con otros problemas clínicos de ansiedad, afectivos, alimentarios, etc. La concurrencia de TOC y depresión es la más elevada de todos los problemas comórbidos que de presentan con el trastorno, alcanza entre el 50-60% (Rickelt *et al.* 2016). La depresión está muy relacionada con la experiencia del TOC, posiblemente por el deterioro personal, familiar y social que ocasiona el problema. Además, se ha observado que algunas personas con depresión sin diagnóstico de TOC también desarrollan obsesiones y rituales durante los episodios depresivos. La depresión en el TOC tiene un efecto amplificador de la severidad del problema. Incrementa la tendencia a malinterpretar el significado de los pensamientos intrusivos y hay menor insight del sinsentido de las preocupaciones (Hannan y Tolin, 2005).

Sin embargo, pese a la entidad del problema, muchas personas con TOC no reciben ningún tipo de atención especializada, a pesar de ser una de las primeras causas de discapacidad en el mundo. El TOC se considera un trastorno crónico con un curso variable, y el diagnóstico suele ser evitado o retrasado deliberadamente por el paciente (Seibell *et al.* 2015). Esto se ha atribuido a la vergüenza asociada a la naturaleza perturbadora y extraña de los fenómenos obsesivo-compulsivos. El lapso entre la aparición de obsesiones-compulsiones clínicas y la obtención de un diagnóstico-tratamiento apropiado puede llegar a demorarse hasta 17 años (Pinto *et al.* 2006)

Las personas con TOC tienen el doble de probabilidades que las personas con trastornos de ansiedad y diez veces más probabilidades que la población no clínica de haber intentado suicidarse (26% de los pacientes con TOC), aunque la alta prevalencia de depresión comórbida no se ha considerado un factor contribuyente (Torres *et al.* 2006), es un riesgo muy considerable que el clínico ha de evaluar, especialmente en casos con depresión severa. Tiene unos costes sanitarios y sociales directos e indirectos significativamente elevados (Hollander *et al.* 1997) y un deterioro devastador de su calidad de vida. Se ha estimado que sufren mayor número de años de vida ajustados por discapacidad (AVAD) que, p. ej. pacientes con esclerosis múltiple o enfermedad de Parkinson (Hirschtritt *et al.* 2017).

Tratamiento Cognitivo-Conductual del TOC

Planteamiento conductual y orígenes de la E+PR

El TOC es un trastorno altamente discapacitante que suele afectar a las personas durante su adolescencia y juventud y luego persiste, a veces durante toda la vida, con un empeoramiento intermitente de los síntomas que puede tener efectos negativos graves y bastante generalizados en la vida cotidiana y en los logros personales. Aunque suelen ser conscientes de la irracionalidad de sus miedos y de la inutilidad de los rituales, los pacientes parecen sentirse impotentes para superar su obsesividad.

En la actualidad hay una amplia evidencia de que la TCC que incluye E+PR es la forma más efectiva de tratar el TOC. Los meta-análisis que examinan el uso de la TCC, han encontrado que reduce significativamente los llamados "síntomas primarios" del TOC, por encima de los antidepresivos ISRS (que son empleados a dosis significativamente altas), y obtiene tamaños del efecto elevados en los análisis (Mckay *et al.* 2015; Olatunji, *et al.* 2013; Öst *et al.* 2015).

Hasta finales de los años 60, se pensaba que el TOC era un trastorno raro, de curso inevitablemente crónico e intratable (Price *et al.* 1999). Sin embargo, estudios posteriores han demostrado que el TOC es mucho mas común de lo que se pensaba originalmente (Diefenbach *et al.* 2007). A partir de los primeros modelos y tratamientos conductuales, se dedicaron muchos esfuerzos a establecer teorías sobre su naturaleza y tratamiento.

Aunque no ha habido mucho apoyo empírico de que la ansiedad evocada por las obsesiones se genere a través de procesos de condicionamiento clásico, hay un fuerte apoyo de que los rituales compulsivos mantienen el miedo obsesivo a través del refuerzo negativo (condicionamiento operante). Como resultado de estos hallazgos, Víctor Meyer (1966) planteó la hipótesis de que si las personas con TOC se enfrentan a sus miedos obsesivos sin implicarse en rituales y conductas compulsivas, los procesos que mantienen estos miedos deberían debilitarse y posiblemente desaparecer. Al enfrentarse a situaciones o estímulos que normalmente son evitados, se produce la habituación y la persona es capaz de corregir valoraciones erróneas de la peligrosidad de la situación, lo que conduce a una reducción tanto del miedo como de la frecuencia de compulsiones (Foa y Kozak, 1986). La E+PR para el TOC se puso en práctica en torno a este planteamiento.

Meyer (1966) publicó su primer informe sobre los efectos de la E+PR aplicada a una muestra de personas con TOC. El tratamiento de 15 pacientes internos tuvo un gran éxito, ya que 10 pacientes respondieron muy bien y los 5 restantes lograron una reducción parcial de los síntomas. Sólo 2 de los pacientes tratados con éxito habían recaído durante un seguimiento de varios años (Meyer *et al.*1974). Estos resultados desencadenaron una ola de interés en la terapia de exposición para el TOC que ha continuado durante más de 50 años.

Enfoques cognitivo-conductuales

Aplicados a las obsesiones, estos enfoques parten del hallazgo bien establecido de que los pensamientos intrusivos (es decir, pensamientos, imágenes e impulsos que invaden la conciencia) con independencia de su contenido, son experiencias normales que la mayoría de las personas tienen de vez en cuando (p. ej, Rachman y de Silva, 1978), pero se convierten en obsesiones angustiosas y consumen mucho tiempo cuando la persona valora erróneamente las intrusiones como amenazantes, personalmente significativas o provocadoras de una incertidumbre que la persona percibe como inmanejable o intolerable (Rachman, 1997, Salkovskis, 1985). Por ejemplo, consideremos la idea no deseada de atacar a una persona querida. La mayoría de la gente consideraría tal intrusión como poco significativa o inofensiva («ruido mental»). Sin embargo, según el modelo cognitivo-conductual, la intrusión puede convertirse en una obsesión si la persona le atribuye un alto grado de importancia, duda y un significado cargado de incertidumbre, lo que conduce a una escalada en la emoción negativa; por ejemplo, "soy una persona peligrosa y debo tener cuidado para asegurarme de no perder el control y apuñalar mi madre". Esta valoración provoca angustia y motiva a la persona a realizar conductas compulsivas para (a) controlar, suprimir o neutralizar el pensamiento no deseado (por ejemplo, rezando o sustituyéndolo por un pensamiento "seguro"); (b) intentar prevenir las consecuencias asociadas a la intrusión (por ejemplo, evitando a la familia); o (c) obtener certeza respecto a cualquier posible resultado negativo (por ejemplo, buscando reaseguración o que los demás le tranquilicen).

De acuerdo con el modelo cognitivo-conductual, las técnicas más eficaces para tratar las obsesiones y compulsiones se centrarían en la modificación de las creencias disfuncionales por dos vías fundamentales. El abordaje prinicipal sería la confrontación directa con los estímulos temidos para fomentar el aprendizaje de la extinción (es decir, la E+PR) y la discusión verbal/lógica de dichas creencias (es decir, la reestructuración cognitiva).

Terapia de exposición

La terapia de exposición consiste en aproximarse y entrar en contacto intencionadamente con objetos, situaciones, pensamientos y sensaciones corporales temidos, pero objetivamente inofensivos, con el objetivo de reducir el miedo y la evitación de esos estímulos o similares en el futuro (Abramowitz *et al.* 2019).

En el tratamiento de las obsesiones y compulsiones se aplican con mayor frecuencia dos formas de exposición: la exposición situacional (es decir, en la vida real o in vivo) se utiliza para la confrontación con los estímulos externos que provocan el miedo obsesivo (por ejemplo, los suelos, el inodoro, objetos punzantes) y la exposición en imaginación es útil para confrontar los pensamientos obsesivos y las dudas que no son fácilmente accesibles en situaciones de la vida real (por ejemplo, imágenes violentas, dudas sobre la responsabilidad de daños). La exposición interoceptiva, menos utilizada en el TOC, puede emplearse para ayudar a los pacientes a enfrentarse a sensaciones corporales temidas (pero objetivamente inofensivas) que a veces acompañan a la ansiedad y la evitación (por ejemplo, taquicardia, excitación, mareos, falta de aire). El tipo de exposición ha de seleccionarse en función del análisis funcional y las características de los miedos. A menudo se utilizan diferentes tipos de exposición de forma simultánea, especialmente en el modelo de aprendizaje inhibitorio, como veremos más adelante.

La exposición es una intervención muy eficaz para las obsesiones y compulsiones y se han articulado dos modelos teóricos para explicar estos efectos. El primero, la teoría del procesamiento emocional (TPE), fue descrita inicialmente por Rachman (1980), elaborada por Foa y Kozak (1986) y revisada por Foa y McNally (1996). La TPE afirma que la confrontación con un estímulo temido durante la exposición activa una estructura del miedo, un conjunto de proposiciones sobre el estímulo temido, la respuesta y su significado que se almacena en la memoria. Se cree que la activación de la estructura del miedo, junto con la integración de información que es incompatible con ella, da lugar al desarrollo de una nueva estructura sin miedo que sustituye (Foa y Kozak, 1986) o que compite con la original (Foa y McNally, 1996). La base de este aprendizaje correctivo sería la habituación (es decir, la reducción) del miedo, tanto durante el ensayo de exposición, como entre ensayos, en ausencia de cualquier conducta de evitación o seguridad. Por tanto, según la TPE, la activación inicial del miedo, la habituación intra-sesión y la habituación entre sesiones serían indicadores de un aprendizaje efectivo y por consiguiente, de una terapia de exposición eficaz.

Sin embargo, la investigación clínica actual sugiere que ni la activación inicial del miedo ni la habituación (dentro o entre las sesiones de exposición) es un indicador consistente del resultado de la exposición (Craske *et al.* 2008). De hecho, el rendimiento de la exposición en general no es un indicador fiable del aprendizaje (Bjork y Bjork, 2006). En consecuencia, un modelo más reciente para explicar los efectos de la exposición se centra en los mecanismos inhibitorios, que explican las discrepancias entre el rendimiento durante el entrenamiento de extinción y los niveles de miedo posteriores a la extinción. En el contexto de la terapia de exposición, el modelo de aprendizaje inhibitorio se refiere a la noción de que las asociaciones de miedo no se eliminan durante la extinción, sino que permanecen intactas mientras se produce un nuevo aprendizaje sobre el estímulo temido (Craske *et al.*, 2008). Es decir, tras una exposición exitosa, se cree que el estímulo temido posee dos significados: el significado original basado en el miedo (es decir, excitatorio), así como un significado basado en la seguridad (es decir, inhibitorio). Por lo tanto, incluso si el miedo disminuye después de una exposición exitosa, el significado excitatorio original se conserva y puede recuperarse bajo ciertas circunstancias, como un cambio en el contexto, el paso del tiempo (es decir, la recuperación espontánea), y la readquisición de la asociación original basada en el miedo (Bouton *et al.* 2006). Desde este punto de vista, la terapia de exposición ayuda a la persona a desarrollar (a) nuevas asociaciones de no amenaza, y (b) formas de mejorar la accesibilidad de estas nuevas asociaciones (en relación con las antiguas asociaciones de amenaza) en diferentes contextos y a lo largo del tiempo.

Estos desarrollos recientes pueden tener implicaciones importantes para la integración de mindfulness y optimizar de E+PR. De acuerdo con el análisis de Treanor (2011) la integración de mindfulness en el tratamiento ayuda a desarrollar gradualmente una asociación inhibitoria: El cultivo de mindfulness, que no tenía ninguna asociación previa, reduce la fuerza asociativa que ocurre durante los ensayos de exposición de forma que transformaría constantemente esta señal neutral en un inhibidor condicionado. Arch y Abramowitz (2015) ilustran de forma práctica cómo llevar a cabo la E+PR de forma que se potencie el aprendizaje inhibitorio con el objetivo de mejorar los resultados de la terapia de exposición a largo plazo.

Prevención de la respuesta

La prevención de la respuesta, un accesorio necesario de la terapia de exposición, consiste en resistir los impulsos de realizar conductas compulsivas, tanto manifiestas como encubiertas- que sirven para escapar del miedo obsesivo (por ejemplo, no comprobar las cerraduras de las puertas después de salir de casa). Esto permite una exposición prolongada y facilita la extinción de la ansiedad obsesiva. Si el paciente lleva a cabo conductas compulsivas en un esfuerzo por reducir la ansiedad durante la exposición, no puede aprender que los miedos obsesivos son exagerados porque siempre habrá una "condición" en la que el resultado temido se materialice (p. ej., "Si no me hubiera lavado las manos, habría enfermado"; "Si no hubiera repetido la oración, papá habría tenido un accidente"). En la práctica, la prevención de la respuesta supone abstenerse de cualquier estrategia típicamente utilizada para prevenir un resultado indeseado p.ej. como "la mala suerte" (p. ej., rezar compulsivamente), así como de la búsqueda ritual de seguridad (p. ej., hacer preguntas a los demás) y asegurarse que no va a ocurrir nada malo. Al paciente con obsesiones de contaminación se le indicaría que se abstuviera de realizar compulsiones de descontaminación, como lavarse y limpiar.

Foa *et al.* (1984) descubrieron que las personas con obsesiones de contaminación y compulsiones de lavado que recibieron sólo terapia de exposición evidenciaron mayores reducciones en los temores de contaminación que las que sólo recibieron prevención de respuesta. Por el contrario, la prevención de la respuesta fue superior a la exposición en la reducción de las compulsiones de lavado. Estos resultados sugieren que los procedimientos de exposición y prevención de la respuesta tienen efectos diferentes en las obsesiones y compulsiones: la prevención de la respuesta es superior a la exposición en la disminución de los rituales compulsivos y la exposición es superior a la prevención de la respuesta en la disminución del miedo obsesivo. Este estudio también reveló un efecto aditivo de la combinación de la exposición y la prevención de la respuesta: los individuos que recibieron estas técnicas juntas (es decir, E+PR) evidenciaron más mejoras que los que recibieron cualquiera de los componentes individuales. Foa *et al.* (1984)

propusieron que la prevención de la respuesta ayuda a que la información aprendida durante la exposición sea más incompatible con las expectativas del paciente.

Numerosos estudios muestran sistemáticamente que los programas de tratamiento basados en la EPR dan lugar a una mejora clínicamente significativa y duradera, con tasas de reducción de los síntomas del 50% al 70% de media (Olatunji *et al.*, 2013). Una revisión de 16 ensayos (en los que participaron 756 pacientes) indicó que la E+PR fue sustancialmente más eficaz que los tratamientos de comparación (por ejemplo, relajación, entrenamiento en el manejo de la ansiedad, lista de espera, medicación) inmediatamente después del tratamiento (tamaño del efecto=1,39) y moderadamente más eficaz en el seguimiento a largo plazo (tamaño del efecto=0,43; Olatunji *et al.*, 2013). Aunque la E+PR es eficaz, es complicada de implementar y tiene importantes limitaciones: alrededor del 20% de las personas con TOC no responden al tratamiento y el 25% abandonan la terapia (Franklin y Foa, 2007).

Terapia cognitiva

La reestructuración cognitiva consiste en desafiar y corregir de forma racional y basada en la evidencia los tipos de pensamientos y creencias disfuncionales que promueven la escalada de los pensamientos intrusivos normales hacia las obsesiones, como la sobreestimación de la probabilidad y la gravedad del peligro y la interpretación errónea de los pensamientos intrusivos como si tuvieran implicaciones de responsabilidad por el daño.

Un objetivo central de la reestructuración cognitiva es, por tanto, reducir el miedo obsesivo y la necesidad de un comportamiento compulsivo, ayudando al paciente a corregir el pensamiento disfuncional y a modificar las respuestas conductuales a los estímulos obsesivos (situaciones, pensamientos, imágenes), de modo que dichos estímulos ya no provoquen fuertes impulsos de evitar la realización de un comportamiento compulsivo.

Se pueden utilizar varias técnicas para ayudar a los pacientes a identificar y corregir sus valoraciones erróneas, como la presentación didáctica de material educativo, el diálogo socrático y las estrategias de reestructuración cognitiva destinadas a ayudar a los pacientes a reconocer y remediar los patrones de pensamiento disfuncionales. Por ejemplo, un clínico podría ayudar a un paciente con obsesiones relacionadas con la violencia a explorar las pruebas objetivas a favor y en contra de su creencia errónea de que el pensamiento de cometer actos violentos es el equivalente moral de actuar realmente con violencia. A alguien que cree que la incertidumbre es intolerable se le puede ayudar a explorar los pros y los contras a corto y largo plazo de vivir con la incertidumbre frente a intentar tener siempre garantías y certeza. Los experimentos conductuales, en los que los pacientes entran en situaciones que ejemplifican sus miedos (similares a la exposición), se utilizan a menudo para facilitar la adquisición de información correctiva sobre los riesgos realistas asociados a los miedos obsesivos. Por ejemplo, un hombre con miedo a abusar de su bebé mientras le cambia el pañal puede cambiarle el pañal para demostrar que no es probable que cometa ningún acto sexualmente inapropiado. Para un manual detallado que describe el uso de técnicas cognitivas, véase Belloch *et al.* (2011).

Los estudios que han probado la eficacia de la reestructuración cognitiva para el TOC han encontrado que este enfoque es eficaz (Abramowitz *et al.* 2005). Varios estudios han abordado la eficacia relativa de la reestructuración cognitiva y la terapia de exposición, y la mayoría de ellos informan que estos enfoques producen efectos equivalentes. Sin embargo, la distinción conceptual entre la EPR y la reestructuración cognitiva es bastante borrosa: ambas intervenciones se superponen en muchos aspectos. De hecho, los manuales que describen la aplicación de la EPR dejan clara la importancia de las discusiones informales sobre las cogniciones erróneas durante los ensayos de exposición (Abramowitz, 2006); y los que describen la terapia cognitiva incorporan habitualmente experimentos conductuales en los que se ayuda al paciente a enfrentarse a los estímulos temidos y a abstenerse de realizar conductas compulsivas (es decir, hacer E+PR; Wilhelm y Steketee, 2006). El estudio de Vogel *et al.* (2004) mostró que la inclusión de técnicas cognitivas era útil para reducir el abandono de la E+PR. Por lo tanto, tal vez las técnicas de reestructuración cognitiva mejoren la aceptabilidad del tratamiento basado en la exposición.

Limitaciones teóricas y metodológicas

Tras 50 años de investigación y aplicación clínica, la E+PR sigue siendo el ingrediente de tratamiento más potente para el TOC (McKay *et al.* 2015; Öst, *et al.* 2015). Probablemente la mayoría de los clínicos que utilizan la E+PR creen que su mecanismo subyacente es la habituación del miedo o la ansiedad, y este es el razonamiento que se comunica a los clientes. Sin embargo, las teorías del condicionamiento temprano y del procesamiento emocional de la E+PR han resultado ser insatisfactorias. En cambio, la perspectiva del aprendizaje inhibitorio ofrece una comprensión radicalmente diferente de la E+PR que la acerca mucho más a la teoría cognitiva del TOC. Sin embargo, el apoyo empírico para el aprendizaje inhibitorio es mixto, y falta investigación sobre si las modificaciones de la EPR basadas en este modelo son más o menos eficaces que la E+PR estándar (véase Jacoby y Abramowitz, 2016, para una revisión crítica).

A pesar del éxito de la E+PR, varios investigadores prominentes del TOC han cuestionado si este tratamiento es necesario, dada la efectividad de los enfoques cognitivos y la alta tasa de inaceptabilidad de los clientes asociada con la E+PR (Shafran *et al.* 2013). Por otro lado, una revisión sistemática reciente (Reid *et al.*, 2021) observa limitaciones en el rigor metodológico y la información de los estudios publicados sobre la E+PR para el TOC, ya que sólo una minoría de los estudios se consideró con bajo riesgo de sesgo. Además, un análisis exploratorio reveló que el efecto positivo de la TCC con E+PR se limitó a los estudios que mostraban pruebas de lealtad de los investigadores a favor de la TCC con E+PR, lo que pone en duda su generalización. Una posible implicación clínica, según los autores, es que la eficacia de la TCC con E+PR depende mucho de los factores del terapeuta y, lo que es más importante, que los pacientes pueden tener un resultado inferior si reciben tratamiento con terapeutas o en centros cuya experiencia no se centra en E+PR.

Por qué integrar mindfulness, compasión y aceptación en el tratamiento del TOC

La presencia de cogniciones perturbadoras en el TOC suele estar acompañada de insight y distonía del ego. El insight se refiere al reconocimiento por parte del paciente de que sus síntomas son excesivos e inapropiados, mientras que la distonía del ego implica una inconsistencia entre el contenido de la obsesión con el sentido del yo, valores y autoconcepto moral de la persona (Purdon y Clark, 1999). Esto hace que el TOC pueda ser susceptible de ser tratado con métodos basados en la atención plena, ya que las obsesiones y rituales pueden convertirse en objetos de observación para el paciente, que aprende a contemplarlos con mayor claridad y conciencia. A medida que el paciente desarrolla procesos de descentramiento y desidentificación de los estados internos, pasa de sentirse víctima de los pensamientos a ser un observador capaz de notar y describir lo que ocurre en su interior con cierta distancia compasiva (Gilbert y Tirch, 2009).

Los tratamientos basados en mindfulness pueden tener un efecto positivo al ayudar a mejorar la relación que tienen estos pacientes con sus pensamientos y sentimientos internos. Los «déficits de atención plena" (Didonna, 2009) específicos que experimentan los pacientes con TOC (tales como la falta de atención, fusión pensamiento-acción, la actitud de no aceptación, la invalidación perceptiva, responsabilidad exagerada e interpretación sesgada de los eventos mentales) son un factor determinante en la aparición de los síntomas obsesivos. Según la investigación preliminar y la observación clínica (Fairfax, 2018; Didonna, 2019; Key *et al.*, 2017), el entrenamiento en mindfulness puede ser una intervención útil y efectiva para el TOC, especialmente cuando se combina con otros tratamientos respaldados por la evidencia empírica.

De la responsabilidad exagerada, se pasaría a entrenar una "auténtica responsabilidad" (Didonna, 2020), que en realidad significa ser conscientes del impacto de nuestras acciones y estar dispuestos a sentir cómo nuestro comportamiento nos afecta realmente a nosotros mismos y a los demás. Responsabilidad significa "capacidad de respuesta", la habilidad de estar presente en cada momento y responder apropiadamente a cada evento con el que nos enfrentamos. Cuando las personas son responsables de esta manera, son capaces de respetarse y confiar más profundamente en sí mismas: Practicar la auto-validación consciente. Esto se debe a que, en un estado atento, los pacientes son más capaces de comprender claramente su propia participación real en la situación problemática. La terapia basada en mindfulness da a los pacientes un significado más funcional y realista del sentido de responsabilidad, tan gravemente distorsionado en el TOC, a través de la aceptación y validación de la experiencia privada, en particular los sentidos.

Por otra parte, los tratamientos basados en aceptación, mindfulness y compasión son bien acogidos por el paciente tanto en forma individual como en grupo, presentan una baja tasa de abandonos (Twohig *et al.* 2006, Hertenstein *et al.* 2012, Leeuwerik *et al.* 2020a; Petrocchi *et al.* 2021), y van directamente dirigidos a la evitación experiencial. La elevada comorbilidad entre TOC y depresión sugiere que mindfulness puede ser un enfoque útil también en la prevención de recaídas, pues esta bien establecida la eficacia de la terapia cognitiva basada en mindfulness (MBCT) para la depresión recurrente (Kuyken *et al.*, 2016).

Las investigaciones existentes parecen considerar que la atención plena es una intervención útil para aliviar los síntomas obsesivo-compulsivos, también desde el punto de vista del terapeuta. Potter y Coyle (2017) investigaron las experiencias terapéuticas de los psicoterapeutas que utilizan intervenciones basadas en la atención plena. Los participantes declararon que sus clientes habían comprobado que la atención plena era útil para ayudarles a hacer frente a sus pensamientos y sentimientos adoptando intencionadamente la perspectiva de un observador, en lugar de dejarse consumir por sus pensamientos obsesivos. Key, *et al.* (2017) también encontraron que la MBCT era eficaz para las personas que no habían respondido a los enfoques tradicionales de la TCC. Específicamente, descubrieron que este enfoque conducía a una disminución de los síntomas del TOC y a un aumento de los niveles de autocompasión de los participantes.

Aunque tales estudios destacan el valor de utilizar intervenciones terapéuticas más contextuales, algunas publicaciones advierten que las intervenciones de tercera generación sólo deben utilizarse en conjunción con la TCC debido a su limitada base de pruebas (Külz *et al.* 2016). Sguazzin, *et al.* (2017) sugieren de manera similar que la terapia basada en mindfulness sólo debería utilizarse como estrategia de aumento tras el uso de la TCC estándar. No obstante, en otros estudios se ha comprobado que las intervenciones basadas en la atención plena son eficaces también cuando se utilizan como tratamiento autónomo, incluso para los que se califican de resistentes al tratamiento (Didonna *et al.* 2019; Key *et al.* 2017; Selchen *et al.* 2018; Singh *et al.* 2004; Wahl *et al.* 2012). A pesar de estas diversas posiciones, podría decirse que se puede ganar valor explorando los enfoques basados en mindfulness con más detalle, especialmente si se demuestra sistemáticamente que son útiles para quienes no se benefician de las intervenciones tradicionales.

Por último, la Terapia Centrada en la Compasión (Gilbert, 2020) puede ofrecer un mayor margen para iluminar el significado latente que subyace en los pensamientos obsesivos y los comportamientos compulsivos. Es importante tener en cuenta este aspecto, ya que las investigaciones sugieren que los individuos a veces sienten que su proceso de comprensión de significado único puede quedar oscurecido por el uso de enfoques de tratamiento tradicionales. Por ejemplo, en un estudio que investigó la experiencia vivida de las obsesiones y compulsiones en contextos terapéuticos, Murphy y Perera-Delcourt (2014) encontraron que algunos participantes sentían que la TCC no les proporcionaba suficiente espacio para contar su historia personal. Además, Hertenstein *et al.* (2012) también observaron que, al utilizar la TCC basada en la atención plena, algunos participantes no respondían bien a determinadas técnicas terapéuticas debido a la falta de espacio suficiente dentro del modelo para dar cabida a la forma idiosincrásica que adoptaba la experiencia de obsesiones y compulsiones de cada participante. Estas observaciones sugieren que también es necesario que los enfoques terapéuticos den cabida a la singularidad y a la elaboración compasiva de significados más explícitos, como el miedo a la culpa, la vergüenza, el papel de los eventos traumáticos o los orígenes de la responsabilidad exagerada (Petrocchi *et al.*, 2021).

Enfoques que incorporan mindfulness en el tratamiento del TOC

Terapia Cognitiva basada en Mindfulness(MBCT)

La Terapia Cognitiva Basada en Mindfulness (MBCT) fue desarrollada por Segal, Williams y Teasdale (2013) como programa de prevención de recaídas para la depresión recurrente. Combina un enfoque similar a la Reducción de Estrés Basada en Mindfulness (MBSR; Kabat Zinn, 1990) junto con elementos de terapia cognitiva. Concretamente, plantea una actitud de descentramiento sobre los pensamientos en que se fomenta la consciencia de los procesos cognitivos mas que el cambio del contenido de los mismos. Utiliza la misma estructura que MBSR y comparte parte de su contenido y prácticas. Por lo general, se ofrece como un grupo de dos horas y ocho sesiones semanales, aunque se puede ofrecer una intervención de un día de duración después de la quinta reunión. El MBCT requiere de los participantes la práctica diaria de técnicas de mindfulness.

La mayoría de los estudios publicados sobre MBCT para el TOC han examinado su eficacia después de un tratamiento con TCC y E+PR, con disminuciones adicionales de los síntomas de TOC autoinformados (Hertenstein *et al.* 2012). En un estudio cualitativo sobre aceptabilidad del tratamiento y beneficio percibido, el MBCT tras la TCC mostró mejoras en los síntomas del TOC, el afrontamiento y la calidad de vida (Sguazzin *et al.* 2017). En otro estudio, Didonna *et al.* (2019) proporcionaron MBCT como tratamiento independiente para el TOC, e informaron de disminuciones significativas en los síntomas del TOC con un tamaño del efecto considerable (d de Cohen = 0,72); la reducción de los síntomas se asoció con incremento en la actuación con conciencia, el no juzgar y la no reactividad.

Hemos visto que en el planteamiento de MBCT para el TOC realizado por Didonna (2009) se postula que una deficiencia grave de mindfulness sería la característica clave de la psicopatología del TOC (p. ej., sesgos atencionales, rumiación, fusión pensamiento-acción, responsabilidad exagerada, autoinvalidación de la experiencia sensorial, desconfianza en el propio juicio).

Este tratamiento basado en mindfulness podría ser beneficioso en los siguientes aspectos:

(1) Integración la intervención E+RP de forma menos aterradora con una actitud anti-rumiativa y anti-evitativa (exposición consciente) que reduciría el riesgo de abandono;

(2) Mejora de la percepción, la prueba de realidad y la actitud de aceptación para experimentar la impermanencia de los pensamientos, las emociones y las sensaciones;

(3) Desarrollo de procesos metacognitivos y de defusión, descentramiento y desidentificación;

(4) Fortalecimiento de el sentido de responsabilidad, autoconfianza, autocompasión y autoperdón;

(5) Debilitamiento de los sesgos cognitivos obsesivos, las creencias disfuncionales y el comportamiento compulsivo del TOC.

El programa de tratamiento está estructurado en un manual (Didonna, 2020) que ajusta básicamente a la estructura del modelo MBCT original generado por Segal *et al.* (2013) pero ha sido modificado a un tratamiento de 10 semanas (con una sesión adicional con familiares) para adaptarlo a las características clínicas específicas del TOC. Las características clave de este programa incluyen la normalización de la experiencia obsesiva, el desarrollo de la confianza y la autovalidación, la intervención cognitiva y el entrenamiento intensivo en mindfulness y autocompasión. (La estructura y contenido general de las sesiones puede consultarse en la tabla 1).

TABLA 1. MBCT para el TOC: Descripción del Programa (Didonna, 2019)

Sesión	Tema	Prácticas principales
1. Permaneciendo consciente en el momento presente	Describir el concepto de "piloto automático" y reconocer la tendencia de nuestra mente a divagar	Ejercicio de la uva pasa Body Scan Mindfulness de la respiración
2. Comprendiendo el TOC y cómo mindfulness puede ayudar	Psicoeducación para comprender la relación entre mindfulness y TOC	Mindfulness de la Respiración y del Cuerpo Ejercicio de Pensamientos y Sentimientos
3. Ayudando a las familias a Apoyar a los pacientes TOC	Psicoeducación sobre mindfulness y TOC. Enseñar a los miembros de la familia cómo ayudar de forma efectiva y apoyar a su ser querido	Mindfulness de la Respiración y del Cuerpo Qué es útil y qué no lo es

4.Comprendiendo la desconfianza en uno mismo, para construir confianza verdadera	Comprender la desconfianza y su rol en TOC y desarrollar confianza desde la conciencia de la propia experiencia interna	Respiración, cuerpo, sonidos, emociones y pensamientos Paseo consciente
5. Atendiendo a los sentidos para desarrollar confianza	Enfocarse en la experiencia sensorial para prevenir los sesgos cognitivos	Percepción Consciente Validación de la experiencia perceptiva Meditación con la dificultad Movimiento Consciente
6. Desarrollando una relación sana con los pensamientos	Comprender tu relación con los pensamientos, desarrollar el descentramiento así como la desidentificación	Movimiento consciente en círculos Ejercicio emociones y pensamientos Meditación de la Mente Observador
7. La aceptación como el primer paso para el cambio	Desarrollar aceptación hacia la experiencia interna ,experimentar emociones y pensamientos sin juicio y/o interpretación	Ejercicio de Cargar y Soltar Meditación de la Mente Observadora ante la Exposición y Aceptación Práctica de Aceptación R.E.A.L
8. Acción Consciente y Exposición Consciente	Promover una relación sana entre intenciones y acciones. Favorecer la exposición a los estímulos "obsesivos" con un sentido de presencia, confianza y seguridad	Práctica de las Intenciones Sanas Exposición Consciente Caminar Consciente con estabilizadores verbales
9.Auto-compasión y Auto-perdón	Una aproximación diferente al sufrimiento y normalizar los sentimientos de culpa y responsabilidad	Prácticas de Auto-compasión y Auto-perdón
10. Aprendiendo a asumir riesgos	Desarrollar un sentido apropiado de responsabilidad y confianza real asumiendo riesgos constructivos de forma consciente	Práctica R.E.A.L. Caminar Consciente Práctica de Auto-compasión Soltar los Rituales
11. Afrontando la vida con confianza y abordando los obstáculos de forma efectiva	Un retiro mindfulness de un día destinado a revisar las prácticas previas y a incrementar la motivación para mantener la práctica	Ejercicio del Conductor de Autobús Mindfulness Relacional Compasivo Ejercicios Anteriores del Programa

En un reciente ensayo aleatorizado prospectivo de tres brazos (Zhang *et al.* 2021), se ha comparado MBCT, psicoeducación (como control activo) y fármacos ISRS. Se encontraron diferencias significativas, concretamente los grupos de MBCT y ISRS obtuvieron mejores resultados que el grupo de psicoeducación, aunque estas diferencias no se observaron a los 6 meses de seguimiento. Esta igualación en período de seguimiento entre el grupo de psicoeducación y los otros dos grupos, concuerda con investigaciones anteriores (Kulz *et al.*, 2019) en que MBCT para pacientes con baja respuesta a la TCC proporcionó una mejora acelerada de los síntomas obsesivo-compulsivos y de calidad de vida basados en autoinforme, en comparación con un programa psicoeducativo.

Un estudio posterior de estos datos en un seguimiento a 12 meses (Cludius *et al.*, 2020) pese a la respuesta favorable, no hay diferencias significativas en el seguimiento. Los autores especulan en que es posible que la "dosis mínima efectiva" del tratamiento no sea suficiente para los pacientes con TOC, especialmente para aquellos que no respondieron previamente a la TCC. Los análisis exploratorios mostraron que una puntuación compuesta de tiempo ocupado por pensamientos obsesivos, angustia asociada con pensamientos obsesivos e interferencia debida a pensamientos obsesivos difirió entre los grupos en el análisis con una reducción más fuerte en el grupo MBCT.

Es importante destacar que la duración del tratamiento es un moderador significativo del efecto del tratamiento en las intervenciones basadas en la atención plena (Hedman-Lagerlöf *et al.*, 2018). Por lo tanto, se podría suponer que un grupo de pacientes con un nivel tan alto de deterioro funcional necesitan una guía más frecuente y continua para desarrollar una nueva forma de relacionarse con las experiencias estresantes e integrar la práctica de la atención plena en su rutina diaria.

El estudio de Zhang *et al.* (2021), por el alto cuplimiento, aceptación y beneficio percibido de los pacientes concluye que el programa MBCT para el TOC puede mejorar el nivel de mindfulness, disminuir ansiedad y depresión y es adecuado para ser aplicado en la práctica clínica, es aceptable y seguro.

En conjunto, aunque los resultados de los ensayos aleatorizados han sido dispares, el MBCT puede ser un tratamiento complementario útil para los síntomas residuales después de la TCC/E+RP para el TOC. Se necesita investigación para determinar la eficacia de la MBCT como tratamiento independiente de la TCC/E+RP, así como la eficacia de la MBCT en comparación directa con la TCC/E+RP.

El método de cuatro pasos

La idea de que el TOC está producido por alteraciones estructurales en el cerebro es antigua. Pero la evidencia hasta ahora había sido algo confusa: Mientras en algunos pacientes se encontraban anormalidades en estructuras cerebrales específicas, en otros no se encontraban (Riffkin *et al.* 2005). Actualmente parece bien establecida la existencia de una alteración en el circuito cortico-estriado-talámico-cortical en los pacientes con TOC (Goodman *et al.* 2021). Por otro lado, dada la extraordinaria complejidad del cerebro humano, asumir una causalidad lineal desde lo biológico a lo psicológico, no puede ser más que una simplificación, porque las alteraciones neurobiológicas encontradas pueden ser tanto la causa como la consecuencia de padecer el TOC. Además, existe evidencia neurocientífica que avala el papel crucial de las relaciones de apego inseguras en los períodos críticos del desarrollo, en la formación de alteraciones en las conexiones de la corteza orbito-frontal (Schore, 2003), que se han relacionado con el desarrollo del TOC. Por todo ello, conviene no perder de vista que la idea de que el TOC está "causado" por una alteración cerebral constituye una versión simplificada de los hechos que, no obstante, puede ser útil con fines terapéuticos.

Jeffrey Schwartz (1996), un neurocientífico que ha estudiado los procesos cerebrales presentes en el TOC, ha sintetizado los principales hallazgos en un modelo que denomina metafóricamente "cierre cerebral" – que viene a ser la descripción de un circulo vicioso, pero en este caso de carácter cerebral. Se han hallado correlaciones positivas, altamente significativas en los índices metabólicos de glucosa en diversas áreas cerebrales (corteza orbito-frontal, circunvolución cíngular anterior, núcleo caudado y tálamo). Estas cuatro áreas funcionan como si formaran un "cierre", con un efecto similar al de un circuito de reverberación continua. También se ha observado más recientemente que la TCC tiene efectos restauradores del estado funcional, conectividad, y cambios volumétricos/metabólicos en estas zonas del cerebro, junto otros efectos beneficiosos sobre el sistema nervioso del paciente con TOC (Atmaca *et al.*, 2018; Cao *et al.*, 2021: Zhong, *et al.*, 2019)

Desde este planteamiento, que Schwartz denominó "neuroplasticidad autodirigida", se trata de que el paciente comprenda que los síntomas del TOC, que experimenta como intrusivos y aterradores, son el resultado de un desequilibrio en el funcionamento cerebral que puede ser modificado si cumple con el tratamiento. Para seguir la estrategia terapéutica propuesta por Schwartz y Gladding (2011), el paciente tiene que tomar conciencia de los eventos mentales a medida que suceden, desarrollando mindfulness progresivamente para facilitar la exposición y la prevención de respuesta. En síntesis, se propone seguir los siguientes cuatro pasos:

- Primer paso: Re-etiquetamiento (Relabel): El primer paso consiste en aprender a reconocer los impulsos y pensamientos obsesivos como tales, así como en aprender a neutralizar los rituales, esforzándose por alcanzar una profunda comprensión de que el sentimiento que es tan molesto en el momento, sólo es un sentimiento obsesivo o un impulso a realizar una compulsión, que sólo son síntomas de una disfunción cerebral. En esta fase, la idea básica es llamar obsesión o compulsión a lo que verdaderamente es, para empezar a comprender que esos sentimientos son sólo falsas alarmas, con poca o ninguna base en la realidad. Son simplemente falsos mensajes del cerebro. Se destaca también que la peor cosa que se puede hacer es intentar que se desvanezcan o desaparezcan. Esto no funciona porque las obsesiones y las compulsiones tienen unos procesos biológicos que están fuera de nuestro control. Lo que se puede controlar es la respuesta conductual a esos impulsos compulsivos. No importa cuán reales parezcan, lo que están diciendo no es real.

Para que el paciente aprenda a reconocer las obsesiones como tales, se le explica que la conciencia ordinaria es casi automática y superficial, en cambio la conciencia con mindfulness es más profunda y más precisa. Así se instruye al paciente para que reconozca de manera consciente la intrusión obsesiva, de manera que pueda hacer anotaciones mentales, tales como las siguientes:

Este pensamiento que ha surgido ahora es una obsesión; este impulso es una compulsión o un impulso de llevar a cabo un ritual. También se recomienda etiquetar los pensamientos intrusivos y las compulsiones de forma rotundamente asertiva. Por ejemplo, diciéndose a uno mismo: No pienso o siento que mis manos estén sucias. Estoy experimentando la ocurrencia y el sentimiento de que están sucias o no siento que tenga la necesidad de lavarme las manos". Otro ejemplo: "No pienso que si no toco la puerta antes de salir alguien querido morirá por mi descuido. Estoy teniendo la obsesión de que morirá, no hay necesidad de tocar la puerta varias veces". La meta es también reconocer y validar las emociones que acompañan los pensamientos y los impulsos compulsivos que se entrometen tan insistentemente en la consciencia. Para ello, se instruye al paciente en emplear el empeño necesario para mantener la conciencia de aquello que Adam Smith (1759) denominaba el Espectador Imparcial (mente sabia/observadora), que se entiende como el poder de observación que tenemos dentro de nosotros que otorga a cada persona la capacidad de reconocer qué es o no real y que me da el discernimiento para ver que puedo escoger entre realizar o no una compulsión.

-Segundo paso: Re-atribución (Reattribute): La clave de este enfoque para el tratamiento del TOC se puede resumir en una frase: "No soy yo, es el TOC". Esta frase es un recordatorio de que las obsesiones y compulsiones que provoca el TOC no son significativas, que son falsos mensajes del cerebro, aunque sean intensos y persistentes. Se atribuye la experiencia de que "algo no va bien" a la disfunción del circuito cerebral y a la hiperactividad de la corteza orbito-frontal (Véase Figura 1). Es importante que los pacientes acepten la idea de que el TOC no es la persona y que no es indicativo de quienes ni cómo son, permitiendo que su sentido de sí mismo no se asocie a los síntomas. En la práctica, los pasos de Re-etiquetamiento y Re-atribución se llevan a cabo prácticamente a la vez.

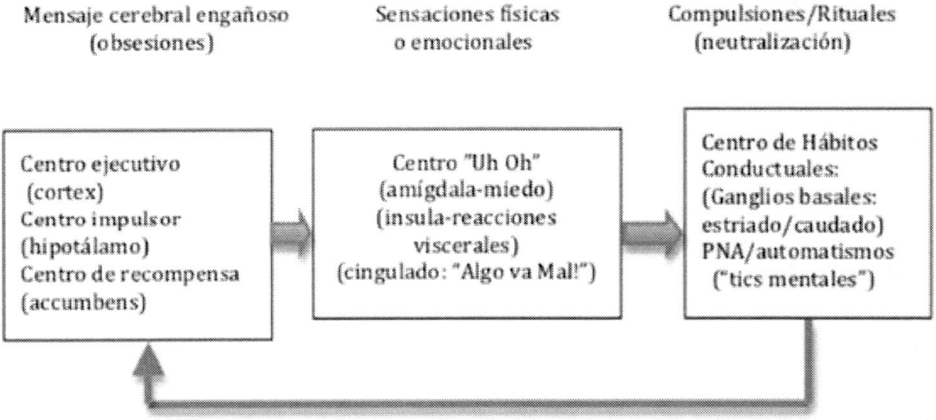

Alivio del malestar / Consolidación del circuito disfuncional
(adaptado de Schwartz y Gladding, 2011)

-Tercer paso: Re-enfoque (Refocus): En este paso, la idea es trabajar en torno a las obsesiones y a los rituales, dirigiendo la atención de forma diferente, al menos por unos minutos al principio. Deben elegir algún comportamiento específico que reemplace la compulsión de comprobar, repetir acciones, lavarse, rezar, e involucrarse en esta actividad. Cualquier comportamiento constructivo, placentero, o interesante resulta útil. Lo que cuenta no es lo que estás sintiendo sino lo que haces al respecto, en presencia de estos impulsos y obsesiones.

Hacer una conducta incompatible con el ritual, y que tenga relación con sus valores e intereses. Se recomienda pensar en quién soy y en lo que hago, no cómo me estoy sintiendo. Mientras centra la atención en otra actividad, se recomienda seguir conscientemente con atención plena re-etiquetando y reatribuyendo, porque esto le ayuda a mantenerse centrado en la realidad del presente, e impide que el re-enfoque se convierta en una forma de distracción o escape. Esto ayuda a "recablear" el cerebro porque los circuitos saludables asociados con comportamientos positivos se fortalecen en lugar de los circuitos del TOC.

También se recomienda usar la regla de los 15 minutos. Tratamos de retrasar la respuesta al pensamiento obsesivo dejando que transcurra algo de tiempo; preferiblemente al menos quince minutos, antes de que incluso se considere reaccionar al pensamiento y al impulso compulsivo. Entonces se realiza otra conducta, algo placentero o constructivo. Después de que el período fijado haya transcurrido, conviene volver a valorar cómo está la ansiedad en ese momento, utilizando una escala de medida como las USAs. Hay que notar si ha habido alguna modificación en la intensidad y tomar nota de cualquier cambio. Incluso la más pequeña disminución puede dar el coraje para esperar más. Cuanto más espere, más disminuirán los impulsos, tanto en cantidad como en intensidad.

En caso de sucumbir al ritual, por ejemplo: No voy a lavarme las manos porque no están sucias pero no puedo aguantar y lo hago conscientemente, mi TOC ha ganado esta vez, pero la próxima esperaré más. Es decir, notar lo que ha sucedido reactivando constantemente el compromiso con los cuatro pasos. De esta manera, incluso realizar un ritual puede contener un elemento de mindfulness. En realidad, re-etiquetar un comportamiento compulsivo como un comportamiento compulsivo es mejor que hacer una compulsión sin realizar una clara anotación mental sobre lo que es.

-Cuarto paso: Reevaluar (Revalue): Este último paso se considera la consecuencia natural de las otras tres etapas. Con la práctica continua de los pasos anteriores, el paciente se da cuenta de que los pensamientos obsesivos y las compulsiones son distracciones inútiles que pueden ser ignoradas. Como resultado, se les da mucho menos valor o se desdramatizan los sentimientos obsesivo-compulsivos. Se entiende que las obsesiones y compulsiones ocurren a pesar de la voluntad, no a causa de ella, con lo que se empieza a ver cada intrusión como un fenómeno espúreo – y nada más. Se reconoce que los síntomas del TOC pueden presentarse muchas veces al día, sin que eso deba ser motivo de sorpresa. Si el paciente anticipa su ocurrencia, más rápido puede reconocer los síntomas y proceder mediante los pasos anteriores. Finalmente, si sigue los pasos indicados, el paciente es capaz de reconocer los pensamientos y sentimientos del TOC como lo que son en el momento en que se producen. En este punto, se ha llegado a la atención plena progresiva que es el objetivo de los cuatro pasos.

Este método favorece una disposición a la exposición continua, como un recordatorio constante, para crear un hábito o condicionamiento de dejar de sorprenderse o impresionarse cada vez que se presente una intrusión. Generar un entorno afectivo de no escape (evitando evitar) que haga menos probable que se sientan como inevitables las compulsiones.

Si se tiene en cuenta la simetría formal con la que se presenta este enfoque, que los elementos que forman el cierre cerebral son cuatro y cuatro son también los pasos a seguir y todos ellos comienzan con la letra "R", no resulta difícil pensar que el autor, no sólo es un experto en la neurociencia del TOC, sino que también conoce el problema desde dentro y ha sido capaz de describir un método que más que dirigido a los terapeutas, se dirige a los pacientes que sufren el trastorno.

Terapia de Aceptación y Compromiso

La Terapia de Aceptación y Compromiso (ACT) es un enfoque contextual y experiencial dentro del amplio ámbito de la terapia cognitivo-conductual que se dirige a los procesos transdiagnósticos básicos que subyacen a la mayoría o la totalidad de la psicopatología. El psicólogo clínico Michael Twohig y su equipo desarrollaron un protocolo de ACT para el TOC y lo pusieron a prueba en estudios de investigación preliminares (Twohig, 2009; Twohig *et al.* 2010).

ACT promueve la flexibilidad psicológica, que se define como la capacidad de estar en el momento presente, simplemente notando las experiencias internas, mientras la persona involucra en los actos que son vitalmente importantes. Con el fin de aumentar la flexibilidad psicológica, ACT se dirige a seis procesos centrales de cambio: a) aceptación, b) defusión cognitiva, c) conciencia del momento presente, d) el yo como contexto, e) los valores y f) acción comprometida.

El modelo de psicopatología del TOC que proponen Twohig *et al.* (2007) ilustraría los díficits y disfunciones en cada uno de estos procesos:

A) Evitación experiencial (realización de rituales, neutralización, escapes).

B) Fusión cognitiva (fusión pensamiento-acción de probabilidad, fusión pensamiento-acción moral).

C) Dominio cognitivo del pasado y el futuro, con escaso autoconocimiento (el momento presente se consume en las obsesiones).

D) Apego a un YO conceptual (el yo se subsume en las obsesiones sin conciencia del contexto presente, del aquí/ahora).

E) No compromiso con valores ni metas: La vida entera gira en torno al control de las obsesiones, sin claridad ni contacto con lo que es importante para la persona.

F) Inactividad, impulsividad y evitación persistente: Escasa actividad enfocada a valores/Alta implicación en compulsiones.

El fundamento de ACT en el tratamiento del TOC sostiene que el trastorno consta de tres partes: 1) La experiencia interna de las obsesiones (pensamientos, sentimientos y sensaciones corporales); 2) Los cambios en el comportamiento en respuesta a estas experiencias internas como las compulsiones, evitación de situaciones, las "conductas de seguridad" y otros intentos privados de regular las experiencias internas relacionadas con el TOC (autocalmarse); y 3) Los efectos negativos en la calidad de vida. La pretensión de controlar la experiencia interna es generalmente inútil y los intentos de hacerlo sólo exacerban el TOC y otros problemas en la vida de la persona. Estos esfuerzos de regular las experiencias internas relacionadas con el TOC son más perjudiciales para la calidad de vida que las experiencias internas relacionadas con el TOC en sí mismas. Por lo tanto, ACT se centra en disminuirlos y aumentar los comportamientos que enriquecen la calidad de vida.

Las intervenciones ACT para el TOC permiten centrarse en el contexto en el que se experimentan las obsesiones, utilizando el debate, ejercicios experienciales y metáforas para enseñar habilidades de aceptación de pensamientos y sentimientos para la acción comprometida basada en valores (Dehlin *et al.* 2013). Este enfoque puede reducir la evitación experiencial del paciente, la credibilidad de las intrusiones y la necesidad de responder a las obsesiones (Twohig *et al.*, 2006). Esto puede permitir que el comportamiento del cliente pase gradualmente de estar en gran medida bajo el control aversivo de sus obsesiones y ansiedad al control apetitivo de sus valores personales.

Las investigaciones indican que la flexibilidad psicológica (es decir, la aceptación de los estados emocionales negativos) está asociada a la reducción del malestar a largo plazo, mientras que la evitación experiencial (es decir, los intentos de controlar, suprimir, evitar o escapar de las emociones negativas) se asocia con un malestar más grave, incluyendo los síntomas obsesivos (Manos *et al.*, 2010). El objetivo de fomentar la aceptación de la ansiedad y las obsesiones en el tratamiento también complementa el objetivo de potenciar el aprendizaje inhibitorio: en la medida en que se tolere el miedo obsesivo, se pueden adquirir al máximo las asociaciones inhibitorias (es decir, que las obsesiones no son peligrosas). En consecuencia, demostrar a los pacientes que pueden tolerar la angustia y "actuar en presencia de obsesiones" durante y después de la E+PR puede ser más importante a largo plazo que asegurar la reducción del miedo dentro y entre sesiones (es decir, la habituación).

Utilizadas dentro del contexto de la terapia de exposición (Twohig *et al.* 2015), las estrategias de ACT pueden ayudar a los pacientes a entender la E+PR como un medio para aprender a responder con flexibilidad en presencia de obsesiones, ansiedad e incertidumbre. Específicamente, ACT se centra en (a) fomentar la disposición a experimentar la angustia obsesiva; (b) reconocer los pensamientos y sentimientos como ni correctos ni incorrectos (defusión cognitiva); y (c) utilizar el tratamiento para avanzar hacia lo que es valioso en la vida. Para más información sobre ACT, el lector puede consultar Wilson y Luciano (2002), o Harris (2019).

La mayoría de las técnicas basadas en ACT adoptan la forma de metáforas que se discuten en el contexto de las obsesiones, las compulsiones y su tratamiento. Aunque algunos defensores de este enfoque argumentan que desafiar y cambiar las cogniciones no es un objetivo explícito de ACT (por ejemplo, Twohig *et al.*, 2006), pasar de la creencia de que los pensamientos obsesivos son peligrosos a ser capaz de experimentar voluntariamente tales pensamientos parece implicar un mecanismo de cambio cognitivo a un nivel u otro.

Twohig *et al.* (2015) describen cómo las técnicas de ACT pueden ser implementadas dentro del marco de la E+PR. La tabla 2 contiene recomendaciones para el terapeuta y el paciente al realizar la exposición desde la perspectiva de ACT.

TABLA 2 | *Recomendaciones para el terapeuta y el paciente sobre qué hacer y qué no hacer en la exposición desde la perspectiva de ACT (Reformulado de Twohig et al. 2015, Abramowitz, Deacon y Whiteside, 2019)*

Tema	Hacer	No Hacer
Comportamiento del terapeuta		
¿Cuál es el objetivo de la terapia?	Mejorar la relación del paciente con las experiencias internas relacionadas con la ansiedad para implicarse en una vida coherente con los valores	Controlar, reducir o apuntar directamente al cambio en la experiencia interna
¿Cómo elige el terapeuta los objetivos para el paciente?	Elegir objetivos funcionalmente relacionados con mejorar en la vida enfocada a los valores	Buscar la "reducción de los síntomas" para cambiar las conductas "incorrectas" en "correctas"
¿Cómo puede el terapeuta conceptualizar las experiencias privadas relacionadas con la ansiedad?	Fomentar un enfoque sin juicios de valor en el que el paciente pueda simplemente ser consciente de estas experiencias sin valorarlas como "malas". Permitirse tener pensamientos obsesivos sin considerarlos "inaceptables"	Fomentar los juicios de valor sobre las experiencias internas como "buenas", "motivadoras", "malas""inaceptables", "temibles", "indeseables" "peligrosas", etc.
¿Cómo se puede proporcionar información al paciente?	Ayudar al paciente a desarrollar una conceptualización del problema (por ejemplo, cómo la lucha contra la ansiedad y la realización de conductas de seguridad mantienen el problema) mediante ejercicios experienciales y la utilización de metáforas	Utilizar charlas didácticas o magistrales para explicar conceptos psicológicos
¿Qué ocurre si la ansiedad del paciente se vuelve muy intensa durante la exposición?	Ayudar al paciente a convertirse en un observador de las experiencias y continuar con el ejercicio de exposición para aprender la disposición a realizar acciones valoradas mientras experimenta ansiedad	Guiar las decisiones de comportarse, por los cambios en experiencias internas. Detener las exposiciones debido una angustia fuerte

Comportamiento del paciente		
¿Qué debe hacer el paciente cuando la ansiedad se vuelve intensa?	Resistir las conductas de seguridad y ver esto como una oportunidad para practicar la apertura y la voluntad de tener experiencias no deseadas sin juzgarlas	Detener una exposición, realizar conductas de seguridad, intentar manipular o reducir la ansiedad, comparar las experiencias propias con las de los demás, juzgar la ansiedad como negativa
¿Cómo debe comportarse el paciente fuera de la sesión?	Practicar el compromiso con una vida valiosa independientemente de la presencia de experiencias internas relacionadas con la ansiedad	Seguir las reglas internas de evitación y escape de la ansiedad y la angustia

La efectividad de ACT se ha evaluado en estudios con un alto rigor metodológico. En su metaanálisis y revisión sistemática, Öst (2014) encontró que ACT es "posiblemente eficaz" en el tratamiento del TOC. Los efectos generales de ACT en la reducción del TOC son estadísticamente significativos, con un tamaño de efecto considerable. Hay que señalar que los tipos de condiciones de control podrían haber influido en los resultados. En varios estudios, los investigadores utilizaron condiciones de control activo, como farmacoterapia (Philip y Cherian, 2021), técnicas de relajación progresiva (Twohig *et al.*, 2010) y E+PR estándar (Twohig *et al.*, 2018).

En la revisión sistemática de Philip y Cherian (2021) se encontró que ACT produce una disminución significativa en los síntomas del TOC, y que los beneficios se mantienen en gran medida en el seguimiento. Aunque ACT fue más efectiva que las condiciones de control como lista de espera y placebo, no superó a los tratamientos psicológicos de primera línea establecidos para el TOC, es decir, la TCC y el E+RP tradicionales. Sin embargo, cuando se combina con el tratamiento farmacológico, ACT fue comparable en efectividad a una combinación de TCC y farmacoterapia.

Terapia Metacognitiva

Hemos visto cómo los pensamientos obsesivos forman parte de una familia de cogniciones intrusivas que son experiencias mentales comunes y corrientes. Por supuesto, las obsesiones no conducen inevitablemente al TOC, así que, ¿Qué es lo que hace que estas experiencias tan comunes sean problemáticas? Según el modelo metacognitivo (Wells, 2009), influyen tres factores importantes: (1) el significado que la persona asigna a esos eventos internos; (2) la perspectiva experiencial que la persona adopta en relación con ellos; y (3) qué estrategias escoge para la autorregulación. Cada uno de estos factores tiene su origen en componentes de la metacognición.

El modelo metacognitivo del TOC asume que las creencias sobre el poder y la importancia del pensamiento hacen que las personas asignen altos niveles de significación personal a los pensamientos. Así, cuando una persona experimenta una intrusión obsesiva, como una imagen de abusar de un niño, se activa el procesamiento metacognitivo que accede al conocimiento o a las creencias sobre la intrusión. Adrian Wells describió tres dominios de contenido de creencias metacognitivas que suelen estar implicados, y uno o más de estos dominios están presentes en los casos de TOC: creencias de fusión pensamiento-evento (por ejemplo, "Pensar en tener un accidente puede hacer que ocurra"); creencias de fusión pensamiento-acción (por ejemplo, "Pensar en hacer algo que no quiero hacer me hará hacerlo"); y creencias de fusión pensamiento-objeto (por ejemplo, "Los pensamientos pueden contaminar la mente"). Estas creencias llevan a la persona a interpretar negativamente la ocurrencia de la intrusión, lo que conduce a una sensación de amenaza y a la activación de ansiedad, repulsión y vergüenza (es decir, a un mayor afecto negativo). Este afecto negativo prepara los modos de actuar en los que la persona trata de escapar de la amenaza.

Según Wells (2009), los seres humanos tienden a experimentar las cogniciones de forma diferente a como experimentan las percepciones de los acontecimientos externos. Tendemos a estar soldados o fusionados a nuestros pensamientos y a tomar poca o ninguna distancia de ellos, sin apreciar que son construcciones internas. En la Terapia Metacognitiva (TMC), esta forma "fusionada" de experimentar se denomina modo objeto.

Este modo entra en contraste con el modo metacognitivo, en el que los pensamientos y las creencias se ven como acontecimientos internos distintos del yo y del mundo. La persona se aleja y observa los pensamientos como parte del amplio telón de fondo de la experiencia consciente. Experimentar de un modo metacognitivo requiere práctica para relacionarse con la experiencia interna de esta manera más distanciada, independientemente de la veracidad o exactitud del pensamiento. Un tipo de experiencia metacognitiva útil para cultivar como parte de la MCT es la atención plena distanciada (detached mindfulness), es decir, tener una conciencia objetiva de un pensamiento o creencia sin participar en ninguna estrategia de afrontamiento ni en ningún otro proceso conceptual, y ver la experiencia consciente de uno mismo como algo separado del pensamiento.

Los clientes con TOC generalmente introducen la rumiación, la preocupación y la ritualización mental para evitar la amenaza o el peligro. Estos procesos de pensamiento perseverativo son iniciados y guiados por creencias metacognitivas o reglas sobre el pensamiento y la necesidad de alcanzar ciertos estados de ánimo. La rumiación tiende a implicar la revisión de acontecimientos pasados y la consideración de las preguntas "por qué"; el proceso de preocupación tiende a centrarse en las preguntas "qué pasaría si" que implican la anticipación y el afrontamiento de peligros futuros. Por ejemplo, una persona con TOC podría preocuparse después de un desplazamiento en coche por haber atropellado a un ciclista y por lo que esto implicaría. Trataría de revisar exhaustivamente sus recuerdos del trayecto para asegurarse de que no hay lagunas de memoria ni pruebas de una colisión. Este proceso continuaría hasta alcanzar una sensación de "certeza suficiente". Si esto no fuera posible, la persona consideraría la posibilidad de volver a recorrer la ruta en el coche, o comprobaría en internet si se había informado de un accidente con atropello.

Es notable el paralelismo con el modelo cognitivo y los planteamientos basados en mindfulness, y aunque hay ciertas diferencias en el modo de intervención clínica, el fundamento del tratamiento es sencillo: el terapeuta transmite que las creencias del paciente sobre los pensamientos y sobre la necesidad de actuar sobre ellos confieren una importancia injustificada a los pensamientos, que se han fundido con la realidad. El objetivo del tratamiento es verlos y responder a ellos como eventos mentales transitorios e intrascendentes.

Wells (2005, p. 340) describe la atención plena distanciada (detached mindfulness) como "un tipo de conciencia interna pero en ausencia del procesamiento forzado del yo". Los componentes son:

- Meta-conciencia (ser consciente de los pensamientos)
- Descentramiento cognitivo (ver los pensamientos como eventos, no como hechos)
- Desapego atencional (reconocimiento de que el foco atencional es flexible y puede cambiarse)
- Bajo nivel de procesamiento conceptual (reducción del diálogo interno)
- Bajo nivel de afrontamiento centrado en objetivos (los objetivos de evitar o eliminar la amenaza no son una prioridad)

La forma de reestructuración cognitiva es similar en muchos aspectos, con el fin ayudar al cliente a responder de forma diferente por medio de entrenar mindfulness. Un enfoque consiste en utilizar una tarea de asociación libre en la que se lee una lista de sustantivos, pidiéndole al cliente que se limite a observar sus pensamientos de forma desapegada como el paso de los acontecimientos en la mente, sin intentar influir en ellos o controlarlos de ninguna manera. Puede ser necesario repetir y modificar la tarea varias veces. (En Wells, 2005, y Wells, 2009, se explican otras técnicas asociativas y atencionales similares). Cuando se ha logrado, el siguiente paso es instruir a la persona para que observe todos contenidos mentales de forma igualmente desapegada, permitiendo que los pensamientos vaguen libremente y que cualquier pensamiento, incluidas las obsesiones, entre en la mente.

Exposición y Comisión de Respuesta

La exposición y la comisión de respuesta es otra técnica de la TMC que se utiliza para permitir una mayor experimentación a nivel metacognitivo de las intrusiones, con el fin de desarrollarlas en la mente mientras se realizan los rituales, cambiando así la contingencia normal de los rituales destinados a eliminar la intrusión. El cliente puede hacer esto subvocalizando repetidamente un pensamiento verbalmente o visualizando una imagen mientras realiza el ritual. Introducir el ejercicio como una estrategia para ayudar al cliente a tomar distancia de los pensamientos y descubrir que pueden carecer de importancia. Por ejemplo, una persona que limpia ritualmente un objeto que ha sido moralmente contaminado puede decirse a sí misma repetidamente que el objeto estaba de hecho moralmente contaminado, mientras está en el proceso de limpieza.

Modificación de Creencias y Metacreencias

El enfoque inicial del tratamiento es facilitar la experimentación de los pensamientos y sentimientos obsesivos en el modo metacognitivo, a través del entrenamiento de detached mindfulness. A partir de ahí, el enfoque se desplaza hacia la reestructuración de las valoraciones y creencias metacognitivas. Se pueden utilizar tanto técnicas verbales como conductuales. Las estrategias verbales estándar para reestructurar las creencias de fusión incluyen el cuestionamiento de las pruebas que las apoyan y la búsqueda de contrapruebas, y los experimentos conductuales para desconfirmar las creencias son aplicados de forma similar a la TCC tradicional.

Prevención de recaídas

Wells (2009) recomienda que las dos sesiones finales de la terapia se dediquen a desarrollar un plan que proporcione al paciente un resumen de lo siguiente: a) la formulación del caso, b) las pruebas que cuestionan las creencias metacognitivas específicas sobre las intrusiones, y c) las desventajas de realizar rituales específicos.

Esto beneficiará la prevención de recaídas al resumir lo que fue útil en la terapia, y puede servir como un recurso escrito para guiar el manejo futuro de cualquier síntoma residual o la respuesta a situaciones que tengan el potencial de reactivar las intrusiones y rituales.

Terapia Basada en la Inferencia

Hemos visto que el modelo cognitivo, el modelo de appraisal, postula que una característica clave en el desarrollo del TOC no es la aparición de pensamientos intrusivos per se, (ya que casi todas las personas los experimentan) sino más bien la valoración de pensamientos intrusivos como significativos sobre la base de creencias disfuncionales (p.ej. responsabilidad exagerada) . Sin embargo, entre el 25% y el 73% de las personas con TOC no presentan creencias disfuncionales (Taylor *et al.*, 2006) lo que sugiere que la evaluación distorsionada de pensamientos intrusivos no es el único proceso involucrado en el desarrollo del TOC.

El enfoque conductual inicial se centraba en prevenir los rituales compulsivos y tolerar la angustia asociada, pero es el pensamiento obsesivo el que supuestamente impulsa las conductas neutralizadoras. Estos pensamientos no son una simple cuestión de razonamiento cartesiano del tipo: "pienso; por lo tanto, neutralizo". Al principio, puedo pensar y, por tanto lavarme, pero, más tarde, puede que vuelva a lavarme y, por tanto, piense que debería lavarme más o que sienta que tengo que lavarme y, por lo tanto, puedo pensar que he de lavarme más y, por lo tanto, pensar que debe haber una razón para lavarme o seguir lavándome y olvidar por qué he pensado que debía hacerlo. Los pensamientos obsesivos son complejos y tienen diversas capas.

Están los pensamientos que aparecen, los pensamientos que me rondan, los pensamientos sobre los pensamientos que tuve y sobre los pensamientos que no tuve o que podría haber tenido. La persona con TOC está atrapada en una corriente cruzada de pensamientos, donde las ondas superficiales se convierten en olas que le ahogan cuando rompen contra una cimentación oculta de suposiciones y creencias.

La Terapia Basada en la Inferencia (TBI) se desarrolló inicialmente para una categoría difícil de tratar: el TOC con bajo insight o ideación sobrevalorada. Hay evidencia preliminar de una posible ventaja de la TBI sobre la TCC estándar en este grupo (Julien *et al.* 2016); sin embargo, se ha encontrado que la TBI es aplicable a la mayoría de los subtipos de TOC.

La TBI destaca algunas características del trastorno que actualmente están poco contempladas por otros modelos de TOC, especialmente en lo que respecta al origen de las obsesiones, la teoría del cambio y los objetivos del tratamiento. Según el modelo, el TOC es un trastorno de la imaginación que se caracteriza por la duda patológica. De este modo, las obsesiones no serían intrusiones normales, sino que son eventos mentales que ocurren en contextos inapropiados. La TBI considera que las valoraciones cognitivas pueden estar involucradas en el mantenimiento de las obsesiones, pero la duda obsesiva se produce a través de un proceso de razonamiento inductivo defectuoso denominado confusión inferencial, en que una narrativa fantástica interna lleva a la persona a desconfiar de los sentidos y adentrarse en una posibilidad remota en lugar de permanecer en contacto con la realidad (O'Connor y Robillard, 1995). Se plantea la hipótesis de que la narrativa es coherente con ciertas temáticas del yo vulnerable (Aardema y O'Connor, 2007), lo que podría explicar la naturaleza selectiva del TOC (es decir, por qué las personas desarrollan obsesiones en torno a temas específicos).

En este modelo, las obsesiones comienzan en el punto en el que la persona sale de la realidad y pasa a la duda obsesiva inicial. Es diferente del modelo de valoración cognitiva ,que propone que los pensamientos intrusivos no deseados son una experiencia universal que no es problemática, pero si se valoran negativamente con una importancia indebida (por ejemplo, "tener este pensamiento significa que soy una mala persona"), la persona se preocupará e intentará suprimir el pensamiento, manteniendo así la preocupación y creando obsesiones. En cambio, la TBI considera la intrusión inicial como una inferencia que forma parte intrínseca de la obsesión.

El TOC se ha caracterizado por la duda patológica (Janet, 1903). Sin embargo, las personas con TOC pueden tener dudas tanto normales como patológicas. Según el modelo TBI, las dudas normales se desencadenan por la información directa que llega a través de los sentidos y el sentido común (es decir, lo que parecería razonable para la mayoría de las personas) en el aquí y ahora (p.ej.: Veo nubes oscuras y me pregunto si lloverá o no). El modelo postula que las personas con TOC utilizan un estilo de razonamiento diferente en situaciones de TOC: se plantea la hipótesis de que van más allá de la información disponible desde los sentidos en el aquí y ahora y hacen una inferencia sobre un posible estado de cosas ("Quizás la puerta está abierta") basada en una narrativa interna que es un producto de la imaginación, basada en la experiencia personal, rumores, hechos e ideas abstractas, posibilidades y reglas generales que dan lugar a formas a de razonamiento inductivo específicas para el TOC y que dan credibilidad a la narrativa.

Terapia basada en la inferencia (TBI)

(O'Connor** et al.**2009)

El protocolo de la TBI se organiza en una serie de etapas acumulativas. Las etapas principales son:

1. Establecer la naturaleza de la duda obsesiva y educar para distinguir la duda obsesiva de la duda auténtica.
2. Desentrañar la «historia» subjetiva (narrativa ficticia) que subyace a la inferencia primaria.
3. Ilustrar cómo la duda va en contra de la percepción en el aquí y ahora y desvirtúa el sentido común.
4. Revelar claramente cómo los dispositivos de razonamiento conducen a unainfeo rencia arbitraria de duda.
5. Examinar el poder de la imaginación.
6. Utilizar técnicas para reconectar a la persona con los sentidos y el sentido común (construir una narrativa realista alternativa, aterrizar a la persona en la percepción de la realidad).
7. Retornar a la persona al mundo de los sentidos.
8. Por último, trabajar el tema del yo vulnerable.

En la TBI, la unidad de análisis no es un pensamiento aislado y estático (p. ej . "Tener un mal pensamiento es tan malo como hacerlo") sino más bien una narrativa, es decir, una cadena de pensamientos que se interrelacionan de forma dinámica. En cuanto a las técnicas de intervención, TBI no busca reemplazar un pensamiento por otro mediante la reestructuración cognitiva; más bien, busca resaltar el poder de la imaginación reemplazando una narrativa TOC por una narrativa no TOC, basada en los sentidos y el sentido común. En definitiva, el objetivo es prescindir de cualquier tipo de narrativa, ya sea TOC o no, y volver a los sentidos y a la realidad. Es decir, no se les plantea que busquen pruebas a favor y en contra de un pensamiento; más bien, se entrena a regresar a los sentidos en el aquí y ahora y actuar de acuerdo con las percepciones sensoriales.

En este sentido, la TBI tiene como objetivo ayudar al cliente a identificar el momento exacto en el que pasa de la realidad a una mera posibilidad, y a volver a la realidad en el aquí y ahora, donde la duda obsesiva no tiene anclaje. Esta técnica comparte muchos aspectos con la práctica de mindfulness, aunque sus proponentes declaran que el objetivo en TBI es aprender a confiar en los sentidos tal como hace en otras situaciones no TOC, mientras que en mindfulness el objetivo es dejar de identificarse con los pensamientos y ser plenamente consciente del momento presente (Julien *et al.* 2016).

La E+PR no es una técnica utilizada explícitamente en TBI. Por supuesto, se anima a los pacientes a abstenerse de las compulsiones, pero el objetivo subyacente es conectarse con la realidad de una manera no TOC y, por lo tanto, confiar en los sentidos y la realidad en lugar de experimentar habituación o aprendizaje inhibitorio. Un ejemplo de ejercicio experiencial sería lo que Oconnor y Aardema (2012) denominan Reality Sensing :

Reality Sensing (O'Connor, Aardema y Pelissier, 2005)

Atender y confiar en los sentidos en situaciones de obsesión e impulso a ritualizar:

1- Cuando aparece la duda, la imagen o pensamiento, detente e imagínate a ti mismo entre dos mundos, un puente entre la realidad y la imaginación.
2- Enfoca la atención en la realidad circundante, de forma desapegada, sin forzar, deja que se desplieguen las sensaciones visuales, táctiles, auditivas, etc.
3- Aquí y ahora esta es la única realidad, buscar otra cosa o enredarse en comprobaciones es adens trarme en el territorio del TOC.
4- Mira hacia abajo desde el puente en el que estás de pie, observando el sentimiento que tienes de que debes de hacer algo, este es el vacío que queda al no ritualizar.
5- Conecta con la inmediatez y certeza del mundo de los sentidos, nota el suelo bajo tus pies. No hay necesidad de cruzar al mundo TOC.
6- Suelta y permite que se desvanezca el impulso a ritualizar.

A pesar de sus diferencias, la TBI y la TCC no son modelos incompatibles (O'Connor, 2014) Los dos modelos se enfocan a diferentes aspectos de la secuencia que conduce al TOC. LA TBI pone el énfasis en los procesos que dan lugar a obsesiones (confusión inferencial) y la TCC se enfoca en los procesos que siguen a la ocurrencia de obsesiones (la sobrevaloración de la amenaza). Por tanto, los dos modelos pueden ser complementarios. De hecho, se ha desarrollado un protocolo de tratamiento que combina TBI y TCC (Van Niekerk, 2009).

La TBI es un tratamiento manualizado de 20 sesiones que se aplica en formato individual, con diez módulos progresivos de práctica (O'Connor y Aardema, 2012). Aunque la TBI se formuló originalmente en el contexto del TOC, ofrece una conceptualización transdiagnóstica de la duda obsesiva, ampliando así su aplicabilidad a trastornos obsesivos de la misma familia como el trastorno dismórfico corporal, trastornos alimentarios y de acumulación. Además, a la luz de la relevancia de las creencias en procesos de imaginación en la TBI, el modelo también se ha aplicado a trastornos delirantes (O'Connor *et al.* 2019).

Terapia Centrada en la Compasión

La Terapia Centrada en la Compasión (CFT) propone un modelo de regulación emocional en el que intervienen tres sistemas evolucionados que interactúan de forma recíproca: el sistema de amenaza y autoprotección, el sistema de logro/impuso (drive) y búsqueda de recursos, y el sistema de calma. Algunas dificultades emocionales, como la vergüenza elevada, la autocrítica y, en el contexto del TOC, el miedo y la pretensión de evitar a toda costa de emociones como la culpa, pueden conceptualizarse como derivadas de un sistema de amenaza que ha sido hiperactivado defensivamente por traumas interpersonales como el acoso escolar, experiencias de traición, humillación o dinámicas emocionalmente abusivas en la familia de origen, o bien un sistema de calma subactivado o poco cultivado. Los adultos que han tenido experiencias de calidez y afecto parental son capaces de regular las emociones centradas en la amenaza mediante la activación de recuerdos calmantes, emociones y esquemas de apoyo, estímulo y validación (Gilbert, 2017).

La definición de compasión en la CFT tiene dos vertientes: (1) sensibilidad hacia el sufrimiento propio y ajeno; (2) un profundo compromiso para intentar aliviar ese sufrimiento. Gilbert (2010) identifica los siguientes atributos clave de una mente compasiva:

- Preocupación por el bienestar: Motivación para ser afectuoso y sensible con uno mismo y los demás que se refleja en el cultivo de un deseo de ayudar, cuidar, y aliviar la angustia.
- Una sensibilidad a las emociones y necesidades de uno mismo y los demás con atención, apertura y aproximación a las fuentes del malestar en lugar de evitación.
- Simpatía: Estar abierto, capaz de conmoverse y sintonizar emocionalmente con nuestros sentimientos, sufrimiento, necesidades y las de los demás.
- Tolerancia al malestar: Capacidad de permitirse notar o acoger, en lugar de evitar o disociarse de sentimientos difíciles, recuerdos, o situaciones dolorosas.

- Una comprensión empática de cómo funciona nuestra mente, por qué sentimos lo que sentimos, cómo son nuestros pensamientos, y extender esta comprensión a los demás.
- Aceptar, no juzgar, no condenar, desarrollar una orientación no hostil pero tampoco condescendiente ni sumisa hacia nosotros mismos y los demás.

En relación con estos atributos hay cualidades que también se consideran clave para relacionarse con uno mismo o con los demás con compasión. Estas cualidades incluyen: sabiduría, obtenida de la experiencia vital, para comprender que todos nos encontramos aquí, con experiencias que no hemos elegido y un cerebro complicado (centrado en la amenaza) que influye en cómo nos sentimos y respondemos en situaciones difíciles; fortaleza, que implica tener coraje ante la adversidad para afrontar nuestras dificultades a pesar del impulso de evitarlas; calidez, que estimula sentimientos de tranquilidad, conexión y seguridad; y una postura no crítica hacia uno mismo/ los demás, en la que la motivación principal es comprender y ayudar.

La compasión hacia un mismo (autocompasión) puede ser enormemente desafiante para las personas con TOC, por los altos niveles de vergüenza y autocrítica. Se juzgan muy severamente por el contenido de obsesiones, que suele girar en torno a temas considerados de lo más aborrecible por la persona; p.ej. una persona religiosa con pensamientos blasfemos, una madre primeriza con pensamientos de dañar a su bebé, o una persona comprometida con la educación pensando que podría ser un pedófilo. También pueden sentirse avergonzados de realizar compulsiones que son visibles a los demás como lavarse las manos en exceso o comprobaciones repetidas.

Vergüenza, culpa, autocrítica, miedo a la compasión

De esta forma, se conforman una serie de procesos emocionales autoconscientes que intervienen de forma incisiva en el desarrollo y mantenimiento del TOC, que pueden ser especialmente sensibles al tratamiento con CFT.

Gilbert y Irons (2005) definen la autocrítica como "una forma de relación entre uno mismo y uno mismo donde una parte de uno mismo encuentra culpabilidad y acusa, condena o incluso odia al yo" (p.265). Así, encontramos en los pacientes alta sensibilidad a culpa y la crítica, con un sentimiento generalizado de "anormalidad" e insuficiencia, que puede conducir a la ocultación de emociones y debilidades a los demás, a fin de parecer personas válidas (Ehntholt, *et al.*, 1999)

Respecto al miedo a la culpa, la actividad compulsiva tiene como objetivo prevenir, reducir o neutralizar la posibilidad de ser culpable. Hay intenso miedo a la culpa inducida indirectamente por cuidadores primarios, a través de críticas duras, retirada de afecto, apoyo y validación, en respuesta a situaciones que el niño no podía controlar (Barcaccia *et al,* 2015). El miedo a la compasión está asociado con ambivalencia y expectativas negativas hacia el tratamiento y puede ser un objetivo importante abordarla al principio del tratamiento de TOC, para favorecer la implicación en la terapia. (Merritt y Purdon, 2021)

Weingarden y Renshaw (2015) destacan que alto nivel de vergüenza en el TOC y comportamientos como la evitación y el aislamiento social, pueden fácilmente ser atribuidos a la ansiedad cuando en realidad surgen en respuesta a sentimientos de vergüenza. Esto tiene implicaciones importantes para el tratamiento y la utilidad de entrenar la compasión.

Evitación experiencial, coraje y autocompasión

Aunque como hemos visto, ACT y E+PR son un tratamiento eficaz en TOC, el nivel evitación experiencial por sí solo no se relaciona significativamente con las creencias obsesivas (Abramowitz *et al.* 2009;. Manos *et al.* 2010). No obstante, la autocrítica o auto-juicio negativo sí se han relacionado positivamente con la severidad del TOC junto con el nivel de coraje, autocompasión y el compromiso con valores que son predictores significativos con una relación inversa de la severidad del TOC (Wetterneck *et al.* 2013) Se ha hallado además que nivel de mindfulness y autocompasión fueron predictores únicos del nivel de severidad del TOC incluso si se controla la gravedad de la depresión (Leeuwerik *et al,* 2020b).

Terapia Centrada en la Compasión para el TOC

La CFT es una terapia integradora que, a través de un proceso de descubrimiento guiado orientado a disminuir el sufrimiento emocional, incorpora estrategias de intervención basadas en la evidencia, tales como el diálogo socrático, la identificación de conductas de seguridad, exposición, encadenamiento de inferencias, toma de perspectiva, experimentos conductuales, conciencia del cuerpo y de las emociones, entrenamiento de la respiración, prácticas compasivas en imaginación, generación de conducta e identidad compasiva, entre otras (véase Kolts, 2016).

TABLA 3 | Resumen de las sesiones de Grupo de Terapia Centrada en la Compasión para el TOC (Petrocchi *et al.*, 2021)

Tema de la sesión	Elementos clave
1. Introducción a la compasión	Exploración en grupo de la compasión: definición, introducción a los miedos, bloqueos y resistencias a la compasión; influencias del cerebro evolucionado, genética y contexto social en la vulnerabilidad al TOC. Introducción a la naturaleza, la funcionalidad y las consecuencias indeseadas en el TOC de la voz autocrítica; por qué y cómo la compasión puede ayudarnos cuando experimentamos síntomas de TOC; presentaciones y esquema de los objetivos del grupo.

2. Los tres sistemas de regulación emocional	Tres sistemas de regulación de las emociones y su desequilibrio en el TOC; las obsesiones y compulsiones como derivadas del sistema de amenaza. Definición de las amenazas internas (miedo a la culpa) y externas para un paciente con TOC. Cómo utilizar la respiración rítmica calmante, la expresión facial amable y el tono de voz interno afectuoso para empezar a estimular el sistema de calma y la variabilidad del ritmo cardíaco.
3. Regulación de la atención y mindfulness	Cómo enfocar la atención de forma intencionada para la estabilización y amplificación de la consciencia; cómo la práctica de mindfulness puede facilitar una menor reactividad a los pensamientos y sentimientos obsesivos, especialmente cuando se infunde con una intención compasiva (anotación mental compasiva); reenfoque compasivo; postura corporal compasiva
4. La seguridad (safety) frente a "sentirse seguro" (safeness) y el primer flujo de compasión	Discusión sobre la diferencia entre seguridad y "sentirse protegido", y lo crucial que es la afiliación con uno mismo y con los demás para generar un estado de serenidad; exploraciones del "poder de la visualización"; compasión desde los demás: imágenes de "lugar seguro" y de "otro compasivo" y cómo pueden crear *safeness* (en lugar de *safety*) cuando experimentan dudas obsesivas.
5. El yo compasivo y el segundo flujo de compasión (hacia los demás)	Imágenes del "yo compasivo": Visión de uno mismo como persona compasiva con las tres cualidades fundamentales de la compasión: sabiduría, fortaleza/autoridad, y compromiso; debate sobre cómo pueden aportar compasión a las dificultades de la vida que pueden experimentar otras personas en su vida, empezando por los demás miembros del grupo del TOC; debate sobre cómo sería cultivar deliberadamente este *self* y operar desde esta parte del yo más a menudo cuando surjan los pensamientos obsesivos. Visualizaciones de escenarios futuros en que el yo compasivo afronta circunstancias desencadenantes.
6. Autocrítica	Exploración de las formas y función de la autocrítica: propósito y efectos no deseados en nuestros síntomas de TOC; uso de imágenes de "yo compasivo" para abordar tanto la autocrítica primaria ("¿Soy estúpido? ¡Debería tener más cuidado!") como la secundaria ("No puedo seguir así, necesito parar las compulsiones, estoy loco!"); desarrollo de un repertorio de afirmaciones y comportamientos compasivos para utilizar en respuesta a la voz autocrítica.
7. El tercer flujo de compasión: Compasión por nuestros múltiples yoes	Visualización: exploración de las diversas emociones del sistema de amenaza (la culpa primaria y la evitación de la misma) y sus conflictos; abordaje de las emociones y necesidades que expresan, a través de nuestro yo compasivo; discusión de las trampas y obstáculos comunes, y práctica dentro del grupo.
8. Cultivar la autocompasión y conclusión	Cultivar la autocompasión; escribir una carta compasiva a uno mismo; revisión y prevención de recaídas; discusión de las lecciones aprendidas, experiencias que han obtenido del grupo y planes para seguir adelante

Su incorporación al tratamiento del TOC se ha sugerido por diversos autores (Bream *et al.* 2017; Sündermann y Veale, 2017; Tirch, 2022). No obstante, ha sido el estudio de Petrocchi *et al.* (2021) el primero en someter a investigación empírica un programa grupal de CFT para pacientes con TOC que habían completado al menos 6 meses de tratamiento de TCC, pero que seguían sufriendo síntomas significativos. (La estructura y contenido de las 8 sesiones semanales de 2 horas puede consultarse en la tabla 3.) Todos los participantes demostraron una disminución fiable de los síntomas del TOC, y estas mejoras se mantuvieron en el seguimiento. La intervención también se asoció con mejoras en el miedo a la culpa, la autocrítica y la seguridad en sí mismo, con altos niveles de aceptación y satisfacción con la intervención. Los autores concluyen que la intervención puede ser beneficiosa como tratamiento independiente o como complemento de otros tratamientos.

Resumen y reflexiones finales

En este capítulo, después de exponer los aspectos clínicos y fenomenológicos del TOC, se ha expuesto cómo el abordaje cognitivo-conductual intenta romper, por medio de la E+PR y la terapia cognitiva, el círculo vicioso que se forma cuando la ansiedad se intenta controlar por medio de respuestas de evitación. A continuación, se han expuesto las razones por las que la práctica de mindfulness y compasión puede ayudar a la aplicación, la aceptación de la E+PR, la prevención de recaídas y enriquecer este proceso con planteamientos cognitivos, metacognitivos y de consciencia compasiva enfocada a valores. Se han ilustrado estos planteamientos por medio de cinco enfoques: la Terapia Cognitiva Basada en Mindfulness (MBCT), el método de cuatro pasos, la Terapia de Aceptación y Compromiso (ACT), la Terapia Metacognitiva y la Terapia Basada en la Inferencia. Además, se ha expuesto la importancia y el potencial de la incorporación explícita de algunas de estas perspectivas en la E+PR, finalizando con un enfoque que puede aportar una comprensión experiencial extraordinariamente útil a los pacientes para el afrontamiento del TOC: la Terapia Centrada en la Compasión.

El TOC es un problema muy complicado y difícil de tratar. Tal vez por eso se han aplicado tantos tratamientos, y al menos algunos han mostrado cierta utilidad. Además de los tratados en este capítulo, podemos mencionar, p.ej.: EMDR, terapia estratégica, terapia de esquemas, hipnosis, reescritura de imágenes, y un largo etcétera. La práctica clínica parece que siempre va por delante de la investigación, pero hay que tener cuidado: Algunos tratamientos tradicionales y otros más innovadores no son eficaces en muchos pacientes con TOC, e incluso pueden empeorar el problema, aunque aparenten ser convincentes para manejar las obsesiones (véase: Mckay *et al.* 2021)

El volumen de investigación y monografias sobre el TOC es muy extenso, aunque una parte sustancial de las publicaciones en revistas especializadas no tiene una relevancia clara para la práctica clínica real. Incluso muchos casos clínicos publicados no reflejan la dificultad y complejidad del ejercicio profesional con estos pacientes (Montaño y Froján, 2005). No obstante, cuando la investigación experimental de los procesos del TOC está íntimamente conectada con la práctica clínica, parece ser fecunda y relevante para mejorar los tratamientos (Gagné *et al.* 2018)

La considerable aceptación y satisfacción con los tratamientos basados en mindfulness, aceptación y compasión por parte de los pacientes, es una de las razones que ha de impulsar a revisar cómo se investiga, pues pese a los datos limitados de que se dispone, las personas con TOC valoran de forma muy positiva su participación en estos tratamientos más allá de las medidas de reducción de síntomas primarios. En la investigación sobre psicoterapia, se tiende a examinar la eficacia global de una intervención en lugar de investigar elementos específicos. Esto impide la identificación de los elementos que explican el éxito del tratamiento.

Según las abundantes revisiones y metaanálisis recientes (véase p. ej: Riquelme *et al.* 2022; Ruiz y Cruzado, 2021; Chien *et al.* 2022; Manjula y Sudhir, 2019; Onaral, 2021; Lee *et al.* 2022) las llamadas "terapias de tercera generación" y las basadas en mindfulness son eficaces en el tratamiento del TOC, tanto como tratamiento primario, como prevención de recaídas, o como tratamiento alternativo para pacientes refractarios a la TCC. La constatación de la "no superioridad" en los resultados de estas revisiones es constante. Sin embargo, todas estas intervenciones incluyen manifiesta o implícitamente algunos aspectos de la TCC. Por lo tanto, falta conocimiento de qué parte de la terapia es especialmente útil para los pacientes.

La notable superporsición de elementos entre modelos y enfoques de tratamiento oscurece el discernimiento de los elementos clave de una intervención y la convergencia de las revisiones, que más allá del proverbial "necesitamos más investigación" apunta a que son eficaces y bien aceptadas. Cada vez hay más voces que piden impulsar una investigación más centrada en la perspectiva del paciente, combinar más la investigación de resultados con investigación cualitativa y de procesos, junto con la creación de redes de investigación orientadas por la práctica (Fernández-Alvarez *et al.* 2020).

Pero la realidad es que el dominio de la investigación cuantitativa basada en resultados, ensayo aleatorizado, metaanálisis y tamaños del efecto (que es totalmente imprescindible, pero insatisfactorio e insuficiente) sigue siendo aplastante. Por poner un ejemplo provocativo: De la última edición del prestigioso New Oxford Textbook of Psychiatry, en palabras de Fineberg *et al.*(2020), podemos leer: "A pesar del atractivo superficial del método de tratamiento cognitivo, en comparación con la E+PR, y de los numerosos estudios diseñados para demostrar su eficacia, hay pocas pruebas que sugieran que añadir terapia cognitiva a la E+PR ofrezca alguna ventaja distintiva " (p. 1013)

Esta consideración (aparentemente cierta en términos cuantitativos absolutos), resulta bastante injusta a la luz de la utilidad clínica demostrada de la terapia cognitiva en entornos "naturales" de práctica clínica (p.ej. Rector *et al.* 2019), aunque sea igualmente válida tanto respecto de la terapia cognitiva, como asimilable a todos los enfoques de tercera generación, incluyendo MBCT, terapia metacognitiva y los enfoques basados en la compasión, aceptación y valores que hemos visto en este capítulo. No obstante, como sugieren los terapeutas entrevistados por Jacobson *et al.* (2016) y Potter y Coyle (2017), los clínicos experimentados saben bien que los pacientes TOC necesitan para recuperarse y tener una calidad de vida digna, algo más -bastante más- que la mera reducción de síntomas con una puntuación subclínica en el Y-BOCS, para el mantenimiento de los logros en el tiempo y la prevención de recaídas. Por tanto, casi siempre van a incorporar intervenciones adicionales a la E+PR estándar, y es deseable que se investiguen a fondo los procesos por los que ayudan a las personas con TOC. Procesos como la regulación de la atención, la flexibilidad psicológica, la ecuanimidad y la compasión, que parecen ser procesos de cambio transdiagnósticos y transteóricos que subyacen a la mayoría, si no a todas, las formas de psicoterapia eficaces.

El campo de mindfulness y compasión en el tratamiento psicológico del TOC está todavía en sus inicios. La base de investigación empírica se está ampliando rápidamente y es bastante prometedora, pero todavía hay relativamente pocos estudios bien controlados que se centren específicamente en los procesos de cambio y la comparación rigurosa con tratamientos activos. Sin embargo, las pruebas indirectas de su relevancia y utilidad en la terapia son sólidas, así como los numerosos estudios sobre mindfulness y compasión como mediadores de resultados positivos de la terapia. Esperemos que el empeño de los investigadores clínicos y los profesionales aplicados pueda profundizar en nuestra comprensión de cómo funciona mindfulness y compasión en la terapia con el fin de mejorar la eficacia de los tratamientos para el TOC.

Lecturas recomendadas

Abramowitz, J. S., Deacon, B. J., y Whiteside, S. P. (2019). Exposure therapy for anxiety: Principles and practice (2nd Ed.) . Guilford Press.

Completo tratado sobre la terapia de exposición, con sus diversas modalidades y enfoques para los trastornos de ansiedad, con especial atención a las formas de E+PR para el TOC , junto las perspectivas de exposición a la manera de ACT y el modelo de aprendizaje inhibitorio.

Belloch, A., Cabedo, E., Carrió, C. (2011) TOC. Obsesiones y compulsiones. Tratamiento cognitivo. Madrid: Alianza Editorial

Exposición sistemática del modelo cognitivo y el tratamiento estándar de terapia cognitiva con abundante material ilustrativo de casos clínicos. Contiene orientaciones para la familia, instrumentos de evaluación y estructura del tratamiento.

Bream, V., Challacombe, F., Palmer, A., y Salkovskis, P. (2017). Cognitive behaviour therapy for obsessive-compulsive disorder. Oxford University Press.

El modelo teórico y el enfoque de tratamiento que se describen en este volumen es la versión de la TCC que incorpora la E+PR en base al modelo cognitivo generado por Paul Salkovskis y su equipo. Describe las competencias y metacompetencias de esta versión del modelo cognitivo-conductual y el tratamiento directamente derivado de éste. Incluye un capítulo en que se aborda el tratamiento de la culpa, la vergüenza y recuerdos traumáticos en el TOC, en que se incorpora explícitamente en la TCC la Terapia Centrada en la Compasión (CFT) y la reescritura de imágenes.

Clark, D. A. (2019). Cognitive-behavioral therapy for OCD and its subtypes (2nd Ed.). Guilford Press.

Manual muy completo y actualizado sobre la naturaleza del trastorno, nuevos hallazgos de investigación, evaluación y una visión profunda del tratamiento cognitivo-conductual (TCC) para una variedad de subtipos de TOC.

Didonna, F. (2020). Mindfulness-Based Cognitive Therapy for Obsessive-Compulsive Disorder (MBCT for OCD). Guilford Press
Descripción del Programa MBCT para el TOC con exposición detallada del contenido de las 11 sesiones, guiones de audios y materiales para el participante.

Hershfield, J., y Corboy, T. (2020). The mindfulness workbook for OCD (2nd Ed.): A guide to overcoming obsessions and compulsions using mindfulness and cognitive behavioral therapy. New Harbinger Publications.
Libro de autoayuda en el formato de cuadernos de trabajo que es habitual en la editorial New Harbinger. En esta edición actualizada se incluyen metáforas y explicaciones sencillas para el paciente sobre la aplicación práctica de mindfulness en la terapia cognitivo-conductual del TOC en diversos subtipos, incorporando estrategias de exposición basadas en aprendizaje inhibitorio. El uso de este material por el paciente debe considerarse siempre como adjunto al tratamiento con un profesional cualificado.

O'Connor, K., & Aardema, F. (2011). Clinician's handbook for obsessive compulsive disorder: Inference-based therapy. John Wiley & Sons.
Manual que expone con claridad el modelo del TOC basado en la inferencia y presenta el tratamiento paso a paso con ejercicios y materiales para el paciente.

Schwartz, J. M. (1996). Brain Lock: Free yourself from obsessive-compulsive behavior. HarperCollins.
Texto pionero en la aplicación de práctica de mindfulness y el método de 4 pasos para el TOC, escrito por un neurocientífico y clínico cuya línea de investigación en los años 90 estuvo centrada en los cambios neurometabólicos que se generan en la TCC para el TOC.

Sookman, D. (2015). Specialized cognitive behavior therapy for obsessive compulsive disorder: An expert clinician guidebook. Routledge.
Una guía práctica para el clínico especializado en el tratamiento del TOC. Este libro breve y muy estructurado se centra en estrategias para identificar y resolver las complejas y diversas formas de obstáculos y resistencias a la TCC, optimizar la E+PR, generalizar los logros y prevención de recaídas durante el tratamiento del TOC.

Wells, A. (2009). Terapia metacognitiva para la ansiedad y la depresión. Bilbao, Desclèe de Brouwer.
Completa monografía sobre la teoría y aplicación de la terapia metacognitiva, incluye instrumentos de evaluación, modelos para formulación de casos, para el TOC y diversos trastornos.

Referencias

Aardema, F., y O'Connor, K. P. (2007). The menace within: Obsessions and the self. Journal of Cognitive Psychotherapy, 21, 182–197. https://doi. org/10.1891/088983907781494573.

Abramowitz, J. S. (2006). Understanding and treating obsessive–compulsive disorder: A cognitive-behavioral approach. Mahwah, NJ: Erlbaum.

Abramowitz, J. S., Taylor, S., & McKay, D. (2005). Potentials and limitations of cognitive treatments for obsessive-compulsive disorder. Cognitive Behaviour Therapy, 34(3), 140-147. https://doi.org/10.1080/16506070510041202

Abramowitz, J. S., Lackey, G. R., & Wheaton, M. G. (2009). Obsessive-compulsive symptoms: The contribution of obsessional beliefs and experiential avoidance. Journal of Anxiety Disorders, 23(2), 160–166. https://doi.org/10.1016/j.janxdis.2008.06.003

Abramowitz, J. S., & Jacoby, R. J. (2014). Obsessive-compulsive disorder in the DSM-5. Clinical Psychology: Science and Practice, 21(3), 221-235. https://doi.org/10.1111/cpsp.12076

Abramowitz, J. S., Deacon, B. J., & Whiteside, S. P. H. (2019). Exposure therapy for anxiety: Principles and practice (Second edition).Guilford Press.

American Psychiatric Association. (2013). Diagnostic and statistical manual of mental disorders (5th ed.). Washington, DC: APA.

Arch, J. J., & Abramowitz, J. S. (2015). Exposure therapy for obsessive–compulsive disorder: An optimizing inhibitory learning approach. Journal of obsessive-compulsive and Related Disorders, 6, 174-182.

Atmaca, M., Yildirim, H., Yilmaz, S., Caglar, N., Mermi, O., Korkmaz, S., Akaslan, U., Gurok, M. G., Kekilli, Y., & Turkcapar, H. (2018). Orbito-frontal cortex and thalamus volumes in the patients with obsessive-compulsive disorder before and after cognitive behavioral therapy. The International Journal of Psychiatry in Medicine, 53(4), 243-255. https://doi.org/10.1177/0091217415621038

Barcaccia, B., Tenore, K., and Mancini, F. (2015). Early childhood experiences shaping vulnerability to Obsessive-Compulsive Disorder. Clin. Neuropsychiatry 12, 141–147.

Belloch, A., Cabedo, E., Carrió, C. (2011). TOC. Obsesiones y compulsiones. Tratamiento cognitivo. Madrid: Alianza Editorial

Berry, L.M., & Laskey, B. (2012). A review of obsessive intrusive thoughts in the general population. Journal of Obsessive-Compulsive and Related Disorders, 1(2), 125-132. https://doi.org/10.1016/j.jocrd.2012.02.002

Bjork, R. A., & Bjork, E. L. (2006). Optimizing treatment and instruction: Implications of a new theory of disuse. En L.-G. Nilsson & N. Ohta (Eds.), Memory and society: Psychological perspectives (pp. 116–140). Psychology Press.

Bouton, M. E., Woods, A. M., Moody, E. W., Sunsay, C., & García-Gutiérrez, A. (2006). Counteracting the Context-Dependence of Extinction: Relapse and Tests of Some Relapse Prevention Methods. En M. G. Craske, D. Hermans, & D. Vansteenwegen (Eds.), Fear and learning: From basic processes to clinical implications (pp. 175–196). American Psychological Association. https://doi.org/10.1037/11474-009

Bream, V., Challacombe, F., Palmer, A., & Salkovskis, P. (2017). Cognitive behaviour therapy for obsessive-compulsive disorder. Oxford University Press.

Cao, R., Yang, X., Luo, J., Wang, P., Meng, F., Xia, M., He, Y., Zhao, T., & Li, Z. (2021). The effects of cognitive behavioral therapy on the whole brain structural connectome in unmedicated patients with obsessive-compulsive disorder. Progress in Neuro-Psychopharmacology and Biological Psychiatry, 104, 110037. https://doi.org/10.1016/j.pnpbp.2020.110037

Clark, D. A. (2019). Cognitive-behavioral therapy for OCD and its subtypes (Second edition). Guilford Press.

Chien, W. T., Tse, M. K., Chan, H. Y., Cheng, H. Y., & Chen, L. (2022). Is mindfulness-based intervention an effective treatment for people with obsessive-compulsive disorder? A systematic review and meta-analysis. Journal of Obsessive-Compulsive and Related Disorders, 32, 100712.

Cludius, B., Landmann, S., Rose, N., Heidenreich, T., Hottenrott, B., Schröder, J., Jelinek, L., Voderholzer, U., Külz, A. K., & Moritz, S. (2020). Long-term effects of mindfulness-based cognitive therapy in patients with obsessive-compulsive disorder and residual symptoms after cognitive behavioral therapy: Twelve-month follow-up of a randomized controlled trial. Psychiatry Research, 291, 113119. https://doi.org/10.1016/j.psychres.2020.113119

Craske, M. G., Kircanski, K., Zelikowsky, M., Mystkowski, J., Chowdhury, N., & Baker, A. (2008). Optimizing inhibitory learning during exposure therapy. Behaviour research and therapy, 46(1), 5-27.

Craske, M. G., Treanor, M., Conway, C. C., Zbozinek, T., & Vervliet, B. (2014). Maximizing exposure therapy: An inhibitory learning approach. Behaviour Research and Therapy, 58, 10-23.

Dehlin, J. P., Morrison, K. L., & Twohig, M. P. (2013). Acceptance and commitment therapy as a treatment for scrupulosity in obsessive compulsive disorder. Behavior Modification, 37(3), 409–430. https://doi.org/10.1177/0145445512475134

Didonna, F. (2020). Mindfulness-based cognitive therapy for OCD: A treatment manual. Guilford Press.

Didonna, F. (2009). Mindfulness and obsessive–compulsive disorder: developing a way to trust and validate one's internal experience. En: Didonna, F.(Ed.) Clinical Handbook of Mindfulness. New York: Springer. doi: 10.1007/978-0-387-09593-6_12

Didonna, F., Lanfredi, M., Xodo, E., Ferrari, C., Rossi, R., & Pedrini, L. (2019). Mindfulness-based cognitive therapy for obsessive-compulsive disorder: A pilot study. Journal of Psychiatric Practice, 25(2), 156-170. https://doi.org/10.1097/PRA.0000000000000377

Diefenbach, G. J., Abramowitz, J. S., Norberg, M. M., & Tolin, D. F. (2007). Changes in quality of life following cognitive-behavioral therapy for obsessive-compulsive disorder. Behaviour Research and Therapy, 45(12), 3060-3068. https://doi.org/10.1016/j.brat.2007.04.014

Eichholz, A., Schwartz, C., Meule, A., Heese, J., Neumüller, J., & Voderholzer, U. (2020). Self-compassion and emotion regulation difficulties in obsessive–compulsive disorder. Clinical Psychology & Psychotherapy, 27(5), 630-639. https://doi.org/10.1002/cpp.2451

Ehntholt, K.A., Salkovskis, P.M., y Rimes, K.A. (1999). Obsessive-compulsive disorder, anxiety disorders, and self-esteem: An exploratory study. Behaviour Research and Therapy, 37, 771-781.

Fairfax, H. (2008). The use of mindfulness in obsessive compulsive disorder: Suggestions for its application and integration in existing treatment. Clinical Psychology & Psychotherapy, 15(1), 53-59. https://doi.org/10.1002/cpp.557

Fairfax, H. (2018). Mindfulness and obsessive compulsive disorder: Implications for psychological intervention. Journal of Mental Health and Clinical Psychology, 2, 55–63.

Fawcett, E. J., Power, H., & Fawcett, J. M. (2020). Women are at greater risk of OCD than men: a meta-analytic review of OCD prevalence worldwide. Journal of Clinical Psychiatry, 81(4), 13075.

Fernández-Álvarez, J., Prado-Abril, J.,Sánchez-Reales, S., Molinari, G., Gómez Penedo, J. M., Jeong Youn, S. (2020). La brecha entre la investigación y la práctica clínica: Hacia la integración de la psicoterapia. Papeles del Psicólogo , 41(2). https://doi.org/10.23923/pap.psicol2020.2932

Fineberg, N. A., Drummond, L. M., Reid, J., Cinosi, E., Carmi, L., & Mpavaenda, D. N. (2020). Management and treatment of obsessive–compulsive disorder. En J. R. Geddes, N. C. Andreasen, & G. M. Goodwin (Eds.), New Oxford Textbook of Psychiatry (pp. 1011-1022). Oxford University Press. https://doi.org/10.1093/med/9780198713005.003.0098

Foa, E. B., Steketee, G., Grayson, J. B., Turner, R. M., y Latimer, P. R. (1984). Deliberate exposure and blocking of obsessive-compulsive rituals: Immediate and long-term effects. Behavior Therapy, 15(5), 450–472. https://doi.org/10.1016/S0005-7894(84)80049-0

Foa, E. B., & Kozak, M. J. (1986). Emotional processing of fear: Exposure to corrective information. Psychological Bulletin, 99(1), 20-35. https://doi.org/10.1037/0033-2909.99.1.20

Foa, E. B., y McNally, R. J. (1996). Mechanisms of change in exposure therapy. En R.M. Rapee (Ed.), Current controversies in the anxiety disorders (pp. 329-343). Guilford Press.

Franklin, M. E., y Foa, E. B. (2007). Cognitive behavioral treatment of obsessive-compulsive disorder. En: P. E. Nathan, & J. M. Gorman (Eds.), A guide to treatments that work (3rd ed., pp. 431–446). New York, Oxford University Press.

Fullana, M. A., Vilagut, G., Rojas-Farreras, S., Mataix-Cols, D., de Graaf, R., Demyttenaere, K., Haro, J. M., de Girolamo, G., Lépine, J. P., Matschinger, H., & Alonso, J. (2010). Obsessive–compulsive symptom dimensions in the general population: Results from an epidemiological study in six European countries. Journal of Affective Disorders, 124(3), 291-299. https://doi.org/10.1016/j.jad.2009.11.020

Gagné, J.P., Kelly-Turner, K., & Radomsky, A. S. (2018). From the laboratory to the clinic (and back again): How experiments have informed cognitive–behavior therapy for obsessive–compulsive disorder. Journal of Experimental Psychopathology, 9(4), 204380871881003. https://doi.org/10.1177/2043808718810030

Gilbert, P. y Tirch, D. (2009). Emotional memory, mindfulness and compassion. En F. Didonna (Ed.), Clinical handbook of mindfulness (pp. 99–110). Springer. https://doi.org/10.1007/978-0-387-09593-6_7

Gilbert, P. (2010). Terapia Centrada en la Compasión. Características Distintivas. Bilbao, Desclée de brouwer.

Gilbert, P. (2017). Compassion as a social mentality: an evolutionary approach. En: Gilbert, P. (Ed.) Compassion, Concepts, Research and Applications. London: Routledge, (pp. 31–68). doi: 10.4324/9781315564296-3

Gilbert, P. (2020). Compassion: From its evolution to a psychotherapy. Frontiers in Psychology, 11, 586161. https://doi.org/10.3389/fpsyg.2020.586161

Goodman, W. K., Storch, E. A., & Sheth, S. A. (2021). Harmonizing the neurobiology and treatment of obsessive-compulsive disorder. American Journal of Psychiatry, 178(1), 17-29. https://doi.org/10.1176/appi.ajp.2020.20111601

Hannan, S. E., & Tolin, D. F. (2005). Mindfulness- and acceptance-based behavior therapy for obsessive-compulsive disorder. En S. M. Orsillo & L. Roemer (Eds.), Acceptance and Mindfulness-Based Approaches to Anxiety (pp. 271-299). Springer. https://doi.org/10.1007/0-387-25989-9_11

Harris, R. (2019). ACT made simple: An easy-to-read primer on acceptance and commitment therapy. New Harbinger Publications.

Hedman-Lagerlöf, M., Hedman-Lagerlöf, E., & Öst, L. G. (2018). The empirical support for mindfulness-based interventions for common psychiatric disorders: a systematic review and meta-analysis. Psychological Medicine, 48(13), 2116–2129.

Hertenstein, E., Rose, N., Voderholzer, U., Heidenreich, T., Nissen, C., Thiel, N., Herbst, N., & Külz, A. K. (2012). Mindfulness-based cognitive therapy in obsessive-compulsive disorder – A qualitative study on patients' experiences. BMC Psychiatry, 12(1), 185. https://doi.org/10.1186/1471-244X-12-185

Hirschtritt, M. E., Bloch, M. H., & Mathews, C. A. (2017). Obsessive-compulsive disorder: Advances in diagnosis and treatment. JAMA, 317(13), 1358. https://doi.org/10.1001/jama.2017.2200

Hollander, E., Stein, D. J., Kwon, J. H., Rowland, C., Wong, C. M., Broatch, J., & Himelein, C. (1997). Psychosocial function and economic costs of obsessive-compulsive disorder. CNS Spectrums, 2(10), 16-25. https://doi.org/10.1017/S1092852900011068

Hölzel, B. K., Lazar, S. W., Gard, T., Schuman-Olivier, Z., Vago, D. R., & Ott, U. (2011). How does mindfulness meditation work? Proposing mechanisms of action from a conceptual and neural perspective. Perspectives on Psychological Science, 6(6), 537-559. https://doi.org/10.1177/1745691611419671

Jacobson, N. C., Newman, M. G., & Goldfried, M. R. (2016). Clinical feedback about empirically supported treatments for obsessive-compulsive disorder. Behavior Therapy, 47(1), 75-90. https://doi.org/10.1016/j.beth.2015.09.003

Jacoby, R. J., & Abramowitz, J. S. (2016). Inhibitory learning approaches to exposure therapy: A critical review and translation to obsessive-compulsive disorder. Clinical Psychology Review, 49, 28-40. https://doi.org/10.1016/j.cpr.2016.07.001

Janet, P. y Raymond, F. (1903). Les obsessions et la psychasthénie (Vol. 2). Paris, Félix Alcan éditeur.

Julien, D., O'Connor, K., & Aardema, F. (2016). The inference-based approach to obsessive-compulsive disorder: A comprehensive review of its etiological model, treatment efficacy, and model of change. Journal of Affective Disorders, 202, 187-196. https://doi.org/10.1016/j.jad.2016.05.060

Kabat-Zinn, J. (1990). Full catastrophe living: The program of the stress reduction clinic at the University of Massachusetts Medical Center. New York: Delta

Key, B. L., Rowa, K., Bieling, P., McCabe, R., & Pawluk, E. J. (2017). Mindfulness-based cognitive therapy as an augmentation treatment for obsessive-compulsive disorder. Clinical Psychology & Psychotherapy, 24(5), 1109-1120. https://doi.org/10.1002/cpp.2076

Kolts, R. L. (2016). CFT made simple: A clinician's guide to practicing compassion-focused therapy. New Harbinger Publications.

Kozak, M. J. (1999). Evaluating treatment efficacy for obsessive-compulsive disorder: Caveat practitioner. Cognitive and Behavioral Practice, 6(4), 422–426. doi:10.1016/S1077- 7229(99)80061-3.

Külz, A. K., Barton, B. A., & Voderholzer, U. (2016). Therapieformen der Dritten Welle der Verhaltenstherapie bei Zwangsstörungen: Sinnvolle Ergänzung zu KVT? Aktueller Wissensstand [Terapias de tercera ola de terapia cognitivo-conductual para el trastorno obsesivo-compulsivo: ¿Una terapia complementaria razonable para la TCC? Estado del arte]. Psychotherapie, Psychosomatik, medizinische Psychologie, 66, 106-11. doi: 10.1055/s-0042-103028

Külz, A. K., Landmann, S., Cludius, B., Rose, N., Heidenreich, T., Jelinek, L., Alsleben, H., Wahl, K., Philipsen, A., Voderholzer, U., Maier, J. G., & Moritz, S. (2019). Mindfulness-based cognitive therapy (MBCT) in patients with obsessive–compulsive disorder (OCD) and residual symptoms after cognitive behavioral therapy (CBT): A randomized controlled trial. European Archives of Psychiatry and Clinical Neuroscience, 269(2), 223-233. https://doi.org/10.1007/s00406-018-0957-4

Kuyken, W., Warren, F. C., Taylor, R. S., Whalley, B., Crane, C., Bondolfi, G., *et al.*(2016). Efficacy of mindfulness- based cognitive therapy in prevention of depressive relapse: An individual patient data meta- analysis from randomized trials. JAMA Psychiatry, 73(6), 565–574. https://doi.org/10.1001/ jamapsychiatry.2016.0076

Landmann, S., Cludius, B., Tuschen-Caffier, B., Moritz, S., & Külz, A. K. (2019). Mindfulness predicts insight in obsessive-compulsive disorder over and above OC symptoms: An experience-sampling study. Behaviour Research and Therapy, 121, 103449. https://doi.org/10.1016/j.brat.2019.103449

Lee, S. M., Suh, H. W., Kwak, H. Y., Kim, J. W., & Chung, S. Y. (2022). Meditation-based intervention for obsessive-compulsive disorder: A PRISMA-compliant systematic review and meta-analysis. Medicine, 101(30). DOI: 10.1097/MD.0000000000029147

Leeuwerik, T., Cavanagh, K., Forrester, E., Hoadley, C., Jones, A.-M., Lea, L., Rosten, C., & Strauss, C. (2020a). Participant perspectives on the acceptability and effectiveness of mindfulness-based cognitive behaviour therapy approaches for obsessive compulsive disorder. PLOS ONE, 15(10), e0238845. https://doi.org/10.1371/journal.pone.0238845

Leeuwerik, T., Cavanagh, K., & Strauss, C. (2020b). The association of trait mindfulness and self-compassion with obsessive-compulsive disorder symptoms: Results from a large survey with treatment-seeking adults. Cognitive Therapy and Research, 44(1), 120-135. https://doi.org/10.1007/s10608-019-10049-4

Manjula, M., & Sudhir, P. (2019). New-wave behavioral therapies in obsessive-compulsive disorder: Moving toward integrated behavioral therapies. Indian Journal of Psychiatry, 61(7), 104. https://doi.org/10.4103/psychiatry.IndianJPsychiatry_531_18

Manos, R. C., Cahill, S. P., Wetterneck, C. T., Conelea, C. A., Ross, A. R., & Riemann, B. C. (2010). The impact of experiential avoidance and obsessive beliefs on obsessive-compulsive symptoms in a severe clinical sample. Journal of Anxiety Disorders, 24(7), 700–708. http://dx.doi.org/10.1016/j.janxdis.2010.05.001.

McCabe, R. E., Rowa, K., Farrell, N. R., Young, L., Swinson, R. P., & Antony, M. M. (2019). Improving treatment outcome in obsessive-compulsive disorder: Does motivational interviewing boost efficacy? Journal of Obsessive-Compulsive and Related Disorders, 22, 100446. https://doi.org/10.1016/j.jocrd.2019.100446

McKay, D., Abramowitz, J. S., & Storch, E. A. (2021). Mechanisms of harmful treatments for obsessive–compulsive disorder. Clinical Psychology: Science and Practice, 28(1), 52-59. https://doi.org/10.1111/cpsp.12337

McKay, D., Sookman, D., Neziroglu, F., Wilhelm, S., Stein, D. J., Kyrios, M., Matthews, K., & Veale, D. (2015). Efficacy of cognitive-behavioral therapy for obsessive–compulsive disorder. Psychiatry Research, 225(3), 236-246. https://doi.org/10.1016/j.psychres.2014.11.058

Merritt, O. A., & Purdon, C. (2021). Fear of compassion is associated with treatment ambivalence and negative expectations for treatment in people with anxiety. British Journal of Clinical Psychology, 60(4), 546–555. https://doi.org/10.1111/bjc.12313

Meyer, V. (1966). Modification of expectations in cases with obsessional rituals. Behaviour Research and Therapy, 4(4), 273-280. https://doi.org/10.1016/0005-7967(66)90023-4

Meyer, V., Levy, R., y Schnurer, A. (1974). The behavioural treatment of obsessive-compulsive disorders. En H. R. Beech (Ed.), Obsessional states. Methuen & Co.

Miró, M.T. y Pastor, J. (2012). Mindfulness en el tratamiento del Trastorno Obsesivo-Compulsivo. En: Miró. M.T. y Simón, V. (eds.) Mindfulness en la Práctica Clínica. Desclée de Brouwer.(pp.169-208)

Montaño M. y Froján M.X. (2005). Literatura científica y práctica clínica. Un estudio comparativo sobre la intervención en los problemas obsesivo-compulsivos. Clínica y Salud, 16(3),237-251.

Murphy, H., y Perera-Delcourt, R. (2014). 'Learning to live with OCD is a little mantra I often repeat': Understanding the lived experience of obsessive-compulsive disorder (OCD) in the contemporary therapeutic context. Psychology and Psychotherapy: Theory, Research and Practice, 87(1), 111-125. https://doi.org/10.1111/j.2044-8341.2012.02076.x

NICE (2005). Obsessive-compulsive disorder and body dysmorphic disorder: Treatment. Guideline (CG31). https://www.nice.org.uk/guidance/cg31.

O'Connor, K. (2014). Introduction to the special issue: Behavioral, cognitive, and emotional processes and symptom change during inference-based therapy for obsessional compulsive disorder. International Journal of Cognitive Therapy, 7(1), 1-5. https://doi.org/10.1521/ijct.2014.7.1.1

O'Connor, K. P., & Aardema, F. (2012). Clinician's handbook for obsessive compulsive disorder: Inference-based therapy. Wiley-Blackwell.

O'Connor, K. P., Aardema, F., y Pelissier, M. (2005). Beyond reasonable doubt: Reasoning processes in obsessive-compulsive disorder and related disorders. West Sussex, UK: John Wiley & Sons.

O'Connor, K., Koszegi, N., Aardema, F., van Niekerk, J., & Taillon, A. (2009). An inference-based approach to treating obsessive-compulsive disorders. Cognitive and Behavioral Practice, 16(4), 420-429.

O'Connor, K., & Robillard, S. (1995). Inference processes in obsessive-compulsive disorder: Some clinical observations. Behaviour Research and Therapy, 33, 887–896.

O'Connor, K. P., Ouellet-Courtois, C., & Aardema, F. (2019). Innovative cognitive behavioral treatments for obsessive-compulsive disorder. En L. F. Fontenelle & M. Yücel (Eds.), A Transdiagnostic Approach to Obsessions, Compulsions and Related Phenomena (pp. 217-228). Cambridge University Press. https://doi.org/10.1017/9781108164313.018

Olatunji, B. O., Davis, M. L., Powers, M. B., & Smits, J. A. J. (2013). Cognitive-behavioral therapy for obsessive-compulsive disorder: A meta-analysis of treatment outcome and moderators. Journal of Psychiatric Research, 47(1), 33-41. https://doi.org/10.1016/j.jpsychires.2012.08.020

Onaral, G. (2021). Obsesif-kompulsif bozuklukta üçüncü kuşak terapilerin etkililiği: Bir gözden geçirme. [Eficacia de las terapias de tercera ola para el tratamiento del trastorno obsesivo-compulsivo: Una revisión]. Psikiyatride Guncel Yaklasimlar - Current Approaches in Psychiatry, 13(2), 292-331. https://doi.org/10.18863/pgy.779029

Öst, L.G. (2014). The efficacy of acceptance and commitment therapy: an updated systematic review and meta-analysis. Behaviour research and therapy, 61, 105-121.

Öst, L.G., Havnen, A., Hansen, B., & Kvale, G. (2015). Cognitive behavioral treatments of obsessive–compulsive disorder. A systematic review and meta-analysis of studies published 1993–2014. Clinical Psychology Review, 40, 156-169. https://doi.org/10.1016/j.cpr.2015.06.003

Petrocchi, N., Cosentino, T., Pellegrini, V., Femia, G., D'Innocenzo, A., & Mancini, F. (2021). Compassion-focused group therapy for treatment-resistant OCD: Initial evaluation using a multiple baseline design. Frontiers in Psychology, 11, 594277. https://doi.org/10.3389/fpsyg.2020.594277

Pinto, A., Mancebo, M. C., Eisen, J. L., Pagano, M. E., & Rasmussen, S. A. (2006). The brown longitudinal obsessive compulsive study: Clinical features and symptoms of the sample at intake. Journal of Clinical Psychiatry, 67(5), 0-0.

Philip, J., & Cherian, V. (2021). Acceptance and commitment therapy in the treatment of Obsessive-Compulsive Disorder: A systematic review. Journal of Obsessive-Compulsive and Related Disorders, 28, 100603.

Potter, K., & Coyle, A. (2017). Psychotherapeutic practitioners' views of the efficacy of mindfulness for the treatment of obsessive compulsive disorder: A qualitative key informant analysis. European Journal of Psychotherapy & Counselling, 19(2), 124-140.

Price, L. H., Rasmussen, S. A., & Eisen, J. L. (1999). The natural history of obsessive-compulsive disorder. Archives of General Psychiatry, 56(2), 131. https://doi.org/10.1001/archpsyc.56.2.131

Purdon, C., y Clark, D. A. (1999). Metacognitions and obsessions. Clinical Psychology & Psychotherapy, 6, 102–110.

Rachman, S. (1980). Emotional processing. Behaviour Research and Therapy, 18(1), 51-60. https://doi.org/10.1016/0005-7967(80)90069-8

Rachman, S. (1997). A cognitive theory of obsessions. Behaviour Research and Therapy, 35(9), 793-802. https://doi.org/10.1016/S0005-7967(97)00040-5

Rachman, S., & de Silva, P. (1978). Abnormal and normal obsessions. Behaviour Research and Therapy, 16(4), 233-248. https://doi.org/10.1016/0005-7967(78)90022-0

Rector, N. A., Richter, M. A., Katz, D., & Leybman, M. (2019). Does the addition of cognitive therapy to exposure and response prevention for obsessive compulsive disorder enhance clinical efficacy? A randomized controlled trial in a community setting. British Journal of Clinical Psychology, 58(1), 1-18. https://doi.org/10.1111/bjc.12188

Reid, A. M., Garner, L. E., Van Kirk, N., Gironda, C., Krompinger, J. W., Brennan, B. P., Mathes, B. M., Monaghan, S. C., Tifft, E. D., André, M.-C., Cattie, J., Crosby, J. M., & Elias, J. A. (2017). How willing are you? Willingness as a predictor of change during treatment of adults with obsessive-compulsive disorder. Depression and Anxiety, 34(11), 1057-1064. https://doi.org/10.1002/da.22672

Reid, J. E., Laws, K. R., Drummond, L., Vismara, M., Grancini, B., Mpavaenda, D., & Fineberg, N. A. (2021). Cognitive behavioural therapy with exposure and response prevention in the treatment of obsessive-compulsive disorder: A systematic review and meta-analysis of randomised controlled trials. Comprehensive Psychiatry, 106, 152223. https://doi.org/10.1016/j.comppsych.2021.152223

Rickelt, J., Viechtbauer, W., Lieverse, R., Overbeek, T., van Balkom, A. J., van Oppen, P., van den Heuvel, O. A., Marcelis, M., Eikelenboom, M., Tibi, L., & Schruers, K. R. (2016). The relation between depressive and obsessive-compulsive symptoms in obsessive-compulsive disorder: Results from a large, naturalistic follow-up study. Journal of Affective Disorders, 203, 241-247. https://doi.org/10.1016/j.jad.2016.06.009

Riffkin, J., Yücel, M., Maruff, P., Wood, S. J., Soulsby, B., Olver, J., Kyrios, M., Velakoulis, D., & Pantelis, C. (2005). A manual and automated MRI study of anterior cingulate and orbito-frontal cortices, and caudate nucleus in obsessive-compulsive disorder: Comparison with healthy controls and patients with schizophrenia. Psychiatry Research: Neuroimaging, 138(2), 99-113. https://doi.org/10.1016/j.pscychresns.2004.11.007

Riquelme-Marín, A., Rosa-Alcazar, A. I., & Ortigosa-Quiles, J. M. (2022). Mindfulness-based psychotherapy in patients with obsessive-compulsive disorder: A meta-analytical Study. International Journal of Clinical and Health Psychology, 22(3), 100321.

Ruiz Usero, S., & Cruzado Rodríguez, J. A. (2021). Valoración de la eficacia de la terapia basada en Mindfulness para el trastorno obsesivo compulsivo. Una revisión sistemática. Ansiedad y Estrés, 27(1), 7–14. https://doi.org/10.5093/anyes2021a2

Ruscio, A. M., Stein, D. J., Chiu, W. T., & Kessler, R. C. (2010). The epidemiology of obsessive-compulsive disorder in the National Comorbidity Survey Replication. Molecular Psychiatry, 15(1), 53-63. https://doi.org/10.1038/mp.2008.94

Salkovskis, P. M. (1985). Obsessional-compulsive problems: A cognitive-behavioural analysis. Behaviour Research and Therapy, 23(5), 571-583. https://doi.org/10.1016/0005-7967(85)90105-6

Salkovskis, P. M., & Harrison, J. (1984). Abnormal and normal obsessions—A replication. Behaviour Research and Therapy, 22(5), 549-552. https://doi.org/10.1016/0005-7967(84)90057-3

Shafran, R., Radomsky, A. S., Coughtrey, A. E., & Rachman, S. (2013). Advances in the cognitive behavioral treatment of Obsessive Compulsive Disorder. Cognitive Behaviour Therapy, 42, 265–274.

Schore, A. (2003). Affect Dysregulation and disorders of the self. Norton.

Schwartz, J.M. (1996). Brain Lock: Free yourself from obsessive-compulsive behavior. HarperCollins.

Schwartz, J.M., & Gladding, R. (2011). You are not your brain: The 4-step solution for changing bad habits, ending unhealthy thinking, and taking control of your life. Avery-Penguin Group.

Segal, Z., Williams, M., & Teasdale, J. (2013). Mindfulness-based cognitive therapy for depression (2nd. Edition). Guilford publications.

Seibell, P. J., Hamblin, R. J., & Hollander, E. (2015). Obsessive-compulsive disorder: Overview and standard treatment strategies. Psychiatric Annals, 45(6), 297-302. https://doi.org/10.3928/00485713-20150602-04

Selchen, S., Hawley, L. L., Regev, R., Richter, P., & Rector, N. A. (2018). Mindfulness- based cognitive therapy for OCD: Stand-alone and post-CBT augmentation approaches. International Journal of Cognitive Therapy, 11(1), 58–79.

Sguazzin, C. M., Key, B. L., Rowa, K., Bieling, P. J., & McCabe, R. E. (2017). Mindfulness-based cognitive therapy for residual symptoms in obsessive-compulsive disorder: A qualitative analysis. Mindfulness, 8(1), 190–203.

Singh, N. N., Robert, G., Wahler, R.G., Winton, W.A. y Adkins, A. D. (2004). A Mindfulness-Based Treatment of Obsessive-Compulsive Disorder. Clinical Case Studies, 3, (4), 275-287.

Smith, A. (1759/1997). La Teoría de los Sentimientos Morales. Madrid, Alianza Editorial.

Sookman, D., Phillips, K. A., Anholt, G. E., Bhar, S., Bream, V., Challacombe, F. L., Coughtrey, A., Craske, M. G., Foa, E., Gagné, J.-P., Huppert, J. D., Jacobi, D., Lovell, K., McLean, C. P., Neziroglu, F., Pedley, R., Perrin, S., Pinto, A., Pollard, C. A., … Veale, D. (2021). Knowledge and competency standards for specialized cognitive behavior therapy for adult obsessive-compulsive disorder. Psychiatry Research, 303, 113752. https://doi.org/10.1016/j.psychres.2021.113752

Sündermann, O., & Veale, D. (2017). Complexity in obsessive-compulsive and body dysmorphic disorder – a functional approach to complex difficulties. The Cognitive Behaviour Therapist, 10, e15. https://doi.org/10.1017/S1754470X17000113

Taylor, S., Abramowitz, J. S., McKay, D., Calamari, J. E., Sookman, D., Kyrios, M., Wilhelm, S., & Carmin, C. (2006). Do dysfunctional beliefs play a role in all types of obsessive–compulsive disorder? Journal of Anxiety Disorders, 20(1), 85-97. https://doi.org/10.1016/j.janxdis.2004.11.005

Tirch, D. (2022). Compassion focused therapy for the treatment of anxiety. En: Gilbert, P. y Simos, G. (Eds.) Compassion Focused Therapy. Clinical Practice and Applications. (pp.479-493) Routledge.

Torres, A. R., Prince, M. J., Bebbington, P. E., Bhugra, D., Brugha, T. S., Farrell, M., Jenkins, R., Lewis, G., Meltzer, H., & Singleton, N. (2006). Obsessive-compulsive disorder: Prevalence, comorbidity, impact, and help-seeking in the british national psychiatric morbidity survey of 2000. American Journal of Psychiatry, 163(11), 1978-1985. https://doi.org/10.1176/ajp.2006.163.11.1978

Treanor, M. (2011). The potential impact of mindfulness on exposure and extinction learning in anxiety disorders. Clinical psychology review, 31(4), 617-625.

Twohig, M. P., Hayes, S. C., & Masuda, A. (2006). Increasing willingness to experience obsessions: Acceptance and commitment therapy as a treatment for obsessive-compulsive disorder. Behavior Therapy, 37(1), 3-13. https://doi.org/10.1016/j.beth.2005.02.001

Twohig, M. P., Moran, D. J., & Hayes, S. C. (2007). A functional contextual account of Obsessive Compulsive Disorder. In D. W. Woods, & J. Kanter (Eds.), Understanding Behavior Disorders: A Contemporary Behavioral Perspective (pp. 117–156). Reno, NV: Context Press.

Twohig, M. P. (2009). The application of acceptance and commitment therapy to obsessive-compulsive disorder. Cognitive and Behavioral Practice, 16(1), 18-28. https://doi.org/10.1016/j.cbpra.2008.02.008

Twohig, M. P., Hayes, S. C., Plumb, J. C., Pruitt, L. D., Collins, A. B., Hazlett-Stevens, H., & Woidneck, M. R. (2010). A randomized clinical trial of acceptance and commitment therapy versus progressive relaxation training for obsessive-compulsive disorder. Journal of consulting and clinical psychology, 78(5), 705.

Twohig, M. P., Abramowitz, J. S., Bluett, E. J., Fabricant, L. E., Jacoby, R. J., Morrison, K. L., Reuman, L., & Smith, B. M. (2015). Exposure therapy for OCD from an acceptance and commitment therapy (ACT) framework. Journal of Obsessive-Compulsive and Related Disorders, 6, 167-173. https://doi.org/10.1016/j.jocrd.2014.12.007

Twohig, M. P., Abramowitz, J. S., Smith, B. M., Fabricant, L. E., Jacoby, R. J., Morrison, K. L., Bluett, E. J., Reuman, L., Blakey, S. M., & Ledermann, T. (2018). Adding acceptance and commitment therapy to exposure and response prevention for obsessive-compulsive disorder: A randomized controlled trial. Behaviour Research and Therapy, 108, 1-9. https://doi.org/10.1016/j.brat.2018.06.005

Vogel, P.A., Stiles, T.C. y Götestam, K.G. (2004). Adding cognitive therapy elements to exposure therapy for obsessive compulsive disorder: A controlled study. Behavioural and Cognitive Psychotherapy, 32, 275-290.

Van Niekerk, J. (2009). Coping with obsessive-compulsive disorder: A step-by-step guide using the latest CBT techniques. Simon and Schuster.

Wahl, K., Huelle, J. O., Zurowski, B., & Kordon, A. (2012). Managing obsessive thoughts during brief exposure: An experimental study comparing mindfulness-based strategies and distraction in obsessive–compulsive disorder. Cognitive Therapy and Research, 37, 752-761.

https://doi.org/10.1007/s10608-012-9503-2

Wasserman, T., Wasserman, L.D. (2019). Mindfulness-Based Approaches and Attention Regulation. En: Therapy and the Neural Network Model. Applications and Implications. Springer. https://doi.org/10.1007/978-3-030-26921-0_7

Wells, A. (2005). Detached mindfulness in cognitive therapy: A metacognitive analysis and ten techniques. Journal of Rational-Emotive & Cognitive-Behavior Therapy, 23(4), 337-355. https://doi.org/10.1007/s10942-005-0018-6

Wells, A. (2009). Metacognitive therapy for anxiety and depression. New York, Guilford Press.

Weingarden, H., & Renshaw, K. D. (2015). Shame in the obsessive compulsive related disorders: A conceptual review. Journal of affective disorders, 171, 74-84.

Wetterneck, C., Lee, E., Smith, A., & Hart, J. (2013). Courage, self-compassion, and values in obsessive-compulsive disorder. Journal of Contextual Behavioral Science, 2, 68-73.

World Health Organization (WHO). (2020). ICD-11: International statistical classification of diseases and related health problems (11th ed.). https://icd.who.int/

Wilhelm, S., & Steketee, G. S. (2006). Cognitive therapy for obsessive compulsive disorder: A guide for professionals. New Harbinger Publications.

Wilson, G. K y Luciano, MC (2002) Terapia de aceptacion y compromiso (ACT): un tratamiento conductual orientado a los valores. Madrid, Pirámide.

Zhang, T., Lu, L., Didonna, F., Wang, Z., Zhang, H., & Fan, Q. (2021). Mindfulness based cognitive therapy for unmedicated obsessive-compulsive disorder: A randomized controlled trial with 6-month follow-up. Frontiers in Psychiatry, 12, doi:10.3389/fpsyt.2021.661807

Zhong, Z., Yang, X., Cao, R., Li, P., Li, Z., Lv, L., & Zhang, D. (2019). Abnormalities of white matter microstructure in unmedicated patients with obsessive-compulsive disorder: Changes after cognitive behavioral therapy. Brain and Behavior, 9(2), e01201. https://doi.org/10.1002/brb3.1201

CAPÍTULO 7

Programa MYRE (Mindfulness y Regulación Emocional) para el Trastorno de Ansiedad Generalizada

Gonzalo Pereyra Saez

Introducción

El Programa MYRE - Mindfulness y Regulación Emocional –se desarrolló en el año 2015 en la Clínica PlenaMente de la ciudad de Santa Fe, Argentina (Pereyra Saez, 2018), y tuvo la supervisión clínica de Ronald D. Siegel, considerado una de las figuras más importantes del mindfulness occidental (Campayo y Demarzo 2018). Uno de los objetivos principales de su creación radicó en una adaptación cultural, que posibilitara a la mayor cantidad de personas posibles adherirse a la práctica de mindfulness. Además de ello, la finalidad era brindar un protocolo que pueda ser complementario a otros tratamientos, y cuya característica sea la integración de aspectos conceptuales y prácticos respaldados por evidencia. Centrándose en optimizar la regulación emocional, con el foco puesto en tres emociones asociadas al malestar subjetivo – ansiedad, tristeza y enojo –, constituye un entrenamiento progresivo en mindfulness para cualquiera que desee iniciarse.

El Programa MYRE integra aportes provenientes del MBSR (Kabat-Zinn, 1990) y el MBCT (Segal, Williams y Teasdale, 2002), junto con lineamientos psicoeducativos de la Terapia Cognitiva (Ellis, 1980), y fundamentos del Protocolo Unificado para el tratamiento transdiagnóstico de los trastornos emocionales (Barlow *et al.*, 2011). También remarca la importancia de reflexionar sobre los condicionamientos mentales de la historia personal como elemento clave para la conexión y apertura al momento presente – módulo basado en la teoría del apego (Bowlby, 1969) –. Desde su inicio, 324 personas han realizado el Programa en su formato tradicional presencial, 141 personas en un formato online asincrónico, y ya cuenta con 13 instructores certificados –profesionales que se desempeñan en el campo de la salud mental –.

Si bien el protocolo no se encuentra originariamente dirigido a una población específica, dado su potencial para prevenir e incrementar la salud en ausencia de trastornos, y teniendo en cuenta que la desregulación emocional es un elemento común a muchos trastornos emocionales (Barlow *et al.* 2011), algunas de las características esenciales del Trastorno de Ansiedad Generalizada – TAG –, así como investigaciones previas, hicieron suponer que los mecanismos de acción del Programa MYRE serían altamente efectivos para su tratamiento.

El Trastorno de Ansiedad Generalizada ha sido objeto de debate en la comunidad científica debido a sus complicaciones para ser discriminado con claridad respecto de otros trastornos (Beck y Clark, 2010). De hecho, se ha considerado la posibilidad de que sea incluido entre los trastornos del estado de ánimo (Roemer, Orsillo y Barlow, 2002), así como entre los trastornos de personalidad (Brown, Barlow y Liebowitz, 1994). También ha sido denominado *trastorno básico de ansiedad* (Brown, O´Leary, Barlow, 2001), en el sentido de que la ansiedad generalizada es un componente de otros trastornos de ansiedad. A partir de la publicación del DSM-IV, sus criterios colaboraron a una mejor distinción – en el DSM-V los criterios se mantuvieron sin alteraciones –, y aun considerando que sus procesos son comunes a muchos trastornos, se supone posible precisar sus límites diagnósticos. La preocupación excesiva o expectación aprensiva es la característica principal del TAG, que, junto con la evitación experiencial, se han advertido como estrategias desadaptativas de regulación emocional en los pacientes con dicho trastorno (Roemer y Orsillo, 2002).

El siguiente capítulo se enfocará en describir al Programa MYRE como opción psicoterapéutica para el abordaje del TAG, haciendo particular énfasis en el hecho de que, los pacientes que presentan este trastorno, reflejan un índice alto en el proceso transdiagnóstico de la desregulación emocional (Mennin *et al.*, 2007 y 2015). En primer lugar, se describirán los criterios diagnósticos del TAG, así como las manifestaciones más importantes en el nivel de sus procesos cognitivos y conductuales. Luego, tomando en consideración dichas expresiones clínicas y fenomenológicas, se estudian los diversos fundamentos teóricos que justifican la aplicación del Programa MYRE. Seguidamente se expondrá un resumen del Programa MYRE sesión por sesión, cuya finalidad es visibilizar con mayor exactitud el modo en que sus aspectos psicoeducativos y prácticos – basados en mindfulness – colaboran para revertir la desregulación emocional que se evidencia en el TAG, lo cual resultaría clave para su tratamiento. Finalmente, se resume el apoyo empírico que sustenta este protocolo como intervención psicoterapéutica del TAG, y se concluye acerca de las investigaciones de profundización y mayor rigurosidad científica que deben llevarse a cabo en vistas al futuro.

Descripción del Trastorno de Ansiedad Generalizada

La edad de inicio del TAG constituye un amplio rango, y un porcentaje alto de pacientes afirman que han sentido ansiedad durante toda su vida o no pueden señalar una edad clara de inicio (Anderson, Noyes y Crowe, 1984; Barlow, Blanchard, Vermilyea, Vermilyea y Di Nardo, 1986; Butler, Fennell, Robson y Gelder, 1991; Thyer, Nesse, Curtis y Cameron 1986; Noyes, Clarkson, Crowe, Yates y McChesney, 1987). Sin embargo, según la Asociación Americana de Psiquiatría (APA, 2014), la edad media de inicio rondaría los 30 años, y rara vez ocurriría antes de la adolescencia. De todas maneras, la comparación de inicio temprano versus inicio tardío, no ha revelado diferencias significativas respecto de la gravedad de los síntomas de TAG o sobre comorbilidades con otros trastornos (Beck *et al.*, 1996; Brown *et al.*, 1993; Hoehn-Saric *et al.*, 1993).

Si bien la sintomatología del TAG se caracteriza por marcadas fluctuaciones, y las exacerbaciones pueden estar asociadas a episodios vitales de estrés intenso o sobrecarga emocional (Cía, 2007), es un trastorno crónico. Las tasas de remisión completa son muy bajas, y se lo relaciona con una disminución significativa en la calidad de vida (Hoffman, Dukes y Wittchen, 2008). La prevalencia en Estados Unidos es del 2,9 % entre los adultos, y el riesgo de por vida es del 9,0 % (APA, 2014). En Argentina, según un estudio epidemiológico (Stagnaro *et al.*, 2018), la prevalencia del TAG alcanza el 3,9 %.

Existe una extensa cantidad de datos que evidencian la comorbilidad del TAG con la depresión mayor, así como de un solapamiento de síntomas que coinciden (Brown, Marten, y Barlow, 1995; Starcevic, 1995). Esta es la razón por lo cual se considera que el TAG puede ser difícil de discriminar, y por lo que también se ha llegado a pensar en dicho trastorno como perteneciente al espectro de los desórdenes del estado de ánimo. De hecho, el TAG es un factor de riesgo específico para el desarrollo de depresión mayor (Bruce *et al.*, 2001).

En la Tabla 5.1 se presentan los criterios para el TAG del DSM-V, que no difieren de los criterios ya establecidos en el DSM-IV.

Tabla 5.1. Criterios DSM-V para el diagnóstico del trastorno de ansiedad generalizada

A.	Ansiedad y preocupación excesivas (expectación aprensiva) sobre una amplia gama de acontecimientos o actividades (como el rendimiento laboral o escolar), que se prolongan más de 6 meses.
B.	Al individuo le resulta difícil controlar este estado de constante preocupación.
C.	La ansiedad y preocupación se asocian a tres (o más) de los seis síntomas siguientes (algunos de los cuales han persistido más de 6 meses). (1) inquietud o impaciencia (2) fatigabilidad fácil (3) dificultad para concentrarse o tener la mente en blanco (4) irritabilidad (5) tensión muscular (6) alteraciones del sueño (dificultad para conciliar o mantener el sueño, o sensación de despertarse de sueño no reparador).

D.	El centro de la ansiedad y de la preocupación no se limita a los síntomas de un trastorno del Eje I; por ejemplo, la ansiedad o preocupación hacen referencia a la posibilidad de presentar una crisis de angustia (como el trastorno de angustia), pasarlo mal en público (como en la fobia social), contraer una enfermedad (como en el trastorno obsesivo-compulsivo), estar lejos de casa o de los seres queridos (como en el trastorno de ansiedad por separación), engordar (como en la anorexia nerviosa), etc., y la ansiedad y la preocupación no aparecen exclusivamente en el transcurso de un trastorno por estrés postraumático.
E.	La ansiedad, la preocupación o los síntomas físicos provocan malestar clínicamente significativo o deterioro social, laboral o de otras áreas importantes de la actividad del individuo.
F.	Estas alteraciones no se deben a los efectos fisiológicos directos de una sustancia (p. ej., drogas, fármacos) o a una enfermedad médica (p. ej., hipertiroidismo) y no aparecen exclusivamente en el transcurso de un trastorno del estado de ánimo, un trastorno psicótico o un trastorno generalizado del desarrollo.

Nota. De la Asociación Americana de Psiquiatría (2014). Copyright 2014 de American Psychiatric Association.

Siguiendo la línea del DSM-V entonces, advertimos que padecer excesiva ansiedad como consecuencia de la preocupación, es la característica fundamental del TAG. Sin embargo, la preocupación en estas personas se diferencia de quienes no sufren el trastorno por diversas particularidades. En primer lugar, quienes tienen TAG se preocupan de manera crónica y excesiva sobre una amplia variedad de temas – trabajo, salud, familia, amigos –, muchos de los cuales pueden no ser tan importantes, como, por ejemplo, hacer un llamado o llegar tarde (Barlow *et al.*, 2011). En segundo lugar, la preocupación está asociada con percepciones de que el mundo es amenazante y que uno es incapaz de hacerle frente, o que se es incapaz de controlar futuros eventos negativos (Barlow *et al.*, 1996; Borkovec, 1994), por lo cual el sesgo es más bien catastrófico enfocado en la amenaza o lo que puede salir mal, aun cuando la situación no lo amerita. En tercer lugar, la preocupación es percibida como incontrolable, lo cual desemboca en una preocupación por la preocupación, debido a que los sujetos sienten que no tienen control sobre el inicio o final de un episodio de preocupación (Davey y Wells, 2006).

La preocupación, desde una perspectiva cognitiva saludable, puede ser entendida como una estrategia adaptativa centrada en el problema, enfocada en el afrontamiento y la preparación, que conlleve un mínimo de ansiedad (Davey, 1994; Wells, 1999; Watkins, 2008); sin embargo, cuando es excesiva también es considerada una estrategia cognitiva maladaptativa de afrontamiento evitativo. Para Borkovec (1993, 1994, 2006), por ejemplo, la preocupación se auto-perpetúa mediante el refuerzo negativo a través de la no ocurrencia del resultado o catástrofe negativa anticipada; y afirma que el problema principal en el TAG tal vez sea el miedo a la experiencia emocional, donde la preocupación sirve como estrategia de evitación cognitiva de esa experiencia. Siguiendo esta línea de investigación, Newman y Llera (2011) proponen que la función emocional clave de la preocupación es la evitación cognitiva de los contrastes emocionales; es decir, los pacientes con TAG mantendrían un estado emocional crónico de negatividad para evitar fluctuaciones bruscas de ánimo positivo a negativo. Por su parte, Mennin *et al.* (2007, 2015) afirman que la desregulación emocional constituye la base de la preocupación excesiva, y que el TAG se asocia a autorreportes de déficits en la regulación emocional. Los pacientes con TAG reaccionan negativamente a sus propias emociones (Lee, Orsillo, Roemer y Allen, 2010), y manifiestan limitaciones en la regulación implícita del procesamiento emocional (Etkin y Schatzberg, 2011). Ahora bien, esa relación fusionada y reactiva con los estados emocionales interiores conduce a un grado de evitación experiencial alto (Roemer y Orsillo, 2002) que prolonga en el tiempo el malestar emocional, e impide tanto la recuperación – porque interfiere en el procesamiento emocional – como el reconocimiento de la información adaptativa que aportan los estados emocionales.

Por otra parte, también es importante destacar que el TAG se ha vinculado de manera estrecha y con amplia solidez empírica a la intolerancia a la incertidumbre (Dugas *et al.*, 1998). Al parecer, la intolerancia a la incertidumbre es la base de la preocupación, debido a que representa un esfuerzo mental por reducir la incertidumbre respecto del futuro. Mientras mayor es la necesidad de certezas, mayor es la preocupación. Sin embargo, el modelo de Michel Dugas sobre el TAG también incluye entre sus aspectos centrales a las creencias positivas sobre la preocupación, elemento que también menciona Wells (2004) en su conceptualización del trastorno, llamándolas *metacreencias positivas.* Las creencias o *metacreencias positivas* acerca de la utilidad de la preocupación, motivan a las personas con TAG a preocuparse, dado que la preocupación es equiparada a una estrategia eficiente para reducir riesgos, resolver problemas y cuidar a los seres queridos, por ejemplo.

Fundamentos del Programa MYRE para el abordaje del TAG y mecanismos de acción

Fue posible inferir una serie de razones por las cuales el Programa MYRE podría ser considerado eficaz como intervención psicoterapéutica del TAG.

La desregulación emocional

Si la desregulación emocional es considerada la base de la preocupación excesiva característica del TAG, y los pacientes con TAG reportan déficits en la regulación emocional (Mennin *et al.*, 2007 y 2015), el fundamento estructural de una intervención tiene que apuntar a incrementar las habilidades de regulación emocional. Basándose en la práctica de mindfulness, el Programa MYRE tiene como objetivo principal lograr este cometido, por lo cual se deduce que puede ser un protocolo ideal para el abordaje de los pacientes con

TAG. En el Programa, la *regulación emocional* es presentada a los pacientes como *una habilidad interna mediante la cual es posible: 1)* ***identificar*** *y poner nombre a las emociones; 2) maniobrar su* ***expresión*** *para lograr nuestros objetivos; 3)* ***tolerarlas*** *cuando resultan displacenteras, sin que ello implique el colapso* (Pereyra Saez, 2018). La psicoeducación de las emociones –ansiedad, tristeza y enojo –, es una piedra angular del Programa que contribuye en el punto número 1, pero también la práctica de mindfulness se orienta a observar las emociones, lo cual brinda la oportunidad para su identificación. Reconocer la forma mediante la cual las emociones se manifiestan en el cuerpo y exponerse a ellas – punto 3 que incluiría la aceptación y la exposición interoceptiva – resultan un factor clave para elegir el modo de expresarlas – punto 2 –. Además, es importante remarcar que la preocupación excesiva como la evitación experiencial, pueden conformar estrategias de regulación emocional desadaptativas (Gross, 2007; Campbell-Sills y Barlow, 2007), y las mismas se abordan en el Programa desde el primer encuentro. Siguiendo los fundamentos del Protocolo Unificado para el tratamiento transdiagnóstico de los trastornos emocionales de Barlow (2011), entonces, el enfoque se centra en el tratamiento de la emoción, es decir, está orientado para ayudar a los pacientes a que aprendan cómo afrontar y experimentar emociones incómodas, y para responder a ellas de una forma más adaptativa.

La preocupación excesiva y la catastrofización

El Programa MYRE incluye psicoeducación sobre la rumiación, y sobre cómo se sostiene el malestar cuando se afrontan las emociones – ansiedad, tristeza y enojo – con dicha estrategia. Por cierto, en el modelo del programa, rumiación es un sinónimo de preocupación. Si bien la rumiación y la preocupación pueden ser consideradas estrategias diferentes, porque se suele vincular a la rumiación con el pasado y a la preocupación con el futuro – es decir que varía el contenido del pensamiento – respecto al proceso propiamente dicho, ambos comparten el hecho de ser formas de pensamientos perseverantes con dificultades para dejar de centrar la atención en lo negativo; y tienen como consecuencias déficits en el desempeño personal, las dificultades de concentración y la atención (Watkins, Moulds & Mackintosh, 2005). La psicoeducación también contribuye a visibilizar la forma mediante la cual el contenido irracional de algunos juicios y pensamientos que se agregan a una experiencia emocional, pueden incrementar el malestar. Por ejemplo, el pánico puede ser una consecuencia de la interpretación catastrófica que se hace de la ansiedad. Por su parte, las prácticas de mindfulness para abordar los pensamientos y orientadas al *descentramiento*, no solo contribuyen a lidiar con la preocupación excesiva y con la preocupación por la preocupación, sino también con el contenido del pensamiento catastrófico.

La evitación experiencial

Tanto la preocupación excesiva como la evitación, pueden ser consideradas como una expresión de la estrategia de lucha o resistencia. Si se ubica en un polo la estrategia de la *resistencia*, en el polo opuesto se encuentra la estrategia de la *aceptación*. Cultivar la aceptación es uno de los pilares del Programa MYRE, considerada una dimensión principal del constructo del Mindfulness, y ello resulta crucial para lidiar con la evitación característica del TAG. Además de ello, la psicoeducación sobre cómo la evitación de las emociones difíciles genera más problemas, agudiza el malestar, o limita la vida y las conductas significativas, también conforma un aspecto central del currículo del Programa.

Percepción amenazante de las emociones

Identificar las emociones y exponerse a las sensaciones físicas de dichas experiencias, permite entenderlas como procesos naturales. Durante todo el Programa las emociones difíciles son consideradas fenómenos naturales, transitorios y no patológicos, pero no sólo desde lo teórico, sino también desde lo práctico. Cuando, por ejemplo, alguna emoción surge entre los participantes, el instructor responde con espontaneidad, validación e interés, pero sin grado alguno de alarma. Es un objetivo fundamental del Programa transmitir a los pacientes la idea de que no hay amenaza en sus emociones o en las fluctuaciones que implica atravesarlas, por lo cual se vuelve esencial para aquellos que padecen de TAG, debido a sus formas problemáticas para relacionarse con las experiencias internas. Además de esto, pero en la misma línea, las prácticas de mindfulness centradas en la aceptación que se orientan a generar estados emocionales difíciles, buscan incrementar el grado de tolerancia hacia esas emociones, lo que trae como consecuencia el aprendizaje de que las emociones son transitorias y difíciles, pero no catastróficas.

El foco atencional puesto en el futuro

Si la base de la preocupación característica del TAG está asociada a la intolerancia a la incertidumbre, lo que se traduce en un esfuerzo mental por obtener control y certezas respecto del futuro, devolver el foco atencional al presente, puede resultar un eje clave. Aprender a concentrase o regular la atención, constituye un elemento clave para fijar y estabilizar la mente en el momento presente, lo cual puede inducir a estados de relajación, en la medida que impide que el *piloto automático* arrastre la mente a otros tiempos o lugares. Pero además de ello, tanto la teoría como la práctica de la aceptación, hacen énfasis en el hecho de que lo único que podemos controlar son las conductas propias, y por ende nada de lo externo – incluido lo que ocurrirá en el futuro –, lo que se asocia directamente a un desarrollo de la tolerancia hacia la incertidumbre.

Creencias positivas sobre la preocupación

Cuando se realiza la psicoeducación sobre la rumiación o la preocupación excesiva, se explicitan y se discuten las creencias acerca de que: *si no me preocupo, me ocurrirán cosas malas*, o *si me preocupo, me irá bien porque me tomo las cosas en serio*. Si una creencia positiva de la preocupación motiva a los pacientes con TAG a preocuparse, rebatir esa creencia es un aspecto central del tratamiento. En el Programa se explica, mediante argumentos lógicos, la forma en que se generaliza la estrategia de sobrepensar a diversos contextos, para visibilizar cómo los resultados terminan en realidad impactando negativamente sobre la salud mental. Claro está, que nunca el mensaje está dirigido a luchar contra la preocupación, dado que un esfuerzo por suprimirla rara vez tenga éxito, y por el contrario genere un efecto rebote.

Apego inseguro

Algunas investigaciones (Sibrava y Borkovec, 2006; Cassidy *et al.*, 2009), así como el Modelo de Evitación de la Preocupación y el TAG (Borkovec, 1994; Borkovec *et al.*, 2004) sugieren que un estilo de apego inseguro o traumas pasados estarían relacionados con la presencia de dicho trastorno. Esto cobra más sentido cuando se piensa en que un estilo de apego inseguro se vincula directamente con una percepción del mundo como un lugar peligroso. Lo importante de este punto, es que una de las sesiones del Programa MYRE se fundamenta en la importancia de reflexionar sobre la historia personal, sobre todo acontecimientos negativos del pasado, para lograr conectar eficazmente con el momento presente. Con la finalidad de ayudar a los pacientes a discriminar el pasado del presente, y el pensamiento de la realidad, se invita a responder una serie de preguntas basadas en la entrevista de apego para adultos (Main, 2000). Si una historia de apego inseguro influye en la percepción del mundo y del sí mismo, reflexionar sobre los condicionamientos mentales de esa historia para incrementar la conciencia de determinados patrones tal vez sea fundamental para desbloquear intentos rígidos de evitación emocional o preocupación excesiva.

La tristeza y la depresión

Como se mencionó antes, la comorbilidad del TAG con la depresión mayor es bastante evidente. Por esta razón, se infiere que el protocolo MYRE cuenta con el potencial para actuar auxiliando a los pacientes desde esta arista. Durante el programa no sólo se hace hincapié en el abordaje de los pensamientos y la rumiación, tanto desde las prácticas contemplativas como desde el *registro diario de pensamientos* del modelo cognitivo, sino que se realiza psicoeducación sobre la emoción de la tristeza, diferenciándola de la depresión, y puntualizando las creencias que contribuyen a que la tristeza se transforme en depresión (Beck, *et al.*, 1979). Además, dedicar una sesión específica a la emoción de la tristeza, permite acercarse a dicha emoción desde la experiencia, con el objetivo de observarla en el cuerpo como un fenómeno transitorio y no amenazante, sin juzgarla y con aceptación.

El enojo y la ira

Teniendo en cuenta las investigaciones mencionadas que sugieren un déficit en la regulación emocional de los pacientes con TAG (Mennin *et al.*, 2007 y 2015; Lee, Orsillo, Roemer y Allen, 2010; Erkin y Schatzberg, 2011; Roemer y Orsillo, 2002), no resulta llamativo que un estudio demuestre que los niveles elevados en múltiples dimensiones de la ira caractericen a las personas que cumplen los criterios de diagnóstico para dicho trastorno (Sonya, Deschênes, Dugas, Fracalanza y Koerner, 2012). Considerando esto, también se infiere que los pacientes pueden beneficiarse de uno de los módulos centrado en la emoción del enojo. En esa sesión se brinda psicoeducación sobre la función del enojo, tomando como base siempre la teoría de las emociones básicas de Ekman (1999), se aborda desde prácticas contemplativas basadas en la aceptación y la compasión, pero también se la diferencia de la ira, puntualizando las creencias o juicios subyacentes (Ellis y Tafrate, 2007).

El Programa MYRE sesión por sesión

	Aspectos teóricos y psicoeducativos	Ejercicios y prácticas contemplativas
Primera Sesión: 75 minutos aprox.	- ¿Qué es Mindfulness? Definición en base a tres dimensiones: estar en el presente, sin juzgar y con aceptación. - ¿Qué no es Mindfulness? - Rumiación (o preocupación excesiva) y evitación como estrategias de afrontamiento	- Mindfulness centrado en la respiración - Escáner corporal
Segunda Sesión: 60 a 75 minutos aprox.	- Distinción entre los "modos de funcionamiento "o "marchas mentales" de SER y HACER. - Mindfulness y una alimentación saludable	- Se refuerzan las prácticas realizadas en la primera sesión. - Meditación de la pasa de uva. - Práctica informal: realizar una actividad cotidiana, como cepillarse los dientes, con atención plena durante toda la semana.
Tercera Sesión: 60 a 75 minutos aprox.	- Estar en el presente, una de las tres dimensiones del mindfulness. - Importancia de la historia personal y traumas pasados en los condicionamientos de la mente, e influencia de la mente condicionada sobre la capacidad para abrirse al momento presente. - Importancia de reflexionar sobre la historia personal para conectar con el momento presente.	- Se refuerzan las prácticas realizadas en la primera sesión. - Invitación a responder en el hogar una serie de preguntas basadas en el instrumento Entrevista sobre el apego para adultos. - Práctica del Respiro de tres minutos

Cuarta Sesión: 60 a 75 minutos aprox.	- ¿Qué es la aceptación? - La "resistencia" o "lucha" como un modo de afrontamiento que puede generar más estrés. - La rumiación y la evitación como formas de resistencia. - La ilusoriedad del control y la aceptación de las variables externas	- Se refuerza la práctica del Respiro de tres minutos - Práctica de mindfulness y aceptación
Quinta Sesión: 60 a 75 minutos aprox.	- La influencia que tienen los pensamientos sobre las emociones (ABC del Modelo Cognitivo). - Los pensamientos son pensamientos; fenómenos transitorios. - La sobreidentificación con los pensamientos y la mente. - El "yo" o "ego" como ilusorio y fuente de agobio emocional.	- Registro diario de pensamientos. - Mindfulness de los pensamientos: Ejercicio 1: Enfocado en "los pensamientos son pensamientos" Ejercicio 2: Enfocado en "los pensamientos son pasajeros" Ejercicio 3: Enfocado en observar la relación de los pensamientos, las emociones y las sensaciones físicas.
	Aspectos teóricos y psicoeducativos	**Ejercicios y prácticas contemplativas**
Sexta Sesión: 60 a 75 minutos aprox.	- Componentes cognitivos de la ansiedad/miedo. - Utilidad de la ansiedad para la supervivencia. - Reacciones fisiológicas normales de la ansiedad. - Las consecuencias de afrontar la ansiedad con rumiación o evitación. - Ecuación: ansiedad + mente confundida (por ejemplo, catastrofismo) = más ansiedad o pánico. - La importancia del Mindfulness para abordar la ansiedad.	- Práctica de mindfulness y aceptación enfocando en las sensaciones corporales de la ansiedad. - Práctica informal: caminar con atención plena.
Séptima Sesión: 60 a 75 minutos aprox.	- Componentes cognitivos de la tristeza. - La utilidad o función de la tristeza. - Las reacciones fisiológicas normales de la tristeza. - Las consecuencias de afrontar la tristeza con rumiación o evitación. - Diferencias entre la tristeza y la depresión desde la dimensión cognitiva. - Ecuación: tristeza + mente confundida (por ejemplo, sesgo negativo del futuro) = más tristeza o depresión. - Destacar la importancia del Mindfulness para abordar la tristeza.	- Práctica de mindfulness y aceptación enfocando en las sensaciones corporales de la tristeza. - Práctica del Tónglen (dar-tomar).
Octava Sesión: 75 minutos aprox.	- Componentes cognitivos del enojo. - La utilidad o función del enojo. - Las reacciones fisiológicas normales del enojo. - Las consecuencias de afrontar el enojo con rumiación o evitación. - Diferencias entre el enojo y la ira desde la dimensión cognitiva. - Ecuación: enojo + mente confundida (por ejemplo, creencia de no soportar o "no soportitis") = más enojo o ira. - Destacar la importancia del Mindfulness para abordar el enojo. - Diferenciar el enojo como emoción básica del enojo fundamentado en el ego - ¿Qué es la compasión?	- Práctica de mindfulness y aceptación enfocando en las sensaciones corporales del enojo. - Práctica de mindfulness y reflexión sobre la ira. - Práctica de compasión (bondad amorosa o metta).

Apoyo empírico

Dado que el Programa MYRE se constituye principalmente, como hemos observado, de aspectos psicoeducativos y prácticos que ya han demostrado su eficacia, el protocolo arriba a resultados optimistas, y esa es la razón fundamental por la cual se desarrolla y aplica. Sin embargo, para apoyar con datos empíricos la efectividad de dicha integración, que cuenta con algunas improntas propias y originales, se resuelve investigar el tratamiento con un cuestionario de tipo autoinforme, que se entregó a una muestra de 30 participantes que reunían los síntomas para el diagnóstico de TAG al momento de iniciar el Programa – ansiedad o preocupación excesiva, inquietud o impaciencia, fatigabilidad fácil, dificultad para concentrarse o tener la mente en blanco, irritabilidad, tensión muscular, alteraciones del sueño –. En el primer encuentro se otorgó a los sujetos un libro impreso en donde se especificaron con claridad los contenidos conceptuales abordados durante las sesiones, y audios en versión digital para que puedan practicar las meditaciones en sus hogares. Cabe destacar que las edades de los participantes varían entre 25 a 54 años, siendo el 60% hombres, y el 40% mujeres.

Algunos de los resultados obtenidos de los autoinformes revelan que el 56,6 % de la muestra considera que el Programa le ha servido "Mucho" para regular o disminuir los síntomas; mientras que un 40% afirma que le ha servido "Bastante". El 86,6% considera que ahora le otorga menos importancia a sus pensamientos negativos, intrusivos o perturbadores. El 83,3% percibe que sus pensamientos negativos le afectan en menor medida que antes. Cerca del 90% considera que identifica mejor la conexión entre sus pensamientos, emociones y sensaciones físicas. El 80 % cree que le ayudó a identificar y ponerle nombre a sus emociones. Cerca del 95% de la muestra informa que le ha servido mucho para identificar cuándo un pensamiento es perjudicial. Más del 80% afirma que le ayudó a sobrellevar dificultades relacionadas con la ansiedad. Casi el 80% afirma que le ha ayudado a tolerar las emociones displacenteras. Cerca del 85 % informa que le sirvió para incrementar la conciencia sobre los condicionamientos de su mente y para mejorar su nivel de salud en general. Respecto del grado de conformidad con el Programa, un 56,6 % lo califica como "Muy Bueno", y un 40 % como "Excelente".

Conclusiones

En primer lugar, es fundamental reconocer que la investigación realizada carece de rigurosidad, por lo cual se concluye que, hasta tanto no se lleven adelante otras investigaciones, el Programa MYRE puede categorizarse dentro de lo que se denomina por la Asociación Americana de Psicología como "tratamientos probablemente eficaces". Mientras tanto, el trabajo realizado sirve de puntapié para próximas investigaciones, ya sean sobre la efectividad del Programa MYRE para el TAG, como para otros cuadros diagnósticos o procesos transdiagnósticos como el de "desregulación emocional".

Ahora bien, aclarado lo anterior, y analizando los resultados de los autoinformes, podemos inferir que la aplicación del Programa para el tratamiento del TAG es prometedora en cuanto a su eficacia. De todas maneras, quizás pueda ser un tratamiento complementario, o bien estar orientado hacia la prevención de recaídas. Sea cual fuese el caso, no se registran contraindicaciones en esta población, por lo cual se concluye que el protocolo es una opción importante a tener en cuenta. Los costos bajísimos, considerando que los tiempos de aplicación son más cortos respecto de otros programas de mindfulness, y el hecho de que únicamente puedan impartirlo profesionales de la salud mental, condición que también diferencia al Programa MYRE, consolidan algunos argumentos a favor de la implementación de dicho Programa para personas con TAG.

Por otro lado, también se concluye que los diversos contenidos que se abordan en el Programa, tanto a nivel teórico y psicoeducativo, como a nivel práctico, responden al diseño de una intervención bien fundamentada para el TAG, teniendo en cuenta los distintos modelos teóricos que describen los componentes subyacentes de este trastorno, sobre todo el de la desregulación emocional (Mennin *et al.*, 2007 y 2015). Es decir que, no llamaría para nada la atención que los mecanismos de acción propios del protocolo MYRE – defusión o descentramiento, aceptación o exposición interoceptiva, identificación de las emociones, regulación de la atención o concentración, revisión de la propia historia de apego, compasión – influyan directamente sobre la base del TAG. Y, teniendo en cuenta las investigaciones de Barlow *et al.* (2011) acerca de la forma en que determinadas estrategias de regulación emocional resultan contraproducentes – tales como la evitación y la rumiación que se abordan con énfasis en el programa descripto – y contribuyen al mantenimiento de los síntomas, se concluye que dichos mecanismos de acción operan sobre esas estrategias, contribuyendo en la disolución de los síntomas.

Además, volviendo sobre el hecho que alude a la gran comorbilidad del TAG con la depresión mayor – y al solapamiento de síntomas que coinciden (Brown, Marten, y Barlow, 1995; Starcevic, 1995) –, y considerando que el programa MYRE se basa en algunos aspectos esenciales del MBCT, protocolo eficaz para prevenir recaídas en depresión, se deduce la eficacia del programa MYRE para el tratamiento del TAG. Por último, como se mencionó antes, dado que el Programa se conforma de aspectos psicoeducativos y prácticos que ya han demostrado su eficacia, resulta fácil concluir que la integración coherente de esos contenidos devenga en una intervención cuyos resultados sean en beneficio de los pacientes con TAG, o al menos eso es lo que se evidencia hasta al momento.

Referencias

Anderson, D. J., Noyes, R., & Crowe, R. R. (1984). A comparison of panic disorder and generalized anxiety disorder. The American Journal of Psychiatry, 141(4), 572–575.

American Psychiatric Association - APA. (2014). Manual diagnóstico y estadístico de los trastornos mentales DSM-5 (5a. ed. --.). Madrid: Editorial Médica Panamericana

Barlow, D. H, Blanchard, E. B., Vermilyea, J. A., Vermilyea, B. B., & DiNardo, P. A. (1986). Generalized anxiety and generalized anxiety disorder: Description and reconceptualization. The American Journal of Psychiatry, 143(1), 40–44.

Barlow, D. H., Farchione, T. J., Fairholme, C. P., Ellard, K. K., Boisseau, C. L., Allen, L. B., & Ehrenreich-May, J. T. (2011). Unified protocol for transdiagnostic treatment of emotional disorders: Therapist guide. Oxford University Press.

Barlow, D. H., Chorpita, B. F., & Turovsky, J. (1996). Fear, panic, anxiety, and disorders of emotion. In D. A. Hope (Ed.), Perspectives on anxiety, panic, and fear (Vol. 43, pp. 251–328). Lincoln: University of Nebraska Press.

Beck, A. T., Rush, A., Shaw, B., & Emery, G. (1979). Cognitive Therapy of Depression. New York: The Guilford Press.

Beck, J. G., Stanley, M. A., & Zebb, B. J. (1996). Characteristics of generalized anxiety disorder in older adults: A descriptive study. Behaviour Research and Therapy, 34(3), 225–234

Beck, A. y Clark, D. (2010) Cognitive therapy of anxiety disorders. Science and Practice. The Guilford Press. New York, USA.

Bowlby, J. (1969). *El vínculo afectivo*. Buenos Aires: Paidos

Borkovec, T. D. (1994). The nature, functions, and origins of worry. In G. Davey & F. Tallis (Eds.), Worrying: Perspectives on theory, assessment, and treatment (pp. 5–33). New York: Wiley.

Borkovec, T. D. (2006). Applied Relaxation and Cognitive Therapy for Pathological Worry and Generalized Anxiety Disorder. In G. C. L. Davey & A. Wells (Eds.), Worry and its psychological disorders: Theory, assessment and treatment (pp. 273–287).

Borkovec, T. D., & Costello, E. (1993). Efficacy of applied relaxation and cognitive-behavioral therapy in the treatment of generalized anxiety disorder. Journal of Consulting and Clinical Psychology, 61(4), 611–619.

Borkovec, T. D., Alcaine, O., & Behar, E. (2004). Avoidance Theory of Worry and Generalized Anxiety Disorder. In R. G. Heimberg, C. L. Turk, & D. S. Mennin (Eds.), Generalized Anxiety Disorder: Advances in Research and Practice (pp. 77-108). New York: Guilford Press.

Brown, T. A., O'Leary, T. A., Marten, P. A., & Barlow, D. H. (1993). Clinical features of generalized anxiety disorder with an early vs. late onset. Paper presented at the meeting of the Association for Advancement of Behavior Therapy, Atlanta, GA.

Brown, T. A., Barlow, D. H., & Liebowitz, M. R. (1994). The empirical basis of generalized anxiety disorder. The American Journal of Psychiatry, 151(9), 1272–1280.

Brown, T. A., Marten, P. A., & Barlow, D. H. (1995). Discriminant validity of the symptoms constituting the DSM-III-R and DSM-IV associated symptom criterion of generalized anxiety disorder. Journal of Anxiety Disorders, 9, 317–328.

Brown, T., O´Leary,T. y Barlow, D. (2001) Generalized anxiety disorder. Clinical Handbook of Psychological Disorders, Third Edition: A Step-by-Step Treatment Manual.

Bruce SE, Machan JT, Dyck I, Keller MB. (2001) Infrequency of "pure" GAD: Impact of psychiatric comorbidity on clinical course. *Depression and Anxiety.* 14:219-225.

Butler, G., Fennell, M., Robson, P., & Gelder, M. (1991). Comparison of behavior therapy and cognitive behavior therapy in the treatment of generalized anxiety disorder. Journal of Consulting and Clinical Psychology, 59(1), 167–175.

Campbell-Sills, L., & Barlow, D. H. (2007). Incorporating Emotion Regulation into Conceptualizations and Treatments of Anxiety and Mood Disorders. In J. J. Gross (Ed.), Handbook of emotion regulation (pp. 542-559).

Campayo, J. y Demarzo, M. (2018) ¿Qué sabemos del mindfulness? Kairos. Barcelona.

Cassidy J, Lichtenstein-Phelps J, Sibrava NJ, Thomas CL Jr, Borkovec TD. (2009) Generalized anxiety disorder: connections with self-reported attachment. Behav Ther.; 40(1):23-38.

Cía, A. (2007) La ansiedad y sus trastornos. Polemos. Buenos Aires.

Davey, G. C. L., & Wells, A. (Eds.). (2006). Worry and its psychological disorders: Theory, assessment and treatment. Wiley Publishing.

Davey, G. C. L. (1994). Pathological worrying as exacerbated problem-solving. In G. C. L. Davey & F. Tallis (Eds.), Worrying: Perspectives on theory, assessment and treatment (pp. 35–59). Dugas, M. J., Gagnon, F., Ladouceur, R., & Freeston, M. H. (1998). Generalized anxiety disorder: A preliminary test of a conceptual model. Behaviour Research and Therapy, 36(2), 215–226. Ellis, A. (2000): *Cómo controlar la ansiedad antes de que le controle a usted.* Barcelona: Paidós. Ellis, A. y Tafrate, R. (2007): Controle su ira antes de que ella le controle a usted. Barcelona: Paidós.

Ellis, A. (1980) Razón y Emoción en psicoterapia. Bilbao: Desclée de Brouwer.

Ekman, P. (1999). Basic emotions. In T. Dalgleish & M. J. Power (Eds.), Handbook of cognition and emotion (pp. 45–60).

Etkin A, Schatzberg AF. (2011) Common abnormalities and disorder-specific compensation during implicit regulation of emotional processing in generalized anxiety and major depressive disorders. Am J Psychiatry; 168(9):968-78.

Gross, J. J., & Thompson, R. A. (2007). Emotion Regulation: Conceptual Foundations. In J. J. Gross (Ed.), Handbook of emotion regulation (pp. 3–24).

Hoehn-Saric, R., Hazlett, R. L., & McLeod, D. R. (1993). Generalized anxiety disorder with early and late onset of anxiety symptoms. Comprehensive Psychiatry, 34, 291–298.

Hoffman, D. L., Dukes, E. M., & Wittchen, H.U. (2008). Human and Economic Burden of Generalized Anxiety Disorder. Depression and Anxiety, 25, 72-90.

Kabat-Zinn, J. (1990). Full catastrophe living: Using the wisdom of your body and mind to face stress, pain and illness. New York, NY: Delacorte.

Lee, J. K., Orsillo, S. M., Roemer, L., & Allen, L. B. (2010). Distress and avoidance in generalized anxiety disorder: Exploring the relationships with intolerance of uncertainty and worry. Cognitive Behaviour Therapy, 39(2), 126–136.

Main, M. (2000): "The organized categories of infant, child, and adult attachment: Flexible and inflexible attention under attachment-related stress", *Journal of the American Psychoanalitic Association* 48, 1055-1127.

Mennin DS., Holaway RM., Fresco DM., Moore M.T, Heimberg RG. (2007) Delineating components of emotion and its dysregulation in anxiety and mood psychopathology. Behav Ther. 284-302.

Mennin DS, Fresco DM, Ritter M, Heimberg RG. (2015) An open trial of emotion regulation therapy for generalized anxiety disorder and cooccurring depression. Depress Anxiety. 614-23. Newman MG, Llera SJ. (2011) A novel theory of experiential avoidance in generalized anxiety disorder: a review and synthesis of research supporting a Contrast Avoidance Model of worry. Clin Psychol. Rev.; 31:371–82.

Noyes R Jr, Clarkson C, Crowe RR, Yates WR, McChesney CM. (1987) A family study of generalized anxiety disorder. Am J Psychiatry;144(8):1019-24.

Pereyra Saez, G. (2018). Mindfulness. Mente plena, corazón contento. Albatros. Buenos Aires Roemer, L., y Orsillo, S. M. (2002). Expanding our conceptualization of and treatment for generalized anxiety disorder: Integrating mindfulness/acceptance-based approaches with existing cognitive-behavioral models. Clinical Psychology: Science and Practice, 9(1), 54–68. Roemer L, Orsillo SM, Barlow DH. (2002) Generalized anxiety disorder. In: Barlow DH, editor. Anxiety and its disorders: The nature and treatment of anxiety and panic. The Guilford Press; New York: pp. 477–515.

Segal, Z., Williams, M., & Teasdale, J. (2002). Mindfulness-based cognitive therapy for depression: A new approach to preventing relapse: Book review [Review of the book Mindulfness-Based cognitive therapy for depression: A new approach to preventing relapse, by Z. Segal, M. Williams & J. Teasdale]. Cognitive Behaviour Therapy, 31(4), 193–194. Sibrava, N. J., & Borkovec, T. D. (2006). The Cognitive Avoidance Theory of Worry. In G. C. L. Davey & A. Wells (Eds.), Worry and its psychological disorders: Theory, assessment and treatment (pp. 239–256).

Sonya S. Deschênes, Michel J. Dugas, Katie Fracalanza & Naomi Koerner (2012) The Role of Anger in Generalized Anxiety Disorder, Cognitive Behaviour Therapy, 41:3, 261-271

Stagnaro, J.C., Cía, A., Vázquez, N., Vommaro, H., Nemirovsky, M., Serfaty, E., Sustas, S.E., Medina Mora, M.E., Benjet, C., Aguilar-Gaxiola, S., Kessler, R. (2018) Estudio epidemiológico de salud mental en población general de la República Argentina. VERTEX Rev. Arg. de Psiquiat. 2018, Vol. XXIX: 275-299.

Starcevic, V. (1995). Pathological worry in major depression: A preliminary report. Behaviour Research and Therapy, 33, 55–56.

Thyer, B. A., Nesse, R. M., Curtis, G. C., & Cameron, O. G. (1986). Pain disorder: A test of the separation anxiety hypothesis. Behaviour Research and Therapy, 24(2), 209–211.

Watkins, E. R. (2008). Constructive and unconstructive repetitive thought. Psychological Bulletin, 134(2), 163–206.

Watkins, E. R., Moulds & Mackintosh (2005) "Comparisons between rumination and worry in a non-clinical population." Behaviour research and therapy 43 12: 1577-85.

Wells, A. (1999), A metacognitive model and therapy for generalized anxiety disorder. Clin. Psychol. Psychother., 6: 86-95.

Wells, A. (2004). A Cognitive Model of GAD: Metacognitions and Pathological Worry. In R. G. Heimberg, C. L. Turk, & D. S. Mennin (Eds.), Generalized anxiety disorder: Advances in research and practice (pp. 164–186).

CAPÍTULO 8

Mindfulness y Regulación Emocional para la ansiedad infantil: Programa Trankilandia®

María Florencia López

Cuerpos movedizos y mentes centradas en el futuro: Ansiedad infantil

Vivimos en un mundo en el que la percepción del movimiento de las agujas del reloj parece haberse modificado, devolviéndonos la idea de un transcurrir acelerado. Una sociedad en la que los dispositivos tecnológicos han contribuido a acortar distancias, permitiéndonos ganar mayor conexión, pero paradójicamente ha disminuido el encuentro cara a cara. Un mundo caótico y frenético que exige resultados inmediatos, y en el que la multitarea ha empezado a moldear el comportamiento de nuestra atención, conduciéndola a "saltar" de un estímulo a otro, cada vez más deprisa (López, 2021).

Los niños no son ajenos a este contexto. Aunque existen muchas actividades capaces de generar una pauta cerebral asociada al bienestar, tales como los momentos de juego, el descanso, las vacaciones, el tiempo libre, favoreciendo en ellos un estado de relajación que comienza en las neuronas e irradia todo el cuerpo, desde edades cada vez más tempranas se enfrentan a elevados niveles de estrés. Frecuentemente están muy ocupados, sobrecargados y distraídos con una gran variedad de estímulos. El asombro, la curiosidad y la contemplación van desapareciendo lentamente de la infancia, para dar paso al aburrimiento junto a la ausencia de habilidades que posibilitan gestionar las emociones que desencadenan las diversas circunstancias de vida. No es de extrañar que la ansiedad, los miedos y las preocupaciones -en sus variadas formas-, caminen a su lado. Cuerpos moviéndose de un lado a otro, con escasas oportunidades de experimentar las sensaciones que provienen del accionar botones de pausa temporales. Mentes confusas que fabrican torbellinos de pensamientos centrados más en el futuro que en el presente.

En la época actual, se sobreestima el hacer por sobre los tiempos de pausa, y aunque el hacer es importante, sin un adecuado equilibrio es vivido como una sobrecarga que aumenta el estrés. En una etapa como la infancia, donde los niños absorben todo cuanto sucede a su alrededor, el cerebro se acostumbra a este proceder y se programa para ello, con lo cual se hace necesario que aprendan a desacelerar y gestionar sus respuestas al estrés, antes de llegar a la adultez.

Friedberg & McCure (2011) señalan que muchos pequeños con ansiedad presentan quejas somáticas. Se muestran inquietos, y a veces parecen sentirse incómodos en su propia piel. Suelen quejarse de sudores, mareos, tensión muscular, dolores de barriga, palpitaciones, ahogos y problemas digestivos. Junto a los síntomas físicos, que en general derivan en consultas a especialistas médicos, se encuentran los componentes emocionales de la ansiedad tales como la preocupación, el terror, el pánico, el miedo y la irritabilidad. La evitación, morderse las uñas, chuparse el pulgar y actuar de forma compulsiva o hipervigilante son síntomas conductuales comunes en los niños ansiosos, que ejecutan estos comportamientos para tranquilizarse o para afrontar situaciones amenazadoras. Los síntomas cognitivos comprenden diálogos interiores repletos de predicciones negativas y expectativas catastróficas de fracasos en el afrontamiento.

Con los niños que presentan estados de ansiedad, suele ser útil recurrir a una metáfora que los ayude a comprender lo que está sucediendo en su interior. Podemos explicarles que cuando la ansiedad está con ellos, es como si se pusieran unos lentes rojos que encienden una alarma imaginaria en su interior, y señalan ¡PELIGRO! donde muchas veces no lo hay. Entonces, cuesta mucho darse cuenta de que las cosas no son como parecen cuando se llevan puestos los lentes de miedo. La mente viaja hacia al futuro e imagina peligros que pueden ocurrir. Los chicos pierden confianza en sus capacidades de afrontamiento y en diversas ocasiones suelen quedarse paralizados -"congelados"-, olvidando los recursos y herramientas de las que disponen (López, 2021).

Con la atención moviéndose de un lado a otro y orientada más en el futuro que en el presente, puede resultar difícil sentirse en calma. El cuerpo y la mente se inquietan. Los niños se sienten mareados, confundidos y les cuesta pensar con claridad (López, 2021). No es extraño que se distraigan fácilmente y que parezcan incansables. Cuando un niño observa su entorno continuamente en busca de posibles peligros, es difícil que se concentre y logre permanecer quieto (Friedberg & McCure, 2011).

El trabajo terapéutico tendrá como objetivo acompañar a los chicos a identificar las sensaciones corporales asociadas a estos estados emocionales, en tanto señales de alarma que indican que algo está sucediendo en su interior. Al enseñarles a llevar la atención al cuerpo, éste les brindará información que los ayudará al reconocimiento de la emoción, favoreciendo la puesta en palabras de lo que sienten, lo cual aportará tranquilidad frente a la incertidumbre e incomodidad de los síntomas de ansiedad. Este es un importante factor de protección que potencia el bienestar emocional y disminuye la probabilidad de que la problemática se complejice. Cuando los niños aprenden a detectar las señales corporales que envían las emociones, aumentan la conciencia e inteligencia emocional. De este modo, les será más sencillo asumir un rol activo para la generación de estrategias de afrontamiento que posibiliten devolverle a la mente y al cuerpo la calma, disminuyendo asimismo el malestar que provocan los síntomas.

En tiempos donde el contexto propicia estados emocionales de tensión, donde la incertidumbre intensifica las preocupaciones y la prisa genera confusión y dispersión, las prácticas de Mindfulness pueden resultar fundamentales para aumentar la consciencia de lo que se está experimentando, favorecer la conexión con las propias emociones e instalar espacios de calma. En este sentido, conforma una enseñanza valiosa para afrontar el estrés, la ansiedad y regular las emociones.

Sembrar semillas de Mindfulness en la infancia

Mindfulness, que se traduce al español como "atención plena" o "conciencia plena", constituye una herramienta que encuentra en la infancia un suelo fértil sobre el que hacer crecer sus semillas, devolviendo a los niños ese estado naturalmente contemplativo de la existencia infantil, esa conciencia abierta a experimentar las cosas en su esencia. Como técnica, posibilita entrenar un estado de la mente capaz de conectar con el momento presente, sin juicios y con aceptación. Es esto de lo que Mindfulness trata (López, 2021).

El trabajo con población infantil dista mucho de asemejarse a las interacciones que se desarrollan con los adultos. Existen diferencias en cuanto a sus capacidades atencionales y cognitivas, conciencia para identificar sus estados emocionales y autorregularse afectivamente, así como de funcionamiento interpersonal (Semple, Lee & Miller, 2006). Por otro lado, es difícil concebir la labor con ellos sin tomar en cuenta la red de apoyo a la que están integrados, esto es, madres, padres, tutores y/o educadores que acompañan el crecimiento.

Cada vez que un niño o niña se acerca al espacio psicoterapéutico, las historias, las metáforas, los juegos, la imaginación y la creatividad, se vuelven condimentos indispensables en la tarea de acompañarlos por el camino que les acercará herramientas para su bienestar emocional. Con las prácticas de Mindfulness ocurre algo similar, tanto la teoría como las aplicaciones prácticas deberán tomar en consideración las diferencias de desarrollo fundamentales, para despertar el interés en los más pequeños y ser efectivas.

Programa Trankilandia®

En base a los resultados positivos observados en población adulta tras la realización del Programa MyRE® (Pereyra Saez, 2018), se diseñó una adaptación del mismo para niños y niñas de entre 4 y 10 años, bajo el nombre Programa Trankilandia®. Con los chicos se trabaja desde lo lúdico, desde narrativas construidas en base a metáforas, para que puedan incorporar prácticas sencillas.

Dado que en el período de latencia infantil la fluidez verbal, el razonamiento abstracto y las competencias de conceptualización son limitados, es posible que participen en la terapia con más efectividad cuando se integran juegos, actividades e historias a los protocolos de tratamiento (Gaines, 1997; Stark, Rouse & Kurowski, 1994). El mencionado Programa incluye lecturas y actividades prácticas organizadas según ejes que posibilitan, a través de un entrenamiento progresivo, introducir a los niños desde temprana edad en los conceptos esenciales de Mindfulness.

Quienes ejercitan su labor con población infantil saben que el juego, la imaginación, las historias, el arte y el movimiento, constituyen los modos a través de los cuales los chicos aprenden y exploran el mundo. Considerando la importancia del uso de la metáfora, el proyecto de enseñar Mindfulness a los más pequeños se gestó a partir de la creación del Cuento *Trankilandia, Mindfulness para los niños* (López & Pereyra Saez, 2018), un relato que con sus encantos y personajes procura utilizar la imaginación como ancla para la atención.

"—Trankilandia es una Isla mágica —explicó el duende. Tenemos un tren como el tuyo, que en cada estación tiene algo por conocer. En la Isla aprendemos a disfrutar de las cosas tal como son y a ser amables con los demás. Nos sentimos tranquilos. Y lo mejor es que se puede viajar allí en cualquier momento, todas las veces que quieras" (Fragmento del Cuento Trankilandia, Mindfulness para los niños, López & Pereyra Saez, 2018).

Cabe aquí hacer mención a una prueba sencilla en la que el destacado teórico de la psicología del desarrollo, Lev Vygotsky, pidió a niños de cuatro años que permanecieran quietos todo el tiempo que pudieran. En menos de un minuto la mayoría de los niños había abandonado su quietud. Pero cuando se les pidió que se imaginasen como guardianes de una fábrica, lograron en términos medios, permanecer quietos alrededor de cuatro minutos. Vygotsky halló que los niños que están jugando o representando una escena pueden controlar sus impulsos, mantener su atención y realizar sus tareas de manera más efectiva que cuando simplemente se les decía que lo hicieran (Dobrova & Leong, 1996).

De esta investigación se desprende que la imaginación puede cuadruplicar el período de atención y suprimir la impulsividad. Por otra parte, la metáfora activa la zona sensorial del cerebro junto a la del lenguaje, ofreciendo una sensación vívida de un concepto abstracto. Basándonos en estos postulados, la historia que acompaña el Programa representa la piedra angular sobre la que se asienta el mismo, sirviendo de apoyo para el aprendizaje de habilidades y herramientas concretas.

La aplicación del Programa Trankilandia® tiene como objetivo favorecer en la población infantil la adquisición de recursos internos que ayuden a gestionar de forma más efectiva el estrés, regular las emociones y trabajar las dificultades de atención, potenciando al mismo tiempo las habilidades personales de las que los chicos ya disponen, enriqueciendo así la infancia mediante el empleo de técnicas de atención consciente adaptadas a la edad, desarrollando al mismo tiempo la amabilidad, la compasión y el autoconocimiento.

Daniel Siegel (2013) señala que los ejercicios diarios de Mindfulness mejoran la salud del cerebro y agilizan la mente. La sintonía interna y la sintonía interpersonal estimulan la actividad neuronal que conecta entre sí áreas diferenciadas, lo que crearía, literalmente, un conjunto de circuitos neurales más integrado.

Las investigaciones sobre Mindfulness Infantil demuestran que la práctica sistemática ayuda a los niños a aproximarse a la experiencia con curiosidad y una mente abierta, desarrollar la inteligencia emocional, mejorar la atención, aumentar la felicidad, identificar y regular las emociones, reducir la ansiedad, encontrar calma y tranquilidad ante situaciones problemáticas, desarrollar habilidades prosociales, entre otros, derivando en importantes implicaciones a largo plazo para la salud y el bienestar general (Flook *et al.*, 2015; Napoli *et al.*, 2005; Black *et al.*, 2009; Burke, 2010; Harnett *et al.*, 2012; Klingbeil *et al.*, 2017).

A diferencia del Programa MyRE® que comprende ocho semanas de entrenamiento, el Programa Trankilandia® se encuentra organizado en diez encuentros -pudiendo desarrollarse tanto en formato individual como grupal-, cada uno de los cuales incluye una variedad de prácticas de corta duración -de 3 a 10 minutos-, teniendo en cuenta las capacidades atencionales de los chicos, así como sus posibilidades de mantenerse en una actividad durante tiempos prolongados. Esto significa que los ejercicios de Mindfulness son más breves que los comprendidos en el Programa MyRE® para adultos y al mismo tiempo invitan a los niños a desempeñar un rol activo, invitándolos a dibujar, saborear alimentos, escuchar sonidos, mover sus cuerpos y tomar consciencia de las sensaciones que experimentan ante la representación de diferentes roles o desenvolviéndose en contextos diversos.

Debido a que los niños están más integrados con sus entornos familiares y escolares que los consultantes adultos, la implicación de la familia en el tratamiento puede mejorar los resultados (Kaslow & Racusin, 1994). En esta línea, el Programa Trankilandia® comprende un encuentro inicial -conceptualizaciones e introducción a prácticas sencillas de Mindfulness- con madres, padres y/o tutores, junto a tareas semanales para realizar en el hogar, considerando que la incorporación de aprendizajes en la infancia se potencia y sistematiza, cuando el contexto que rodea al niño acompaña en una misma dirección. Acompañar no significa corregir, sino guiar partiendo de la premisa de que cada niño o niña hace lo mejor que puede hacer. De este modo procuramos que los adultos incorporen las dimensiones de aceptación sin juicios. Se entiende que las semillas de Mindfulness necesitan de los adultos que se erigen como modelos ante los chicos, para poder germinar, crecer y reproducirse.

El foco en el compromiso de los adultos que forman parte de la cotidianeidad de los más pequeños, resulta fundamental para la incorporación de la técnica a las rutinas y actividades diarias. Se los anima no sólo a llevar a cabo las tareas semanales que se dan entre encuentro y encuentro, sino a garantizar la continuidad de la práctica.

Cuando se trabaja en formato grupal, es aconsejable establecer un encuadre que ayude a los niños a comprender la dinámica de las actividades y organizarse en el contexto. Pautar con ellos ciertos límites, favorece la autorregulación conductual y facilita la realización de las actividades propuestas. Además, se establece un compromiso conjunto en el que todos aportan a la creación de un espacio propicio para la práctica de Mindfulness, ayudándose unos a otros. Con este propósito se ha diseñado una guía que orienta el comportamiento, bajo el encabezado *Para sentirnos mejor en Trankilandia*, las cuales se hacen explícitas y se dialogan entre los participantes de grupo, a la vez que se encuentran escritas a la vista de los chicos durante los encuentros. Las mismas son:

- Recuerdo levantar la mano cuando quiero hablar para que todos podamos escucharnos
- Hablar no es lo mismo que gritar. Cuando hablo evitando gritar, me pueden escuchar mejor y trato con respeto a los demás
- Intentaré dirigirme a mis compañeros con amabilidad
- Algunas palabras mágicas son: "Gracias", "Por favor"
- A veces puedo equivocarme y pedir disculpas
- Si cuido los materiales otros niños también pueden usarlos
- El sonido de la campana nos indica que tenemos que lograr traer el silencio a la isla
- Los materiales están para compartirse
- Cuando alguien habla intentaré escucharlo atentamente
- Si algo no me sale puedo pedir ayuda
- Si alguien no quiere participar de una actividad puede sentarse en el *Lago del Silencio*

Ejes del programa y prácticas asociadas

La organización del Programa Trankilandia® se estructura alrededor de cinco ejes sobre los que se estructuran las actividades, con el propósito de que los niños y las niñas adquieran herramientas para:

1. Concentrarse mejor y entrenar la atención frente a las distracciones, mediante prácticas que ejercitan el ancla en la respiración, sentidos y las sensaciones corporales.

2. Ejercitar la bondad amorosa, aprendiendo a dirigir la amabilidad hacia uno mismo y hacia los demás, mediante prácticas que estimulan la sintonía y conexión con otros, cultivando la empatía y compasión.
3. Fortalecer la autoestima y confianza en sí mismos, mediante prácticas que les permiten aprender a percibir las propias cualidades, entrenar el cerebro en positivo, estimular la sensación de valía personal y fomentar la autocompasión.
4. Descubrir la conexión entre pensamientos, emociones y sensaciones corporales, incorporando prácticas que les permiten identificar sus pensamientos, visualizarlos como construcciones que pueden redefinirse, calmar las preocupaciones y evaluar las situaciones desde otra perspectiva, para decidir reflexivamente cómo responder a los acontecimientos.
5. Favorecer la autorregulación emocional, aumentando la paciencia y tolerancia a la frustración, mediante prácticas que les permiten identificar los estados emocionales, facilitando la creación de estrategias de afrontamiento desde la aceptación, e incorporando variables como la temporalidad de las emociones y la redefinición.

Módulos	Eje a desarrollar	Objetivos	Prácticas
1	**Atención - Concentración:** La imaginación como ancla para la atención	* Presentación * Lectura del cuento * Introducir la metáfora de Trankilandia * Entrega del cuento	
2	**Atención - Concentración:** La respiración como ancla para la atención	* Aprender estrategias que permitan aquietar nuestro cuerpo y nuestra mente, desviando la atención de los pensamientos y emociones que provocan malestar para centrarla en el momento presente: la respiración y sus sensaciones	1. Un poco de movimiento antes de poner nuestro cuerpo en calma 2. El juego del silencio 3. Enciende el tren de la atención 4. Respirar en cámara lenta 5. Respirando como Tortugas dentro del caparazón 6. Respirar con los pies 7. Respirómetro en la palma de la mano
3	**Atención - Concentración:** Los sentidos y las sensaciones corporales como ancla para la atención	* Aprender estrategias que permitan aquietar nuestro cuerpo y nuestra mente, desviando la atención de los pensamientos y emociones que provocan malestar para centrarla en el momento presente: los sentidos, el cuerpo y las sensaciones corporales	1. Enciende el tren de la atención 2. Descubro y despierto a mi cuerpo 3. El robot y el muñeco de trapo 4. El Juego de Miradas de la Tortuga Bartola 5. Caminando lento como la tortuga Bartola 6. Contar los sonidos 7. El sonido que desaparece

4	**Cognición - Reencuadre:** Regulación emocional de la TRISTEZA	* Descubrir la conexión entre nuestros pensamientos, emociones y sensaciones corporales * Visualizar a los pensamientos como construcciones temporales que podemos redefinir * Percibir la temporalidad de los estados emocionales * Adquirir herramientas para la autorregulación de la emoción de la tristeza	1. Caminar por la isla de Trankilandia 2. Ejercicio de identificación emocional [Tristeza] 3. El efecto de las palabras 4. El truco secreto del Mago 5. De la fábrica de pensamientos al silencio de la respiración
5	**Cognición - Reencuadre**: Regulación emocional del MIEDO	* Descubrir la conexión entre nuestros pensamientos, emociones y sensaciones corporales * Percibir la influencia de los pensamientos en la construcción de la realidad temida * Visualizar a los pensamientos como construcciones temporales que podemos redefinir * Adquirir herramientas para el afrontamiento y autorregulación de la emoción del miedo	1. Ejercicio de identificación emocional [Miedos] 2. Caminar con las emociones 3. Esculturas de hielo 4. Una estrella especial
6	**Paciencia - Aceptación**: Regulación emocional del ENOJO	* Autorregulación emocional desde la aceptación, transitando la emoción del enojo * Entrenamiento de la paciencia y aceptació	1. Enciende el tren de la atención 2. Ejercicio de identificación emocional [Enojo y paciencia] 3. El desafío del Oso Anselmo 4. Un caramelo diferente
7	**Amabilidad - Compasión**	* Desarrollar prácticas que estimulen la sintonía y conexión con otros, cultivando la empatía y alimentando la compasión * Ejercitar la bondad amorosa, aprendiendo a dirigir la amabilidad hacia uno mismo y hacia los demás	1. El Juego de Miradas de la Tortuga Bartola 2. Imitar los movimientos de la locomotora 3. Ayudando a Budita con su Galería de Arte 4. Abrazos imaginarios 5. Meditación de la sonrisa 6. Deseos para el mundo
8	**Amabilidad – Compasión**	* Desarrollar prácticas que estimulen la sintonía y conexión con otros, cultivando la empatía y alimentando la compasión * Ejercitar la bondad amorosa, aprendiendo a dirigir la amabilidad hacia uno mismo y hacia los demás	1. El espejo humano 2. La ola 3. Pasa el impulso 4. Meditación del corazón 5. Respirar juntos 6. Aun así, me siento afortunado

9	**Autoestima**	* Entrenar el cerebro en positivo, aprendiendo a percibir las propias cualidades * Estimular la sensación de valía personal y fomentar la autocompasión	1. Práctica del árbol 2. Entrenar el cerebro en positivo 3. Fabricar un libro especial 4. Aprendiendo a ser mi mejor amigo
10		* Cierre del taller * Entrega de diploma y caja de herramientas aprendidas	1. Encendiendo el Tren de la atención 2. Dialogamos juntos 3. Mi isla Trankilandia 4. Entrega de actividades realizadas durante todo el taller y Diploma

Una práctica introductoria

Una práctica sencilla que encabeza el Programa Trankilandia®, consiste en guiar a los niños y niñas a llevar su atención a las sensaciones de la respiración. En la historia transversal al Programa, aprender a *Encender el tren de la atención* es lo que conduce a los personajes a moverse de estación en estación, encontrándose con diversos aprendizajes basados en Mindfulness.

Recostados en una superficie cómoda, invitaremos a los niños a hacer un viaje hacia el interior de su cuerpo, intentando descubrir el sonido y el movimiento de la respiración. Les indicaremos que coloquen las manos sobre su panza, prestando atención a cómo sus manos suben y bajan mientras su panza se infla y desinfla. Es importante que puedan notar el modo en que su estómago se hincha al inhalar y se deshincha al exhalar.

Como variante, los chicos pueden elegir su peluche preferido -o proporcionarles un pequeño almohadón- y colocarlo sobre la panza, con el propósito de llevar la atención al movimiento del peluche al inhalar y exhalar. También podemos animarlos a que imaginen que en su panza tienen un globo, que al inspirar se infla y al expirar se desinfla. Ayúdenlos a pensar en el color del globo, para favorecer la imaginación: ¿De qué color sería tu globo? Llevemos la atención a cómo nuestro globo imaginario se infla y se desinfla mientras respiramos.

Es importante señalarles que NO TENEMOS QUE CAMBIAR EL MODO EN QUE RESPIRAMOS, no tenemos que pausar ni modificar la respiración, simplemente llevamos la atención a la respiración, tal como respiramos naturalmente.

También es significativo señalar que: Si nuestra mente se distrae con algún sonido o pensamiento, vamos a observarlo y dejarlo ir, volviendo la atención a la respiración, al movimiento de nuestra panza, al globo imaginario que se infla y desinfla. Podemos imaginar que son nubes y que se las lleva el viento. Trankilín -personaje principal del cuento- nos enseña: "La mente es como un mono que desea escapar hacia otro lugar, cuando esto suceda lo atraparemos de la siguiente forma: nos fijaremos nuevamente en el movimiento de nuestras manos que suben y bajan, y el mono permanecerá con nosotros". "Si tu atención se va, atrapala y tráela nuevamente a la respiración, recordá que es como un mono reboltoso".

Agregar alguna música relajante puede ayudar a crear una atmósfera de calma. Luego del ejercicio, es importante abrir un espacio de diálogo con los chicos para entrenar la consciencia corporal, focalizando sobre las sensaciones experimentadas en el cuerpo: ¿Cómo nos sentimos? ¿Cómo se siente nuestro cuerpo, nuestra cabeza, nuestros brazos, nuestras manos, nuestras piernas y pies?

Puesto que este ejercicio se repite al iniciar la mayoría de los encuentros, al finalizar el Programa los niños y niñas se llevan su *Certificado de 'Chofer profesional del Tren de la Atención'.*

Apoyo empírico y conclusiones

Una investigación realizada (López y Pereyra Saez; 2019) mediante análisis observacional sobre la aplicación del Programa Trankilandia® de Mindfulness y Regulación Emocional, a una muestra de 30 niños y niñas de edades comprendidas entre los 4 y 10 años, arrojó los siguientes datos. De la población objeto de estudio, un 70% presentaba dificultades en el control de impulsos y escasos recursos para gestionar las emociones del enojo y la ansiedad, un 40% evidenciaba problemas atencionales y dispersión, y un 20% dificultades vinculares relacionadas con timidez e introversión. Como resultado de la observación de la respuesta de los chicos tras la ejecución del Programa, así como del feedback obtenido por parte de los padres, madres y/o tutores, se desprende que, desde temprana edad, los niños pueden incorporar prácticas de Mindfulness, recurriendo a la técnica como una estrategia de autorregulación que favorece la gestión emocional en situaciones de estrés y ansiedad. Asimismo, se ha advertido que la metáfora que instala el relato del Cuento, aumenta el sentido que los más pequeños les otorgan a las prácticas, así como la implicación en las mismas, lo cual incrementa el uso de las herramientas adquiridas durante las semanas de entrenamiento en el Programa. Sin embargo, se ha observado que la incorporación de las prácticas por parte de los chicos guarda relación directa con el compromiso y participación de la familia, quienes desde el acompañamiento pueden favorecer que la técnica se incorpore como hábito, aumentando así la posibilidad de sistematizarse y sostenerse en el tiempo, de ahí la importancia de las tareas para el hogar.

Si bien los resultados tras el análisis observacional son alentadores, se considera que para que exista una mayor rigurosidad científica sería deseable diseñar un protocolo que posibilite medir los efectos del Programa Trankilandia® a mediano y largo plazo. Dada la importancia de los aprendizajes en la infancia, se ha evaluado que la posibilidad de incorporar prácticas de Mindfulness al contexto en el que se desenvuelven los niños, constituye un recurso de promoción de salud y bienestar, fundamentalmente en lo que refiere al entrenamiento atencional, manejo de la ansiedad y gestión emocional.

Referencias

Black DS, Milam J, Sussman S. (2009) Sitting-meditation interventions among youth: a review of treatment efficacy. Pediatrics. Sep;124(3):e532-41.

Bodrova, E., & Leong, D. (1996). Tools of the Mind: The Vygotskian Approach to Early Childhood Education. Merrill.

Burke, C. (2010). Mindfulness-Based Approaches with Children and Adolescents: A Preliminary Review of Current Research in an Emergent Field. Journal of Child and Family Studies, 19, 133-144.

Flook L, Goldberg SB, Pinger L, Davidson R (2015) Promoting prosocial behavior and self-regulatory skills in preschool children through a mindfulness-based Kindness Curriculum. Dev Psychol. Jan;51(1):44-51.

Friedberg, R. D., McClure, J. M. (2011). Práctica clínica de terapia cognitiva con niños y adolescentes: Conceptos esenciales. España: Grupo Planeta.

Gaines R. (1997). Key issues in the interpersonal treatment of children. The Review of Interpersonal Psychoanalysis, 2, 1–15.

Harnett, Paul & Dawe, Sharon. (2012). Review: The contribution of mindfulness-based therapies for children and families and proposed conceptual integration. Child and Adolescent Mental Health.

Kaslow, N. J., & Racusin, G. R. (1994). Family therapy for depression in young people. In W. M. Reynolds & H. F. Johnston (Eds.), Handbook of depression in children and adolescents (pp. 345–363). Plenum Press.

Klingbeil DA, Renshaw TL, Willenbrink JB, Copek RA, Chan KT, Haddock A, Yassine J, Clifton J. (2017) Mindfulness-based interventions with youth: A comprehensive meta-analysis of group-design studies. J Sch Psychol. Aug;63:77-103.

López, M.F. (2021) Mi primer diario de mindfulness. Buenos Aires: Albatros

López, M.F. y Pereyra Saez, G. (2018) Trankilandia. Mindfulness para los niños. Buenos Aires: Akadia

López, M. y Pereyra Saez, G. (2019) *Proyecto Trankilandia: Un programa de mindfulness y regulación emocional para los niños.* En Demarzo y Campayo: *Annals of the VI International Meeting on Mindfulness.* Sao Paulo.

Napoli, M., Krech, P. R., & Holley, L. C. (2005). Mindfulness Training for Elementary School Students: The Attention Academy. Journal of Applied School Psychology, 21(1), 99–125.

Pereyra Saez, G (2018) Mindfulness. Mente plena, corazón contento. Buenos Aires: Albatros

Semple, R. J., Lee, J., & Miller, L. F. (2006). Mindfulness-Based Cognitive Therapy for Children. In R. A. Baer (Ed.), Mindfulness-based treatment approaches: Clinician's guide to evidence base and applications (pp. 143–166). Elsevier Academic Press.

Siegel, D. (2013). El cerebro del niño. Editorial ALBA, España.

Stark K. D., Rouse L. W., Kurowski C. (1994). Psychological treatment approaches for depression in children. InReynolds W. M., Johnstone H. F. (Eds.), Handbook of depression in children and adolescents: Issues in clinical child psychology (pp. 275–307). New York, NY: Plenum Press.

Anexo: Prácticas de Mindfulness

Sobre la postura

En general, es importante que adopte una postura cómoda, ya sea sentado o tumbado. Si decide sentarse, trate de que su espalda se encuentre recta, erguida, pero no rígida, con los hombros caídos. Sobre todo, al principio, la comodidad es para que le resulte más simple encarar la práctica y generar más adhesión. Creo que es esencial ir de menos a más, y para muchas personas, los ejercicios prolongados pueden resultar muy agobiantes al principio.

A medida que van pasando los días, y la experiencia se va incrementando, sugiero que adopte una postura sentada, ya sea en esterillas con almohadones, sobre un zafu en postura de loto o medio loto, o en sillas, para así incorporar una posición que predisponga mayormente a la atención y el despertar.

Posibles obstáculos para la práctica

La distracción: en realidad es una característica de la naturaleza de nuestra mente, y, de hecho, durante la práctica de Mindfulness, logramos hacer de la distracción un objeto de atención. La dificultad para concentrarnos no es entonces un impedimento para continuar con el entrenamiento. Sin embargo, como estamos acostumbrados a funcionar en piloto automático, al principio puede costarnos más y solo nos damos cuenta de que hemos perdido la concentración luego de un rato largo de estar distraídos.

La ansiedad: Es bastante habitual que durante la quietud experimentada durante la meditación percibamos en nuestro cuerpo sensaciones relacionadas a la ansiedad. Dado que estamos acostumbrados a pensar y preocuparnos de manera constante, o a dirigirnos permanentemente desde un lugar hacia otro ocupándonos de diversas tareas y actividades, cuando intentamos quedarnos un rato quietos nos damos cuenta de que no nos resulta tan sencillo. Cuando eso ocurra, no estaría mal que simplemente nos dediquemos a observar estas sensaciones de ansiedad como pasajeras, es decir comprendiendo que no permanecerán con nosotros indefinidamente.

El aburrimiento: Estamos acostumbrados a una cultura del entretenimiento, y a veces pareciera que aburrirse es una verdadera catástrofe, sobre todo para las generaciones más jóvenes, que vienen de dispositivo en dispositivo, de pantalla en pantalla y de app en app. Cuando se les pide que centren durante un rato la atención, no solo les resulta complicado, como nos cuesta a todos, a decir verdad, sino que les resulta tedioso. Practicar Mindfulness quizás no deba ser necesariamente divertido, sobre todo al inicio cuando estamos aprendiendo e intentando interiorizar la destreza. Es tan importante aburrirnos, porque de esa manera aprendemos a estar con nosotros mismos y a conectar con lo que ocurre en nuestro interior.

Las dudas: Tener dudas es normal: *"¿esto en realidad me servirá?"* Sin embargo, si a la hora de sentarnos a meditar son excesivas e inundan nuestra mente, probablemente no vaya a ser conveniente ni fructífero, y es probable que terminen alejándonos de la práctica sin permitirnos siquiera tener una experiencia. Cuando aparezca la duda, intenta ser consciente de ella como un estado mental específico, adviértela diciendo internamente: "*es la duda*", y vuelve a dirigir tu atención al ejercicio.

El sueño: En primer lugar, es importante identificar si la causa no está asociada a que estamos cansados y necesitamos dormir. Esa somnolencia nos puede estar señalando entonces que quizás nuestro organismo merece más horas de sueño, lo que resulta esencial para nuestra salud. También es frecuente que tengamos sueño porque recién terminamos de comer, en ese caso, lo resolvemos comiendo más ligero si sabemos que luego vamos a meditar. Si la causa de nuestra somnolencia no tiene que ver con ninguna de las dos anteriores, entonces debemos esforzarnos por no ceder al sueño; identifica las sensaciones corporales y los pensamientos que se asocian a este estado de somnolencia, y obsérvalos con atención y curiosidad, investígalos. También puedes intentar respirar más profundo algunas veces hasta que tu cuerpo se active nuevamente. Y por supuesto, si tu debilidad es el sueño, no practiques acostado.

La frustración: En algunas ocasiones en que somos muy duros con nosotros mismos, no nos tenemos paciencia y en seguida nos juzgamos si no logramos realizar los ejercicios como quisiéramos; la consecuencia es la frustración. La estrategia para lidiar con esta dificultad es revisar las propias expectativas respecto de la meditación, aumentando el grado de realismo. Tampoco puede faltar el ingrediente de autocompasión que ya mencionamos.

Mindfulness de la respiración

En primer lugar, encuentra una posición cómoda, puede ser sentado o recostado. Cierra los ojos, pero si te incomoda tener los ojos cerrados, puedes optar por dejarlos semi abiertos. Comienza a centrar la atención en las sensaciones de la respiración. Quizás percibas más la zona del pecho, quizás la del abdomen, o tal vez los orificios de la nariz. Es importante que no intentes modificar la respiración. Respira como ya lo estás haciendo, simplemente intenta concentrarte en ella. Es muy probable que tu atención se disperse con sonidos o con pensamientos. No te preocupes por esto, porque la distracción es normal, es una característica de la mente que es similar a un mono que salta de rama en rama. Lo esencial es que puedas advertir la distracción ("me distraje con el sonido del auto", "me distraje pensando en lo que debo hacer luego"), e intentar acercarla nuevamente a las sensaciones de la respiración. No importa las veces que te distraigas, lo más importante es advertir la distracción y volver a enfocarte en las sensaciones de la respiración. Practica durante un período de tiempo que consideres cómodo, hasta alcanzar progresivamente de 15 a 20 minutos.

Los puntos de contacto

Nos sentaremos buscando una posición cómoda, con la columna erguida, pero no rígida, y los pies en contacto con el suelo. Cerraremos los ojos, o los dejaremos semiabiertos sosteniendo una mirada suave. Comenzaremos centrando la atención durante un par de minutos en las sensaciones de la respiración. A continuación, percibiremos las partes del cuerpo que se encuentran "*en contacto*"; el contacto de los párpados, de los labios, de las manos, de los glúteos con la silla, de la espalda si es que estamos apoyados en un respaldar o almohadón, y de los pies contra el suelo. Luego repite la secuencia e intenta encontrar un ritmo cómodo; enfócate en el contacto de los párpados, labios, manos, etc. Recuerda que no hay problema con distraerse, no te frustres, simplemente comienza otra vez. Luego de 5 minutos, vuelve a concentrarte en la respiración y estírate; brazos y pierna hacia adelante, mueve los dedos de las manos y los pies, gira las muñecas y los tobillos, y abre los ojos si los tenías cerrado. Intenta dirigir la calidad de esta atención focalizada a tu siguiente actividad.

Meditación de la pasa de uva

En primer lugar, vamos a tomar una pasa de uva y nos vamos a sentar en una posición cómoda. Con la columna erguida pero no rígida. Colocaremos una pasa de uva en la palma de nuestra mano y centraremos la atención en la experiencia de ver lo que hay en ella. Examinemos la pasa de uva como si jamás hubiésemos visto una antes. Quizás podamos observar el impacto de la luz en ella, las sombras, las protuberancias o las arrugas de su superficie. Algunas de sus partes pueden verse apagadas y otras, en cambio, brillantes. Deje que sus ojos la exploren con todo detalle. Quizás tomándola con el dedo pulgar e índice, y girándola para verla desde todos los ángulos. Mientras está concentrado en ello, es posible que aparezcan pensamientos del estilo: "que extraño me resulta esto que estoy haciendo" o "¿qué sentido tiene?". En ese caso, nos limitaremos a advertir que no son más que pensamientos o juicios que emite la mente y trataremos de volver a enfocarnos en la experiencia de contemplar la pasa de uva. Ahora cierre los ojos, y mientras la sostiene preste toda su atención a la experiencia del tacto, sintiendo la pasa. Sea consciente si tiene alguna parte pegajosa o suave, haciéndola girar entre los dedos para percibir las partes blandas o ásperas. Ahora, lentamente, acerque la pasa de uva a su nariz y manténgala allí. Inhale su aroma y sea consciente de lo que percibe, sin juzgar. En el caso de no sentir ningún aroma, también sea consciente de ello. Prepárese para llevar la pasa de uva a su boca, siendo consciente de los movimientos de su brazo. Póngase la pasa de uva en la boca. Déjela en la lengua y que permanezca en la boca, sin masticarla. Sienta si se produce algún cambio en su boca. Explore las sensaciones de tener la pasa en la lengua. Puede moverla dentro de su boca, hacia los lados y el paladar. Luego coloque la pasa de uva entre sus dientes, muérdala lentamente y empiece a masticarla, sintiendo cualquier sensación de sabor que se produzca, sin juzgar. Sea consciente de los cambios en la consistencia de la pasa. También sea consciente de las sensaciones previas a tragar la pasa de uva y durante el momento en que la traga. Finalmente, sea consciente de que tuvo una pasa de uva en la boca.

Caminar con Mindfulness

Le aconsejo que se encuentre en un lugar en el que no le preocupe que otras personas puedan estar observándolo. Comience quedándose parado durante unos minutos. Sea consciente de su cuerpo, su postura y su respiración. Luego comenzará el recorrido. Caminará lentamente, fijando la atención en la zona de sus piernas, pero fundamentalmente en la planta de los pies. Sea capaz de percibir las sensaciones al levantar y apoyar los pies sobre el suelo. Perciba la forma en la que su pie se levanta, se dirige hacia adelante y se apoya. También puede percibir el esfuerzo que realizan los músculos de sus piernas y los movimientos en otras partes del cuerpo, como los brazos y las manos. Vaya de un extremo a otro del recorrido. Puede variar las velocidades, siendo consciente de los efectos en los distintos casos.

Escáner corporal:

Tómate de 20 a 40 minutos para realizar la siguiente práctica. Le sugiero que inicie por buscar una posición cómoda, mejor tumbado boca arriba. Si cree que puede dormirse, entonces quédese sentado. En primer lugar, comenzaremos por dirigir nuestra atención a la respiración durante un par de minutos. Recuerde que, cada vez que su atención se distraiga, simplemente intentará advertirlo y volver a las sensaciones del cuerpo en la que se esté enfocando en ese momento. Acerque ahora la atención a las sensaciones de la planta y los dedos del pie derecho. Perciba esa zona, reposando la conciencia allí. Luego intente lo mismo con la planta y los dedos del pie izquierdo. A continuación, siga con los tobillos, las pantorrillas, las rodillas y finalmente la totalidad de sus piernas. Tal vez, a lo largo del recorrido, le ayude preguntarse: "¿qué siento aquí?" Después de eso continúe el recorrido hacia la zona de los glúteos, pelvis y cintura. Perciba las sensaciones. En el paso siguiente intentará percibir la zona de su abdomen, sintiendo la forma en la que su estómago se hincha al inhalar, y se deshincha al exhalar. Luego de eso dirija su atención a la zona del pecho, incluyendo la zona del corazón. El paso siguiente será reposar la conciencia a lo largo de toda la espalda, e intentar percibir las sensaciones. También enfocará su atención en la zona de sus brazos, recorriendo sus bíceps, tríceps y codos. Luego la zona de las muñecas, manos y cada uno de los dedos en las manos. Después intente dirigir la atención a la zona de su cuello. Recuerde que puede preguntarse: "¿qué siento aquí?" Ahora seremos conscientes de las sensaciones en las zonas del mentón, la boca, la nariz, los ojos y la totalidad del rostro. A continuación, intente percibir las sensaciones en la totalidad de la cabeza. Finalmente, mientras percibe nuevamente las sensaciones de la respiración, sea consciente de la totalidad de su cuerpo. Abra los ojos, y si lo desea, bostece y estire sus extremidades.

Respiro de tres minutos

El siguiente ejercicio tiene la particularidad de desarrollarse fácilmente en diferentes y diversos espacios de tiempo durante la cotidianeidad. Está basado en una práctica expuesta en el Programa MBCT.

Comience por adoptar deliberadamente una postura cómoda, y si es posible, cierre los ojos. Dirija su conciencia a su experiencia interior y pregúntese: "¿Qué es lo que experimento ahora?". "¿Qué pensamientos pasan por mi mente?". En la medida de lo posible, reconozca los pensamientos como procesos mentales, quizás expresándolos con palabras. ¿Qué sentimientos percibo? Aproxímese a cualquier sensación de malestar emocional o sentimientos desagradables que experimente y admita su presencia. ¿Qué sensaciones corporales advierto ahora mismo? Quizás pueda realizar una breve y rápida exploración corporal, para captar cualquier sensación de tensión o rigidez. Redirija ahora su atención para centrarla en las sensaciones básicas de la respiración espontánea. Aproxímese a la sensación que la respiración le produce en el abdomen, sintiendo las sensaciones en la pared abdominal, que se expande al inhalar y se contrae al exhalar. Siga todo el proceso de la respiración y utilícela para anclarse en el presente. Expanda el ámbito de su conciencia sobre su respiración, para abarcar también la sensación del cuerpo en su conjunto, la postura y la expresión facial.

Los pensamientos son pensamientos

Empecemos por encontrar una posición para la meditación, ya sea sentados en una silla con la espalda erguida, en la posición de loto o medio loto, o tumbados con la boca hacia arriba. Comienza a dirigir tu atención a la respiración; puedes enfocarte mayormente en el abdomen, puedes elegir la zona del pecho, o los orificios de la nariz, siendo consciente de cómo ingresa y egresa el aire. Después de unos minutos, cuando observes que aparecen pensamientos por tu conciencia, intenta advertirlos diciéndote internamente alguna de las siguientes frases: "los pensamientos son pensamientos"; "es sólo un pensamiento"; "es sólo un fenómeno mental". Luego de eso, acerca nuevamente la atención a las sensaciones de la respiración. Y cada vez que aparezca un pensamiento, repite lo mismo: advertir ese momento en que inicias a pensar ubicando al pensamiento en la categoría de lo que realmente es, y volver con la atención a la respiración. Recuerda que no buscas ni tienes objetivo alguno; no intentes tener o no tener pensamientos. Simplemente observa la respiración, y en caso de que aparezcan, realizas la práctica. Si no aparecen pensamientos, está bien, y si aparecen pensamientos, también está bien. Practica durante un período de tiempo que consideres cómodo, hasta alcanzar progresivamente de 15 a 20 minutos. Si deseas ir incrementando el tiempo de práctica a medida que avanzas con la habituación al entrenamiento, también está bien.

Los pensamientos son pasajeros

Antes de comenzar, elige una de las siguientes tres metáforas, porque la visualización será imprescindible para lograr el objetivo. 1) *Un gran cielo azul, en el que observas a los pensamientos pasar como hermosas nubes blancas; 2) la gran pantalla de un cine, en el que observas a tus pensamientos pasar como escenas que empiezan y terminan; 3) un auto que marcha sobre la ruta, desde donde observas a tus pensamientos pasar como carteles que aparecen a la vera del camino.* Comienza buscando una posición para la práctica, puede ser sentado, en posición de medio loto, loto o tumbado, y cierra los ojos. Luego de permanecer consciente durante algunos minutos de tu respiración, el foco de la atención pasará a los pensamientos que cruzan por el campo de tu consciencia. La idea es que no te resistas a que aparezcan determinados pensamientos, y tampoco que te fuerces para que aparezcan. No intentes que aparezcan. No intentes que no aparezcan. Y si no aparece ningún pensamiento tampoco te preocupes. El objetivo será que imagines la metáfora elegida, y cuando aparezca un pensamiento, intentes utilizar la metáfora para observarlo pasar. No te aferres ni analices los pensamientos. Eres capaz de ver simplemente la forma en que el pensamiento aparece, y finalmente se desvanece y se va. Por último, luego de unos minutos de práctica, acerca nuevamente la atención a las sensaciones de la respiración un tiempo más, para terminar abriendo los ojos lentamente. Practica durante un período de tiempo que consideres cómodo, hasta alcanzar progresivamente de 15 a 20 minutos.

Trabajar con la incomodidad

Si no cuentas con ningún impedimento físico, te voy a pedir que busques la posición de "medio loto". Es decir, luego de sentarte sobre una Mat u colchoneta, flexiona una pierna y coloca el pie sobre el muslo de la otra. El pie de la otra pierna quedará sobre la Mat y a la altura de tu glúteo. Y comienza centrando tu atención en las sensaciones de la respiración. Si lo deseas, puede alternar el foco de la atención, moviéndolo hacia los sonidos o hacia otras zonas del cuerpo. A partir de este momento, cuando surja algún tipo de incomodidad, por más leve que sea, incluyendo una pequeña molestia o incluso una picazón, intenta acercar la atención a esa sensación y reposar la conciencia allí. Es muy importante que acerques la atención con una actitud de apertura, de curiosidad, deseando permanecer en esa sensación. Reconocer la diferencia entre una actitud de receptividad y otra de resignación como la de "estar soportando la molestia" es un factor clave. Intenta no juzgar la incomodidad. Nada de esto quiere decir que la incomodidad deba agradarte, simplemente intenta cultivar receptividad ante la experiencia. Mientras atraviesas la incomodidad puedes decirte internamente: *"como ésta incomodidad ya se encuentra aquí, elijo abrirme a ella"*. Es posible que la mente desee dirigirse hacia otro lugar, o que el cuerpo prefiera reaccionar moviéndose. Intenta ser consciente de los movimientos de la mente y los impulsos del cuerpo, y sin ceder a ellos, permanece en la sensación de incomodidad. En caso de que aparezca otra sensación de incomodidad, puedes dirigir tu atención a esa nueva sensación. Antes de abrir los ojos, trata de centrarte en la respiración al menos durante uno o dos minutos.

Es posible que durante el tiempo de meditación no aparezca ninguna incomodidad, en ese caso, puedes generarla pensando en alguna dificultad que hayas tenido durante la última semana. No es necesario que sea algo grave, quizás un malentendido o una discusión, una situación por la que te sientas un poco enfadado, o alguna cosa que lamentas. Luego tómate un tiempo para sintonizar con cualquier sensación física corporal que esa dificultad y su reacción a ella te hayan provocado.

Mindfulness sentado

Tómate 45 minutos para realizar la siguiente práctica. Esta vez, puedes elegir la posición de loto, medio loto, o sentado en una silla con la planta de los pies sobre el suelo. Hombros caídos, pero no rígidos y la espalda erguida. Cierra los ojos, pero si te incomoda tener los ojos cerrados, puedes optar por dejarlos semi abiertos. Comienza a centrar la atención en las sensaciones de la respiración. Quizás percibas más la zona del pecho, quizás la del abdomen, o tal vez los orificios de la nariz. Recuerda no intentar modificar la respiración. Respira como ya lo estás haciendo, simplemente concéntrate en ella. A partir de este momento, progresivamente notarás que iras desarrollando una atención más amplia y receptiva. Dado que incluirás en tu campo perceptivo, a medida que vayan emergiendo, tantos los fenómenos externos, es decir los sonidos, como los internos, es decir pensamientos, emociones, impulsos y sensaciones físicas. A medida que vayan emergiendo los diferentes fenómenos, les prestarás atención, sin juzgarlos. Pero, además, mantendrás con todos ellos una actitud de curiosidad y apertura. Ahora bien, cuando surja una sensación de incomodidad, o una emoción difícil, cultivarás la aceptación. Eso quiere decir que no intentarás que esa sensación se vaya, ni simplemente la "soportarás". Por el contrario, te acercarás deseando que esa sensación se encuentre allí. No porque lo haya deseado desde antes, sino porque ya se encuentra allí. Si es una emoción lo que emerge en el campo de la conciencia, recuerda que puedes nombrarla. Por ejemplo, puedes decir internamente: "ansiedad", y simplemente observarla en tu cuerpo. Si es un pensamiento, puedes observarlo como una nube, e incluso etiquetarlo, por ejemplo, diciéndote internamente: "criticando". No te resistas a que un pensamiento aparezca, tampoco te resistas a que se vaya. Simplemente observa la fluidez de la corriente, pero no dejes que te arrastre. Y si lo que aparece en tu conciencia es un sonido, recuerda enfocarte en el aspecto físico del sonido, es decir sin juzgar ni categorizar, sin preguntarte de dónde viene ese sonido o a qué corresponde. No te olvides de observar el silencio, reposa tu consciencia y descansa en él. Además, cuando necesites enfocarte en algo porque crees que te estás distrayendo, ten presente la respiración, y la consciencia de tu cuerpo, en todo momento pueden ser tus aliados. Vuelve a la respiración, y a las sensaciones de tu cuerpo. Por último, abre lentamente los ojos, y estira tus brazos y piernas, si así lo deseas.

Meditación *metta* o de bondad afectuosa

Empieza por concentrarte durante algunos minutos en la respiración, y también en la zona del corazón. Una vez que te hayas conectado con tu corazón, piensa en una persona que te produzca sentimientos cálidos, tiernos y compasivos. El objetivo es despertar sentimientos cálidos y tiernos de manera natural. En cuanto estos sentimientos hayan tomado el control, deja ir suavemente la imagen de ese ser querido, y conserva el sentimiento. Ahora extiende ese cálido sentimiento hacia ti. Quiérete profunda y puramente. Puede necesitarse práctica y paciencia para que sea algo genuino. Ahora enviarás estos sentimientos de calidez, ternura, amor y compasión hacia una persona que conozcas bien. Repetiremos internamente: *"deseo que esa persona se encuentre bien y sea feliz"*. Luego enviarás estos sentimientos de calidez, ternura, amor y compasión hacia amigos y familiares; "*Que sean felices, que tengan salud y que vivan en paz*". Ahora intentarás enviar estos sentimientos de calidez, ternura, amor y compasión hacia vecinos y conocidos. Te vas a extender un poco más, e intentarás enviar estos sentimientos de calidez, ternura, amor y compasión hacia todas las personas de la ciudad en la que resides; "*Que sean felices, que tengan salud, y que vivan en paz*". Extenderás ahora tus sentimientos hacia todo el país; "*Deseo que todas esas personas sean felices, que tengan salud y que vivan en paz*". Por ultimo intenta enviar estos sentimientos de calidez, ternura, amor y compasión hacia todo el universo. Trata de percibirte en conexión con todo el mundo y desea el bienestar para la Tierra entera. "*Deseo que todos los seres del plantea se encuentren bien y sean felices*". Antes de abrir los ojos, realiza algunas respiraciones conscientes.

Descubrir la amabilidad fluyendo hacia nosotros

La siguiente práctica está inspirada en Paul Gilbert, quien desarrolló la *Terapia centrada en la compasión.*

Comienza por buscar una posición cómoda, sentado o recostado boca hacia arriba, y dirige tu atención por unos minutos a las sensaciones de la respiración, los puntos de contacto, o a la zona de tu corazón. Puedes alternar el foco entre esos tres. Luego, cuando observes que estás más relajado, intenta traer a tu mente algún recuerdo de cuando alguien fue amable contigo (puede ser incluso alguien que se mostró amable en un negocio comercial). No debe ser un recuerdo en el cual estabas angustiado, porque si no podrías caer en el riesgo de centrarte en la angustia. Recuerda el tipo de cosas amables que esa persona te dijo y el tono de su voz. También intenta recordar el tono emocional de esa persona. ¿*Qué crees que sentía esa persona al dirigirse amablemente hacia ti*? Luego céntrate en toda la vivencia, registrando la forma en que quizás esa persona te ayudó o intentó ayudarte. Deja que el placer y la gratitud por ser ayudado/a aparezca e intenta conectarte con ello. Dedica unos minutos a ese recuerdo, y luego concéntrate durante un rato más en la respiración, los puntos de contacto o el corazón. Finalmente abre lentamente los ojos y estírate.

Este libro se terminó de imprimir en el mes de Abril de 2023.

Infomed
Paraguay 2065 (1121), CABA, Argentina
Tel./Fax 4961-8614 / 4962-4258
E-mail: editorialakadia@gmail.com